プリント形式のリアル過去問で本番の臨場感！

愛知県

中部大学春日丘高等学校

2025年春受験用

解答集

本書は，実物をなるべくそのままに，プリント形式で年度ごとに収録しています。
問題用紙を教科別に分けて使うことができるので，本番さながらの演習ができます。

■ 収録内容

・解答集（この冊子です）

書籍ＩＤ番号，この問題集の使い方，最新年度実物データ，リアル過去問の活用，
解答例と解説，ご使用にあたってのお願い・ご注意，お問い合わせ

・2024（令和６）年度 ～ 2020（令和２）年度　学力検査問題

・リスニング問題音声《オンラインで聴く》　詳しくは次のページをご覧ください。

○は収録あり

年度	'24	'23	'22	'21	'20	
■ 問題(一般入学試験)	○	○	○	○	○	
■ 解答用紙(マークシート形式)	○	○	○	○	○	
■ 配点	○	○	○	○	○	
■ 英語リスニング音声・原稿	○	※1	※2	※3	※4	

全教科に解説
があります

※1～4リスニングの音声は収録していません
注)国語問題文非掲載:2023年度の四，2022年度の四

問題文の非掲載につきまして

著作権上の都合により，本書に収録している過去入試問題の本文の一部を掲載しておりません。ご不便をおかけし，誠に申し訳ございません。

本文の一部を掲載できなかったことによる国語の演習不足を補うため，論説文および小説文の演習問題のダウンロード付録があります。弊社ウェブサイトから書籍ＩＤ番号を入力してご利用ください。

なお，問題の量，形式，難易度などの傾向が，実際の入試問題と一致しない場合があります。

教英出版

JN132050

■ 書籍ＩＤ番号

リスニング問題の音声は，教英出版ウェブサイトの「ご購入者様のページ」画面で，書籍ＩＤ番号を入力してご利用ください。

入試に役立つダウンロード付録や学校情報なども随時更新して掲載しています。

書籍ＩＤ番号　127521

（有効期限：2025年9月30日まで）

【入試に役立つダウンロード付録】

「ラストチェックテスト(標準／ハイレベル)」

「高校合格への道」

【リスニング問題音声】

オンラインで問題の音声を聴くことができます。

有効期限までは無料で何度でも聴くことができます。

■ この問題集の使い方

年度ごとにプリント形式で収録しています。針を外して教科ごとに分けて使用します。①片側，②中央のどちらかでとじてありますので，下図を参考に，問題用紙と解答用紙に分けて準備をしましょう（解答用紙がない場合もあります)。

針を外すときは，けがをしないように十分注意してください。また，針を外すと紛失しやすくなりますので気をつけましょう。

① 片側でとじてあるもの

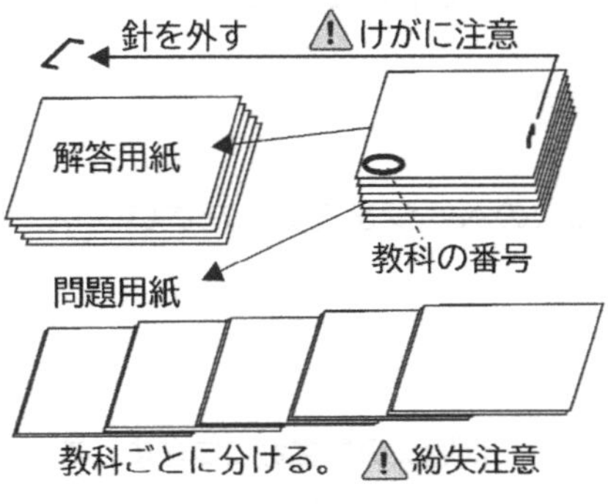

② 中央でとじてあるもの

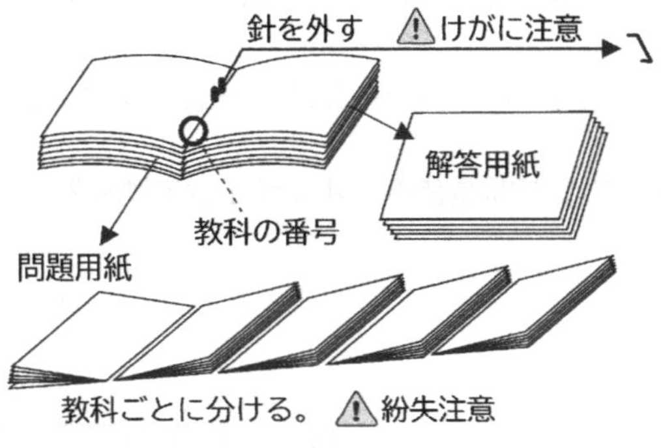

※教科数が上図と異なる場合があります。
　解答用紙がない場合や，問題と一体になっている場合があります。
　教科の番号は，教科ごとに分けるときの参考にしてください。

■ 最新年度 実物データ

実物をなるべくそのままに編集していますが，収録の都合上，実際の試験問題とは異なる場合があります。実物のサイズ，様式は右表で確認してください。

問題用紙	Ｂ５冊子(二つ折り)
解答用紙	Ａ４マークシート

リアル過去問の活用

~リアル過去問なら入試本番で力を発揮することができる~

本番を体験しよう！

問題用紙の形式（縦向き / 横向き），問題の配置や余白など，実物に近い紙面構成なので本番の臨場感が味わえます。まずはパラパラとめくって眺めてみてください。「これが志望校の入試問題なんだ！」と思えば入試に向けて気持ちが高まることでしょう。

入試を知ろう！

同じ教科の過去数年分の問題紙面を並べて，見比べてみましょう。

① 問題の量

毎年同じ大問数か，年によって違うのか，また全体の問題量はどのくらいか知っておきましょう。どのくらいのスピードで解けば時間内に終わるのか，大問ひとつにかけられる時間を計算してみましょう。

② 出題分野

よく出題されている分野とそうでない分野を見つけましょう。同じような問題が過去にも出題されていることに気がつくはずです。

③ 出題順序

得意な分野が毎年同じ大問番号で出題されていると分かれば，本番で取りこぼさないように先回りして解答することができるでしょう。

④ 解答方法

記述式か選択式か（マークシートか），見ておきましょう。記述式なら，単位まで書く必要があるかどうか，文字数はどのくらいかなど，細かいところまでチェックしておきましょう。計算過程を書く必要があるかどうかも重要です。

⑤ 問題の難易度

必ず正解したい基本問題，条件や指示の読み間違いといったケアレスミスに気をつけたい問題，後回しにしたほうがいい問題などをチェックしておきましょう。

問題を解こう！

志望校の入試傾向をつかんだら，問題を何度も解いていきましょう。ほかにも問題文の独特な言いまわしや，その学校独自の答え方を発見できることもあるでしょう。オリンピックや環境問題など，話題になった出来事を毎年出題する学校だと分かれば，日頃のニュースの見かたも変わってきます。

こうして志望校の入試傾向を知り対策を立てることこそが，過去問を解く最大の理由なのです。

実力を知ろう！

過去問を解くにあたって，得点はそれほど重要ではありません。大切なのは，志望校の過去問演習を通して，苦手な教科，苦手な分野を知ることです。苦手な教科，分野が分かったら，教科書や参考書に戻って重点的に学習する時間をつくりましょう。今の自分の実力を知れば，入試本番までの勉強の道すじが見えてきます。

試験に慣れよう！

入試では時間配分も重要です。本番で時間が足りなくなってあわてないように，リアル過去問で実戦演習をして，時間配分や出題パターンに慣れておきましょう。教科ごとに気持ちを切り替える練習もしておきましょう。

心を整えよう！

入試は誰でも緊張するものです。入試前日になったら，演習をやり尽くしたリアル過去問の表紙を眺めてみましょう。問題の内容を見る必要はもうありません。どんな形式だったかな？受験番号や氏名はどこに書くのかな？…ほんの少し見ておくだけでも，志望校の入試に向けて心の準備が整うことでしょう。

そして入試本番では，見慣れた問題紙面が緊張した心を落ち着かせてくれるはずです。

※まれに入試形式を変更する学校もありますが，条件はほかの受験生も同じです。心を整えてあせらずに問題に取りかかりましょう。

2024 解答 令和6年度 中部大学春日丘高等学校

《国　語》

一　1．エ　2．イ　3．ウ　4．ア　5．エ　6．イ　7．ア　8．ウ　9．エ　10．イ

二　11．イ　12．エ　13．ウ　14．イ　15．ア　16．イ　17．エ　18．ア　19．イ　20．ア

三　21．ア　22．ウ　23．ウ　24．エ

四　25．イ

《数　学》

〔1〕ア．1　イ．6　ウ．3　エ．2　オ．2　カ．4　キ．1　ク．5　ケ．6　コ．3

〔2〕サ．−　シ．3　ス．6　セ．4　ソ．6　タ．2　チ．1　ツ．7　テ．3

〔3〕ト．5　ナ．4　ニ．0　ヌ．2　ネ．4

〔4〕ノ．1　ハ．3　ヒ．2　フ．1　ヘ．2　ホ．6

〔5〕マ．6　ミ．6　ム．2　メ．1　モ．4

〔6〕ヤ．2　ユ．4　ヨ．6　ラ．5

《英　語》

〔1〕1．ウ　2．エ　3．イ　4．イ　5．エ

〔2〕6．ウ　7．ア　8．エ　9．エ　10．イ

〔3〕11．ア　12．イ　13．ウ　14．イ　15．エ

〔4〕16．ア　17．イ　18．エ　19．エ　20．イ

〔5〕21．ウ　22．ア　23．イ　24．エ　25．ウ

〔6〕26．イ　27．ア　28．ウ　29．エ　30．ア

《理　科》

〔1〕1．エ　2．オ　3．イ　4．エ　5．エ

〔2〕6．ウ　7．ウ　8．ア　9．エ　10．ア

〔3〕11．イ　12．ウ　13．オ　14．ア　15．オ

〔4〕16．オ　17．エ　18．ウ　19．イ　20．ウ

《社　会》

〔1〕1．ウ　2．エ　3．ア　4．ウ

〔2〕5．イ　6．ウ　7．エ

〔3〕8．エ　9．イ　10．ア

〔4〕11．ウ　12．ア　13．イ

〔5〕14．ウ　15．エ　16．ア　17．エ

〔6〕18．ウ　19．ア　20．イ

〔7〕21．イ　22．ア　23．イ　24．ウ　25．エ

《2024　国語　解説》

一　問二　3は少し解きづらいので、1、2、4から判断する。　1．文末の「本質的には同型のものだろうと思います」との対応から、推測を表す「おそらく」が入る。　2．「環境の中から『自分宛ての贈り物』を見つけ出す力も衰えてしまった」ことが「深刻な事態」である。次の2文で、このことがいかに「深刻な事態」なのかを強調しているので、「かなり」が入る。　4．ほとんどの人は「ビジネス」視点からのみメディアを論じているということを、次の一文で表現を変えながら繰り返している。その一文に「もっぱらそれを語っている」とあるので、「もっぱら」と似た意味の、「ひたすら」が入る。

問三　傍線部①の後にあるように、インディオとクロマニヨン人は、「なんだかよくわからないもの」が「どんなふうに『役に立つ』ことになるのか、今の段階ではわからない」が、直感で「いつか役に立つ可能性がある」と考えることが共通している。よって、ウが適する。

問四　後にあるように、資本主義では「値札が貼られ、スペックが明示され、マニュアルも保証書もついている商品以外」は「存在する権利さえ認められない」ため、直感的に「環境の中から『自分宛ての贈り物』を見つけ出す力も衰えてしまった」。よって、アが適する。

問五　「人間の生きる力」とは、生き延びるために「疎遠であり不毛であるとみなされる環境から、それにもかかわらず自分にとって有用なものを先駆的に直感し、拾い上げる能力」である。よって、エが適する。

問六　X の3段落後に「人間を人間的たらしめている根本的な能力、それは『贈与を受けたと思いなす』力です」とあることから、イの「私は贈与を受けた」が入る。

問七　「『私は贈与を受けた』と思いなす能力」について述べた、X を含む段落に、「自分にとって疎遠と思われる人、理解も共感も絶した人を、やがて自分に豊かなものをもたらすものと先駆的に直感して、その人のさしあたり『わけのわからない』ふるまいを、自分宛ての贈り物だと思いなして、『ありがとう』と告げること」とあり、直後で「人間的コミュニケーションはその言葉からしか立ち上がらない」と述べている。よって、アが適する。

問八　「贈与と反対給付義務」という枠組みとは、「なんだかよくわからないもの」に対して、その価値と有用性を先駆的に感知して拾い上げ、感謝し、何かお返しをする（しなければならない）という枠組みである。ウは、ビジネスの枠組みであり、「贈与と反対給付義務」という枠組みとは全く異なる。よって、ウが正解。

問九　「Y という考え」は、「財物であるテクストをそれと等価の貨幣と遅滞なく交換する」こととは逆の考え方だと推測できるので、「『パスしたもの』がいつか『これは私宛ての贈り物だ』と思いなす人に出会うまで」長く待つという考え方である。よって、“長く待つ”ことを比喩的に表現したエが適する。

問十　傍線部④の前の段落に、人間は「おのれを被造物であると思いなす」能力が信仰を基礎づけたこと、すなわち「自分が現にここにあること」を「絶対的他者からの贈り物」だと考え、感謝したことで、「宇宙を有意味なものとして分節することを可能にした」のであり、イにあるように「人間自体が意味を持つものだと認識」したからではない。よって、イが正解。

二　問一　女郎花《おみなえし》を一枝折って、ついたて越しに作者（紫式部）を上から覗《のぞ》きこんだのは「殿（藤原道長）」である。「多かる野辺に」と口ずさんで立っていったのは「殿の三位の君（藤原頼通）」である。碁盤の様子を見たのは「作者自身」である。表だった管絃の遊びをしなかったのは、直前に「殿おぼすやうやあらむ」とあることなどから、「殿（藤原道長）」である。よって、イが適する。現代語訳も参考に、敬語表現にも注意して判断する。

問二　殿が「几帳《きちょう》の上より」顔を出してきたのは、「ほのうち霧《き》りたる朝の露もまだ落ち」ないほど早い時間帯であり、筆者は寝起きの自分の顔(＝「我が朝顔」)が思い知られるので、殿が「これ、遅くてはわろからむ」と歌を詠むように催促したことを幸いに、顔を見られないように「硯《すずり》のもとに寄」ったのである。よって、エが適する。

問三　作者は和歌Ⅰで、今が盛りの女郎花の美しさと、露が分けへだてをする(ようになった)女の盛りを過ぎた自分を比べて、我が身の衰えを嘆いている。これに対して道長は和歌Ⅱで、露は相手によって分けへだてはしない、女郎花が美しいのは美しくなろうとする心によるものだろう(だからあなたの心がけ次第だ)と返している。よって、ウが適する。

問四　頼通は「人はなほ、心ばへこそ難きものなめれ」などと「世の物語」をしている。現代語訳で「人」を「女性」と訳していることから、頼通は男女の仲の話をしていたと判断できる。よって、イが適する。

問五　設問中の「女郎花おほかる野辺に宿りせばあやなくあだの名をや立ちなむ」という和歌は、女郎花が多く咲いている野辺、つまり女性がたくさんいる場所にとどまったならば、理由もなく浮気者という評判が立つだろうから、その前に退散しようという意味である。よって、アが適する。

問六　歌の中に「この石こそは巌ともなれ」とある。この部分は、小さな碁石が巌になるほどの長い年月を意味するので、御代が末永く続くことを祝う歌だと考えられる。よって、イが適する。「白良の浜」は、歌枕でもある。

問七　傍線部④の出来事は、直後の「上達部《かんだちめ》、殿上人《てんじょうびと》ども」から、5行後の「そのころはしめやかなることなし」までの間に書かれている。現代語訳の「公卿がたや殿上人などで～宿直すべき人々は、みな宿ることが多くなって」や「何年か実家にもどっていた女房たちが～お邸に参り集まってくる」より、エが適する。

問八　作者は、弁の宰相の君が昼寝をしている様子がとてもかわいらしく美しいと感じ、絵に描いてある物語のお姫さまのように思われたので、「物語の中の女君のような風情をしていらっしゃるのね」と言った。すると、弁の宰相の君は目をあけて、「もの狂ほしの御さまや。寝たる人を心なくおどろかすものか」と言って、からかわれたことが恥ずかしくて顔を赤らめたのである。よって、アが適する。

問九　作者は、道長に対しては、気軽に接してくれることについて、「こちらが恥ずかしくなるほどご立派」だと感じている。一方、頼通に対しては「ご立派に見受けられる」「それこそ物語の中でほめあげている男君そっくりのような気持ちがしました」と書かれている。よって、イが適する。

問十　「紫式部日記」と同じ平安時代中期に書かれたのは、清少納言が書いたアの『枕草子』。イの『竹取物語』は平安時代前期、ウの『平家物語』とエの『徒然草』は鎌倉時代。

三　問一　傍線部とアは副詞。イは形容動詞、ウは連体詞、エは代名詞。

問二　ウの「スタンダード」は、「標準」「標準的」という意味。

問四　エの「らる」は受け身の意味。

四　問　文章を要約すると、自己紹介の内容を作るときには、①自己紹介のゴールから逆算して考えること、②伝える内容を一点に集中すること、③聞き手に自分の未来を変えてくれると思わせることが大切ということになる。Bさんは、①自分の活動に興味を持ってもらえるように、②ボランティアの話に絞って、③「周りの人を手助けできる人になりたい」と、聞き手にも貢献できることをアピールしている。よって、イが適する。Aさんは、②複数の言いたいことを詰め込んでおり、③自分のことに終始しているため、適さない。Cさんは、①自己紹介のゴールが明確でなく、③「応援してください」と自己アピールになっているため、適さない。Dさんは、②複数のことを詰め込んで、③自分の希望を述べているだけなので、適さない。

《2024　数学　解説》

〔１〕

(1)　与式＝48÷{－１－２×(－２)}＝48÷(－１＋４)＝48÷３＝**16**

(2)　与式＝$(-\frac{27x^6y^3}{8})\times(-\frac{4}{9x^2y^2})\times\frac{y^2}{x^2}=\boldsymbol{\frac{3}{2}x^2y^3}$

(3)　与式＝$(\frac{\sqrt{6}+\sqrt{2}}{2}+\frac{\sqrt{6}-\sqrt{2}}{2})(\frac{\sqrt{6}+\sqrt{2}}{2}-\frac{\sqrt{6}-\sqrt{2}}{2})=\frac{2\sqrt{6}}{2}\times\frac{2\sqrt{2}}{2}=\sqrt{6}\times\sqrt{2}=\sqrt{12}=\boldsymbol{2\sqrt{3}}$

(4)　すべての取り出し方を樹形図にまとめると，右のようになる。すべての取り出し方は15通りあり，そのうち２つの数の積が奇数になるのは○印の３通りだから，求める確率は，$\frac{3}{15}=\boldsymbol{\frac{1}{5}}$

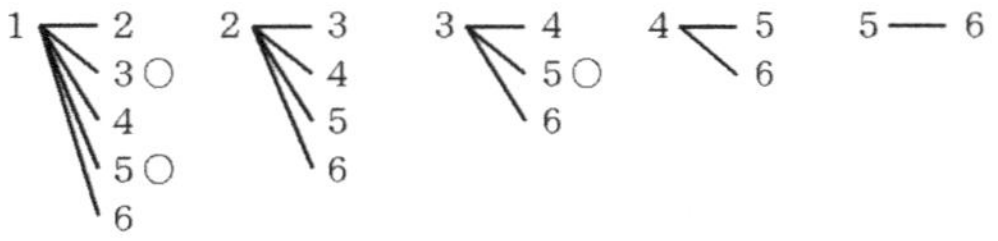

(5)(ア)　９個のデータの中央値は，９÷２＝４余り１より，大きさ順に並べたときの５番目の値である。よって，中央値は**6点**である。

(イ)　10個のデータの中央値は，10÷２＝５より，大きさ順に並べたときの５番目と６番目の値の平均である。

欠席した生徒が４点以下の場合，５番目と６番目は４点と６点になるから，中央値は(４＋６)÷２＝５(点)になる。

欠席した生徒が５点の場合，５番目と６番目は５点と６点になるから，中央値は(５＋６)÷２＝5.5(点)になる。

欠席した生徒が６点以上の場合，５番目と６番目は６点と６点になるから，中央値は(６＋６)÷２＝６(点)になる。

よって，中央値として考えられるのは**3通り**ある。

〔２〕

(1)　与式の両辺に10をかけて，$8(x-1)-10(x+1)=3(x-1)$　　$8x-8-10x-10=3x-3$

$-5x=15$　　$\boldsymbol{x=-3}$

(2)　$ax-by=14$に$x=1$，$y=-2$を代入すると，$a+2b=14$…①

$ax+by=-2$に$x=1$，$y=-2$を代入すると，$a-2b=-2$…②

①＋②でbを消去すると，$a+a=14-2$　　$2a=12$　　$a=\boldsymbol{6}$

①に$a=6$を代入すると，$6+2b=14$　　$2b=8$　　$b=\boldsymbol{4}$

(3)　与式より，$(x-3)^2=6$　　$x-3=\pm\sqrt{6}$　　$x=3\pm\sqrt{6}$

よって，２つの解の和は，$(3+\sqrt{6})+(3-\sqrt{6})=\boldsymbol{6}$

(4)(ア)　火曜日の人数との差を表した表を作ると，右のようになる。したがって，参加人数が最も少なかったのは**木曜日**，最も多かったのは土曜日で，その差は，13－(－４)＝**17(人)**

曜日	火	水	木	金	土	日
火曜日との差	0	＋3	－4	＋1	＋13	－1

(イ)　(ア)の表より，「火曜日との差」の平均は，(０＋３－４＋１＋13－１)÷６＝＋２(人)である。したがって，参加人数の平均である40人は火曜日の人数よりも２人多い。よって，火曜日の人数は，40－２＝**38(人)**

〔３〕

(1)　グラフより，Ａ駅からＢ駅までの大人１人の運賃は180円である。よって，３人だと，180×３＝**540(円)**

(2)　**【解き方】Ａ駅からＣ駅までの距離は3.2＋2.4＝5.6(km)だから，大人１人の運賃は210円である。Ａ駅からＤ駅までの距離は5.6＋9.3＝14.9(km)だから，大人１人の運賃は240円である。**

Ｃ駅で降りた大人３人の運賃は210×３＝630(円)，子ども１人の運賃は，$\frac{210}{2}$＝105(円)である。

Ｄ駅で降りた大人７－３＝４(人)の運賃は240×４＝960(円)，子ども３－１＝２(人)の運賃は，$\frac{240}{2}$×２＝240(円)である。よって，運賃の合計は，630＋105＋960＋240＝**1935(円)**になる。

⑶　【解き方】（ⅰ）駅から（ⅱ）駅までの大人１人の運賃をx円とし，10人の運賃の合計についてxの方程式を立てる。

運賃の合計について，$5x+\frac{x}{2}\times5=2250$　　これを解くと$x=300$となる。したがって，（ⅰ）駅から（ⅱ）駅までの距離は，20㎞を超えて25㎞以下である。

⑵より，A駅からD駅までは14.9㎞だから，A駅からE駅までは$14.9+10.4=25.3$(㎞)であり，出発した駅としてA駅はあてはまらない。B駅からD駅までは$14.9-3.2=11.7$(㎞)，B駅からE駅までは$11.7+10.4=22.1$(㎞)，C駅からE駅までは$22.1-2.4=19.7$(㎞)だから，B駅からE駅までは条件にあう。よって，**（ⅰ）＝B，（ⅱ）＝E**である。

〔４〕

⑴　【解き方】直線ℓの式を$y=mx+n$とし，A，Bの座標を代入して連立方程式を立てる。

$y=ax^2$のグラフはAを通るから，$y=ax^2$に$x=-6$，$y=-4$を代入すると，$-4=a\times(-6)^2$より，$a=-\frac{1}{9}$

$y=-\frac{1}{9}x^2$にBのy座標の$y=-1$を代入すると，$-1=-\frac{1}{9}x^2$より$x=\pm3$となる。Bのx座標は正だから，B（３，－１）である。

直線$y=mx+n$はAを通るから，$-4=-6m+n$，Bを通るから，$-1=3m+n$が成り立つ。

これらを連立方程式として解くと，$m=\frac{1}{3}$，$n=-2$となるから，直線ℓの式は，$\boldsymbol{y=\frac{1}{3}x-2}$である。

⑵　【解き方】△ＢＯＣと△ＡＯＣでは辺ＯＣが共通だから，ＯＣを底辺としたときの高さの比が面積比となる。

△ＢＯＣと△ＡＯＣで底辺をＯＣとしたときの高さの比は，（ＢとＣのx座標の差）：（ＡとＣのx座標の差）＝$(3-0):\{0-(-6)\}=1:2$　　よって，△ＢＯＣ：△ＡＯＣ＝**１：２**

⑶　【解き方】⑵より，△ＡＯＣ：△ＡＯＢ＝２：（１＋２）＝２：３だから，△ＡＯＣ＝$\frac{2}{3}$△ＡＯＢである。つまり，△ＡＰＣ＝△ＡＯＣとなればよいので，Ｏを通り直線ℓと平行な直線を直線ｍとすると，直線ｍと放物線$y=-\frac{1}{9}x^2$との交点がＰである。

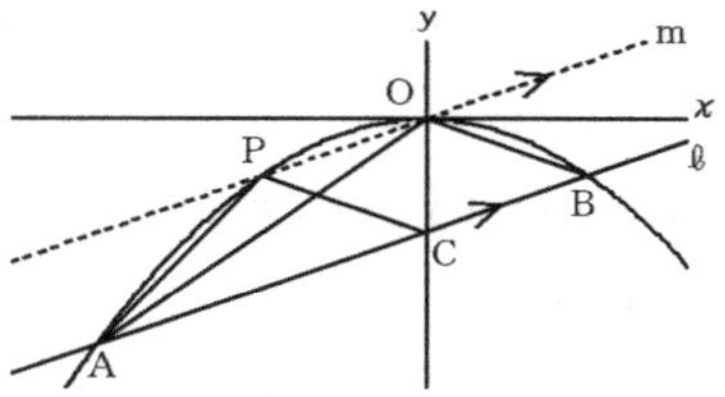

平行な直線は傾きが等しいから，直線ｍの式は$y=\frac{1}{3}x$である。

この式と$y=-\frac{1}{9}x^2$を連立させてyを消去すると，$\frac{1}{3}x=-\frac{1}{9}x^2$

これを解くと$x=0,\ -3$となり，$-6<x<0$より，$x=-3$　　よって，Ｐのx座標は**－３**である。

〔５〕

⑴　【解き方】同じ弧に対する円周角は等しいから，右図のように記号をおき，∠xを∠ａを使った文字式で表す。

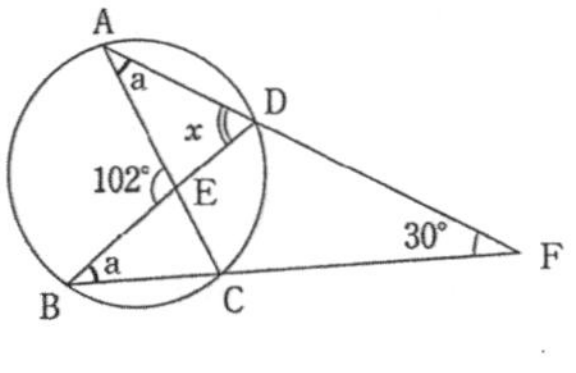

三角形の１つの外角は，これととなり合わない２つの内角の和に等しいから，

△ＢＤＦにおいて，∠x＝∠ａ＋30°…①

△ＡＥＤにおいて，102°＝∠x＋∠ａ…②

②に①を代入すると，102°＝∠ａ＋30°＋∠ａ　　２∠ａ＝72°　　∠ａ＝36°

①に∠ａ＝36°を代入すると，∠x＝36°＋30°＝**66°**

⑵（ア）　【解き方】右のように作図し，円外の１点からその円に引いた２本の接線の長さは等しいことから，円Ｏの半径を求める。

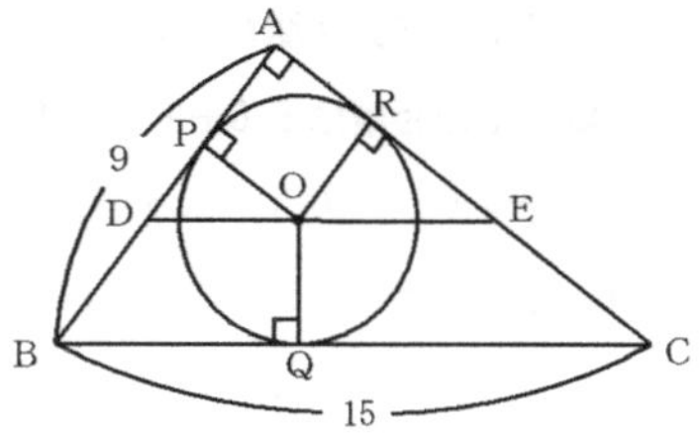

三平方の定理より，$AC=\sqrt{15^2-9^2}=12$

円Ｏの半径をｒとすると，ＡＰ＝ＡＲ＝ｒだから，ＢＰ＝９－ｒ，

ＣＲ＝12－ｒと表せる。ＢＱ＝ＢＰ，ＣＱ＝ＣＲだから，

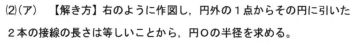

ＢＣの長さについて，$BQ+CQ=15$　　$BP+CR=15$

$(9-r)+(12-r)=15$　　これを解くと，$r=3$

$DE/\!/BC$より，$\triangle ABC \backsim \triangle PDO$だから，$AB:PD=AC:PO$　　$9:PD=12:3$　　$PD=\frac{3\times 9}{12}=\frac{9}{4}$

したがって，$AD=AP+PD=3+\frac{9}{4}=\frac{21}{4}$

$DE/\!/BC$より，$\triangle ABC \backsim \triangle ADE$であり，相似比は，$AB:AD=9:\frac{21}{4}=12:7$

$\triangle ABC$の周の長さは，$9+15+12=36$ だから，$\triangle ADE$の周の長さは，$36\times\frac{7}{12}=$**21**

(イ)　【解き方】相似な図形の面積比は相似比の２乗に等しいことを利用する。

(ア)より，$\triangle ABC$と$\triangle ADE$の相似比は12：７だから，面積比は，$12^2:7^2=144:49$

よって，$\triangle ADE$の面積は$\triangle ABC$の面積の$\boldsymbol{\frac{49}{144}}$倍である。

〔６〕

(1)　**【解き方】平行な面にできる切り口の線は平行になる。**

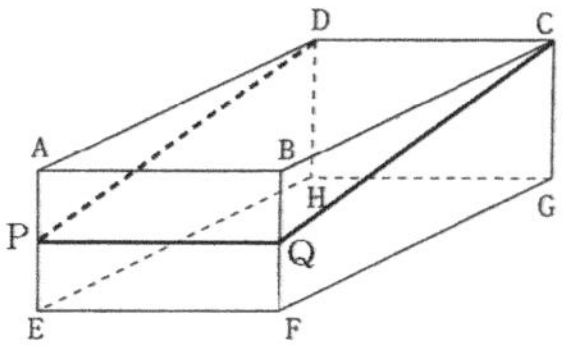

面ＢＦＧＣにできる切り口の線はＤＰと平行なので，ＣＱとなる。

よって，切り口は**長方形**ＤＰＱＣとなる。

(2)　$AP=2\times\frac{1}{2}=1$だから，三平方の定理より，

$DP=\sqrt{AD^2+AP^2}=\sqrt{8^2+1^2}=\sqrt{65}$

よって，切り口の面積は，$DP\times PQ=\sqrt{65}\times 4=\boldsymbol{4\sqrt{65}}$

《2024　英語　解説》

〔１〕　【放送文の要約】参照。

1　「なぜナンシーは毎日，日本の曲を聞きますか？」…ウ「彼女は曲から日本語を学ぶことができるからです」が適当。

2　「次の日曜日に彼らはいつどこで会いますか？」…エ「シンディの家で正午に」が適当。

3　「正しいのはどれですか？」…イ「ユウイチは昨日ボブにプレゼントを買いました」が適当。

4　「いつマイクとデイビッドは学校に来ますか？」…「９月３日に街に来て翌日に学校に来る」ことから，イ「９月４日」が適当。

5　「マイクとデイビッドは何をしたがっていますか？」…エ「彼らは日本語を学ぶ機会を持ちたがっています」が適当。

【放送文の要約】

1　マサオ　：やあ，ナンシー。土曜日は暇？

ナンシー：うん。何も予定がないよ。

マサオ　：僕たちの友人のタカシがコンサートでバイオリンを演奏する予定なんだ。駅の近くの市役所で開かれるよ。僕と一緒にそこに行きたい？

ナンシー：うん，もちろん。

マサオ　：君は音楽に興味がある？

ナンシー：うん。カナダで，私はたいてい夕食後に音楽を聞くことを楽しんだの。

マサオ　：え，本当？日本の曲を聞いたことがある？

ナンシー：うん。友人から日本の曲のＣＤを借りたよ。家で毎日それらを聞いているわ。

マサオ　：毎日？

ナンシー：その通りよ，マサオ。日本の曲を聞くことは日本語を学ぶいい方法だよ。

マサオ　：それはすごい。君がコンサートを楽しめるといいな。

ナンシー：きっと楽しめるよ。ありがとう，マサオ。

マサオ　：どういたしまして。じゃあ，またね。

2　ジャック：やあ，シンディ。日曜日に瑞穂スタジアムであるサッカーの試合のチケットが２枚あるんだ。僕と行かない？

シンディ：喜んで。試合は何時に始まるの？

ジャック：２時だよ。

シンディ：わかったわ。スタジアムの正面で待ち合わせしない？

ジャック：僕のお母さんが車でそこまで連れて行ってくれる予定だよ。まず一緒に昼食を食べて買い物をしよう。試合が始まる２時間前に君の家に行くつもり。それでいい？

シンディ：完ぺきよ。楽しみにしているね。私の家がどこにあるか知っている？

ジャック：うん。公園の近くだよね？美しい湖がある公園。

シンディ：そう。じゃあ，そのときにね。

3　ジャネット：ユウイチ，ボブが来月日本を発つんだってね。知っていた？

ユウイチ　：うん，ジャネット。昨日彼にプレゼントを買ったけど彼はそれを知らないんだ。

ジャネット：何を買ったの？

ユウイチ　：テニスラケット，ボブと僕はテニス部の部員だから。僕たちは一緒に３年間テニスの練習をしたんだ。

ジャネット：いいわね。あなたとボブはいい友達なんだってね。たぶん，私も彼にプレゼントをあげるべきね。

ユウイチ　：それなら，タオルはどう？

ジャネット：良さそうね。ボブはずっと私たちにとっても良くしてくれたわ。寂しくなるね。

ユウイチ　：僕も寂しいよ。

4，5　聞いてください，みなさん。今日は素晴らしいお知らせがあります。オーストラリアから２人の少年がこの学校を訪れる予定です。4イ彼らは９月３日に私たちの街に来ます。翌日，彼らは私たちの学校を訪れます。彼らの名前はマイクとデイビッドです。彼らはみなさんと同じ歳です。彼らは４週間私たちと勉強し 10 月にオーストラリアへ帰ります。みなさんが英語で彼らと話すことを楽しんでくれるといいなと思います。そして彼らが日本について多くを学んでくれたらいいなと思います。5エ彼らは滞在中にみなさんから日本語を学びたいと言っています。役に立つ日本語をいくつか彼らに教えてあげてください。

〔2〕　【本文の要約】参照。

6　again「また」と言っているのでジミーが前にしていたことだと考える。第１段落から，ウが適当。

7　第２段落最終文と第３段落２文目より，アが適当。

8　(C)one ～ the other…「２つあるうちの１つは～，残りの１つは…」と，直前の文の「２人の小さな子どもたち」より，child が適当。　(D)空欄を含む文が but で始まっていることに注目する。前後で反対のことを表す内容になるので，ドアを開けようとしている前半部分に対して，後半部分が「開けることができなかった」となるように open を入れる。

9　ジミーはベンに「あなたと警察署に行きます」と言っているが，ベンは「何を言っているのですか？」と言ったことから，ジミーはベンを警察署に連れていかなかったと考えられる。エ「ひとりで」が適当。

10　ア「ジミーは国で一番のパンとケーキを焼くために×ケーキの会社で働いた」　イ○「警察官はエルモアでジミーを見つけたが，彼を捕まえなかった」　ウ「ベンは銀行の玄関へ歩いて入ったときジミーに×気がつかなかった」　エ「×金庫にいる子どもの母親はジミーの道具を使って金庫のドアを開けようとした」

【本文の要約】

ジミーは金庫を開けるのが得意でした。彼は警察に捕まり刑務所に入れられました。ある朝，警察署長がジムに「お前は明日の朝に刑務所を出ることができる。これはお前自身を変えるチャンスだぞ。6ウ金庫破りをやめて，真面目に生活しろよ」と言いました。ジミーは「国で一番のパンとケーキを焼くためにレストランで働く予定です」と言いました。

ジミーが刑務所を出て1週間後，誰かがある街の金庫を壊して中のものを奪いました。8000 ドルが奪われました。警察官のベンは街に行って壊された金庫を見て「こんな仕事ができるのはジミーしかいない。たぶんジミーはまた商売をしているな」と思いました。しかし，それは真実ではありませんでした。ジミーはやっていませんでした。7ア彼は金庫破りをやめて真面目に町で生活していたのです。

この町で，ジミーはジョシュと呼ばれていました。7アこの町の人々は，彼は親切で真面目だと思っていました。10イエルモアは町で一番大きな銀行でした。新しい金庫がありました。小さな部屋ほどの大きさで，時計により制御された特別なドアが付いていました。銀行員は「今は開いているが，閉めたら誰も予定時刻までに開けることはできない」と言いました。銀行員はジョシュにそれを説明しましたが，彼はまったく金庫に興味を示しませんでした。２人の小さな子どもたちが金庫の周りで遊び始めました。

突然子どものひとりが金庫の中に入り，もうひとりの8エ子どもがドアを閉めてしまいました。女性が「私の子どもが！ドアを開けて！お願い彼女を出して！」と叫びました。金庫の周りにいた全員が懸命にドアを開けようとしましたが，8エ開けることはできませんでした。金庫のそばの人々は子どもの弱々しい声を聞くことができました。

「どうしたらいいんだ？」と銀行員は言いました。母親はとても不安そうでした。その時，ジョッシュが「私がやってみましょう。みなさん，ドアから離れてください。」と言いました。それから彼はバッグの道具を使ってドアを開けようと試みました。彼はジョシュであることを忘れました。彼は再びジミーになったのです。

10 分後，金庫のドアが開きました。子どもが解放されました。ジミーはコートを羽織り銀行の玄関へと歩いていきました。玄関では警察官が立っていました。「こんにちは，ベン！」ジミーは笑って「さて，ついに私を見つけましたね。いいでしょう。あなたと警察署へ行きます」と言いました。10イでもベンはジミーに笑いかけ「あなたは何を言っているのですか？」と言いました。それから彼は振り返りゆっくりと銀行の外へ9エひとりで歩いていきました。

〔3〕【本文の要約】参照。

11　「なぜスキヤ先生はたびたび英語圏に行きますか？」…ア「語学学校で英語を勉強するために生徒たちを連れて行くため」が適当。

12　「なぜスキヤ先生はアメリカで快適なホームステイを楽しむことができたのですか？」…イ「なぜなら彼はホストファミリーに温かく迎え入れてもらったから」が適当。

13　「スキヤ先生がアメリカで平日に食べていた朝食は何でしたか？」…ウ「彼はコーンフレークに牛乳を入れたものを食べていました」が適当。

14　「この話について正しいのはどれですか？」…イ「ホストピアレンツが営むパン屋はそのとても美味しいパンで有名でした」が適当。

15　「この話に最も適する題名はどれですか？」…エ「アメリカでのスキヤ先生の滞在の最高の思い出」が適当。

【本文の要約】

スキヤ先生は日本で英語を担当している高校教師です。11 ア彼は英会話が得意でよく英語圏に生徒たちを連れて行きます。生徒たちは現地の語学学校で英語の授業を受けます。スキヤ先生は自分の英語を話す技術を向上させる機会を得ることができるのでこの仕事を気に入っています。彼は英語を上手に話せるようになるのにこれ以上の方法はないと考えていつもホームステイします。彼がこのように言うことには，もっともな理由があります。

約 20 年前，彼はひとりで１か月間アメリカへ行きました。12 イ彼のホストファミリーはとても親切でとても温かく彼を迎え入れてくれました。彼らのおかげで，スキヤ先生はとても快適な滞在を楽しみました。

彼のホストピアレンツはパン屋を経営していて，特に早朝はとても忙しくしていました。14 イパン屋で売られるパンはとても美味しく，人々に人気がありました。ですから彼らは客のためにたくさんのパンを焼かなければなりませんでした。商売のために，ホストマザーは子どもたちに朝食を用意する時間がありませんでした。13 ウ彼らはほぼ毎日自分たちでコーンフレークに牛乳を入れて食べていました。スキヤ先生も同じでした。

ある日曜日の朝，スキヤ先生が起きると，ホストマザーが台所で何かを作っていることに気がつきました。家がいい匂いで満たされていました。彼女は家族にベーコンエッグを用意していました。

スキヤ先生に挨拶した後，彼女は「毎朝朝食を出してあげることができなくてごめんなさい。そうする時間がないけれど，日曜日はお店が休みなの。だから今日は朝食を用意する時間が十分あるわよ。ベーコンエッグが気に入るといいな」と言いました。

それは毎朝スキヤ先生の妻が出してくれる彼の大好物でした。ホストマザーが出してくれた大好物のおかげで，彼は滞在により満足しました。そこで彼はホストマザーに「家にベーコンを持ってきてくれてありがとう」と言いました。

スキヤ先生の言葉を聞いて，彼女は幸せそうに笑い彼のユーモアのセンスに感心しました。スキヤ先生にとっては，ホストマザーの満面の笑みが印象的で，それ以来それが最高の思い出となりました。ところで，なぜスキヤ先生のホストマザーが彼のユーモアのセンスに感心したかわかりますか？「bringing home the bacon」には２つ意味があるからです。ひとつは文字通りの意味で，もうひとつは「生活のためにお金を稼ぐ」という意味です。

スキヤ先生がホストマザーの心温まる美味しい朝食に感謝すると同時に，仕事に対する彼女の努力に敬意を表したことに成功したことがわかったでしょう。

〔4〕

16　will→不要：If を使った副詞節内では，未来の内容でも現在形で表す。

17　to go out→go out：〈let＋人＋動詞の原形〉「（人）に～させる」を使った文。

18　it→不要：「その問題は彼には解くのが難しすぎた」という意味。

19　for last week→since last week：have/has＋been＋~ing「ずっと～している」の現在完了進行形の文で「昨日」や「先週」のような明確な過去を表す語句を使うときは，since「～以来」を付ける。

20　spoken→spoken to：speak to ～「～に話しかける」が受け身の形になっても to は必要。

・on one's way home「帰り道に」

〔5〕

21　間接疑問文で「チケットをどこで買うべきか教えてくださいませんか？」となるように，ウ where を入れる。

22　願望を表す仮定法 I wish I were ～.「～ならいいのに」の文。主語が I でも動詞は were になる。アが適当。

23　be known for ～「～で知られている」より，イが適当。「この公園は美しいバラ庭園で知られています」

24　… enough to ～「～するのに十分な…」より，エが適当。「鈴木さんはそんな高価な車を買えるほど金持ちです」

25　動詞が has だから，主語は単数である。〈every＋名詞の単数形〉「どの～も」は単数として扱う。ウが適当。

〔６〕

26　I didn't know what to say to my mother.：「何を～するべきか」＝what to＋動詞の原形

27　He is the fastest runner in his class.：「～の中で一番…」＝〈the＋最上級(＋名詞)＋in/of ～〉

28　If I knew his mail address, I would send an e-mail to him.：事実と反する内容を表す仮定法過去「～だったら…するのに」〈If I＋動詞の過去形, I＋would＋動詞の原形.〉の文。

・「(人) に (もの) を送る」＝send＋もの＋to＋人

29　There is an old man taking a walk along the river.：「散歩しているお年寄り」は現在分詞(＝taking)と語句(＝a walk along the river)を使って後ろから名詞(＝man)を修飾して表す。　「～がいる」＝There is/are ～.

「散歩する」＝take a walk

30　Australia was so beautiful that I'm looking forward to going there again next year.：「「とても～なので…」＝so ～ that＋主語＋動詞.　「～するのが楽しみだ」＝look forward to ～ing

《2024　理科　解説》

〔１〕

1　図２より，ｃは電圧が5.0Ｖのとき100mA→0.1Ａの電流が流れるから，〔抵抗(Ω)＝$\frac{電圧(V)}{電流(A)}$〕より，抵抗の大きさは $\frac{5.0}{0.1}$＝50(Ω)である。なお，同様に考えて，ａは $\frac{6.0}{0.6}$＝10(Ω)，ｂは $\frac{6.0}{0.3}$＝20(Ω)である。

2　電圧が同じとき，抵抗の大きさと電流の大きさは反比例の関係にある。よって，ＡＢ間の抵抗の大きさが，ＣＤ間の抵抗の大きさの３倍になるものを選べばよい。ＡＢ間の抵抗が並列つなぎのア～ウの合成抵抗の大きさは，抵抗の大きさが小さい抵抗器よりも小さくなるので，ＡＢ間の抵抗の大きさがＣＤ間の抵抗の大きさの３倍になるものはない。また，ＡＢ間の抵抗が直列つなぎのエとオの合成抵抗の大きさは，２つの抵抗器の抵抗の大きさの和になるので，オではＡＢ間の抵抗の大きさが10＋50＝60(Ω)になり，ＣＤ間の抵抗の大きさ20Ωの３倍になる。

3　あ，う．電流の向きと磁界の向きのどちらか一方を逆にすると(電流が磁界から受ける)力の向きは逆になり，電流の向きと磁界の向きの両方を逆にすると力の向きは変化しない。　い．図６のときの電流と磁界の向きを図ｉの左手にあてはめると，力の向きはＱになる。

図ｉ

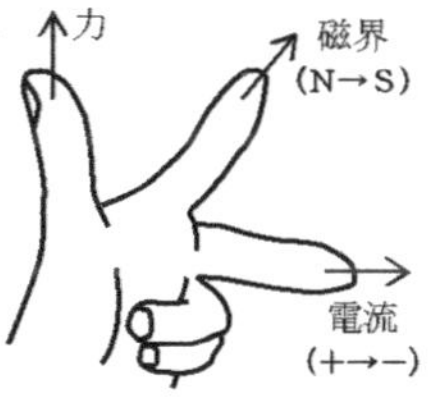

4　〔電流(Ａ)＝$\frac{電圧(V)}{抵抗(Ω)}$〕より，ｅを流れる電流は $\frac{6.0}{6.0}$＝1.0(Ａ)である。よって，〔電力(Ｗ)＝電圧(Ｖ)×電流(Ａ)〕，〔発熱量(Ｊ)＝電力(Ｗ)×時間(ｓ)〕，３分→180秒より，水が得た熱量は6.0×1.0×180＝1080(Ｊ)と求められる。

5　30分で水温が52.0－16.0＝36.0(℃)上昇するときを考える。途中でスイッチⅡを入れると，ｆにも電流が流れ，ｅとｆが並列つなぎになる。まず，30分間6.0Ｖの電圧がかかり続けるｅによる上昇温度を求めると，10分間で23.2－16.0＝7.2(℃)だから，30分間ではその３倍の7.2×３＝21.6(℃)であり，ｆによる上昇温度が36.0－21.6＝14.4(℃)になればよいことがわかる。ｆの抵抗の大きさがｅの半分であることに着目すると，ｅとｆには同じ大きさの電圧がかかるから，ｆにはｅの２倍の大きさの電流が流れ，発熱量も２倍になる。つまり，時間が同じであれば，ｆによる上昇温度はｅの２倍になるから，10分間での上昇温度は7.2×２＝14.4(℃)であり，ｆに電流が流れた時間は10分間だとわかる。よって，実験開始から30－10＝20(分後)にスイッチⅡを入れればよい。

〔2〕

6　銅を加熱すると空気中の酸素と結びついて黒色の酸化銅になり，マグネシウムを加熱すると空気中の酸素と結びついて白色の酸化マグネシウムになる。

7　加熱後に増えた3.0－2.1＝0.9(g)は結びついた酸素の質量である。図８より，銅と酸素は0.4：(0.5－0.4)＝４：１，図９より，マグネシウムと酸素は0.3：(0.5－0.3)＝３：２の質量比で結びつく。ここで，混合物中の銅の質量をxg，マグネシウムの質量をyg とすると，x＋y＝2.1…①　$\frac{1}{4}x+\frac{2}{3}y=0.9$…②が成り立ち，①と②を連立方程式として解くと，$x$＝1.2，y＝0.9となる。よって，混合物中の銅の粉末とマグネシウムの粉末の質量比は1.2：0.9＝４：３である。

8　7解説より，銅と酸素は４：１＝８：２，マグネシウムと酸素は３：２の質量比で結びつくから，同じ質量の酸素と結びつく銅とマグネシウムの質量比は８：３である。

10　ア．10℃の水100ｇに塩化ナトリウムは約35ｇ溶けて約135ｇの飽和水溶液になるから，その約２倍の270ｇの飽和水溶液に溶けている塩化ナトリウムは約70ｇである。　イ．20％の硝酸カリウム水溶液400ｇに溶けている硝酸カリウムは400×0.2＝80(ｇ)だから，水の質量は400－80＝320(ｇ)である。よって，水を120ｇ蒸発させると，水の質量は320－120＝200(ｇ)になり，20℃の水100ｇに硝酸カリウムは約30ｇ溶けるから，20℃の水200ｇにはその２倍の約60ｇ溶ける。　ウ．硝酸カリウムは温度が下がると溶解度が小さくなるから，30℃の飽和水溶液を冷却して15℃にした場合，15℃の水溶液も飽和水溶液である。30℃の水100ｇに硝酸カリウムは約45ｇ溶けて約145ｇの飽和水溶液になるから，その約２倍の290ｇの飽和水溶液は水200ｇに硝酸カリウム90ｇを溶かしたものである。15℃の水100ｇに溶ける硝酸カリウムは25ｇだから，その２倍の200ｇの水に溶ける硝酸カリウムは50ｇである。
エ．10％の塩化ナトリウム水溶液350ｇに溶けている塩化ナトリウムは350×0.1＝35(ｇ)である。　オ．50℃の水100ｇに硝酸カリウムは約80ｇ溶けて約180ｇの飽和水溶液になるから，その約半分の90ｇの飽和水溶液に溶けている硝酸カリウムは約40ｇである。

〔3〕

11　唾液は体温に近い温度(40℃)でよくはたらき，５℃のような低い温度でははたらきにくく，煮沸すると唾液中の消化酵素(アミラーゼ)がはたらきを失う。ヨウ素液はデンプンに反応して青紫色になるから，デンプンが分解された①では青紫色にならず，デンプンが分解されていない②～④では青紫色になる。

12　ア，イ×…デンプンが分解されたことはわかるが，デンプンが何に分解されたかまではわからない。
エ×…唾液中の消化酵素が５℃でははたらかないことはわかるが，消化酵素が分解されているかどうかはわからない。　オ×…唾液中の消化酵素は煮沸によってはたらかなくなったことがわかる。

13　デンプンは，唾液やすい液に含まれるアミラーゼや，小腸の壁の消化酵素によって分解され，最終的にブドウ糖になる。

14，15　デンプンは最終的にブドウ糖に分解されると，小腸の柔毛から吸収されて，柔毛内の毛細血管に入る。その後，小腸から門脈を通って肝臓に運ばれ，ブドウ糖の一部は肝臓でグリコーゲンに変えられて貯えられる。

〔4〕

16　(a)オリオン座は東の地平線からのぼり，南の空で最も高くなった後，西の地平線に沈む。　(b)カシオペヤ座は北の空で北極星を中心に反時計回りに動いて見える。

17　同じ星を同じ時刻に観察すると，地球の公転により，１か月で約30度西にずれた位置に見える。よって，２月10日の２か月前の12月10日の午後８時には，約30×２＝60(度)東にずれた位置(い)に見える。また，１日の中では，地球の自転により，１時間で約15度西にずれた位置に見えるから，午後８時の18時間前の午前２時には，(い)から約15×18＝270(度)西にずれた位置→約90度東にずれた位置(お)に見える。

19　北極星は地軸の延長線付近にあるため，北の空の星は北極星を中心に反時計回りに動いて見える。地球の公転と自転によって動く角度は17解説の南の空を通る星と同じである。よって，２月10日の６か月後の８月10日の午後８時には，約30×６＝180(度)動いた(し)の位置に見え，その２時間後の午後10時には，(し)から約15×２＝30(度)反時計回りに動いた(さ)の位置に見える。

20　ウ×…北極星はこぐま座の一部である。

《2024　社会　解説》

〔１〕

１　ウ　　1950 年と 2021 年の人口割合に変化が少ないウをアフリカと判断する。アフリカは今でも人口増加が続いている。アはヨーロッパ，イはアジア，エはラテンアメリカ。

２　エ　　ケープタウンは南半球の地中海性気候，ナイロビは温暖冬季少雨気候，カイロは砂漠気候。

３　ア　　首都に人口が集中し，上下水道や道路などの整備が遅れた地域にスラムが形成される。

４　ウ　　アフリカ諸国は，イギリスやフランスなどによる植民地支配を受けた経験から，キリスト教徒の割合も高い。

〔２〕

５　イ　　Aは阿蘇山，Bは桜島，Cは雲仙岳である。開聞岳は薩摩半島の南端にある(右図参照)。デルタ(三角州)は，河川の河口部分に広がる砂やどろが堆積した地形。

６　ウ　　都市Dは北九州市，都市Eは水俣市，Wは愛知県豊田市，Zは愛媛県松山市。

７　エ　　アはみかん，イは大根，ウはトマト。

〔３〕

８　エ　　福岡県の志賀島で発見された，漢委奴国王と刻まれている金印は，『後漢書』東夷伝に書かれた，１世紀に後漢の皇帝から奴国の王に授けられたものと考えられている。

９　イ　　Ⅱは，室町時代に行われた日明貿易で使用された勘合である。正式な貿易船と倭寇を区別するために使用された。アは江戸時代，ウとエは鎌倉時代。

10　ア　　エ(７世紀)→イ(10 世紀)→ア(11 世紀)→ウ(16 世紀)

〔４〕

11　ウ　　Ⅱ(日露通好条約・1855 年)→Ⅲ(樺太千島交換条約・1875 年)→Ⅰ(ポーツマス条約・1905 年)

12　ア　　初代統監に就任した伊藤博文は，統監を辞任後に安重根に暗殺された。

13　イ　　X．正しい。Y．誤り。日中戦争は盧溝橋事件をきっかけに始まった。柳条湖事件は満州事変のきっかけ。

〔５〕

14　ウ　　所得税や相続税は，国税であり，直接税に分類される。税の分類については，右表参照。納税者と担税者が一致する税を直接税，一致しない税を間接税という。

		直接税	間接税
国税		所得税 法人税 相続税など	消費税 酒税 関税など
地方税	道府県税	道府県民税 自動車税など	地方消費税など
	市町村税	固定資産税など	入湯税など

15　エ　　ア．誤り。介護保険制度は満 40 歳以上の人の

加入が義務付けられている。イ．誤り。社会福祉は，「児童福祉法」「身体障害者福祉法」「老人福祉法」などに基づいて支援される。ウ．誤り。近年の合計特殊出生率は1.3前後であり，1961年に初めて2を下回って以降，2以上になったことはない。

16　ア　　イ．誤り。社会資本は利益を追求せずに整備される。ウ．誤り。住民投票に外国人や中学生は参加できないとする法律はなく，近年外国人や中学生の参加を認める動きが見られる。エ．誤り。公共サービスは，教育，消防・警察などの国や地方公共団体が行うサービスで，社会保障は含まれない。

17　エ　　①誤り。条例の制定は議会が行う。②誤り。育児・介護休業法は男性も女性も対象である。③誤り。環境権は，日本国憲法に規定のない新しい人権である。

〔6〕

18　ウ　　Cは学問の自由，Dは信教の自由，Fは表現の自由であり，精神の自由に分類される。Eは法定手続きの保障であり，身体の自由に分類される。Aは居住・移転の自由，Bは職業選択の自由であり，経済活動の自由に分類される。

19　ア　　イ．誤り。弾劾裁判所では，不適切な行為や違法行為を行った裁判官の裁判を行う。ウ．誤り。裁判所は，司法権の独立が保障され，内閣や国会から判決について指示されることはない。エ．誤り。国会で審議され成立した法律は，内閣が署名したのちに公布され，法律として効力をもつ。違憲審査権は，成立した法律が憲法に違反していないかを調べる権利で，すべての裁判所がもつ。

20　イ　　ア．誤り。生存権は，自由権ではなく社会権に分類される。ウ．誤り。拷問の禁止は②の身体の自由に分類される。エ．誤り。裁判員制度は，重大な刑事裁判の第一審だけに適用される。

〔7〕

21　イ　　ア．誤り。ゴッホの『タンギー爺さん』のように，浮世絵の影響を受けた絵画がヨーロッパで描かれた(ジャポニスム)。ウ．誤り。浮世絵は江戸時代に盛んに描かれた。エ．誤り。浮世絵は，江戸時代の庶民の間で流行した絵画である。

23　イ　　ア．誤り。自家用車の来場を促すと，交通渋滞が発生し，排気ガスなどの問題が起きる。ウ．誤り。入場料を大幅に引き下げると，オーバーツーリズムとなり，さまざまな悪影響が発生する。エ．誤り。新たな建造物の設置によってオーバーツーリズムとなる可能性もあり，悪影響を防ぐことにならない。

24　ウ　　品川区長は，選挙で区民によって選ばれる。

25　エ　　E(東京都)→B(神奈川県)→C(静岡県)→A(愛知県)→D(京都府)

2023 解答 令和5年度 中部大学春日丘高等学校

《国　語》

一　1. イ　2. ウ　3. エ　4. ウ　5. ア　6. イ　7. エ　8. ア　9. エ　10. イ

二　11. ウ　12. ウ　13. ア　14. エ　15. イ　16. ウ　17. エ　18. イ　19. イ　20. イ

三　21. ア　22. ア　23. エ　24. ア　25. イ

《数　学》

〔1〕ア. 7　イ. 4　ウ. 6　エ. 5　オ. 4　カ. 3　キ. 6　ク. 4

〔2〕ケ. 5　コ. 2　サ. ー　シ. 3　ス. 1　セ. 4　ソ. 3　タ. 6

〔3〕チ. 2　ツ. 8　テ. 3　ト. 2　ナ. 1　ニ. 1　ヌ. 0

〔4〕ネ. 1　ノ. 8　ハ. 1　ヒ. 5　フ. 2　ヘ. 4　ホ. 7（「ヘ」と「ホ」は順不同）

〔5〕マ. 1　ミ. 8　ム. 2　メ. 5　モ. 5　ヤ. 2

〔6〕ユ. 5　ヨ. 2　ラ. 7　リ. 5

《英　語》

〔1〕1. イ　2. ア　3. イ　4. ア　5. ウ

〔2〕6. ウ　7. ア　8. エ　9. エ　10. イ

〔3〕11. ウ　12. イ　13. ア　14. ウ　15. エ

〔4〕16. ウ　17. エ　18. ウ　19. ウ　20. ウ

〔5〕21. ア　22. ア　23. イ　24. イ　25. エ

〔6〕26. イ　27. ウ　28. イ　29. ア　30. エ

《理　科》

〔1〕1. イ　2. エ　3. オ　4. ウ　5. ア

〔2〕6. エ　7. ウ　8. ウ　9. イ　10. オ

〔3〕11. オ　12. ア　13. エ　14. ア　15. イ

〔4〕16. エ　17. ウ　18. ウ　19. エ　20. イ

《社　会》

〔1〕1. イ　2. エ　3. ア

〔2〕4. ウ　5. ウ　6. イ

〔3〕7. イ　8. ア　9. ア

〔4〕10. イ　11. ア　12. ウ　13. ア

〔5〕14. ウ　15. ア　16. ア　17. エ　18. ウ　19. イ

〔6〕20. イ　21. エ　22. イ　23. エ　24. ウ　25. エ

《2023　国語　解説》

一　**問一**　「李《イー》は韓国と日本の伝統文化、歴史、言語を豊富な細部にわたって比較」に続くことから、「対照」（＝二つの事物を照らし合わせて比べること）となる。よってイが適する。同音異義語に注意しよう。「対称」は、物と物とが互いに対応しながらつりあいを保っていること。「対象」は、行為の目標となるもの。

問二　ア.「方丈記」は鎌倉時代に鴨長明《かものちょうめい》によって書かれた随筆。　イ.「徒然草」は鎌倉時代に兼好法師によって書かれた随筆。　ウ.「枕草子」は平安時代に清少納言によって書かれた随筆。　エ.「源氏物語」は平安時代に紫式部によって書かれた小説。　よってウが適する。

問三　「西欧の古典美学の起源とされる」「アリストテレスの『詩学』」には、「極端に小さな動物は美しくありえないであろう〜他方また、極端に大きな動物もやはり美しくありえないであろう」と書かれている。よってエが適する。

問四　「『それが何であれ、小さいものはすべてかわいい』というのが清少納言の美学」「『枕草子』が示す小さきものへの偏愛」「『枕草子』が問いかけているのはそれ（＝「詩学」にあるような調和と均衡《きんこう》に満ちた美）とは正反対の、量的な均衡が崩れたときにはじめて事物が垣間見せることになる、壊れやすく、可憐《かれん》な美としての『かわいさ』のこと」などから、ウが適する。

問五　「論に値するのはただ美ばかりであり、それはつねに調和と均衡に満ちて、しかるべき距離のもとに、しかるべき分量のもとに、眺められるべきものでなければならなかった」とある。この「しかるべき分量」が「量的な均衡」である。また、「詩学」を引用した部分で、「極端に小さな動物」も「極端に大きな動物」も美しくありえないのは、「それのもつ全一性が視野から失われてしまうためである」と述べられている。よって、イ〜エのような観念や概念はあった。また、西洋の美学の変転について語っている部分に、「ロマン主義の崇高美学へと変転してゆく間にも」とあり、「崇高」という観念は後に出たもので、「アリストテレスの時代には」なかったと考えられる。よってアが適する。

問六　「この問題」の直前の段落に見られる問いかけは、「では、この小ささの美学は日本文化に特有なものなのだろうか」「こうした文化の背後には、何か伝統的に一貫した原理が働いているのだろうか」である。この問題に真正面から取り組んだ李御寧《オリョン》は、「韓国と日本の伝統文化、歴史、言語を豊富な細部にわたって比較対照することを通して、日本文化の根底にはものごとを縮小する原理が横たわっている（そして韓国の文化には同じようなものは見られない）と結論し」た。よってイが適する。

問七　前に述べたこと（「何かを作ることを細工といいます」）と次に述べること（「作るということは〜細かく縮小する工作なのです」）が同じであることを表す言葉としてエが適する。

問八　アは「徒然草」の九十二段の話と類似する。まだ矢があることを当てにし、この一本に集中しなくなるのを防ぐためにすることである。小さいこと、少ないこと、狭いことに独自の価値を見出しているわけではないので、「日本の『縮み』文化の例」としては適当ではない。よってアが正解。

問九　李御寧は『「縮み」志向の日本人』において、「日本文化の根底にはものごとを縮小する原理が横たわっていると結論し、さらに重要なこととして、それが事物をより『可愛い』『力強い』ものに変化させることに結びつくと語っている」。直接の引用によれば「このように縮小されたものは、たんに小っぽけなものとはちがい、本来のものよりもっと可愛いもの、もっと力強いものになるということで、異様な特色を帯びてくるのです」と表現されている。よってエが適する。

問十　「枕草子」に見られる「壊れやすく、可憐な美としての『かわいさ』」は、「西洋の美学が〜ロマン主義の崇高美へと変転していく間にも、一度として美学の中心に置かれることはなかった。それは〜ほとんど挿話《そうわ》的な話題としてしか言及されることがないままに現在に至っている」。つまり、東洋の美学がロマン主義を生む原動力になったことはなかった。よってイが正解。

二　**問一**　最初の二文とその現代語訳より、ウが適する。

問二　「たくさんのささげ物を木の枝にくくり付けて堂の前に立てたので、まるで山のようで、それもいま新たにその山が堂の前に動いて出てきたように見えたのであった」とある。このたくさんのささげ物を、右の馬の頭《かみ》であった老人が、うっかり本物の山と間違えたまま歌に詠んだ。よってウが適する。

問三　安祥寺《あんじょうじ》で田邑《たむら》の帝の女御《にょうご》だった多賀幾子《たかきこ》という人の法要を行っており、そこにいた右大臣の藤原常行《つねゆき》という人が、今日の法要を題として、春の趣のある歌を献上させた。よってアが適する。

問四　主語を示さず感想をそのまま書いているので、作者による印象である。よってエが適する。

問五　「年ごろよそには仕《つこ》うまつれど、近くはいまだ仕うまつらず」に続く部分で、これを聞いた親王は喜んだ。よってイが適する。

問六　「その大将」が、親王に対する親愛の情を示し、自分に良い印象を持ってもらうための工夫を考えている。よってウが適する。

問七　直前の「島このみたまふ君なり」(＝しゃれた庭園を好む人であるので)より、エが適する。

問八　和歌Ｂとその現代語訳「あかねども岩にぞかふる＼色見えぬ心を見せむよしのなければ」(＝「十分ではございませんけれども、私の思いを岩に込めて献上いたします。＼色には見えない私の心を、お見せするすべがございませんので」)より、イが適する。

問九　傍線部⑤のようなことを申し出ておそばにつかえ、わざわざ石を持ってこさせて、それを献上する際の常行の気持ちなので、イが適する。

問十　Ａの歌とそれに対する作者の感想がイと一致する。

三　**問一**　「隣の芝生は青く見える」とは、何でも他人の物はよく見えるものであるという意味の慣用句。　「黄色い声援」とは、女性や子どもなどによるかん高い声の応援という意味の慣用句。　「腹が黒い」とは、心がねじけていて悪事をたくらむ性質であるという意味の慣用句。　よってアが正解。

問二　アの「いたしますか」の「いたす」は謙譲語で、相手を敬うために、自分の動作をへりくだって言う表現。ここでは相手の動作を表すので、尊敬語の「なさる」を用いて、「なさいますか」とするのが適する。よってアが正解。

問三　ア．心と体、精神と身体という意味の「心身」または「身心」が入る。　イ．あふれ出るさま、次々とわき出るさまという意味の「津々」が入る。　ウ．あたりがひっそりと静まり返っているさまという意味の「深々」が入る。　エ．その分野に新しく現れて、活躍していること、またはその人という意味の「新進」が入る。　よってエが正解。

問四　「和語」は日本に元々あった言葉で、大和言葉とも言う。訓読みするものが多い。「漢語」は中国から伝わって来た言葉や、それを基にして漢字の音を使って作った言葉。「外来語」は外国語で日本語に用いるようになった言葉。ア．窓《まど》「和語」＋硝子《ガラス》「外来語」　イ．麦酒《ビール》「外来語」＋瓶《びん》「漢語」　ウ．読書《どくしょ》「漢語」＋週間《しゅうかん》「漢語」　エ．青空《あおぞら》「和語」＋教室《きょうしつ》「漢語」　よってアが適する。

四　著作権上の都合により文章を掲載しておりませんので、解説も掲載しておりません。ご不便をおかけし、誠に申し訳ございません。

《2023　数学　解説》

〔１〕

(1)　与式 $=(-4)\times\frac{5}{4}+12=-5+12=\mathbf{7}$

(2)　与式 $=(-8a^6b^3)\times 4ab^3\times(-\frac{1}{8ab})=\mathbf{4a^6b^5}$

(3)　与式 $=(3-2\sqrt{3}+1)+3\sqrt{3}-\frac{6\sqrt{3}}{3}\times 2=4+\sqrt{3}-4\sqrt{3}=\mathbf{4-3\sqrt{3}}$

(4)　**【解き方】さいころを２つ使う問題では，右のような表にまとめて考えるとよい。**

		b					
		1	2	3	4	5	6
a	1	○					
	2	○	○				
	3	○	○	○			
	4	○	○	○	○		
	5	○	○	○	○	○	
	6	○	○	○	○	○	○

大小２つのさいころの目の出方は全部で $6\times 6=36$（通り）ある。そのうち条件にあう出方は表の○印の 21 通りだから，求める確率は，$\frac{21}{36}=\mathbf{\frac{7}{12}}$である。

(5)　**【解き方】箱ひげ図からは，右図のようなことがわかる。**

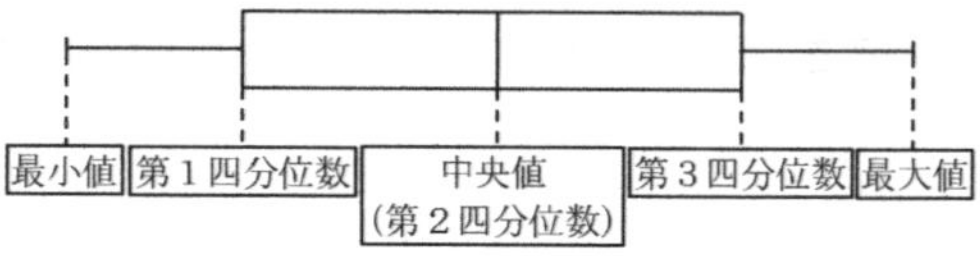

箱ひげ図より，最小値が２，最大値が８，第１四分位数が 3.5，中央値が５，第３四分位数が 7.5 とわかる。

９人のデータだから，$9\div 2=4.5$ より，中央値は大きさ順に５番目の値である。最小値と最大値と中央値から，①，②，④のいずれかが適切だとわかる。中央値を除いて下位４つと上位４つのデータに分けたとき，それぞれの中央値が第１四分位数と第３四分位数である。よって，小さい方から２番目と３番目のデータの平均が第１四分位数だから，小さい方から２番目と３番目のデータの和は $3.5\times 2=7$ である。大きい方から２番目と３番目のデータの平均が第３四分位数だから，大きい方から２番目と３番目のデータの和は $7.5\times 2=15$ である。

よって，最も適切なものは**④**である。

〔２〕

(1)　$\frac{x}{2}-\frac{2-2y}{3}=2$ より，$3x+4y=16$…①とする。$(x-1):(y+1)=2:7$ より，$7x-2y=9$…②とする。①＋②×２でyを消去すると，$3x+14x=16+18$　　$17x=34$　　$\mathbf{x=2}$

①に$x=2$を代入すると，$3\times 2+4y=16$　　$4y=16-6$　　$\mathbf{y=\frac{5}{2}}$

(2)　$x^2-x-2=0$ より，$(x-2)(x+1)=0$　　$x=2,\ -1$　　したがって，$x^2+ax+b=0$ の２つの解は $2\times 3=6$，$(-1)\times 3=-3$ である。６と－３を解に持つ２次方程式は，$(x-6)(x+3)=0$ より，$x^2-3x-18=0$ と表せるから，$x^2+ax+b=0$ とxの係数を比べると，$\mathbf{a=-3}$とわかる。

(3)　75 円の鉛筆をx本買えるとすると，$75x=55(x+4)+60$　　これを解いて，$x=14$

よって，75 円の鉛筆を **14** 本買える代金を持っている。

(4)(ア)　**【解き方】１個目の正三角形に使う棒は３本で，２個目以降は１個ごとに２本必要だから，正三角形をn個作るときに使う棒は $3+2(n-1)=2n+1$（本）である。**

正三角形を 10 個作るときに使う棒は，$2\times 10+1=$**21**（本）

(イ)　$2n+1=80$ とすると，$n=39.5$ となるから，作ることができる正三角形は **39** 個である。

〔3〕

⑴　**【解き方】PがAを出発して5秒後以降でyの値が増加しているので，Pは出発して5秒後にBと重なる。**

図ⅰ

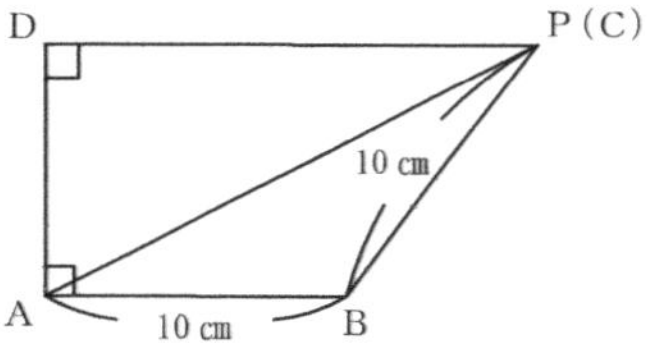

PはABを5秒で進むから，Pの速さは，10÷5＝2より，毎秒**2**㎝である。また，x＝10のときPはCと重なり，このとき△ABP＝40㎠だから，$\frac{1}{2}$×AB×AD＝40より，$\frac{1}{2}$×10×AD＝40　　AD＝**8**(㎝)

⑵　**【解き方】Qは5秒でAからDまで8㎝進むから，x＝10のときDから8㎝進んでいる。**

x＝10のときDQ＝8㎝だから，K＝$\frac{1}{2}$×8×8＝**32**となる。

⑶　**【解き方】台形ABCDの面積は104㎠だから，S＝104となるとき，PとQが重なる。10秒後のP，Qの位置からさらに何秒進めばP，Qが重なるのかを考える。**

図ⅱ

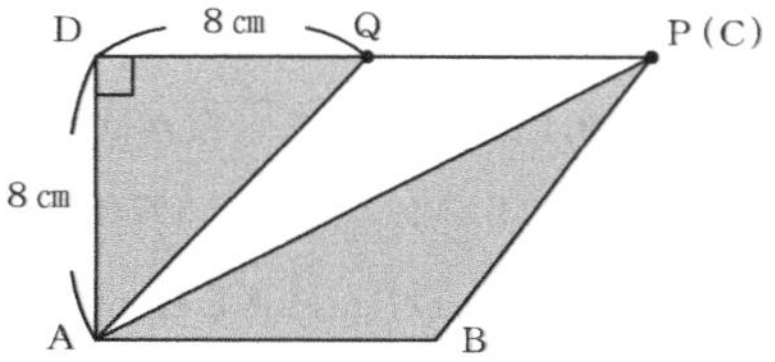

台形の面積について式を立てると，$\frac{1}{2}$×(CD＋10)×8＝104

これを解くとCD＝16(㎝)である。x＝10のとき，PとQは図ⅱの位置にあり，Sは色つき部分の面積である。S＝104となるのは，P，QがCD上を両方向から近づき，重なるときであり，図ⅱの状態からt秒後にP，Qが重なるとする。Qの速さは毎秒$\frac{8}{5}$㎝で，図ⅱでPQ＝16－8＝8(㎝)だから，2t＋$\frac{8}{5}$t＝8よりt＝$\frac{20}{9}$となる。

したがって，求めるLの値は10＋$\frac{20}{9}$＝$\mathbf{\frac{110}{9}}$

〔4〕

⑴　A，Cは放物線$y=\frac{1}{3}x^2$上の点だから，Aのy座標は$\frac{1}{3}$×(－6)^2＝12より，A(－6，12)，Cのy座標は$\frac{1}{3}$×9^2＝27より，C(9，27)である。よって，直線ACの傾きは$\frac{(y\text{の増加量})}{(x\text{の増加量})}=\frac{27-12}{9-(-6)}$＝1だから，直線ACの式を$y=x+b$とおき，Aの座標を代入すると，12＝－6＋bよりb＝18となる。Dは直線ACの切片だから，y座標は**18**である。

⑵　Bのy座標は$\frac{1}{3}$×3^2＝3より，B(3，3)である。よって，直線ABの傾きは$\frac{3-12}{3-(-6)}$＝－1であり，直線ℓは直線ABに平行でDを通るから，直線ℓの式は$y=-x+18$となる。放物線$y=\frac{1}{3}x^2$と直線ℓの式からyを消去して，$\frac{1}{3}x^2=-x+18$　　$x^2+3x-54=0$　　$(x+9)(x-6)=0$　　$x=-9,\ 6$

Eのx座標は6，Fのx座標は－9だから，その差は6－(－9)＝**15**である。

⑶　**【解き方】傾きが1の直線と－1の直線は垂直に交わることを利用する。**

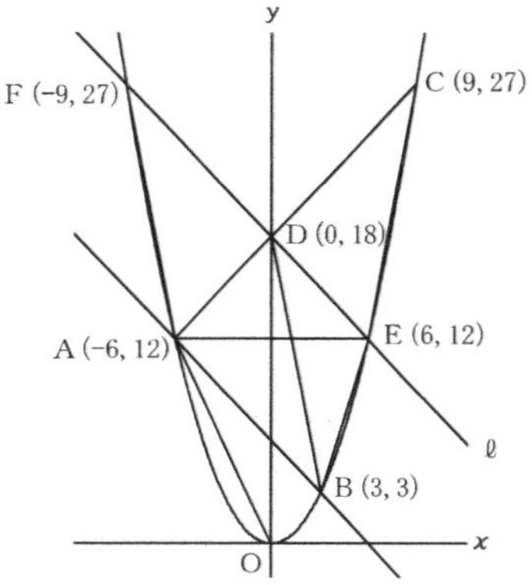

⑵より，y軸についてEはAと，FはCと対称だから，E(6，12)，F(－9，27)である。直線ACの傾きが1で直線ABの傾きが－1だから，この2本の直線は垂直に交わり，直線ACと直線ℓも垂直に交わる。よって，∠ADF＝90°だから，△ADFは**直角三角形**である。AとFのx座標が異なるのでAD＝FDではないから，直角二等辺三角形ではない。

△ADFと△EDCはy軸について対称なので，△ADF≡△**EDC**である。

また，FD//ABであり，(FとDのx座標の差)＝0－(－9)＝9，(AとBのx座標の差)＝3－(－6)＝9だから，FD＝ABである。

四角形ABDFは1組の対辺が平行で長さが等しいから，平行四辺形である。

平行四辺形は対角線によって合同な2つの三角形に分けられるから，△ADF≡△**DAB**である。

〔５〕

⑴　**【解き方】右図のように補助線を引いて考える。**

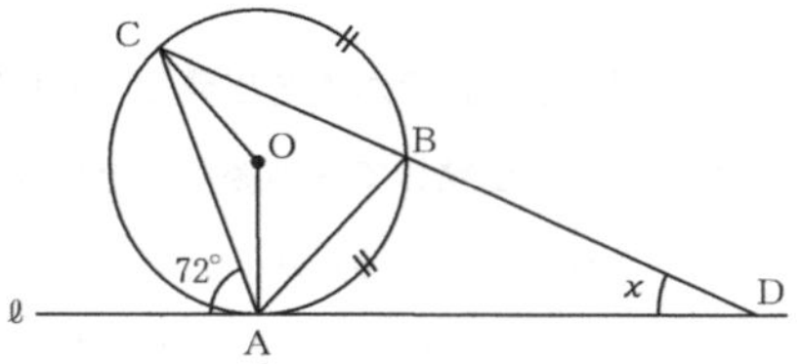

円の接線は接点を通る半径に垂直だから，

∠ＯＡＣ＝90°－72°＝18°であり，ＯＡ＝ＯＣより，△ＯＡＣは二等辺三角形だから，∠ＡＯＣ＝180°－18°×２＝144°

∠ＡＯＣと∠ＡＢＣはそれぞれ，$\overset{\frown}{AC}$に対する中心角，円周角の関係にあるから，$\angle ABC=\frac{1}{2}\angle AOC=\frac{1}{2}\times 144°=72°$である。また，$\overset{\frown}{AB}=\overset{\frown}{BC}$より，△ＡＢＣはＡＢ＝ＢＣの二等辺三角形だから，∠ＡＣＢ＝(180°－72°)÷２＝54°　　三角形の１つの外角は，これととなり合わない２つの内角の和に等しいから，△ＡＤＣにおいて，$\angle x+\angle ACD=72°$より，$\angle x=72°-54°=$**18°**である。

⑵　**【解き方】相似比がｍ：ｎである三角形の面積比はｍ²：ｎ²であることを利用する。**

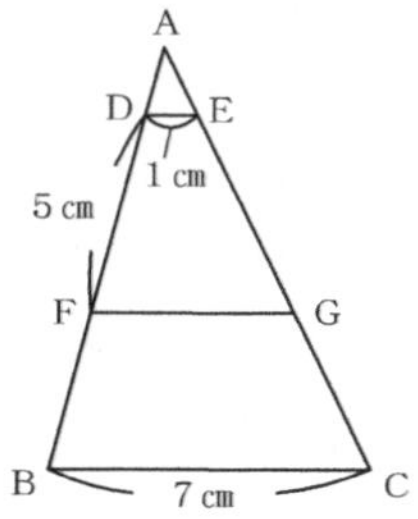

△ＡＤＥ∽△ＡＢＣで相似比はＤＥ：ＢＣ＝１：７だから，面積比は$1^2:7^2=1:49$である。よって，△ＡＤＥ＝Ｓとおくと，

$(\text{四角形DFGEの面積})=(\text{四角形FBCGの面積})=(49-1)S\times\frac{1}{2}=24S$

よって，△ＡＤＥ：△ＡＦＧ＝Ｓ：(Ｓ＋24Ｓ)＝１：25より，

△ＡＦＧの面積は△ＡＤＥの面積の**25**倍である。

また，△ＡＤＥ∽△ＡＦＧだから，相似比は$\sqrt{1}:\sqrt{25}=1:5$となるので，

$AD=5\times\frac{1}{5-1}=\frac{5}{4}$(cm)　　ＡＤ：ＡＢ＝１：７だから，$AB=\frac{5}{4}\times 7=\frac{35}{4}$(cm)である。

したがって，$FB=\frac{35}{4}-(\frac{5}{4}+5)=\mathbf{\frac{5}{2}}$(cm)

〔６〕　Ｂの高さは12cmであり，高さの$\frac{2}{3}$が水に沈んだので，水につかっている部分の高さは$12\times\frac{2}{3}=8$(cm)である。また，あふれた水の体積は，Ｂの水につかっている部分の体積と等しい。よって，Ｂの底面積は400÷８＝50(cm²)となる。よって，Ｂの底面は面積が50cm²の正方形だから，１辺の長さは$\sqrt{50}=\mathbf{5\sqrt{2}}$(cm)である。

図ｉ

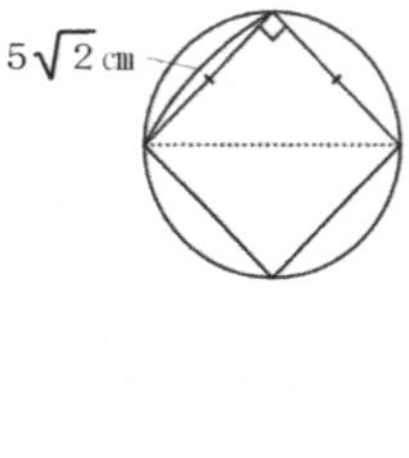

図ii

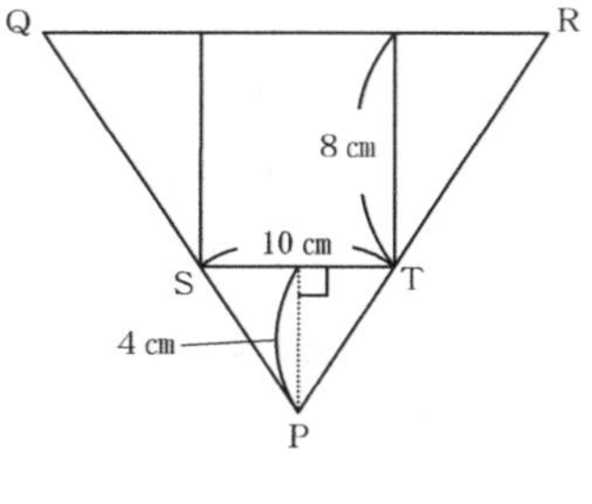

ＡとＢの底面が接する断面は図ｉのようになり，この断面の円の直径は正方形の対角線の長さと等しく，$5\sqrt{2}\times\frac{\sqrt{2}}{1}=10$(cm)である。

Ａの頂点と底面の直径を通る平面で切断したときの断面図は図iiのようになり，

△ＰＱＲ∽△ＰＳＴで相似比は４：12＝１：３である。

したがって，$QR=ST\times\frac{3}{1}=10\times 3=30$(cm)だから，

Ａの底面の円の半径は，30÷２＝**15**(cm)である。また，Ａの容積は$\frac{1}{3}\times 15^2\pi\times 12=\mathbf{900\pi}$(cm³)

《2023　英語　解説》

〔１〕　【放送文の要約】参照。

１　「トムはなぜ，ジェーンが短時間でエッセイを書くことができると思っているのですか？」…イ「彼は，彼女には夢があると思っているからです」が適当。　　２　「フレッドはルーシーに何をするよう頼んでいますか？」…ア「彼は彼女に，日本で何か買ってくるよう頼んでいる」が適当。　　３　「もし，レストラン内で食事をしない場合，男性はいくら支払わなければなりませんか？」…割引前の金額＝36(ドル)÷(１－0.1)＝40(ドル)より，イ「40 ド

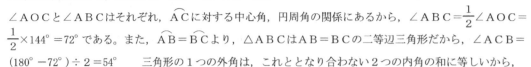

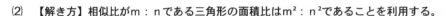

ル」が適当。　4　「このアナウンスはどこで聞くことができますか？」…ア「空港」が適当。

5　「乗客は何時にゲートA23に行けばいいですか？」…ウ「午後２時より前」が適当。

【放送文の要約】

1　トム　　：やあ，ジェーン。元気？

ジェーン：ありがとう，私は元気よ。トム，あなたは？

トム　　：僕も元気だよ，ありがとう。宿題は終わった？

ジェーン：え？どの宿題のことを言ってるの？

トム　　：先週の水曜日に先生が出した宿題のことだよ。

ジェーン：忘れてた！何をしなくちゃいけないんだっけ？

トム　　：将来の夢について英語で書く必要があるよ。

ジェーン：そうだったね。で，語数はどれくらいだったっけ？

トム　　：先生は500語程度書かなければいけないと言ってたよ。

ジェーン：500語？長すぎるよ！そんなに長いエッセイを書いたことがないよ。

トム　　：心配しないで。君には夢があるから，短時間で書けるよ。

ジェーン：そうね，やってみるよ。教えてくれてありがとう。

トム　　：どういたしまして。

2　ルーシー：もしもし，ルーシーですが，フレッドをお願いできますか？

フレッド：僕だよ。

ルーシー：こんにちは，フレッド。ねえ，聞いてよ。この夏，私は家族で日本に行こうと計画中なの。一緒に行かない？

フレッド：えー！すごいね。どんな日程で？

ルーシー：８月７日に日本へ行き，９月２日にこっちに戻ってくるつもりだよ。京都，大阪，神戸，そしてもちろん東京にも行く予定よ。一緒に行きたい？

フレッド：行きたいけど，すでに８月12日にジュディとコンサートに行く計画があるんだよ。

ルーシー：それは残念だね。一緒に日本に行けなくて残念だけど，次の機会に一緒に行こうね！

フレッド：うん。お土産を買ってきてね。

ルーシー：うん，買ってくるよ。じゃあまたね！

フレッド：またね。

3　キャシー：いらっしゃいませ。

ボブ　　：ハンバーガーを２つとフライドポテトをください。

キャシー：お飲み物はいかがですか？

ボブ　　：はい。ミネラルウォーターを1本お願いします。あ，レストラン内で食事をすれば割引きしてもらえるんですよね？

キャシー：はい。30ドル以上お支払いの場合，10パーセント割引きできます。

ボブ　　：わかりました。ここで食べます。合計でいくらですか？

キャシー：36ドルです。

4，5　こんにちは。皆様にお知らせいたします。4アこれはアメリカン航空306便・アラバマ行きのアナウンスです。すべての乗客の皆様に，たった今スケジュールが変更されたことをお知らせいたします。予定されていた搭乗時刻は午後1時15分でしたが，ニューヨークの天候のために，2時15分になりました。アラバマには午後4時に到着予定です。5ウまた，ゲートがA16からA23に変更されました。306便にご搭乗の皆様は午後2時前にそちらのゲートにお越しください。お手伝いが必要な方はスタッフにお声がけください。ご清聴，どうもありがとうございました。

〔2〕【本文の要約】参照。

6　He was surprised to see that「彼はそれを見て驚いた」の that は直前の１文を指すから，ウが適当。

7　直後の妖精の発言「僕には難しいけれど，やってみましょう」より，アが適当。

8　(C)は「～するために」という，「目的」を表す副詞的用法だから，エ「映画を見るためにチケットを買う」が同じ用法である。アは名詞的用法「～こと」，イとウは形容詞的用法「～するための」である。

9　エ以外は第４段落にある内容。

10　ア「妖精に会った時，×パトリックは自分のネコと遊んでいた」　イ○「パトリックは宿題のほとんどを自分でやった」…妖精に押し付けたつもりが，知らず知らずのうちに自分で宿題をしていた。　ウ「×誰もがパトリックの宿題を誰がやったか知っている」　エ「妖精が役に立たなかったのでパトリックは×腹を立てた」

【本文の要約】

パトリックは決して宿題をしませんでした。「つまらなすぎる」と彼は言いました。パトリックは，宿題はせずに，野球とバスケットボールと任天堂のゲームをしていました。先生たちは彼に，「パトリック！宿題をしなきゃ何も学べないぞ」と言いました。しかし彼は宿題が大嫌いでした。

ある日，パトリックのネコが小さな人形と遊んでいました。6ウ実際にはそれは人形ではなくて，ネズミよりも小さな人間でした。パトリックはそれを見て驚きました。その小さな人間は小さなウールのシャツを着ていて，魔女のような高い帽子をかぶっていました。彼は妖精でした。彼は大きな声で言いました。「助けてください，何でもします。約束します」パトリックは，自分はなんて幸運なんだろうと，信じられない気持ちになりました。パトリックは妖精に「学期末まで僕の宿題を全部やってよ。もしうまくやってくれたら，僕はAをもらえるかもしれない」

妖精はしばらく黙っていた後，こう言いました。「7ア僕には難しいけれど，やってみましょう」パトリックは妖精を助けるために，自分のネコに新しいおもちゃを与えました。そしてネコは妖精の代わりにおもちゃで遊ぶようになりました。

翌日，妖精はパトリックの宿題を始めました。しかしいつも答えがわかるわけではなく，「助けて！助けて！」と叫ぶことがありました。パトリックは多くの方法で妖精を助けなければなりませんでした。9イ宿題の単語の意味を妖精に教えるために，辞書を持ってくることもありました。妖精は数学がまったくわからず，「僕は数学なんて一度も勉強したことがありません，だからあなたの助けが必要です」と言いました。それで，9ア妖精が数学の宿題をしている時には，パトリックは妖精が質問に答えるのを手伝うのに大忙しでした。妖精は人類の歴史についても，全く知りませんでした。パトリックはまた手伝うはめになりました。9ウパトリックは，妖精が歴史の宿題をやるのを手伝うために，歴史の本をたくさん読む必要がありました。パトリックは妖精の手伝いで忙しすぎて，夜，十分に睡眠時間が取れないこともありました。

学期最後の日，妖精が姿を消しました。パトリックの成績にはAがたくさんありました。彼のクラスメートは驚き，先生はにっこりしました。両親は「何があったの？」と不思議に思いました。パトリックはすべての教科で成績優秀な素晴らしい生徒になりました。パトリックはいまだに，妖精が自分の宿題を全部やってくれたのだと思っています。本当に宿題をしたのは誰なのかをわかっているのはみなさんと私だけですね。

〔3〕【本文の要約】参照。

11 「ベア・ジョンソンの家族はごみを減らすために何をしていますか？」…ウ「彼らはものを様々な用途に使います」が適当。

12 「ベア・ジョンソンはなぜ，ごみゼロ生活について話しているのですか？」…イ「なぜなら彼女は，人々はそのやり方をすればより良く暮らすことができると考えているからです」が適当。

13 「筆者はなぜ，市場について話しているのですか？」…ア「なぜなら筆者は自分の生活様式を変えようとしているからです」が適当。

14 「この話について，どれが正しいですか？」…ウ「ベア・ジョンソンは，私たちは自分たちの生活を少しずつ変えることができると言いました」が適当。

15 「この話に最も適する題名はどれですか？」…話の一部ではなく全体を通して書かれていることを選ぶ。エ「簡素な生活」が適当。

【本文の要約】

あなたは1日でどのくらいのごみを出しているでしょうか？私は，ごみゼロ生活の提唱者のベア・ジョンソンさんの講演を聞いた後，このことについて考え始めました。

彼女の4人家族（本人，夫，息子2人）は，ほとんどごみを出しません。彼らはわずかなやり方でこれを実践しています。まず，彼らは包装された商品を買いません。彼らは自分たちの買い物袋を使います。また，所有するものを減らし，11ウ多くのことに対して同じ商品を使います。例えばジョンソンさんはお酢と重曹を使って掃除をします。そして洋服はたった15着しか持っていません。

12イ「ごみゼロ生活は自制するということではありません。それは時間とお金を節約し，よりよい生活をするためには何が大切なのかに焦点をあてることです」と彼女は言いました。ジョンソンさんはこれらを含むさらなる内容を自書 Zero Waste Home の中で説明しています。これは，ごみを減らし生活を簡素にするためのガイドブックです。私は数年前にその本を読み，彼女の生活様式に従ってみようとしました。

しかし私はこれを続けることができませんでした。数週間後，私は包装された商品を買ってしまいました。私にとって，ポテトチップスと文房具を買うのをやめるのは，非常に難しいことでした。私は何とかビニール袋を使うのをやめ，外食時には自分のナイフとフォークを使いました。しかしそれでもいくらかのごみを出してしまいます。

しかし，ジョンソンさんの講演を聞いた後に再びごみゼロ生活に挑戦しました。14ウジョンソンさんは，小さなことから始めることが大切で，その変化は持続可能なものであるべきだと言っています。彼女はまた，生活様式を短時間で変えることはできないとも言っています。

13ア私は自分にすぐにできることについて考えました。私はスーパーではなくて生鮮市場で買い物をすることができました。市場では，包装されていない，新鮮な食材を買うことができます。さらに，市場はより新鮮なものをより安い価格で提供しており，親しみのある店員がおまけしてくれることも多いです。

私はごみを減らすことに成功するでしょうか？私は最善を尽くしたいと思います。

〔4〕

16 enjoy→will enjoy：文末の next month「来月」より，未来のことだから，助動詞の will が必要。

17 his→him：「(人)を(状態)にする」＝make＋人＋状態　(人)の部分が代名詞の場合は，目的格が適当。

18　have→has：one of＋名詞の複数形「(複数ある名詞)のうちの１つ」は単数として扱うから，has が適当。

19　be→been：have/has＋been＋~ing「ずっと～している」の現在完了進行形だから，been が適当。

20　taken care of→taken care of by：「(人)によって～される」は〈be 動詞＋過去分詞＋by＋人〉だから，by が必要。

〔５〕

21　文意「私はこれを彼に伝える方法がわからなかったので，伝えませんでした」より，アが適当。　・how to ～「～する方法／どのように～すべきか」

22　仮定法過去〈If＋主語＋動詞の過去形 ～，主語＋could …〉「もし～なら，…できるのに」の文だから，アが適当。

23　机の「材料」を表す文だから，イが適当。　・be made of ～「(材料)でできている」

24　is の前の部分を，主語になれる形にする。〈過去分詞(＝seen)＋語句(＝from this room)〉で後ろから名詞(＝mountain)を修飾し，「この部屋から見える山はとても美しい」という文にする。過去分詞のイが適当。

25　動詞が belongs(＝三人称単数現在形)だから，主語は単数である。エが適当。　・each of ～「それぞれの～」

〔６〕

26　Do you know where she is from?：間接疑問文だから，Do you know where の後は肯定文の語順にする。

27　This robot can swim as fast as a fish.：「○○と同じくらい…に」＝as … as＋○○

28　I wish I had time to travel with my family on the weekend.：「～だったらよいのに」＝I wish＋過去形の文.（現実ではない願望を表す仮定法過去の文）　「週末に」＝on the weekend

29　There are three boys running in the park.：「(場所)に(名詞)がいる／ある」＝There is/are＋名詞＋場所.　「走っている３人の少年」は〈現在分詞(＝running)＋語句(＝in the park)〉で後ろから名詞(＝boys)を修飾して表す。

30　This movie was so amazing that I'm looking forward to the next one.：「とても…なので～」＝so … that＋主語＋動詞　「(名詞)を楽しみにする」＝look forward to＋名詞

《2023　理科　解説》

〔１〕

１　定滑車は力の向きを変えるが力の大きさは変えず，糸を引いた距離だけ物体は持ち上がる。したがって，図１で糸を引く力は物体にはたらく重力(3.0kg→30N)に等しく，糸を引く距離は物体を持ち上げた距離(20㎝)に等しい。動滑車を使うと，物体を持ち上げるための力の大きさは半分になるが，糸を引く距離は２倍になる。図２のように動滑車の質量が無視できるとき，糸を引く力は物体にはたらく重力の半分(15N)になり，糸を引く距離は物体を持ち上げた距離の２倍(40㎝)になる。また，図３のように動滑車の質量が無視できないとき，糸を引く力は物体と動滑車にはたらく重力の和の半分(15Nより大きい)になり，糸を引く距離は物体を持ち上げた距離の２倍(40㎝)になる。

２　仕事の原理より，道具を用いても仕事の大きさは変わらないから，同じ物体を同じ距離だけ持ち上げた図１と図２の仕事の大きさは等しい($W_1=W_2$)。しかし，図３では物体と動滑車を20㎝持ち上げる仕事の大きさになり，図１や図２の仕事の大きさより大きくなる($W_1=W_2<W_3$)。

３　それぞれの動滑車に物体にはたらく重力が$\frac{1}{3}$ずつかかるので，それぞれの動滑車を支えるひもには物体にはたらく重力の$\frac{1}{3}\times\frac{1}{2}=\frac{1}{6}$がかかる。よって，糸を引く力の大きさは物体にはたらく重力の$\frac{1}{6}$になり，手が糸を引く長さは持ち上げる距離(30㎝)の６倍の180㎝となる。

４　台車の質量は変わらないので台車にはたらく重力は変わらない。台車が静止しているとき，台車にはたらく張力の大きさは，台車にはたらく重力の斜面に平行な分力の大きさに等しい。斜面の角度が小さいほど，斜面に平行な分力は小さくなるので，張力の大きさも小さくなる。

5　動滑車にかかる力は台車にはたらく重力の斜面に平行な分力に等しく，ひもを引く力の大きさは動滑車にかかる力の半分になる。台車にはたらく重力と斜面に平行な分力の比は，斜面をつくる三角形の辺の比より，２：1.2＝５：３である。台車にはたらく重力は900 g→９Nだから，斜面に平行な分力は$9\times\frac{3}{5}=5.4$(N)となり，ひもを引く最小の力の大きさは5.4÷２＝2.7(N)である。

〔2〕

6　〔密度(g/cm³)＝$\frac{質量(g)}{体積(cm^3)}$〕より，質量が変わらないとき，体積が増加すると密度は小さくなり，体積が減少すると密度は大きくなる。したがって，密度は，－４℃から０℃まで少しずつ小さくなり，０℃で氷がとけると大きくなる。また，０℃から４℃まで大きくなっていき，その後小さくなっていく。

7　CO_2(二酸化炭素)は，うすい塩酸に石灰石を加えると発生し，空気より重く水に少し溶けるから，下方置換法(①)か水上置換法(②)で集める。O_2(酸素)は，二酸化マンガンにオキシドールを加えると発生し，水に溶けにくいから，水上置換法(②)で集める。NH_3(アンモニア)は，水に非常に溶けやすく空気より軽い気体なので上方置換法で集める。塩化アンモニウムと水酸化カルシウムの混合物を加熱して発生させるときは，水ができるので加熱部に水が流れ込まないように試験管の口を下げる(③)。また，アンモニア水を加熱して発生させるときは，④のようにする。H_2(水素)は，うすい塩酸に亜鉛を加えると発生し，空気より軽く水に溶けにくいから，水上置換法(②)で集める。

8　「湯の中に発泡入浴剤を入れる」，「貝殻にうすい塩酸を加える」，「ベーキングパウダーに食酢を加える」の３つの実験で二酸化炭素が発生する。また，「湯の中に酸素系漂白剤を入れる」と「レバーにオキシドールをかける」では酸素，「鉄にうすい塩酸を加える」では水素，「塩化アンモニウムと水酸化カルシウムを混ぜ合わせて熱する」ではアンモニアが発生する。

9　10℃の水200 gに硝酸カリウムは，$22.0\times\frac{200}{100}=44.0$(g)までしか溶けないので，100－44＝56(g)析出する。10℃の水40 gに塩化ナトリウムは，$37.7\times\frac{40}{100}=15.08$(g)まで溶けるので，析出しない。

10　10℃の水100 gに硝酸カリウム22.0 gを溶かすと122gの飽和水溶液ができる。よって，飽和水溶液366 gを作るのに必要な硝酸カリウムは，$22\times\frac{366}{122}=66$(g)である。

〔3〕

12　種いもを育てて得られるジャガイモは，栄養生殖という無性生殖でできた個体なので，種いもを取ったジャガイモと全く同じ遺伝子をもつ。したがって，(ウ)～(オ)のように種いもを育てても，収穫量が多くて病気に強いジャガイモはできない。(ア)と(イ)のように，収穫量が多いジャガイモの花粉を病気に強いジャガイモに受粉させたとき，両方の遺伝子を受け継ぐ種子ができるのは，花粉を受粉された病気に強いジャガイモの方だから，(ア)のようにすればよい。

15　Ａaどうしをかけ合わせたときにできる種子の遺伝子の組み合わせ(形質)と数の比は，ＡＡ《丸》：Ａa《丸》：aa《しわ》＝１：２：１になる。よって，丸：しわ＝３：１になるので，しわの種子の数は，$500\times\frac{1}{3}=166.6\cdots$→約170個になると考えられる。

〔4〕

17　地球から満月と太陽が同じ大きさに見えるのは，月と太陽の半径の比と，地球から月までの距離と地球から太陽までの距離の比が等しいからである。したがって，太陽の半径をx万kmとすると，$0.35:x=37.5:15000$となるから，太陽の半径は，$x=0.35\times\frac{15000}{37.5}=140$(万km)である。

18　15000万÷500＝30万(km)

19　日食は太陽の一部や全体が月の後ろに隠れて見えなくなる現象で，地球から見て太陽と月が同じ方向にある新月のときに起こる。月食は月の一部や全体が地球の影の中に入り見えなくなる現象で，地球から見て太陽と月が反対の方向にある満月のときに起こる。したがって，日食は(D)，月食は(B)の位置のときに起こる。また，図8の影の部分から，日食より月食の方が長い時間続くことがわかる。

20　図9について，地球の中心と北海道と赤道でできるおうぎ形の中心角は45度である。したがって，地球1周分の長さを$x$kmとすると，5000：x＝45：360となるから，$x=5000\times\frac{360}{45}=40000$(km)である。

《2023　社会　解説》

〔1〕

1　日本を出発した際のロサンゼルスの時刻，または，ロサンゼルスに到着した際の日本の時刻を考える。日付変更線の西の縁に近い日本の方が時刻は進んでいて，時差は 17 時間だから，日本を出発した際のロサンゼルスの時刻は，8月8日の午後3時から 17 時間戻した時間(＝8月7日の午後 10 時)になる。ロサンゼルスに到着した際の現地時間は8月8日の午前9時だから，飛行時間は 11 時間である。

2　熱帯低気圧は，東アジアでは台風，インド洋などではサイクロン，北米などではハリケーンと呼ばれる。熱帯低気圧は赤道からやや離れた熱帯の海上で発生して移動してくるので，北から南下しているア・ウ，陸上で発生していることになるイは誤りであると判断する。

3　アメリカの農業の分布については右図。

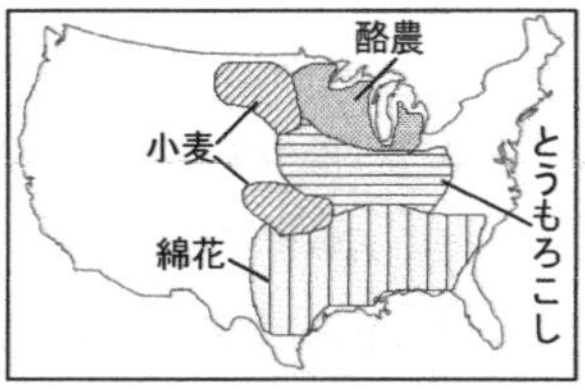

〔2〕

4　A県は栃木県，B県は埼玉県，C県は千葉県，D県は神奈川県。まず，政令指定都市の数から考える。政令指定都市は，埼玉県のさいたま市，千葉県の千葉市，神奈川県の横浜市・川崎市・相模原市だから，アは栃木県，エは神奈川県となる。残ったイ・ウを比べると，農業産出額はウのほうが多いので，埼玉県より農業がさかんな千葉県をウと判断する。

5　ちがいがわかりやすい半径0～10 km，40～50 kmに注目する。右図は都庁や市役所から半径 10 kmの範囲，半径 40 kmの範囲，半径 50 kmの範囲を示したものである。東京圏の半径 10 kmの範囲は，企業や官公庁などの高層ビル，商業施設が建ち並んでいて居住区が少ないので，定住人口が少ないと考え，半径0～10 kmの範囲の人口構成比が最も少ないbを東京圏と判断する。名古屋圏の半径 40～50 kmの範囲には，人口が多い都市がなく，人口構成比が最も少ないと考えられるのでaを名古屋圏，残ったcを大阪圏と判断する。大阪圏の半径 40～50 kmの範囲には政令指定都市である京都市が含まれる。

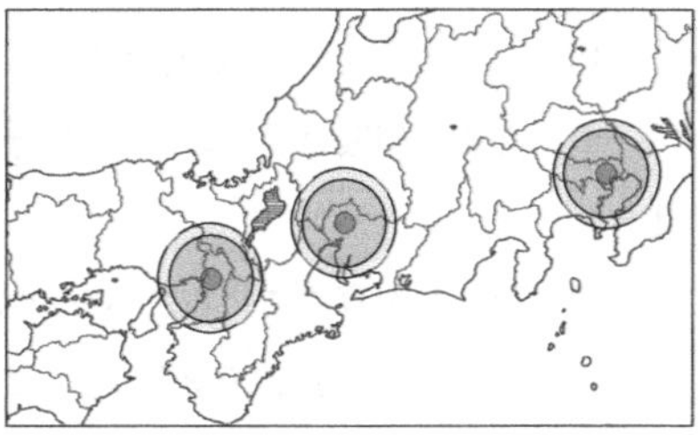

6　航空機輸送は輸送費が高いので，採算をとるために，主に小型軽量で高価な製品の輸送が行われる。4港のうち空港なのは成田国際空港のみであり，半導体・通信機・医薬品など，表に示されている輸出入品目の全てが，小型軽量で単価が高い製品になっているイを成田国際空港と判断する。アは名古屋港，ウは横浜港，エは東京港。

〔3〕

7　①の期間は飛鳥時代後期～奈良時代後期である。よって，聖徳太子によって出された十七条の憲法(飛鳥時代前期　604 年)のイを選ぶ。アは墾田永年私財法(奈良時代中期　743 年)，ウは大仏造立の詔(奈良時代中期　743 年)，エは万葉集の作品で，飛鳥時代後半の天武天皇について詠んだものである。

８　鎌倉時代の鎌倉文化を代表する作品である，アの金剛力士像を選ぶ。イは東求堂同仁斎の書院造(室町時代の東山文化)，ウは狩野永徳による『唐獅子図屏風』(安土桃山時代の桃山文化)，エは『源氏物語絵巻』(平安時代の国風文化)。

〔４〕

10　Ｘ．正しい。Ｙ．誤り。寛政異学の禁では，湯島の聖堂学問所での朱子学以外の講義や研究が禁じられた。

11　葛飾北斎は化政文化で活躍した浮世絵師であり，『富嶽三十六景』などで知られる。歌川広重は同じく化政文化で活躍し，『東海道五十三次』などで知られる。近松門左衛門，菱川師宣は元禄文化で活躍し，近松門左衛門は『曽根崎心中』，菱川師宣は『見返り美人図』などで知られる。

12　ウの柳条湖事件・満州事変は 1931 年に起こった。アの世界恐慌の始まりは 1929 年，イの普通選挙法とエの治安維持法は 1925 年に成立した。

13　a (1928 年)→b (1945 年)→c (1956 年)→d (1989 年)

〔５〕

14　四大公害病については右表参照。

公害名	原因	発生地域
水俣病	水質汚濁 (メチル水銀)	八代海沿岸 (熊本県・鹿児島県)
新潟水俣病	水質汚濁 (メチル水銀)	阿賀野川流域 (新潟県)
イタイイタイ病	水質汚濁 (カドミウム)	神通川流域 (富山県)
四日市ぜんそく	大気汚染 (硫黄酸化物など)	四日市市 (三重県)

15　パネルＣとパネルＤは，２つを入れ替えれば正しい。また，パネルＢは不景気のときに政府によって行われる財政政策の内容になっている。不景気のときの日本銀行による金融政策では，銀行のもつ国債などを買う「買いオペレーション」が行われ，銀行のもつ資金を増やして，社会に出回る通貨を増やそうとする。

16　イ．2016 年の法改正(2015 年公布　2016 年施行)により，地方議会の議員，地方公共団体の首長だけではなく，国会議員を選ぶ選挙権も満 18 歳以上に認められている。ウ．日本国籍をもっていない場合，選挙権は認められていない。エ．国民審査は衆議院議員総選挙の際に行われる。

18　資料に「人間たるに値する生活を保障」とあることから，社会権を認めていることがわかる。社会権は 1919 年に制定されたワイマール憲法で初めて定められた比較的新しい権利で，20 世紀的基本権などと呼ばれる。選択肢のうち，社会権について規定されているものは日本国憲法とワイマール憲法であるが，日本国憲法には第 103 条までしかなく，資料のような内容の記載がないことから選ばないようにしたい。

19　1985 年に制定された男女雇用機会均等法は，性別を理由として，雇用・昇進などの面で男女間に差をつけることを禁じた法律である。

〔６〕

20　ア．世界で初めて誕生した社会主義国はソ連であり，20 世紀の 1917 年に成立した。ウ．産業革命によって，水力にかわって石炭を利用した蒸気機関が新たな動力となった。エ．綿工業などの軽工業から始まった。

21　18 世紀後半の日本は江戸時代後期頃である。アは明治時代初頭の 1868 年，イは江戸時代前期の 1641 年，ウは明治時代初頭の 1869 年。

22　イギリスは，暖流の北大西洋海流と偏西風の影響で，高緯度でも冬の気温が高めで寒さが厳しくない西岸海洋性気候である。

23　ＥＵのシンボル色は青であり，ＥＵの旗の欧州旗は青地に円環状に配置された 12 個の金色の星で構成されている。ブルー(青い)バナナは，イギリス南部からベネルクス３国(ベルギー・オランダ・ルクセンブルク)，ドイツ，フランス，イタリアあたりに広がる工業の中心地域である。ＥＵの原加盟国にまたがるベルト地帯で，産業が発達し，人口が集中していて生活水準も高くなっている。

24　シリコンバレーには，ＩＣＴ産業に携わる大企業・大学・ベンチャー企業など，数多くの施設が集中している。

25　ワーク・ライフ・バランス…仕事と生活の調和。仕事と生活の両立を充実させる働き方。一貫生産…開発から組み立てまでの一連の工程を同一組織内で行う生産の仕組み。モーダルシフト…トラックなどの自動車輸送を環境負荷の少ない鉄道輸送や船舶輸送に切り替える取り組み。

2022 解答 令和4年度　中部大学春日丘高等学校

《国　語》

一　1．エ　2．ウ　3．イ　4．ア　5．エ　6．ア　7．ウ　8．ア　9．ア　10．ウ

二　11．イ　12．ウ　13．ウ　14．ア　15．ア　16．ウ　17．エ　18．エ　19．イ　20．ウ

三　21．ウ　22．エ　23．エ　24．ア

四　25．ウ

《数　学》

〔1〕ア．1　イ．5　ウ．4　エ．3　オ．4　カ．2　キ．3　ク．3

〔2〕ケ．6　コ．2　サ．2　シ．－　ス．6　セ．6　ソ．3　タ．5

〔3〕チ．3　ツ．4　テ．4　ト．7　ナ．3

〔4〕ニ．2　ヌ．1　ネ．2　ノ．1　ハ．8　ヒ．3　フ．6　ヘ．1　ホ．4

〔5〕マ．2　ミ．5　ム．3　メ．5　モ．2

〔6〕ヤ．2　ユ．2　ヨ．3　ラ．9　リ．8

《英　語》

〔1〕1．ウ　2．ウ　3．ア　4．イ　5．ウ

〔2〕6．ア　7．イ　8．ウ　9．エ　10．ア

〔3〕11．イ　12．エ　13．ウ　14．ア　15．イ

〔4〕16．イ　17．イ　18．ウ　19．ウ　20．エ

〔5〕21．エ　22．イ　23．ア　24．ウ　25．エ

〔6〕26．ウ　27．イ　28．エ　29．ウ　30．エ

《理　科》

〔1〕1．エ　2．ウ　3．エ　4．エ　5．イ

〔2〕6．ウ　7．オ　8．イ　9．ア　10．イ

〔3〕11．ア　12．オ　13．ウ　14．ア　15．ウ

〔4〕16．ウ　17．エ　18．オ　19．オ　20．イ

《社　会》

〔1〕1．ア　2．イ　3．エ　4．エ

〔2〕5．エ　6．ウ　7．ア

〔3〕8．イ　9．ウ　10．ア　11．ア

〔4〕12．エ　13．ウ　14．ア

〔5〕15．ウ　16．ア　17．ウ

〔6〕18．イ　19．ア　20．エ

〔7〕21．エ　22．イ　23．エ　24．エ　25．イ

《2022　国語　解説》

一　**問一**　「執筆」と書くので、エ。筆を執《と》って文章などを書くこと。

問二　「英語の会話をしなくてはならないという日の朝、英語のレコードを聴いておくと～言葉が出やすくなる」「外国語で文章を綴《つづ》るときも、その直前に、お手本になる文章をしばらく読んでから執筆にかかると～書きやすくなるように思われる」というのと同様の例。つまり「ほんのひとときのご利益でしかない」が、効果がしばらくは残存するもの。間に合わせに一晩で急いで暗記し、翌日のテストには効果があったという、ウが適する。

問三　「悲哀」とは、悲しくあわれなこと。傍線部③の直前の行で「グライダーの泣きどころ(弱み、弱点)はたちまち落ちてくることである」とあるので、イが適する。

問五　「〝優秀〟なグライダー」は、「学校の成績の優秀な学生」のたとえ。教わったことをテストで答えられれば満点がとれた、つまり「引っ張られるままにおとなしく飛べば〝優秀〟」と評価されてきた人たちのこと。彼らには自分で飛ぶ力がない、つまり、自分自身の頭で考えて論を組み立てる力がないので、「卒業論文」を書くことになって混乱に陥るということ。よって、エが適する。

問六　傍線部⑥の意味を具体的に説明している段落がある。〔　④　〕のある段落で、「教育～グライダー効果をねらっているように思われる。自分では飛べないものを引っ張って飛び上らせる。落ちそうになったらまた引っ張り上げる～落ちてくるひまのないグライダーは、永久に飛び続けられるような錯覚をもつかもしれない」と述べていることから、アのような場所だといえる。

問七　傍線部⑦の直前に「読書も一種のグライダー効果を与える」とある。「本を読むと、その当座はいかにも知識が豊かになったように感じられる～ただし、本から離れると」グライダーのように落ちてしまう、つまり、身についていないということ。よって、ウが適する。

問八　読んだだけで身になっていないのに「知識が豊かになった」「人間が高尚になった」と思うのは錯覚である。読書の「グライダー効果」に気付かず、「簡便に自己改造ができ」たなどと勘違いしてしまう人がいるので「有害なものになりうる」と言っている。この内容に、アが適する。

問九　アの「長期的に学習活動を持続する力」については本文で述べられていない。

問十　本文におけるグライダーは「お手本になるものに引っ張ってもらう～自分の力で飛んでいるわけではないから～降りてこなくてはならない」「グライダーの泣きどころはたちまち落ちてくること～真似は身につかないで、すぐはげる」「エンジンのついていない～自力で飛び立つことはできない」というもの。これと対照的なのが、「エンジンを搭載して、自分で空を飛ぶ」ことができる「飛行機」である。人間にたとえると、言われた通りのことをするのは得意だが自分でものごとを考え出す力のない人が「グライダー」で、自分の頭で考えることのできる人が「飛行機」だということになる。よって、ウが適する。

二　**問一**　父が「思う存分あなた(娘である作者)を～任地にも連れていき、その国の海山の景色も見せることはもちろん、国司たる私以上にあなたを立派にもてなし」と言っていることから、イの「大切に育てる」という意味だと判断できる。

問二　傍線部①の直前の「われも人も宿世《すくせ》のつたなかりければ」(私もあなたも前世での縁がつたなかったので)が理由なので、ウが適する。

問三　傍線部②の現代語訳は「地方暮らしの恐ろしさ」である。以降を読み進めると、「年老いた私の命はおぼつかないし、親を亡くし、都の内で頼る者もなくさまようのは世間にもよくあることだが、東国の田舎人になって路頭に迷うのは大変なことだろう」と言っている。下線部にあたる原文は「あづまの国、田舎人になりてまどはむ、いみじかるべし」である。よって、ウが適する。

問四　父は「年老いた私の命はおぼつかないし、親を亡くし、都の内で頼る者もなくさまようのは世間にもよくあることだが、東国の田舎人になって路頭に迷うのは大変なことだろう」と思い、作者を常陸《ひたち》には連れていかず、都に残すことにしたのである。父は自分が任地で死ぬかもしれないと考えて、残される娘を心配しているのである。よって、アが適する。

問五　アの「娘を上総《かずさ》に残していかねばならない」は適さない。「あなたの幼少のころ、上総～に連れて下った」とある。常陸への任官が決まった父は「結局、あなたを都に残してそれを長い別れと覚悟してあきらめるより道はあるまい」と言っている。

問六　出発していった父から届いた歌である。父が出発したのは「七月十三日」。旧暦の七月は「秋」。

問七　「～せば～まし」(～であったなら、～でしょうに)と、事実と反対のことを想定して詠んでいる。つまり、別れをしみじみとかみしめることもできずに慌ただしく出発しなければならなかったことを悔やんでいるのである。よって、エが適する。

問八　「え～ず(打ち消しの表現)」は、不可能(～することができない)の意を表す。現代語訳に「涙に曇って見ることができない」とあり、父から届いた歌を読んでますます悲しくなったのだと読み取れる。よって、エが適する。

問九　傍線部⑥の現代語訳は「とでも、書いたものであろうか」である。《Ⅱ》は作者が詠んだ歌である。別れの悲しさの中で詠んだ自分の歌について、あの時はこう詠んでしまったのだろうと、「けむ」という過去の推量を意味する助動詞を使って表現している。よって、イが適する。

問十　「あなたの幼少のころ、上総～に連れて下った」という父の言葉から、作者も東国に下った経験があるのだとわかる。傍線部⑦の直前の「道のほども知りにしかば」(道中の様子も覚えているので)は、かつて東国に下った経験から、その道のりを覚えているということ。本文最後の段落から、父の行く道を思い浮かべながら心配している作者の様子が読み取れる。よって、ウが適する。

三　**問一**　「聞く」という行為をするのは、道を尋ねた人。傍線部の前で、その人の行為について「迷われましたら」と尊敬の助動詞「れる」を使っているのと同様に、ここでも尊敬語を使うのがよい。「聞く」の尊敬語は「お聞きになる」。よって、ウが適する。「うかがう」と「お聞きする」は謙譲語。

問二　「たとえば」とエは副詞。アは形容動詞。イは連体詞。ウは接続詞。

問三　エの「グローバリゼーション」は、経済活動やものの考え方などを、世界的な規模に広げること。

問四　Ⅰは「五里霧中」。五里にもわたる深い霧の中にいる意から、見通しや方針がまったく立たないこと。「夢中」と間違えることが多いので注意。Ⅱは「一寸の虫にも五分の魂」。小さな虫にも命があるように、どんなに弱小の者にも誇りや意地や考えがあるため、ばかにしてはいけないというたとえ。Ⅲは「二足のわらじ」。両立しないような二つの職業を同一人が兼ねること。Ⅳは「二兎追う者一兎も得ず」。同時に二つのことをしようとすると、結局どちらも成功しないというたとえ。よって、アの「百」を用いない。

四　著作権に関係する弊社の都合により本文を非掲載としておりますので、解説を省略させていただきます。ご不便をおかけし申し訳ございませんが、ご了承ください。

《2022　数学　解説》

〔1〕

⑴　与式$=-9\div4+\frac{7}{4}\times(-\frac{1}{6}+\frac{3}{6})+\frac{8}{3}=-\frac{9}{4}+\frac{7}{4}\times\frac{2}{6}+\frac{8}{3}=-\frac{27}{12}+\frac{7}{12}+\frac{32}{12}=\frac{12}{12}=1$

⑵　与式$=\frac{3(3x+2y)-2(2x+y)}{6}=\frac{9x+6y-4x-2y}{6}=\frac{5x+4y}{6}$

⑶　与式$=\frac{1}{4}x^2y^2\times\frac{3x^2}{2y}\div\frac{x^3}{8y^3}=\frac{x^2y^2\times3x^2\times8y^3}{4\times2y\times x^3}=3xy^4$

⑷　**【解き方】樹形図にまとめて考える。**

硬貨を3回投げたときの表裏の出方は全部で，$2\times2\times2=8$(通り)ある。

そのうち，表が1回だけ出るのは，右樹形図の☆印の3通りだから，求める確率は，$\frac{3}{8}$である。

⑸　**【解き方】半分にしたデータのうち，大きい方のデータの中央値が第3四分位数である(データが奇数の場合，中央値を除いて半分にする)。**

$35\div2=17$余り1より，大きい順で17番目までのデータの中央値が第3四分位数である。

$17\div2=8$余り1より，大きい順で9番目のデータが第3四分位数である。

得点について，8以上が6人，6以上が$6+14=20$(人)いるから，第3四分位数が含まれる階級は，6以上8未満の階級である。

4以上6未満の階級の相対度数は，$\frac{(4以上6未満の階級の度数)}{(総度数)}=\frac{11}{35}=0.314\cdots$より，0.31である。

〔2〕

⑴　$x:y=3:1$より，$x=3y$…①　　$2x+y=14$…②

②に①を代入すると，$2\times3y+y=14$　　$7y=14$　　$y=2$　　①に$y=2$を代入すると，$x=3\times2$　　$x=6$

⑵　$x^2+2ax-(5a+2)=0$に$x=2$を代入すると，$2^2+2a\times2-(5a+2)=0$

$4+4a-5a-2=0$　　$a=2$

$x^2+2ax-(5a+2)=0$に$a=2$を代入すると，$x^2+2\times2\times x-(5\times2+2)=0$　　$x^2+4x-12=0$

$(x+6)(x-2)=0$　　$x=-6,\ 2$　　よって，他の解は-6である。

⑶　**【解き方】定価をx円として，利益について方程式をたてる。**

定価の20%引きは，$x\times(1-\frac{20}{100})=\frac{4}{5}x$(円)である。利益は$1200\times\frac{8}{100}=96$(円)なので，$\frac{4}{5}x-1200=96$

$\frac{4}{5}x=1296$　　$x=1620$　　よって，定価を1620円にすればよい。

⑷　**【解き方】各段の最も小さい数(一番左の数)が14(または29)をこえるところを探す。**

⑭が最後に並ぶ段は第5段で，第6段以降は並ばない。

したがって，⑭は第5段までの奇数段(1，3，5)に1枚ずつ並ぶから，全部で3枚並ぶ。

各段の最も小さい数(一番左の数)は3ずつ大きくなっているから，第6段以降の最も小さい数は，順に，

17，20，23，26，29，……となる。したがって，㉙が最後に並ぶ段は第10段で，第11段以降は並ばない。

よって，㉙は第10段までの偶数段(2，4，6，8，10)に1枚ずつ並ぶから，全部で5枚並ぶ。

〔3〕

⑴　$x=\frac{1}{2}$のとき，P，Qはともに$3\times\frac{1}{2}=\frac{3}{2}$進んでそれぞれOA上，OB上にあるので，$OP=OQ=\frac{3}{2}$となる。

三角すいOPQFは$\triangle OPQ=\frac{1}{2}\times\frac{3}{2}\times\frac{3}{2}=\frac{9}{8}$を底面とすると高さが$FB=2$となるので，$y=\frac{1}{3}\times\frac{9}{8}\times2=\frac{3}{4}$

⑵　**【解き方】三角すいOPQFは底面を△OPQとすると高さがFB＝2となるので，△OPQの面積に注目して，yをxの式で表す。**

図 i

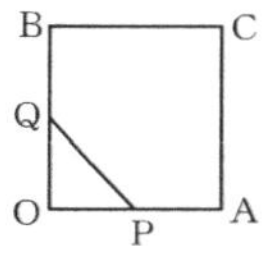

$0 \leqq x \leqq 1$のとき，PはOA上，QはOB上にあるから，図 i のようになる。

OP＝OQ＝$3x$なので，△OPQ＝$\frac{1}{2}\times 3x\times 3x=\frac{9}{2}x^2$

よって，$y=\frac{1}{3}\times\frac{9}{2}x^2\times 2$より，$y=3x^2$

図 ii

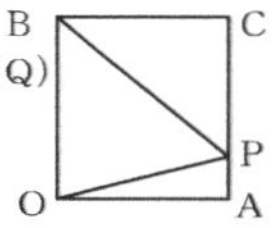

$1 \leqq x \leqq 2$のとき，PはAC上，QはB上にあるから，図 ii のようになる。

△OPQ＝$\frac{1}{2}$×OQ×OA＝$\frac{1}{2}\times 3\times 3=\frac{9}{2}$だから，$y=\frac{1}{3}\times\frac{9}{2}\times 2$より，$y=3$

図 iii

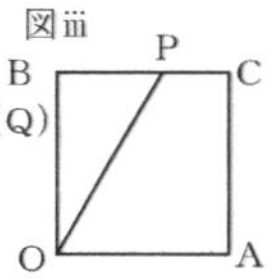

$2 \leqq x \leqq 3$のとき，PはCB上，QはB上にあるから，図 iii のようになる。

△OPQは底辺をOQ＝3とすると，高さがBP＝OA＋AC＋CB－(Pが進んだ距離)＝

$3+3+3-3x=9-3x$となるので，△OPQ＝$\frac{1}{2}\times 3\times(9-3x)=\frac{3}{2}(9-3x)$

よって，$y=\frac{1}{3}\times\frac{3}{2}(9-3x)\times 2$より，$y=-3x+9$

したがって，$0 \leqq x \leqq 1$でのグラフは放物線，$1 \leqq x \leqq 2$でのグラフはyの値が一定の直線，$2 \leqq x \leqq 3$でのグラフは右下がりの直線となるので，適切なものは④である。

⑶　⑵をふまえる。グラフより，2回目に$y=2$となるのは，$2 \leqq x \leqq 3$のときだとわかる。

このときの式は$y=-3x+9$だから，$y=2$のとき，$2=-3x+9$　　$3x=7$　　$x=\frac{7}{3}$

〔4〕

⑴　**【解き方】平行な直線は傾きが等しいことを利用する。**

A，Bは放物線$y=2x^2$上の点でx座標がそれぞれ$x=-2$，$x=1$だから，Aのy座標は$y=2\times(-2)^2=8$，

Bのy座標は$y=2\times 1^2=2$

直線ℓの傾きは直線OBの傾きに等しく，$\frac{2}{1}=2$である。よって，直線ℓ上でA$(-2,\ 8)$からxが2増えるとyは

$2\times 2=4$増えるから，直線ℓの切片は$8+4=12$である。したがって，直線ℓの式は$y=2x+12$である。

⑵　Cは直線$y=2x+12$…①と放物線$y=2x^2$…②との交点なので，この2式を連立方程式として解く。

①に②を代入すると，$2x^2=2x+12$　　$x^2-x-6=0$　　$(x-3)(x+2)=0$　　$x=3,\ -2$

Aのx座標が$x=-2$だから，Cのx座標は$x=3$である。②に$x=3$を代入すると，$y=2\times 3^2=18$となるから，

Cのy座標は18である。

⑶　**【解き方】直線ℓの切片をD(0，12)として，OC，BDをひく。AC//OBより，△OBC＝△OBDだから，(台形OACBの面積)＝△OAC＋△OBC＝△OAC＋△OBDで求める。右の「座標平面上の三角形の面積の求め方」を利用する。**

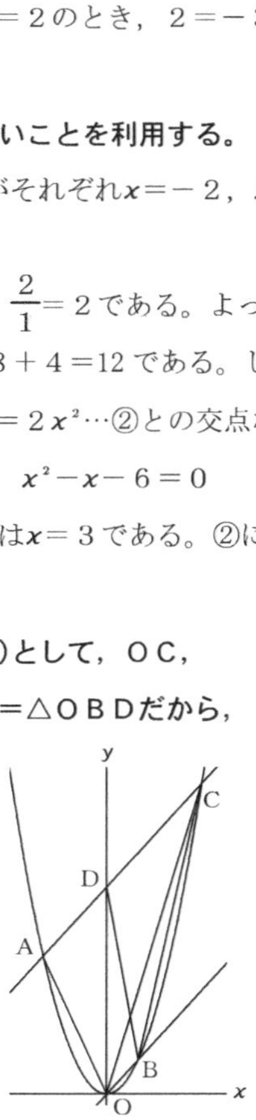

OD＝12より，△OAC＝

$\frac{1}{2}$×OD×(AとCのx座標の差)＝

$\frac{1}{2}\times 12\times\{3-(-2)\}=30$

△OBC＝$\frac{1}{2}$×OD×(OとBのx座標の差)＝$\frac{1}{2}\times 12\times 1=6$

よって，台形OACBの面積は，$30+6=36$

座標平面上の三角形の面積の求め方

下図において，△OPQ＝△OPR＋△OQR＝

△OMR＋△ONR＝△MNRだから，

△OPQの面積は以下の式で求められる。

△OPQ＝$\frac{1}{2}$×OR×(PとQのx座標の差)

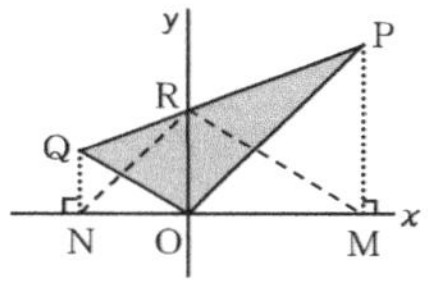

(4)　**【解き方】(3)をふまえる。△ＯＡＣ＞△ＯＢＣだから，式を求める直線はＡＣと交わる。**

その交点をＥとして，△ＯＡＥの面積→Ｅの座標→直線ＯＥの式，の順で求める。

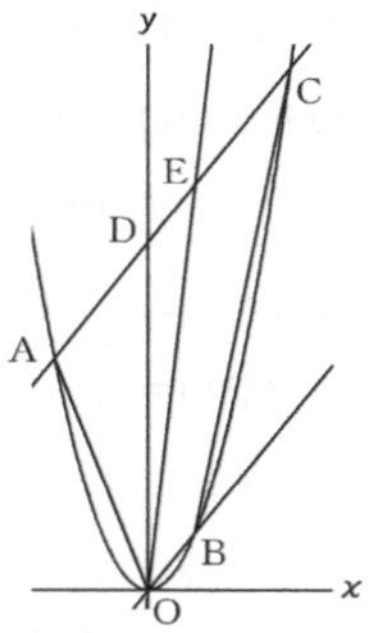

△ＯＡＥ＝(台形ＯＡＣＢの面積)×$\frac{1}{2}$＝36×$\frac{1}{2}$＝18

Ｅのx座標をｅとする。(3)の解説の「座標平面上の三角形の面積の求め方」より，

△ＯＡＥの面積について，$\frac{1}{2}$×ＯＤ×(ＡとＥのx座標の差)＝18

$\frac{1}{2}$×12×{ｅ－(－２)}＝18　　６(ｅ＋２)＝18　　ｅ＋２＝３　　ｅ＝１

Ｅは直線y＝２x＋12上の点でx座標がx＝１だから，y座標はy＝２＋12＝14

よって，直線ＯＥの傾きは$\frac{14}{1}$＝14だから，直線ＯＥの式はy＝14xであり，これが求める式である。

〔５〕

(1)　∠ＣＡＥ＝∠ＢＤＥ($\overset{\frown}{BC}$の円周角)，∠ＡＥＣ＝∠ＤＥＢ(対頂角)だから，△ＡＥＣ∽△ＤＥＢ

よって，ＡＥ：ＤＥ＝ＡＣ：ＤＢ＝６：10＝３：５だから，ＤＥ＝$\frac{5}{3}$ＡＥ＝$\frac{5}{3}$×５＝$\frac{25}{3}$(㎝)

(2)　右のように作図する。

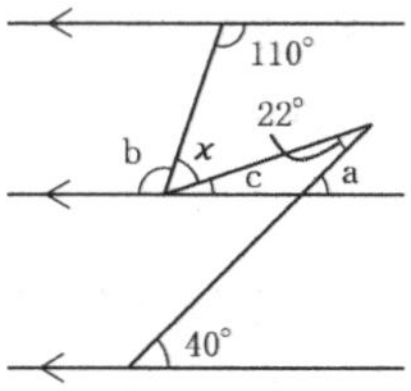

平行線の錯角・同位角はそれぞれ等しいから，∠ａ＝40°，∠ｂ＝110°

三角形の１つの外角は，これととなりあわない２つの内角の和に等しいから，

∠ｃ＝40°－22°＝18°　　よって，∠x＝180°－110°－18°＝52°

〔６〕

(1)　切り口が見えやすいように立方体を回転させると，切り口は右図の太線部分のように五角形になる。

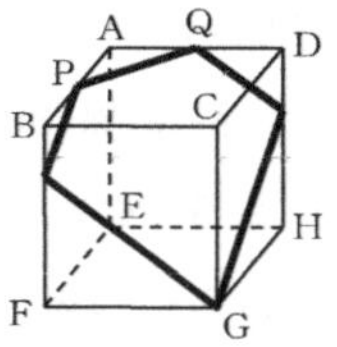

(2)　**【解き方】立方体の一辺の長さをａとして，Ｇを含む立体とＡを含む立体の体積をそれぞれａの式で表す。**

(Ｇを含む立体の体積)＝(立方体の体積)－(Ａを含む立体の体積)で求める。

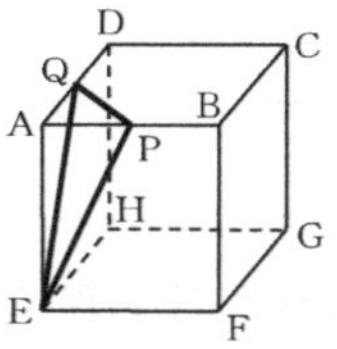

切り口は右図の太線部分である。立方体の体積は，ａ×ａ×ａ＝a^3

ＡＰ＝ＡＱ＝$\frac{1}{2}$ａだから，△ＡＰＱ＝$\frac{1}{2}$×$\frac{1}{2}$ａ×$\frac{1}{2}$ａ＝$\frac{1}{8}a^2$

ＡＥ＝ａだから，Ａを含む立体の体積は，$\frac{1}{3}$×$\frac{1}{8}a^2$×ａ＝$\frac{1}{24}a^3$

よって，Ｇを含む立体の体積は，$a^3-\frac{1}{24}a^3=\frac{23}{24}a^3$だから，Ａを含む立体の体積の$\frac{23}{24}a^3\div\frac{1}{24}a^3$＝23(倍)である。

立方体の一辺の長さが３㎝のとき，Ａを含む立体の体積は，$\frac{1}{24}a^3$にａ＝３を代入して，$\frac{1}{24}\times3^3=\frac{9}{8}$(㎤)

《2022　英語　解説》

〔１〕　【放送文の要約】参照。

１　「ボブは何をするでしょうか？」…ウ「キョウコ宛にメールで画像を送ります」が適当。　２　「コウタの家族で最も背が高いのは誰ですか？」…ウ「ショウタ」が適当。　３　「ジェーンはこの店で何を買いますか？」…ア「青いノート１冊，黄色いノート１冊，鉛筆１本」が適当。　４　「シンジは男性に，どのようにホテルへの行き方を伝えましたか？」…イ「簡単な英単語とジェスチャーを使って」が適当。　５　「この経験からケンは何を学びましたか？」…ウ「彼は，英語を話す時に間違えるのを恐れる必要はないということを学びました」

【放送文の要約】

Ｉ

ボブ　　：キョウコ，何を読んでいるの？

キョウコ：ボブ，名古屋市に住んでいる祖母からのメールを読んでいるのよ。

ボブ　　：返信するの？

キョウコ：ええ。

ボブ　　：昨日僕が落合公園で取った写真も一緒に送ったらどう？おばあさんは君と猫を見たら喜ぶと思うよ。

キョウコ：いいわね。

ボブ　　：君にメールで送るから，それをおばあさんに送るといいよ。

キョウコ：親切にどうもありがとう。

ボブ　　：お安い御用だよ。

2

コウタ　：ナンシー，この写真を見て。これは僕の家族だよ。僕は父，母，そして兄と弟と暮らしているんだ。

ナンシー：いい写真ね，コウタ。

コウタ　：ありがとう。これが弟のユウタだよ。サッカーをしているんだ。

ナンシー：あなたもサッカーをするわよね。そしてあなたはクラスで一番背が高いわ。ユウタもあなたと同じくらい背が高いの？

コウタ　：彼は僕より背が高いよ。

ナンシー：なるほど。

コウタ　：これが兄のショウタ。ショウタは学校で一番野球がうまくて，ユウタよりも背が高いんだ。

ナンシー：あなたたちはみんな背が高いのね。お父さんは？

コウタ　：父は僕より低いけど母よりは高いよ。

3

トム　　：ジェーン，この店にはたくさんの商品があるね。青いノートは 100 円であの黄色いノートは 200 円だよ。僕は黄色いのを使っているよ。

ジェーン：トム，私は黄色のノートを２冊買おうかな。あ，見て！この鉛筆とてもかわいいわ。ほしいな。100 円よ。

トム　　：うーん，君は本当に鉛筆が必要なの？

ジェーン：ええ。でも 400 円しか持っていないの。

トム　　：ほしい物全部は買えないよ。

ジェーン：私は本当にその鉛筆が必要よ。それと，青いノート１冊と黄色いノート１冊を買うわ。

トム　　：うん。それなら全部買えるね。

4，5

先週の日曜日，友達のシンジと公園を歩いていた時，ひとりの男性が英語で私たちに話しかけてきました。彼はゆっくりと話し，ホテルへの道を知りたいと言いました。僕たちは英語でホテルへの道を伝えたかったのですが，僕は緊張していたうえ間違えたくなかったので，彼に話すことができませんでした。するとシンジが彼に英語で話し始めました。シンジの英語はあまり上手ではなかったけれど，シンジは簡単な単語とジェスチャーで彼にホテルへの道を伝えました。僕は，シンジは間違えることを恐れてはいないと思いました。その男性は，ホテルの場所がわかってとてもうれしそうでした。シンジもうれしそうでした。

私は英語を話すときいつも緊張していました。しかし，この経験を通して，間違えることを恐れる必要はないのだということを学びました。今度はシンジのように英語を話そうと思います。

〔2〕【本文の要約】参照。

6　下線部(A)の直後の部分より，アが適当。

7　下線部(B)の This は直前の母親の発言を指すから，イが適当。　・make＋人＋状態「(人)を(状態)にする」

8　直前の1文が下線部(C)の理由である。ウが適当。

9　下線部(D)は「(飛行機よりも)もっといいもの」という意味。最終段落最後の1文より，猫がそれに乗って世界中を飛び回りたいと思った，エ「大きな緑の竜」を指す。

10　ア○「トムの母親は猫が好きではなかったので，トムに猫を飼ってほしくなかった」　イ×「猫はトムがどうやって飛行機を手に入れられるかを知っていた」…本文にない内容。　ウ「×トムと猫はタンジェリナに旅行しようと思ったが，ボートに乗り遅れた」　エ「ワイルド島はあまりにも危険だったため，猫はそこに×行くことができなかった」

【本文の要約】

まだ幼かった頃のある寒い雨の日，トムは道で年取った野良猫を見つけました。その猫はとても寒そうにしていたので，トムはこう言いました。「うちに来るかい？」6ア猫は驚きました。だって自分のことを気遣ってくれる人に会ったことなんてなかったのですから。でも猫はこう答えました。「暖かい場所に座って，一皿のミルクをもらえたらうれしいです」トムは言いました。「とても暖かい部屋があるし，きっと僕のおかあさんは一皿のミルクを持っているよ」

トムとその猫は仲良しになりましたが，10ア トムの母親はその猫の件でひどく憤慨しました。彼女は猫，特に年取った野良猫が嫌いでした。7イ母親はトムに「トム，もし私がその猫にミルクをあげると思っているなら大間違いよ。野良猫にエサをあげ始めたら，しまいにはお前は町中の野良猫にエサをあげることになるでしょうね。私はそんなことは絶対にしないからね！」と言いました。

トムはこの言葉にとても悲しくなりました。彼は母親がとても厳しいことを猫に謝りました。トムは猫に家にいるように言い，毎日一皿のミルクを運びました。トムは3週間猫にエサをやりましたが，ある日母親が地下室で猫の皿を見つけ，とても腹を立てました。8ウ彼女は猫を放り出してしまいました。トムは頭にきて，外に出て，そして猫を見つけました。彼らは一緒に公園の中を歩きながら何かいい話題がないかと考えました。トムは言いました。「僕は大きくなったら飛行機を手に入れるんだ。空を飛ぶのって素晴らしいに違いないよ！」

「あなたは本当にそんなに空を飛びたいの？」猫が尋ねました。

「うん！飛ぶことができるなら何でもするよ」

「じゃあ，」と猫は言いました。「あなたが本当に飛びたいと思うなら，ひとつ，飛ぶ方法を知っているわ」

「どこで飛行機を手に入れることができるか，知っているっていうことかい？」

「うーん，正確には飛行機ではないけれど，でももっといいものよ。私は今では年を取ってしまったけれど，若い頃は旅行者だったのよ。私の旅行人生は終わったわ，でも去年の春，最後にタンジェリナ島へ船で旅行したの。そしてその時ボートに乗り遅れ，次のボートを待つ間に辺りを散策しようと思ったのよ。私はワイルド島と呼ばれる場所にとても興味があったの。そしてそれはタンジェリナ島に行く途中にあったわ。ワイルド島とタンジェリナ島はたくさんの岩でくっついているの。でも人々はワイルド島には決して行かないわ。そこはジャングルで，危険な動物がいっぱいいるから。そこで私は岩を渡り，ワイルド島を冒険することに決めたの。そこは興味深い場所よ。でもとても危険なものを見たわ。9エそれは，大きな緑色の竜だったの！とても怖かったけれど，私はそれに乗って世界中を飛び回りたいと思ったのよ！」

〔3〕【本文の要約】参照。

11 「下線部(A)の人物はだれですか？」…ホームズ氏がウィルソン氏にワトソン氏を紹介している場面だから，イ「ワトソン氏」が適当。

12 「下線部(B)の人物は誰ですか？」…握手したのは初対面の２人だから，エ「ウィルソン氏とワトソン氏」が適当。

13 「ワトソン氏はなぜシャーロック・ホームズ氏の事件に興味があるのですか？」…ウ「なぜなら彼の事件は日常とかけ離れているからです」が適当。

14 「シャーロック・ホームズ氏はなぜウィルソン氏にもう一度話を始めてほしいと頼みましたか？」…ア「ウィルソン氏の話がとてもユニークだったからです」が適当。

15 「恰幅のよい男性が新聞の切れ端を取り出した目的は何でしたか？」…ホームズ氏にもう一度話すよう頼まれた場面だから，イ「ワトソン氏とホームズ氏に自分の話を伝えるため」が適当。

【本文の要約】

昨秋のある日，私はシャーロック・ホームズの元を訪れた。彼は背が低く恰幅のよい赤毛の老人と話をしていた。

「おや，ちょうどいいときに来たね，ワトソン君」ホームズはにっこり笑って言った。

「いや，お取込み中でしたか。じゃましてしまい申し訳ない」私は言った。

「まったくかまわないよ。ウィルソンさん，こちらは私の友人のワトソン君です。11イ彼(＝ワトソン氏)にはいろいろと手伝ってもらっているんです。あなたの事件でも，彼がお役に立てるのではないかと思います」

12エ私たち(＝ウィルソン氏とワトソン氏)は握手を交わし，私は彼らふたりと一緒に席についた。

「君が私の事件に興味があるのはお見通しだよ。だって，君はそれらの多くを小説にしているんだからね」ホームズは言った。

「確かに。君の事件は興味深いからね」私は言った。

13ウ「君は，それらの事件がありふれた日常生活とはかけ離れたものだから興味があると言うね」ホームズは言った。「でも，いつも私が言うように，とても不思議な出来事というのは，ちっぽけな犯罪の中に起きるんだよ」

「それについてはまだ君の言い分を信じていないが」私は言った。

「とにかく，事件が起きたようだ。手伝ってくれれば，私がどうやってそれを解決するかわかるはずだ」友人はにっこり笑って言うと，老人の方に向き直った。

14ア，15イ「ウィルソンさん，もう一度話していただけますか」ホームズは言った。「ワトソン君のためだけでなく，私のためにもお願いします。あなたの話は大変珍しいものです。だから，私はもう一度すべての詳細を聞かせてもらいたいのです。事件を検証する際，私は通常，類似した何千もの事件について考察します。しかし，この事件では一つたりとも似た事件が思い浮かびません。あなたの話は本当にユニークなものです」

恰幅のよい男性はポケットから新聞の切れ端を取り出すと，私たちに広告のページを見せた。

〔4〕

16 is full with→is full of：・be full of ～「～でいっぱいの」

17 Are→Is：水は数えられない名詞で単数として扱うから，この文の be 動詞は Is が適当。

18 is made into→is made of：木は机の材料だから，be made of ～「(材料)でできている」が適当。

19　can buy→could buy：仮定法過去の文〈I wish I could ～〉「～できたらいいのに」にする。

20　to use→use：〈let＋人＋動詞の原形〉の原形不定詞の文だから，to は不要。

〔5〕

21　・on the morning of＋日付「～日の朝に」

22　仮定法過去〈If＋主語＋動詞の過去形 ～，主語＋could …〉「もし～なら，…できるのに」の文だから，If I に続く動詞は過去形の had が適当。money は数えられない名詞だから，many ではなく much が適当。よって，イが適当。

23　「もし君が明日暇なら野球をしようよ」という文にする。　「もし～なら」＝if＋主語＋動詞

24　「最も…な○○《名詞》の１つ」は〈one of the＋最上級＋○○《名詞の複数形》〉で表す。

25　「あなたは最善を尽くさなければテストに受かりません」という文にする。　「～せずに」＝without ～ing

〔6〕

26　The woman she is talking with is my aunt.：「彼女が話している女性」は〈(省略可能な関係代名詞)＋主語＋動詞〉で後ろから woman を修飾して表す。

27　Singing in a loud voice always makes me happy.：「(人)を(状態)にする」＝make＋人＋状態　always のような，頻度を表す副詞は一般動詞の直前に置く。

28　She was kind enough to tell me the way to the station.：「～するのに十分…」＝形容詞／副詞＋enough to ～　「(人)に(ものごと)を教える」＝tell＋人＋ものごと　「～への道」＝the way to ～

29　The sign says you must not play soccer here.：看板や書物などに「～と書いてある」という場合の動詞は say を使う。　「～してはいけません」＝must not ～

30　How long have you been studying English?：「どれくらいの間～していますか？」は現在完了進行形〈have/has been ～ing〉の疑問文で表す。

《2022　理科　解説》

〔1〕

1　(エ)○…同じ力を加えたときの伸びが大きいばねほど伸びやすいと言える。また，伸びを同じにするには，伸びにくいばねほど大きな力を加える必要がある。

2　ばねの伸びは，ばねに加わる力に比例する(フックの法則)。図２より，Ａは10ｇのおもりをつるすと1.0cm伸びるから，8.0cm伸びたときにつるしたおもりの質量は80ｇである。

3　図３のようにＡとＢを直列につなぐと，それぞれのばねにおもりの重さがかかる。図２より，おもりの質量が30ｇのとき，Ａは3.0cm，Ｂは1.0cm伸びるので，伸びの合計は4.0cmになる。よって，伸びの合計が12.0cmになるのは，おもりの質量が$30\times\frac{12.0}{4.0}=90$(ｇ)のときである。

4　図４のように，左右に同じ質量のおもりをつないだときは，一方のおもりが壁と同じはたらきであると考えればよい。よって，Ａに30ｇのおもりをつるしたときの伸びを求めればよいので，3.0cmである。

5　Ａが8.0cm伸びるのは80ｇのおもりをつるしたときである。図５の状態でＡにかかる力は，図４のときと同様に考えることができるので，Ｄの質量100ｇのうち，80ｇがＡにかかっていることになる。よって，100ｇ→１Ｎ，80ｇ→0.80Ｎより，Ｄにはたらく浮力は１－0.80＝0.20(Ｎ)である。

〔2〕

6　(ウ)×…塩酸は酸性の水溶液なので，赤色リトマス紙につけても色は変化せず，青色リトマス紙を赤色にする。

7　Aに入った青色の水溶液は塩化銅水溶液である。また，ＢＴＢ溶液を加えたときに，黄色になったＢには酸性の塩酸，青色になったＣにはアルカリ性の水酸化ナトリウム水溶液，緑色になったＤには中性の塩化ナトリウム水溶液が入っている。それぞれの水溶液の溶質が電離するようすは，Ａが〔$CuCl_2 \rightarrow Cu^{2+} + 2Cl^-$〕，Ｂが〔$HCl \rightarrow H^+ + Cl^-$〕，Ｃが〔$NaOH \rightarrow Na^+ + OH^-$〕，Ｄが〔$NaCl \rightarrow Na^+ + Cl^-$〕である。水溶液中に塩化物イオンが存在するＡとＢとＤでは，塩化物イオンが陽極に電子を１個渡して塩素原子になり，それが２個結びついて塩素分子となる。なお，Ｃでは水の電気分解が起こる。

8　酸性の塩酸とアルカリ性の水酸化ナトリウム水溶液を混ぜ合わせると，たがいの性質を打ち消し合う中和が起こる。このとき，水素イオンと水酸化物イオンは結びついて水になるが，塩化物イオンとナトリウムイオンは水溶液中では結びつかず，イオンのまま存在する。よって，水素イオンがなくなってから(過不足なく反応してから)数が増えていく①は水酸化物イオン，数が変化しない②は塩化物イオン，水酸化ナトリウム水溶液の体積に比例して増えていく③はナトリウムイオンである。

9　図６～図９の，水酸化ナトリウム水溶液を加えた量が同じときのイオンの数の和が，そのときのイオンの総数になる。例えば，水酸化ナトリウム水溶液を加えた量が20mLのとき，イオンの総数は$\frac{X}{2}+0+X+\frac{X}{2}=2X$(個)になるから，(ア)が正答である。

10　実験２と同じ塩酸50mLに水を混ぜて100mLにしたということは，うすめた塩酸100mLにはもとの塩酸が50mL含まれているということである。よって，うすめた塩酸100mLから10mLを取り出したとき，もとの塩酸は$50\times\frac{10}{100}=5$(mL)含まれている。実験２では，塩酸と水酸化ナトリウム水溶液が体積比20：40＝１：２で過不足なく反応したから，ここでは実験２でもちいた水酸化ナトリウム水溶液が$5\times2=10$(mL)必要である。

〔３〕

11，12　グループＡはセキツイ動物，グループＢは無セキツイ動物である。セキツイ動物は内骨格をもっている。

13　ａはホニュウ類，ｂは鳥類，ｃはハチュウ類，ｄは両生類，ｅは魚類である。ホニュウ類と鳥類は恒温動物，ハチュウ類と両生類と魚類は変温動物である。

14　ｆは軟体動物，ｇは節足動物である。選択肢の表の中では，アサリとカタツムリは軟体動物，クモとミジンコとエビは節足動物であり，サメはセキツイ動物の魚類，それ以外はその他の無セキツイ動物である。

15　①×…目から受け取った感覚刺激は，感覚神経を通って直接脳に伝えられる。　④×…体が羽毛で覆われているのは鳥類，体毛で覆われているのはホニュウ類である。ハチュウ類はうろこ，両生類はしめった皮ふで覆われている。　⑤×…固いからを持った卵を産むのは鳥類とハチュウ類である。ホニュウ類は子を産み，両生類はからを持たない卵を水中に産む。

〔４〕

19　マグマが冷えて固まってできた火成岩のうち，マグマが地表付近で急に冷えて固まったものが火山岩，マグマが地下深くでゆっくり冷えて固まったものが深成岩である。火山岩には流紋岩，安山岩，玄武岩があり，深成岩には花こう岩，せん緑岩，はんれい岩がある。なお，チャート，れき岩，砂岩，石灰岩は堆積岩である。

20　観測地点から震源までの距離を$x$kmとすると，観測地点にＰ波が到着するまでにかかった時間は$\frac{x}{6.0}$秒，Ｓ波が到着するまでにかかった時間は$\frac{x}{3.0}$秒と表せる。２つの波の到着時刻の差が初期微動継続時間だから，$\frac{x}{3.0}-\frac{x}{6.0}=5.0$が成り立つ。これを$x$について解くと，$x=30$(km)となる。

《2022　社会　解説》

〔1〕

1　ア　　ウルルはエアーズロックとも呼ばれる。Bの沿岸部には，グレートバリアリーフが広がる。

2　イ　　1970 年代まで，オーストラリアは白人の移民を優先する白豪主義をとり，宗主国であるイギリスとの関係が深かったが，白豪主義から多文化共生主義に変わると，アジアからの移民が増えるとともに，アジアとの貿易額が増えていった。よって，Ｉは中国，Ｇは日本，Ｈはアメリカ合衆国である。

3　エ　　この４か国の中では圧倒的にオーストラリアの人口は少ないので，百万都市の数も最も少ないと判断できる。よって，エを選ぶ。アはタイ，イはアメリカ合衆国，ウはブラジル。

4　エ　　アボリジニの多くは都市部で生活している。

〔2〕

5　エ　　パルプ紙・紙加工品は愛媛県の四国中央市でさかんな産業だからａは愛媛県(イ)。石油製品は，岡山県の水島地区などでさかんな産業だからｂは岡山県(ア)。よって，残ったｃは山口県(ウ)である。

6　ウ　　兵庫県と徳島県にかかる明石海峡大橋・大鳴門橋が示されていない。写真ｄは自転車で渡っていることから，広島県の尾道市と愛媛県の今治市を結ぶ瀬戸内しまなみ海道である。

7　ア　　「環境モデル都市」ではなく「地方中枢都市」である。

〔3〕

8　イ　　古代ギリシャのパルテノン神殿である。アはギザのピラミッド(エジプト)，ウは万里の長城(中国)，エはコロッセオ(イタリア)である。

9　ウ　　Ⅱ(卑弥呼／弥生時代)→Ⅲ(北条政子／鎌倉時代)→Ⅰ(平塚らいてう／明治・大正・昭和時代)

10　ア　　孫文による辛亥革命は 1911 年のことである。イは 1917 年，ウは 1918 年，エは 1933 年～。

11　ア　　ラクスマンは根室に来航した。下関条約で獲得したリヤオトン半島は，ロシア・フランス・ドイツによる三国干渉を受けて，清に返還された。ｂは横浜あたり，ｄは台湾である。

〔4〕

12　エ　　聖武天皇の要請を受けて正しい戒律を授けるために日本に渡ってきた鑑真は，奈良の都に唐招提寺を建てた。行基は東大寺の大仏造立に尽力した僧。冠位十二階は，聖徳太子がいた頃の政治制度。

13　ウ　　雪舟は，室町時代に水墨画を大成させた画僧である。

14　ア　　イ．江戸時代は，江戸を起点とする五街道が整備された。ウ．三都は江戸・大坂・京都である。エ．座は室町時代の同業者の組合である。

〔5〕

15　ウ　　Ａ，Ｂ，Ｄが身体の自由にあてはまる。

16　ア　　イ．首長や議員の辞職・議会の解散には，有権者の３分の１以上の署名を集め，住民投票で過半数の同意が必要である。ウ．地方交付税も依存財源である。地方公共団体の自主財源は地方税になる。エ．東京 23 区も特別地方公共団体である。

17　ウ　　各議院の総議員の３分の２，憲法改正の発議，国民投票，有効投票の過半数といったキーワードをしっかりと覚えておきたい。

〔6〕

18　イ　　需要量は買いたい量だから，需要曲線が左にシフトするということは，需要が減る，つまり，買いたい人が減ることを意味する。よって，イが正しい。アとウは供給曲線が右にシフトする。エは需要曲線が右にシフトする。

19　ア　　どちらも正しい。継続的に物価が上昇することをインフレーション(インフレ)，継続的に物価が下落することをデフレーション(デフレ)という。公共料金の決まり方については，右表を参照。

種別	モノ・サービスの種別
国会・政府が決定	社会保険診療報酬・介護保険
政府が認可	鉄道運賃・バス運賃・ 都市ガス料金・電気料金・ 高速自動車国道料金
政府に届出	国内航空運賃・ 電気通信料金・郵便料金
地方公共団体が決定	水道料金・公立学校授業料・ 公衆浴場入浴料

20　エ　　ア．内容は正しいが，製造物責任法は価格の働きが弱まらないための法律ではない。イ．ウ．イが消費者契約法，ウが消費者基本法の説明である。

〔7〕

21　エ　　アはスイス，イはオランダ，ウはドイツの説明である。

22　イ　　A，B，Cが同一大陸にあるのはイだけである。ロッキー山脈，ミシシッピ川，アパラチア山脈は北アメリカ大陸にある。アマゾン川・アンデス山脈は南アメリカ大陸，ウラル山脈はユーラシア大陸にある。

23　エ　　ヨーロッパの酸性雨は，季節風ではなく偏西風で運ばれる。季節風は，中緯度帯に吹く夏と冬で風向きが変わる風である。

24　エ　　2000年以降，急激に生産量を増やしていることから，21世紀の世界の工場となった中国と判断する。

25　イ　　渋沢栄一の説明を選ぶ。渋沢栄一は，第一国立銀行，東京証券取引所などの設立に携わり，日本国内に500以上の企業を立ち上げたことから，日本資本主義の父と呼ばれる。アは前島密，ウは尾崎行雄。

中部大学春日丘高等学校

《国　語》

一　1．ア　2．ウ　3．イ　4．ア　5．エ　6．ア　7．イ　8．イ　9．エ　10．ウ

二　11．エ　12．エ　13．イ　14．ウ　15．ウ　16．エ　17．ア　18．ウ　19．ウ

三　20．ア　21．ア　22．エ　23．ウ　24．イ

四　25．ウ

《数　学》

〔1〕ア．8　イ．3　ウ．7　エ．2　オ．2　カ．8　キ．4

〔2〕ク．8　ケ．－　コ．1　サ．0　シ．3　ス．0　セ．4　ソ．4　タ．1　チ．2
ツ．6

〔3〕テ．1　ト．2　ナ．2　ニ．5　ヌ．4　ネ．5　ノ．2　ハ．2

〔4〕ヒ．4　フ．1　ヘ．2　ホ．7　マ．3

〔5〕ミ．1　ム．1　メ．2　モ．1　ヤ．2　ユ．0

〔6〕ヨ．3　ラ．7　リ．0

《英　語》

〔1〕1．ウ　2．エ　3．エ　4．ウ　5．エ

〔2〕6．ア　7．エ　8．ア　9．ウ　10．イ

〔3〕11．イ　12．ア　13．イ　14．エ　15．ウ

〔4〕16．エ　17．ウ　18．ウ　19．イ　20．イ

〔5〕21．イ　22．ウ　23．エ　24．ア　25．ウ

〔6〕26．イ　27．エ　28．エ　29．ア　30．ウ

《理　科》

〔1〕1．エ　2．オ　3．イ　4．エ　5．オ

〔2〕6．ア　7．ウ　8．ウ　9．エ　10．イ

〔3〕11．エ　12．エ　13．イ　14．オ　15．ウ

〔4〕16．ウ　17．エ　18．ア　19．オ　20．イ

《社　会》

〔1〕1．エ　2．ア　3．ウ

〔2〕4．イ　5．イ　6．エ　7．ウ

〔3〕8．ウ　9．エ　10．エ　11．ア　12．ウ

〔4〕13．エ　14．ア　15．イ　16．ウ

〔5〕17．ウ　18．イ

〔6〕19．イ　20．ア　21．ウ　22．エ　23．ウ　24．エ　25．ア

《2021　国語　解説》

一 問一 【　A　】の「述懐」は、思い起こしたことを述べること。【　B　】の「感慨」は、心に深く感じること。【　C　】の「爽快」は、さわやかで気分がよいこと。よってアが適する。

問二 【　I　】は、直後に「ほとんど本能的な怖れ」と言い換えられている。それは学校で「放って置けば忘れることをいかにして忘れないようにするか、の努力を競い合う」ことをさせられたからだということである。よってウが適する。

問三 「一夜漬」とは、試験の前日の夜だけ勉強することをたとえて言ったものである。それが「もっとも有効」なのは、試験というものは「なるべく原形に近い再生をする必要があるから」だと述べられている。よってイが適する。

問四 人間頭脳の訓練が向けられるべき「違った目標」は、直後の「それなのに、相も変らず、記憶一点張りがつづいている」より、「記憶一点張り」とは方向性が異なるものだと分かる。同段落冒頭の「ものを覚えるだけが能ではなく、それを基本にして考えるのが大切」ということが、筆者の考える今後目標にすべきものである。よってアが適する。

問五 エは、「予想外の質問にもしっかり対応することができた」という点で、覚えたことをそのまま再生してはいないので適する。

問六 傍線部④の直前の「頭に入れたことがいつまでも変化しないでそのまま残っているようであったら～消化力、理解力の微弱さを歎《なげ》かなくてはならない」と、直後の「世の中は、そういう微弱な消化力しかもたない頭を指して、頭がいい、などともてはやす」は、前の事柄から予想されることとは違う事柄が後に来ている。「しかるに」は逆接の接続詞。よってアが適する。

問七 「猫も杓《しゃく》子《し》も」は「だれもかれも」という意味。「世の中は、そういう微弱な消化力しかもたない頭を指して、頭がいい、などともてはやす」から、だれもかれも「忘れるな、記憶せよ、が合言葉になる」という文脈である。よってイが適する。

問八 「本当に頭がよくなっている」は、直前の「朝、目をさますと、頭がすっきりして爽快なのは整理すべきもの（＝「必要のない雑多な情報の記憶」）がとりのぞかれている」ことを「つまり」でつないでわかりやすく言い換えたもの。よってイが適する。

問九 「睡眠は自然忘却の装置」より、眠りにつけば必要のない記憶が忘却されるのが自然である。「忘却を怖れるあまり、知らず知らずのうちに、その装置を働かさない（＝必要のない記憶も忘却させない）ようにしてしまっている」のは「不自然な力」である。よって、エが適する。

問十 特に「ものを覚えるだけが能ではなく、それを基本にして考えるのが大切」「睡眠である。眠りは～頭の中の整理をする時間でもある～おびただしい情報、刺戟《しげき》が仕分けされて、当面不要なものは忘れるルートへ載せられる」「これまでの学校教育が記憶だけを教えて、忘却を教えなかったのは、大変な片手落ちである」などから、ウが適する。

二 問一 (a)は、「乳母の亡くなった頃」が「思い出されて」とあるので、アかエが入る。(b)は、姉の夢に現れた猫が「寂しい」と言って「ひどく泣く様子」から、イかエが入る。(c)は、猫に言葉をかけると「私の顔をじっと見つめて穏やかに鳴く」「よく聞き理解している」から、エが入る。よってエが適する。

問二　〔現代語訳〕の「土忌《つちい》みのため、ある人の家に移ったところ、桜が満開で趣深く春も終わりというのにまだ散らない木々もある」（1～2行目）より、アの「あなたのお宅に咲く桜は～もう散ってしまいましたね」は適さない。和歌の「あかざりし」の「あく」は、「十分に満足する、堪能する、心ゆく」の意、「ざり」は打消の助動詞、「し」は過去の助動詞なので、「満ち足りなかった」つまり、心残りだったという意味になるので、イの「我が家の桜は～咲いたまま」は適さない。「春くれて」は、「春の終わり」なので、ウの「まだ春が始まってさえいないのに」は適さない。よってエが適する。

問三　「手」には「筆跡」という意味もある。「亡くなった侍従の大納言の姫君」の筆跡を眺めて、作者が物悲しく思う場面である。よってイが適する。

問四　隠れて飼ったのは、猫が「非常に人なつっこい様子」だったため、「尋ねる人はいるだろうか」と、飼い主から返却を求められることが嫌だったからである。よってウが適する。

問五　「と」が会話文などの引用の用法であることを押さえる。よってウが適する。

問六　姉の夢の中の猫が「私は侍従の大納言の姫君（すでに亡くなっている）で、かりにこのようになっている」と言っているので、エが適する。

問七　「中の君」とは「姉妹のうち、二番目の姫君」という意味。本文では姉と作者が姉妹で、次女は作者。また、「中の君が私のことをしきりに、いとおしんで思い出してくださるので」が、作者が大納言の姫君を思い出す様子「何とはなしに物悲しくなっていると」と合致していることもヒントになる。よってアが適する。

問八　アの「姫君の好きだった猫」、イの「作者にはなかなかなついてくれなかった」、エの「その後は身分の低いものにもなつくようになり」は、本文の内容として適さない。よってウが適する。

問九　『源氏物語』は平安時代中期の作品。『更級日記』は『源氏物語』にあこがれる少女（作者）の日記で、平安時代中期の『源氏物語』より少し後の作品。『平家物語』は鎌倉時代前期、『徒然草』は鎌倉時代後期の作品。『奥の細い道』は江戸中期の作品。よってウが適する。

三　**問一**　傍線部の「と」とアは接続助詞。イは接続詞「すると」の一部。ウは格助詞「と」の引用の用法。エは副詞「ごまんと」の一部。よってアが適する。

問二　「供給－需要」とアの「自立－依存」は、意味が反対の関係にある熟語（対義語）。よってアが適する。

問三　「湯桶《ゆとう》読み」とは「湯《ゆ》」が訓読み、「桶《とう》」が音読みであることから、「訓読み＋音読み」の熟語のこと。アの「本棚《ほんだな》」とイの「道端《みちばた》」は「訓読み＋訓読み」。ウの「雪崩《なだれ》」は熟語単位で訓を当てる「熟字訓」。エの「手本《てほん》」は「訓読み＋音読み」。よってエが適する。

問四　①はⅦ。②はⅣ。③はⅠ。④はⅥ。⑤はⅡ。使用しないものはⅢとⅤ。よってウが適する。

四　**問**　本文の最後の４段落に大学でのオンライン授業についての筆者の主張が述べられている。「せっかく入学したのに～『先生』といわれる人のなまの風情にふれたこともない」「大学での学びとは～方向喪失から抜け出すには何をどんなふうに知ることが肝心か。それを体得するのが学びである」「なかでも大事なのは、じぶんのこれまでのやり方の狭さと偏りに気づかされることだ。世界をもっと開くこと。そのために学びはある。オンラインという、ごく狭い空間ではそれがかなわない。見るだけ、聞くだけの受け身の授業では～体感のシグナルがはたらきださない。手足を縛られた学びに意味はない」「オンラインは一つの方法ではありえても、学びの中核をなすものではない」などと述べられている。Cさんの「相手と直接関わることでしか得られないものがたくさんある」「人と人とが同じ空間にいることが必要だ」という発言が、本文の主張を最もよく反映していると言える。よってウが適する。

《2021　数学　解説》

〔1〕

(1)　与式$=40\div\{9-(-6)\}\times3=40\div15\times3=40\times\frac{1}{15}\times3=8$

(2)　与式$=x^6y^8\times\frac{1}{xy^2}\times\frac{y}{x^2}=x^3y^7$

(3)　与式$=\frac{2(3x+2y)-(3x-2y)}{6}=\frac{6x+4y-3x+2y}{6}=\frac{3x+6y}{6}=\frac{x+2y}{2}$

(4)　3枚の硬貨A，B，Cを同時に投げるときの表裏の出方は，右の樹形図の8通りある。このうち，1枚が表で2枚が裏の出る場合は，●印をつけた3通りあるから，求める確率は，$\frac{3}{8}$

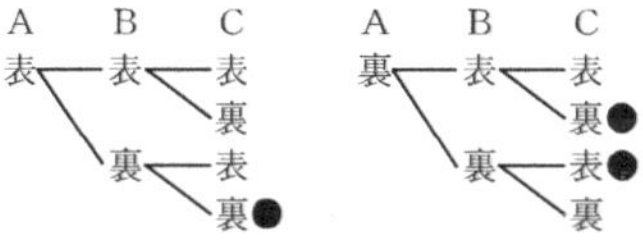

(5)　45 kg未満の生徒が$1+3+7=11$(人)で，50 kg未満の生徒が$11+13=24$(人)いるから，体重の軽い方から数えて15番目の生徒は，45 kg以上50 kg未満の階級に属している。よって，その相対度数は，$13\div40=0.325$

〔2〕

(1)　$2x+y=7$…①，$\frac{x}{2}+\frac{y}{3}=1$…②とする。②×6で式を簡単にすると，$3x+2y=6$…③

①×2－③でyを消去すると，$4x-3x=14-6$　　$x=8$

①に$x=8$を代入すると，$16+y=7$　　$y=7-16=-9$

(2)　2次方程式に$x=2$を代入すると，$4+4a-(a+1)=0$　　$4+4a-a-1=0$　　$3a=1-4$

$3a=-3$　　$a=-1$　　2次方程式に$a=-1$を代入すると，$x^2-2x=0$　　$x(x-2)=0$

よって，他の解は，$x=0$

(3)　**【解き方】冊子形式の左ページと右ページの数字の和は，1冊の本の中で一定になる。**

表面の左ページと右ページの和が$16+29=45$(ページ)だから，裏面の15ページの隣のページは，$45-15=30$(ページ)である。また，右ページが1ページのときの左ページがページ数の最大値になるから，この広報誌は全部で，$45-1=44$(ページ)である。

(4)　**【解き方】右のように作図して，円周角と中心角の性質，三角形の外角の性質を使って求める。**

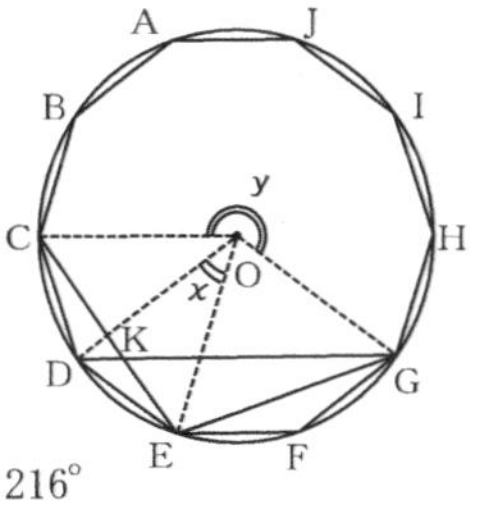

右図で，$\angle x$に対する弧の長さは円周の$\frac{1}{10}$だから，$\angle x=360°\times\frac{1}{10}=36°$

円周角は，同じ弧に対する中心角の半分の大きさに等しいから，

$\angle DGE=\frac{1}{2}\angle x=\frac{1}{2}\times36°=18°$

$\angle y$に対する弧の長さは，$\angle x$に対する弧の長さの6倍だから，$\angle y=6\angle x=6\times36°=216°$

円周角と中心角の関係から，$\angle CEG=\frac{1}{2}\angle y=\frac{1}{2}\times216°=108°$

$\triangle KEG$において，外角の性質から，$\angle CKG=\angle KEG+\angle KGE=108°+18°=126°$

〔3〕

(1)　**【解き方】$0\leqq x\leqq5$の範囲では，重なる図形は長方形ＡＢＣＤや長方形ＰＱＲＳと相似な長方形になる(右図1，2を参照)。**

図1

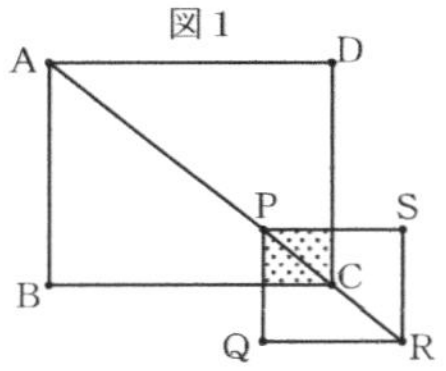

図2

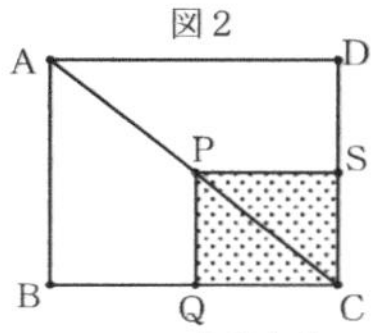

$x=5$のとき

点Pは毎秒1㎝で動くから，x秒間にx㎝動く。

長方形ＡＢＣＤと重なった部分の長方形は相似で，相似比はＣＡ：ＣＰ＝10：xだから，面積比は $10^2:x^2$ になる。

長方形ＡＢＣＤの面積は，６×８＝48(㎠)だから，100：x^2＝48：yより，$100y=48x^2$　　$y=\frac{12}{25}x^2$

⑵　**【解き方】面積が一定である時間とその後の重なりの減少割合について調べる。**

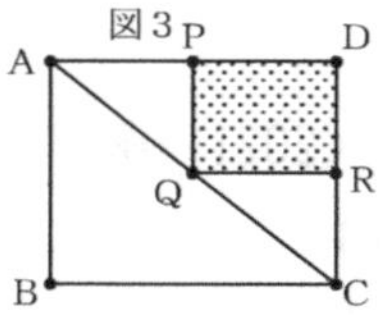

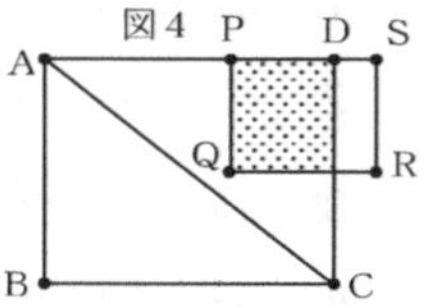

長方形ＰＱＲＳが長方形ＡＢＣＤの内部に完全に入っている間は，重なった部分の面積は長方形ＰＱＲＳの面積に等しく３×４＝12(㎠)であり，グラフは水平である。

図３の状態になるのは，x＝ＣＡ＋ＡＰ＝10＋８－４＝14(㎝)のときだから，

$5\leqq x\leqq 14$ のグラフは水平である。

図４の状態になると，ＣＡ＋ＡＰ＝x㎝，ＣＡ＋ＡＤ＝10＋８＝18(㎝)だから，

ＰＤ＝18－x(㎝)と表されるので，図４の重なった部分の面積は，$y=3\times(18-x)$，

つまり，$y=-3x+54$ になるから，$x\geqq 14$ の部分のグラフは右下がりの直線になる。

よって，グラフは④が正しい。

⑶　**【解き方】グラフから，$y=6$ となるのは，$0\leqq x\leqq 5$ の部分と $14\leqq x$ の部分に１つずつあることがわかる。解の１つが $x=16$ であることから，$0\leqq x\leqq 5$ のときを求める。**

$y=\frac{12}{25}x^2$ に $y=6$ を代入すると，$6=\frac{12}{25}x^2$ より，$x^2=6\times\frac{25}{12}=\frac{25}{2}$　　$x=\pm\frac{5\sqrt{2}}{2}$　　$0\leqq x\leqq 5$ より，$x=\frac{5\sqrt{2}}{2}$

〔４〕

⑴　**【解き方】ＡＤ//ＢＣであることを利用する。その際，$y=ax^2$ において，xの値がｍからｎまで増加するときの変化の割合はａ(ｍ＋ｎ)で求められることを利用する。**

点Ｄのx座標をｄとすると，$y=x^2$ において，xの値が－３からｄまで増加するときの変化の割合は，－３＋ｄ

xの値が－１から２まで増加するときの変化の割合は，－１＋２＝１

変化の割合は直線の傾きに等しいから，ＡＤ//ＢＣより，－３＋ｄ＝１　　ｄ＝４　　よって，点Ｄのx座標は４

⑵　**【解き方】直線ＡＣと直線ＢＤの式を求め，２直線の交点の座標を連立方程式で求める。**

Ａ，Ｂ，Ｃ，Ｄの座標を求めると，Ａ(－３，９)，Ｂ(－１，１)，Ｃ(２，４)，Ｄ(４，16)である。

直線ＡＣの式を $y=tx+s$ とすると，Ａを通るから，９＝－３ｔ＋ｓ…①，Ｃを通るから，４＝２ｔ＋ｓ…②

①と②の連立方程式を解くと，ｔ＝－１，ｓ＝６　　直線ＡＣの式は，$y=-x+6$

同様に直線ＢＤの式を求めると，$y=3x+4$

$y=-x+6$ と $y=3x+4$ を連立方程式として解くと，$x=\frac{1}{2}$，$y=\frac{11}{2}$　　よって，交点Ｆのx座標は $\frac{1}{2}$

⑶　**【解き方】△ＡＢＦ：△ＢＣＦ＝ＡＦ：ＣＦであり，３点Ａ，Ｆ，Ｃは同一直線上の点だから，ＡＦ：ＣＦ＝(２点Ａ，Ｆ間のx座標の差)：(２点Ｃ，Ｆ間のx座標の差)で求めることができる。**

△ＡＢＦ：△ＢＣＦ＝ＡＦ：ＣＦ＝$\{\frac{1}{2}-(-3)\}:(2-\frac{1}{2})=\frac{7}{2}:\frac{3}{2}=7:3$

よって，△ＡＢＦの面積は，△ＢＣＦの面積の $\frac{7}{3}$ 倍である。

〔５〕　**【解き方】できる立体は右図のようになる。下から１段目，２段目，３段目と呼ぶことにする。**

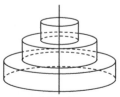

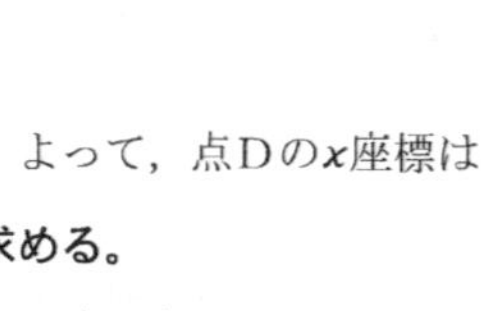

１段目は底面の半径が２×３＝６(㎝)で高さが２㎝の円柱だから，

体積は，$6^2\pi\times2=72\pi$(㎤)

２段目は底面の半径が２×２＝４(㎝)で高さが２㎝の円柱だから，体積は，$4^2\pi\times2=32\pi$(㎤)

３段目は底面の半径が２㎝で高さが２㎝の円柱だから，体積は，$2^2\pi\times 2=8\pi\ (\text{cm}^3)$

よって，直線ＡＢを１回転してできる立体の体積は，$72\pi+32\pi+8\pi=112\pi\ (\text{cm}^3)$

表面積は，平面部分と曲面部分に分けて考える。平面部分の面積の合計は，上下から見た円の面積に等しく，

$6^2\pi\times 2=72\pi\ (\text{cm}^2)$

曲面部分の面積は，１段目から３段目までの円柱の側面積の和に等しい。

(円柱の側面積)＝(円柱の高さ)×(底面の周囲の長さ)だから，１段目の円柱の側面積は，$2\times(2\pi\times 6)=24\pi\ (\text{cm}^2)$，２段目の円柱の側面積は，$2\times(2\pi\times 4)=16\pi\ (\text{cm}^2)$，３段目の円柱の側面積は，$2\times(2\pi\times 2)=8\pi\ (\text{cm}^2)$だから，曲面部分の面積の合計は，$24\pi+16\pi+8\pi=48\pi\ (\text{cm}^2)$

よって，表面積は，$72\pi+48\pi=120\pi\ (\text{cm}^2)$

〔６〕証明の中の根拠となる部分を読んで，それぞれの角に対応する記号を考える。

―《2021　英語　解説》―

〔１〕【放送文の要約】参照。

1 「ケイトとは誰ですか？」…ウ「彼女は彼らのスペイン語の先生でした」が適当。

2 「男性は最初どこにいましたか？」…エ「春日井駅の前」が適当。

3 「ボブはどこに行きませんでしたか？」…エ「大阪」が適当。

4 「なぜ私たちはすぐに『ガラ』を見つけることができますか？」…ウ「赤とピンク色をしているからです」

5 「その鳥は何ができますか？」…エ「人間の言葉をいくつか覚えることができます」

【放送文の要約】

1

タカシ　：今日の授業が終わった！家に帰ろう，オリビア。今すぐここを出なくちゃいけないんだ。

オリビア：なぜ早く学校から出たいの，タカシ？

タカシ　：え？！今日僕たちがすることを覚えてないの？

オリビア：うーん，いいえ。覚えてないわ…。

タカシ　：今日は名古屋に行ってケイトと夕食を食べるんだよ。

オリビア：ケイトって誰？友人？

タカシ　：おいおい！彼女は２年前に僕らの学校でスペイン語を教えてくれた人だよ。

オリビア：ああ，なるほど。まだ彼女の顔が思い出せないわ。彼女はどんな感じかしら？

2

男性：すみません。今お尋ねしてもいいですか？

女性：私は友達に会いに行かなければなりません。彼は向こうのコンビニの前で私を待っています。でも，あなたを助けることができますよ。

男性：本当ですか？ どうもありがとうございます。ここから春日井動物園への行き方を教えてください。

女性：わかりました，私たちは今，春日井駅にいます。まっすぐ進み，最初の角を左に曲がると，右側に入り口が見えます。

男性：なるほど。行ってみます。そこへ行ったことがありますか？私はそこに行くのが初めてです。かっこいいチンパンジーに会えるのを楽しみにしています。

女性：実は私はその動物園に行ったことがないのですが，パンダや大きなゾウが見たいです。いつか行きたいです。

3

先生：こんにちは，ボブ。休みはどうだった？

学生：こんにちは，タケシタ先生。僕は休みをとても楽しみました。

先生：素晴らしい！あなたは何をしたの？

学生：そうですね，和歌山のビーチに行ったり，愛媛の祖母を訪ねたりしました。

先生：ユニバーサルスタジオジャパンに行った？

学生：いいえ，行くつもりでしたが行けませんでした。

先生：あなたは行かなかったのね，私は行ったわ。私は生まれて初めて行ったの。わくわくする体験だったわ。

学生：ああ，いいですね。僕は兄に会いに広島にも行きました。

先生：あなたはたくさんの場所に行ったのね！休みが終わったので，勉強しましょう！

4，5　では，始めましょう。みなさん，こんにちは。サラです。今日はオーストラリアで一番好きな鳥についてお話しします。それは「ガラ」と呼ばれています。この鳥を知っていますか？4この鳥は赤とピンクのとても美しい色をしているので，見つけやすく，体の大きさはフクロウよりも大きいです。雨の日は木の上で踊ります。美しい声で鳴き大きな目をしています。木の上ではなく地面の上で植物の実を食べます。それは小さなグループで暮らしていて，5私たちが使う言葉をいくつか覚えることができます。いつか私の国に行ってその鳥を見てくれると嬉しいです。ご清聴ありがとうございました。

〔2〕　【本文の要約】参照。

6　直線の stay home「家にいる」を指しているのでアが適当。

7　直前に前置詞の of があるので，動名詞のエ drawing が適当。

8　直前の段落に，鈴木氏がビデオで絵を描く授業をしたことが書かれているので，下線部(C)が表している内容はアが適当。

9　第6段落の最後の文より，ウ「大きい目をしたネコやウサギのようなものです」が適当。

10　ア「多くの外国人が×日本でたくさんの友達を作るためにたくさんの新しいことを始めました」　イ○「鈴木氏が動画を作ってくれたので，たくさんの人がトトロの絵の描き方を学びました」　ウ×「『となりのトトロ』の登場人物の1人は宮崎氏が作ったもので，大きな空飛ぶウサギに興味を持っていました」…本文にない内容。オ「2001 年に『千と千尋の神隠し』が有名になりましたが，×稼いだお金は少しでした」

【本文の要約】

コロナウイルスが私たちの周りにあるので，多くの人々は家にいなければなりません。それはインフルエンザのようなものです。それは 2019 年に始まり，世界中に広がりました。日本では，例えば，学校，会社，店など，さまざまなところが閉められました。リーダーは「家にいてください」と言ったので，多くの人々がそうしました。これは，病気の広がりを遅らせるのに役立つことでしょう。

家で新しいことに挑戦して楽しんでいる人もいます。彼らは新しい趣味や運動を始めています。海外の人の中には，日本の映画を見るのにいい時期かもしれないし，絵を描くのにもいい時期かもしれないと思う人もいます。人々は日本の映画のキャラクターを試しに描いてみました。

スタジオジブリの鈴木敏夫氏は日本で映画を作っています。彼はトトロのキャラクターの描き方を動画で紹介しました。トトロは有名なキャラクターの1つで，1988 年の映画「となりのトトロ」のものです。

鈴木氏は「トトロの目は重要です。トトロを描くときのポイントは，見開いた目の部分です」と言いました。10イ彼は動画で簡単な授業をしました。

「これはあなたが家でできることです。みなさんどうか絵を描いてください」彼は言いました。

「となりのトトロ」では２人の姉妹が出てきます。彼女らは父と一緒に田舎の家に引っ越してきました。彼女らは病院にいる母が元気になることを願っています。少女たちはトトロと呼ばれる大きな空飛ぶ動物を見つけます。9ウ見た目はネコやウサギのようです。

スタジオジブリは 1985 年に創立されました。それはアニメがとても得意になりました。アニメはいわゆる日本のアニメーションです。それはマンガのアニメーション，テレビ，映画のアニメーションに関連しています。

宮崎駿氏がスタジオの立ち上げを手伝いました。スタジオジブリは 20 本以上の映画を製作しました。それらは自然と友情に関するものが多いです。宮崎氏は「千と千尋の神隠し」という映画を作りました。2001 年に公開され，日本で大金を稼ぎました。

〔３〕 【本文の要約】参照。

11 「なぜ山田さんにとって，パンを焼くのはそれほど難しいことではないのですか？」…イ「自宅に家庭用の製パン機があるからです」が適当。

12 「なぜ山田さんは，パンを焼くのが一番の趣味だと思っているのですか？」…ア「味も香りも楽しめるからです」

13 「この物語では，英語の『company』という言葉は，もともと古代語で何を意味していましたか？」…イ「それは一緒にパンを食べる人を意味しました」

14 「13 世紀にイギリスで起こらなかったことは何ですか？」…エ「『bread』という言葉がラテン語から英語になりました」は本文にない。ア「悪いパン屋についてのうわさが広まりました」，イ「ヘンリー３世は，悪いパン屋に罰金を科す法律を制定しました」，ウ「『ダース』という表現に新しい意味が加わりました」は本文にある。

15 「この話に最適なタイトルは何ですか？」…ウ「パンついてのいくつかの興味深い話」が適当。ア「パンを焼くと人々は幸せになります」，イ「古代ローマのパン屋」，エ「魔法の数としてのパン屋の１ダース」は不適当。

【本文の要約】

山田さんは趣味がたくさんあります。彼は読書，音楽鑑賞，映画鑑賞などが好きですが，彼のお気に入りの趣味はパンを焼くことです。彼は毎日，家で家族のためにパンを焼きます。

パンを焼くのはとても難しいと思うかもしれませんが，実際はそうではありません。11イ家庭用の製パン機があれば，誰でも簡単にできます。もちろん山田さんも持っています。

12ア山田さんは，美味しさだけでなく，パンを焼くときに出る香りも味わえるので，パンを焼くのが世界一すばらしい趣味だと考えています。彼はそれらが私たちを幸せにすると確信しています。

13イ英語では，パンについていくつかの興味深い表現があります。そのひとつが「company」です。英語では「会社」や「人の集まり」などの意味がありますが，元来の意味はラテン語で「パンを一緒に食べる人」でした。

ラテン語は古代ローマで使われていた言葉で，多くの言葉が英語の語源になりました。「company」もこの古代語に由来しています。

パンのもう１つの興味深い表現は「パン屋の１ダース」です。通常，１ダースは 12 を意味しますが，14ウパン屋の１ダースは 13 を意味します。それでは，なぜパン屋の１ダースは 13 を意味するのでしょうか？

13 世紀，14アイギリスでパン屋が重さの足りないパンを売っているといううわさが広まりました。14イヘンリー３世が法律を制定し，それを破ったパン屋は重い罰金が科せられました。そこで，14ウパン屋は１ダース買ってくれた客にもう１つパンをサービスしました。彼らは罰金を科せられたくなかったのです。

日本ではこのおもしろい表現をほとんど誰も知らないので，町のパン屋さんで１ダース買っても手に入れられるのは，たったの12個です。

山田さんの家では，家族は１ダースよりもはるかにたくさん，好きなだけパンを食べることができます。自宅に山田さんという，「最高の家庭的なパン屋さん」がいるからです。山田さんは家族の笑顔を見ることができて幸せです。

〔４〕

16　want to something→want something : want～「～がほしい」の直後に名詞がくるときには，to は不要。

・want＋to＋動詞の原形「～したい」　・want＋名詞「～がほしい」

17　when→since :〈have/has＋過去分詞＋since＋○○〉「○○以来ずっと～している」の現在完了”継続”の文。

18　the most easy→the easiest : easy を最上級にすると easiest になる。

19　went to shopping→went shopping :・go shopping「買い物に行く」

20　of→from : be made of ～「(材料)でできている」と be made from ～「(原料)からできている」は材料と原料で使い分ける。milk「牛乳」は(バターの見た目からはわからない)原料だから be made from ～を使う。

〔５〕

21　(　　)の直後が主語と動詞のある文になっているので，接続詞のイ until～「～まで」が適当。

22　It is…for＋人＋to～「(人)にとって～することは…だ」の文。ウが適当。　・get along with ～「～と仲良くやる」

23　文中に疑問詞を含む間接疑問の文では，疑問詞の後ろは肯定文の語順になる。主語が she で時制は現在だから動詞は has にする。エが適当。

24　money は数えられない名詞だから，much money「たくさんのお金」とする。また，複数形にはしない。アが適当。

25　finish の後ろに動詞を使う場合は finish ~ing「～し終える」のように動名詞を使う。〈to＋動詞の原形〉は使えない。ウが適当。

〔６〕

26　You don't need to be afraid of the dark. :・don't need to ～「～する必要はない／～しなくてよい」　・be afraid of ～「～を怖がる」

27　I think this book is more useful than that one. : useful のような長い形容詞を比較級にするときは more useful にする。

28　My friend asked me to take the dog to an animal hospital. :・ask＋人＋to～「(人) に～するよう頼む」

29　Could you tell me what time your father will come home? : 文中に疑問詞を含む間接疑問の文では，疑問詞の後ろは your father will come home のように肯定文の語順になる。

30　The big cat eating the fish you caught looks like a lion. :「魚を食べている猫」は現在分詞(＝eating)と語句(＝the fish)で後ろから名詞(＝cat)を修飾して表す。「あなたが釣った魚は」省略された関係代名詞と語句(＝you caught)で後ろから名詞(＝fish)を修飾して表す。　・look like ～「～に似ている」

《2021　理科　解説》

〔１〕

1　エ○…〔抵抗(Ω)＝$\frac{電圧(V)}{電流(A)}$〕より，$\frac{2}{0.2}$＝10(Ω)である。

2　オ○…図１より，電圧が1.5Ｖのときに豆電球に流れる電流は0.20Ａである。回路を流れる電流はどこでも等しいから，電流計を流れる電流も0.20Ａである。また，〔電力(W)＝電圧(Ｖ)×電流(Ａ)〕より，豆電球の電力は1.5×0.20＝0.30(W)である。

3　イ○…直列つなぎの電池が多いほど電源の電圧は大きくなる。また，並列つなぎの豆電球には電源と同じ電圧がかかり，直列つなぎの豆電球には電源の電圧が等しく分かれてかかる。よって，直列つなぎの電池が２個で豆電球が並列つなぎの回路３の豆電球が最も明るく，電池が１個で直列つなぎの豆電球が２個の回路５の豆電球が最も暗い。なお，回路１と２の豆電球は同じ明るさで，回路４の豆電球よりも明るい。

4　エ○…豆電球と抵抗Ａは並列つなぎだから，どちらにも3.0Ｖの電圧がかかる。図１より，電圧が3.0Ｖのとき，抵抗Ａと豆電球にはどちらも0.30Ａの電流が流れるから，電流計の値はこれらの和の0.30＋0.30＝0.60(Ａ)である。

5　オ○…電流計の値は0.20Ａだから，並列つなぎの豆電球にはそれぞれ0.10Ａの電流が流れる。図１より，0.10Ａの電流が流れる豆電球にかかる電圧は0.5Ｖだから，抵抗Ｂにかかる電圧は4.5－0.5＝4.0(Ｖ)である。抵抗Ｂを流れる電流は電流計と同じ0.20Ａだから，抵抗Ｂの抵抗値は$\frac{4.0}{0.20}$＝20(Ω)である。

〔2〕

6　ア○…塩化ナトリウムは水に溶けると，塩化物イオンとナトリウムイオンに分かれる(電離する)。塩化ナトリウムのように電離する物質を電解質という。電解質の水溶液には電流が流れる。

7　ウ○…表１より，硝酸カリウムの溶解度は40℃で63.9ｇ，20℃で31.6ｇだから，40℃から20℃になる間で結晶が出始め，その後，水溶液に溶けている硝酸カリウムの質量が小さくなっていく(結晶が出始めるまでは水溶液に溶けている硝酸カリウムの質量は一定である)。また，20℃になったときには31.6ｇ溶けているので，エのようにはならない。

8　ウ○…〔質量パーセント濃度(%)＝$\frac{溶質の質量(g)}{溶液の質量(g)}$×100〕より，$\frac{60}{60+100}$×100＝37.5(%)である。

9　エ○…水に溶ける最大の質量は水の質量に比例するから，20℃の水200ｇに硝酸カリウムは31.6×$\frac{200}{100}$＝63.2(ｇ)まで溶ける。よって，生じる硝酸カリウムの結晶の質量は 90－63.2＝26.8(ｇ)である。

10　イ○…９解説と同様に考えて，硝酸カリウムは20℃の水50ｇに31.6×$\frac{50}{100}$＝15.8(ｇ)まで溶けるから，35－15.8＝19.2(ｇ)の結晶が生じる。また，塩化ナトリウムは20℃の水50ｇに35.8×$\frac{50}{100}$＝17.9(ｇ)まで溶けるから，18－17.9＝0.1(ｇ)の結晶が生じる。よって，生じる結晶は塩化ナトリウムと硝酸カリウムの混合物であるが，硝酸カリウムの方が塩化ナトリウムより多量の結晶が生じる。

〔3〕

11　エ○…雄株で精子がつくられると，雨の日などに雌株まで泳いでいき，雌株にある卵細胞と合体(受精)する。受精後の雌株には胞子のうができ，胞子のうがはじけて胞子が飛び出すと，地面に落ちた胞子は発芽して成長し，雄株や雌株になる。コケ植物には維管束がなく，葉，茎，根の区別もないため，水分は体全体で吸収している。根のように見える部分(仮根)は体を地面に固定するためのものである。

12　ア×…コケ植物も光合成を行う。　イ，ウ，オ×…胞子のうから出た胞子が細胞分裂を繰り返して前葉体になる。前葉体に精子をつくる造精器と卵細胞をつくる造卵器があり，前葉体が水に浸ると造精器の中の精子が造卵器まで泳いでいき，中にある卵細胞と合体(受精)して発芽する。

13　イ○…裸子植物は，子房がなく胚珠がむき出しになっている(①は誤り)。裸子植物には，がく，花弁，雄しべ，雌しべがない(③は誤り)。サクラの種子は胚珠が育ったものである(⑤は誤り)。

14　オ○…Ａはゼニゴケ(コケ植物)，Ｂはイヌワラビ(シダ植物)，Ｃはイチョウ(裸子植物)，Ｄはムギ(被子植物の単子葉類)，Ｅはヒマワリ(被子植物の双子葉類)である。ＤとＥを分類するには，子葉が１枚か２枚かという観点に着目する。Ｄは子葉が１枚の単子葉類，Ｅは子葉が２枚の双子葉類である。

15　ウ○…スギゴケはＡ，スギナとゼンマイはＢ，アカマツとソテツはＣ，ユリとイネはＤ，アサガオとアブラナとカボチャとタンポポとサクラとツツジはＥに分類される。なお，Ｅはさらに，ヒマワリとアサガオとカボチャとタンポポとツツジの合弁花類と，アブラナとサクラの離弁花類に分類できる。また，ワカメとシイタケとコンブは植物ではない。

〔4〕

16　ウ○…低気圧は約1000kmを1日(24時間)で移動しているから，$\frac{1000}{24}$=41.6…(km/時)である。

17　エ○…温暖前線から少し離れた前方には，高い位置にできる巻雲や巻層雲などが見られる。また，風は高気圧から低気圧に向かって吹くから，P地点には東風が吹いていると考えられる。

18　ア○…低気圧はまわりよりも気圧が低いところである。低気圧の中心に近いところほど気圧が低い。

19　オ○…日本付近では，低気圧や高気圧は，上空を吹く偏西風の影響で西から東に移動する。よって，4日目は高気圧が近づくので晴れると考えられる。高気圧の中心では下降気流が生じているため，雲ができにくい。

20　イ○…北海道付近ではまだ寒い日もあることと，低気圧や高気圧が日本付近を交互に通過していることから，周期的に天気が変わる春の天気図であると考えられる。なお，アは梅雨や秋雨の時期，ウは夏，エは冬，オは夏から秋にかけてのようすである。

《2021　社会　解説》

〔1〕

[1]　(エ)が正しい。南アメリカ大陸にあるアンデス山脈には3000～5000mの地域が多いことから判断する。(ア)は北アメリカ大陸，(イ)はアフリカ大陸，(ウ)はオーストラリア大陸。

[2]　(ア)が正しい。南アメリカ大陸はおよそ西経35度から西経80度の範囲にある。また，日本の東経135度，北緯35度の対蹠点(西経45度，南緯35度)が，アルゼンチン沖の大西洋に位置することから判断する。

[3]　(ウ)が正しい。南アメリカ大陸の南側のパタゴニア地方には氷河が見られる。(ア)はⒶ，(イ)はⒷ，(エ)はⒸで見られる風景である。

〔2〕

[4]　(イ)が正しい。北西季節風は，日本海の対馬海流(暖流)上空で大量の水蒸気を含み，その湿った空気が高い山を越える手前に大雪を降らせる。

[5]　(イ)が正しい。北海道，東北地方，北陸地方，中央高地の4地区を比べた場合，最も耕地面積に占める田の割合が高いのは北陸地方であり，次が東北地方である。また，耕地面積に占める田の割合が小さいのに田の耕地面積が広いのは，農業規模の大きな北海道の特徴である。したがって，(ア)が北海道，(イ)が秋田県，(ウ)が長野県，(エ)が富山県と判断する。

[6]　(エ)が正しい。南部鉄器の説明である。「原材料になる鉄」から判断する。

[7]　(ウ)が正しい。(ア)は北海道，(イ)は京都府，(エ)は富山県の食文化である。

〔3〕

[8]　(ウ)が正しい。卑弥呼が弥生時代，聖徳太子が飛鳥時代の人物だから，古墳時代を選ぶ。(ア)は縄文時代，(イ)は弥生時代前半，(エ)は旧石器時代のようすである。

[9]　(エ)が正しい。645年に起きた乙巳の変の記述である。(ア)は708年の飛鳥時代末期，(イ)は672年の壬申の乱，(ウ)は663年の白村江の戦い。

[10]　(エ)が正しい。享保の改革は，徳川吉宗によって行われ，倹約・新田開発・公事方御定書の制定・目安箱の設置・上げ米の制・漢文に訳された洋書の解禁などが実施された。株仲間の奨励は老中田沼意次によって行われ，株仲間を認める代わりに営業税を取ることで，財政の立て直しをはかった。寛政の改革は老中松平定信によって行われ，囲い米・寛政異学の禁・棄捐令などが実施された。

[11]　(ア)が正しい。ロシアの南下政策に対抗するために日本とイギリスが同盟を結んだ。

[12]　(ウ)が正しい。(ア)治安維持法の制定・1925年→(イ)満州事変・1931年→(ウ)日中戦争・1937年→(エ)日ソ中立条約・1941年

〔4〕

13 (エ)が正しい。(ア)誤り。衆議院議員の選挙制度は，全国を 11 のブロックに分けた比例代表制と一選挙区から一名を選出する小選挙区制を合わせた「小選挙区比例代表並立制」をとっている。(イ)誤り。参議院議員の選挙制度は，３年ごとに半数が改選され，全国を一つとした比例代表制と都道府県を基本単位とした選挙区制で争われる(一部合区あり)。(ウ)誤り。2021 年現在，インターネットによる選挙活動は認められているが投票は認められていない。

14 (ア)が正しい。(イ)誤り。居住・移転の自由は経済活動の自由に分類される。(ウ)誤り。印刷・出版の自由があり，検閲は禁じられている。(エ)誤り。令状を発行するのは検察官ではなく裁判官である。

15 (イ)が誤り。イラク戦争やソマリア沖の海賊船対策は，国連 PKO ではない自衛隊派遣であった。

16 (ウ)が正しい。(ア)誤り。日本の政治は，国民が選んだ国会議員によって行われる間接民主制をとっている。(イ)誤り。日本国憲法前文には，恒久の平和を念願し，平和を維持することは書かれているが，諸外国に対峙することは書かれていない。(エ)誤り。「いづれの国家も，自国のことのみに専念して他国を無視してはならないのであつて」とある。

〔5〕

17 (ウ)が正しい。(ア)誤り。買おうとする量は供給量ではなく需要量である。(イ)売ろうとする量は需要量ではなく供給量である。(エ)誤り。供給量が需要量を上回っている場合，売れ残りが生じて価格は下落する。

18 (イ)が正しい。①誤り。2007 年度～2009 年度や 2013 年度～2014 年にかけてなど，数回にわたって減少している。②正しい。③正しい。④誤り。2008 年度の落ち込みは東日本大震災の影響ではなく，アメリカのリーマンショックの影響である。東日本大震災は 2011 年に起きた。よって，２つが誤りだから(イ)を選ぶ。

〔6〕

19 (イ)が正しい。(ア)誤り。特別国会と臨時国会の説明が逆である。また，参議院の緊急集会もある。(ウ)誤り。弾劾裁判所は臨時につくられるものではなく常設されていて，裁判官の身分にふさわしくない行為をしたり，職務上の義務に違反があったりした裁判官を辞めさせるかどうかを判断する裁判所である。(エ)誤り。司法権の独立を守るため，国政調査権を使って裁判所の裁判内容について調査することはできない。

20 (ア)が正しい。ぶどう・さくらんぼ・もも・りんごの産地の上位は確実に覚えておく。

21 (ウ)が正しい。(ア)誤り。桓武天皇ではなく聖武天皇についての記述である。(イ)誤り。後醍醐天皇が味方につけたのは足利義満ではなく足利尊氏である。(エ)誤り。天皇の国事行為に助言と承認を与えるのは，国会ではなく内閣の権限である。

22 (エ)が正しい。B党は公明党，D党は日本共産党である。

23 (ウ)が正しい。(ア)誤り。1990 年度の社会保障関係費の支出額は，662368×0.166＝109953.0…(億円)，2019 年度は 1014571×0.336＝340895.8…(億円)だから，約３倍になっている。(イ)誤り。割合はほぼ同じぐらいだが，予算総額は常に増加しているから，返済額は年々増えている。(エ)誤り。公共事業関係費の 1990 年度～2000 年度にかけて，2010 年度～2019 年度にかけて，防衛関係費の 2010 年度～2019 年度にかけては増加している。

24 (エ)が誤り。首里城があるのは沖縄県だが，(エ)の野菜の促成栽培でナスやピーマンを生産するのは高知県や宮崎県である。

25 (ア)が正しい。大隈重信は第８代・第 17 代，原敬は第 19 代，犬養毅は第 29 代の内閣総理大臣である。第一次大隈内閣(隈板内閣)では板垣退助は内務大臣であった。隈板内閣は初めての政党内閣として知られる。原敬内閣は，初めての本格的な政党内閣で知られる。犬養毅は五・一五事件で命を落とした内閣総理大臣として知られる。

中部大学春日丘高等学校

《国　語》

一　1．イ　2．イ　3．ア　4．エ　5．ウ　6．エ　7．ア　8．イ　9．ウ　10．ウ
11．エ　12．ア

二　13．エ　14．ウ　15．ア　16．ウ　17．イ　18．イ　19．エ　20．ウ　21．イ　22．イ
23．ア

三　24．ウ　25．エ　26．ア　27．イ　28．ウ　29．ア

四　30．ウ

《数　学》

〔１〕ア．３　イ．４　ウ．４　エ．２　オ．６　カ．４　キ．３　ク．１　ケ．５　コ．１
サ．６

〔２〕シ．７　ス．３　セ．５　ソ．７　タ．２　チ．４　ツ．０

〔３〕テ．４　ト．９　ナ．８　ニ．５　ヌ．９　ネ．５

〔４〕ノ．１　ハ．２　ヒ．６　フ．５　ヘ．１　ホ．５　マ．８

〔５〕ミ．４　ム．２　メ．７　モ．３　ヤ．２　ユ．６

〔６〕ヨ．１　ラ．２　リ．５

《英　語》

〔１〕1．ウ　2．イ　3．ウ　4．イ　5．エ

〔２〕6．ア　7．ウ　8．エ　9．ア　10．エ

〔３〕11．ウ　12．エ　13．ア　14．エ　15．イ

〔４〕16．ア　17．エ　18．ウ　19．エ　20．ウ

〔５〕21．ウ　22．ウ　23．ア　24．イ　25．イ

〔６〕26．イ　27．ウ　28．ア　29．ア　30．イ

《理　科》

〔１〕1．ウ　2．イ　3．イ　4．ウ　5．エ

〔２〕6．ウ　7．ウ　8．イ　9．ウ　10．ア

〔３〕11．ア　12．イ　13．エ　14．イ　15．ウ

〔４〕16．オ　17．エ　18．エ　19．イ　20．ア

《社　会》

〔１〕1．ウ　2．エ　3．エ

〔２〕4．イ　5．イ　6．ウ　7．ア

〔３〕8．ウ　9．イ　10．ア　11．ウ　12．イ　13．ウ　14．イ

〔４〕15．イ　16．ウ　17．イ

〔５〕18．ウ　19．ア　20．ウ　21．ウ

〔６〕22．ア　23．ウ　24．イ　25．ウ

←解答例は前ページにありますので，そちらをご覧ください。

―《2020 国語 解説》

一 問一 同じ段落に「従来の考え方では、障害は個人に属していました～新しい考えでは、障害の原因は社会の側にあるとされた」とある。つまり、「個人」から「社会」への「転換が起こった」のである。よって、イが適する。

問二 １．前文では障害者に「できる」仕事が割り当てられていたこと、直後では「できない」ことに注目が集まるようになったことが書かれている。前後が反対の内容になっているので、逆接の接続詞「ところが」が入る。

２．直前の改正障害者基本法からの引用部分を、言い方や表現をかえて説明しているので、言い換えであることを示す「つまり」が入る。 ３．前の２文にある「表記をずらすこと」よりも、後にあるやり方のほうがよいという筆者の考えを述べているので、あれよりもこれを選ぶということを表す「むしろ」が入る。よって、イが適する。

問五 「端的にこういった意味での障害は、その人個人の『できなさ』『能力の欠如』を指し示す」とある。健常者と比較したときの「できなさ」「能力の欠如」を指しているので、ウが適する。

問六 傍線部②の後に、「大量生産、大量消費の時代が始まる時期、均一な製品をいかに速く、いかに大量に製造できるかが求められるようになりました。その結果～『誰が作っても同じ』であることが必要」になったとある。さらに、「こうして労働が画一化したことで、障害者は『それができない人』ということになってしまった～『見えないからできないこと』に注目が集まるようになってしまったのです」とあり、特に下線部がエと一致する。

問七 「『誰が作っても同じ』であることが必要」という部分に着目する。アの「画一化」とは、個々の事情や個性を配慮《はいりょ》に入れず、すべてを一様《いちよう》にそろえること。労働（の内容）を「画一化」すれば、「誰が作っても同じ」になる。

問八 「早く走ることができない」は、その人個人の「できなさ」「能力の欠如」を指し示すから、従来の考え方である「個人モデル」の障害。他の３つは、「社会の側にある壁によって日常生活や社会生活上の不自由さを強いられる」ことであり、「社会モデル」の障害。ここは「社会モデル」の方を入れればよいので、イが正解。

問九 傍線部⑤の後の部分に着目する。「『パスタコースを選べないこと』は社会モデルの定義にしたがえば『障害』です。しかしこの障害をなくすことは、見えない人のユーモラスな視点やそれが社会に与えたかもしれないメリットを奪うことでもあります」とあり、特に下線部がウと一致する。

問十 ２つ前の段落で、「障害の社会モデルがまだまだ浸透《しんとう》していないのは、障害を受け止めるアイディアや実践が不足しているからでしょう」と述べ、さらに「障害を受け止める方法を開発することは、日本がこれから経験する前代未聞の超高齢化社会を生きるためのヒントを探すためにも必要です」と主張している。よって、ウが適する。

問十一 触媒《しょくばい》とは、化学反応の前後でそれ自身は変化せず、反応の速度を変える物質のこと。「『見えないこと』が触媒となる」だから、ここでは、「見えないこと」を利用して、健常者と障害者が「違いを生かしたり楽しんだりする」ことを指す。よって、エが適する。

問十二 ア．最後の３段落で述べている内容とほぼ一致する。 イ．最後から４番目の段落を参照。イにあるようなことは言っておらず、「障害を受け止める方法を開発すること」の必要を述べている。 ウ．最後から５番目の段落で、「障がい者」や「障碍者《しょうがいしゃ》」と表記することは、問題の先送りにすぎず、むしろ「障害」と表記してそのネガティブさを社会が自覚するほうが大切ではないか、と述べている。 エ．前半部は最後の段落の最初の文で言っていることと一致する。後半部が傍線部⑤と合わない。

二 問一 原文とその現代語訳の、傍線部①の直前までの部分を参照のこと。「その年の春は、疫病《えきびょう》が世間に大流行して、かつて松里の渡し場で月の光に照らされた姿をしみじみと見たあの乳母も、三月一日に死んでしまった。やるせなく嘆きしずんでいると」とあり、これが原因であることがわかる。よって、エが適する。

問二　和歌の「見もやせむ」の「む」は推量の助動詞なので、「～でしょう」という意味になる。作者は乳母の死を受けて「やるせなく嘆きしずんでいる」ので、「やがて別れし人」は乳母を指す。侍従の大納言の姫君のことが出てくるのは、この後のこと。よって、ウが適する。

問三　姫君が書いた歌の内容、特に「目が覚めないでいたら」「私の身の果てだと知ってほしい」からは、迫りくる死への思いが読み取れる。また、実際にその後、姫は亡くなっている。よって、アが適する。

問四　作者は、乳母の死の知らせを受けて「悲しみにくれているころ」に、姫の死の知らせを受けた。その姫が、自分の死を意識して書いた古歌を見て、作者がどのように感じたのかを考えると、ウが適する。

問五　この後に『源氏物語』『在中将』『とほざみ』『せり河』『しらら』『あさうづ』が出てくるので、イが適する。

問七　現代語訳に、「今までとびとびに読まざるを得ず、話の筋も納得がいかず、じれったく思っていた『源氏物語』」とあるので、エが適する。

問八　「『源氏物語』を一の巻から読み始めて～たった一人で几帳の内に伏せて、箱から一巻ずつ取り出しては読む気持ち、この幸福感の前には后の位も何になろう」とある。「何になろう」は、(后の位も)何の意味もないという意味なので、ウが適する。

問九　現代語訳の「ただ物語のことばかり思いつめて」からあとの部分を参照。最後に「～と思っていた私の心は、いま考えてみると、実にたわいのない、あきれはてたものだった」と書いている。よって、イが適する。

問十　ア．「そのおばが～『何を差し上げましょう。実用的なものはつまらないでしょう～』と言って～物語をひと袋に入れてくださった」と合致する。　イ．「物語を書きたいと思うようになった」とは、どこにも書いてないので、これが正解。　ウ．「その続きが見たいと思ったが、人に依頼することなどできない」などと合致する。
エ．「乳母も～死んでしまった～物語を読みたいという気持ちもおこらなくなってしまった」と合致する。

問十一　『更級日記』と『枕草子』『土佐日記』『竹取物語』は、平安時代に書かれた。『徒然草』は、鎌倉時代に兼好《けんこう》法師によって書かれた随筆。

三　**問一**　設問とウの「など」は、例をあげて、それに限らず、ほかにも同種類のものがあることを示す用法である。

問二　「いただく」は「食べる」の謙譲語。敬意を表す相手である「ご主人」の行為には、尊敬語(「めしあがる」など)を使わなくてはならない。

問三①　単刀直入《たんとうちょくにゅう》とは、本質を突くこと。遠回しでなく、いきなり本題に入ること。　②　諸行無常《しょぎょうむじょう》とは、世の中のすべてのものは常に変化し続け、永久不変のものはないということ。『平家物語』の冒頭に出てくることでも有名。　③　晴耕雨読《せいこううどく》とは、晴れた日には田畑を耕し、雨の日には本を読むこと。世間のわずらわしさを離れ、思い通りに暮らすこと。　④　傍若無人《ぼうじゃくぶじん》とは、人のことを気にかけず、好き勝手にふるまうこと。

問四　アはカテゴリー、ウはコンセプト、エはナショナリズムだと考えられる。

問五①　ウ以外は、「(下の漢字)を(上の漢字)する」の形になっている。ウは、上の漢字が下の漢字を修飾している。　②　ア以外は、上の漢字が下の漢字を修飾している。アは、同じような意味の漢字の組み合わせ。

四　Cさんの「部活動の先生」は「とても厳しくて」、Cさんは「とてもうるさく注意され」た。本文にあるラグビー部の学生たちが評価したら、「ちっとも優しくないんだよ」と言われそうな先生である。しかし、Cさんは「でもそれは、将来社会に出たときに困らないように言われていたことだと、今では思えます」と、この先生を評価している。つまり、先生の厳しい言動から、筆者の言う「打算的な優しさ」ではない、生徒のことを思ってくれる真心、本当の優しさをくみとっている。よって、Cさんの発言が、筆者が言いたいことに最も近い。

《2020　数学　解説》

〔1〕

(1)　与式$=-9\times\frac{1}{4}+4\times\frac{3}{4}=-\frac{9}{4}+\frac{12}{4}=\frac{3}{4}$

(2)　与式$=\{(\sqrt{3}-1)(\sqrt{3}+1)\}^2-\frac{18}{3\sqrt{3}}=(3-1)^2-\frac{6}{\sqrt{3}}=2^2-\frac{6\sqrt{3}}{3}=4-2\sqrt{3}$

(3)　与式$=9a^4b^6\times\frac{a}{3b}\times\frac{2}{ab^2}=6a^4b^3$

(4)　２個の赤玉を❶，❷，２個の白玉を①，②，２個の青玉を１，２と区別して，すべての取り出し方を樹形図にまとめると，右のようになる。取り出し方は全部で15通りあり，玉の色が同じなのは☆印の３通りだから，求める確率は，$\frac{3}{15}=\frac{1}{5}$

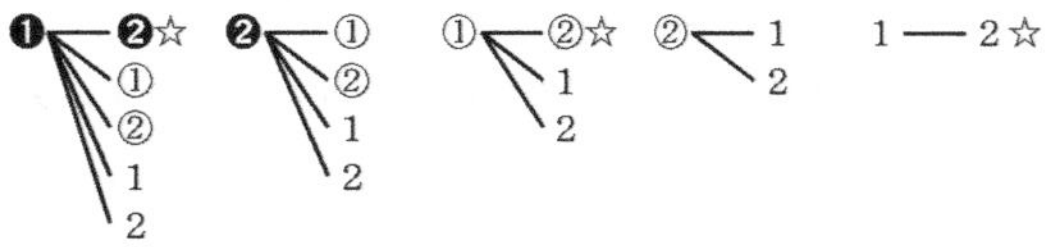

(5)　(相対度数)$=\frac{(\text{その階級の度数})}{(\text{度数の合計})}$だから，D$=\frac{6}{20}=0.30$

20人の中央値は，20÷２＝10より，低い方(または高い方)から10番目と11番目の記録の平均である。

A＝20×0.10＝２，B＝20×0.25＝５だから，20kg未満が２＋６＝８(人)，25kg未満が８＋５＝13(人)なので，10番目と11番目の記録はともに20kg以上25kg未満の階級に含まれるとわかる。したがって，中央値もこの階級に含まれ，この階級の階級値は，(20＋25)÷２＝22.5(kg)

〔2〕

(1)　与式の両辺に30をかけて，$6(6x-4)-10(3x+1)=15(1-x)$　　$36x-24-30x-10=15-15x$

$21x=49$　　$x=\frac{7}{3}$

(2)　与式より，$x^2-2x=3x+12$　　$x^2-5x-12=0$

２次方程式の解の公式より，$x=\frac{-(-5)\pm\sqrt{(-5)^2-4\times1\times(-12)}}{2\times1}=\frac{5\pm\sqrt{73}}{2}$

よって，２つの解の和は，$\frac{5+\sqrt{73}}{2}+\frac{5-\sqrt{73}}{2}=\frac{10}{2}=5$

(3)　午前中に売れたサンドイッチの個数をx個とすると，２割引きの$150\times(1-\frac{2}{10})=120$(円)で売ったサンドイッチの個数は$(100-x)$個と表せる。また，仕入れ値が100×100＝10000(円)だから売り上げの合計は，10000＋4160＝14160(円)である。したがって，売り上げの合計について，$150x+120(100-x)=14160$

これを解くと$x=72$となるから，求める個数は72個である。

(4)　接点を通る半径は接線と垂直に交わるから，右のように作図できる。

中心角は，同じ弧に対する円周角の２倍の大きさだから，$\angle y=110\times2=220$(°)

したがって，四角形ＡＢＯＣの内角である∠ＢＯＣの大きさは，

360－220＝140(°)だから，$\angle x=360-90-90-140=40$(°)

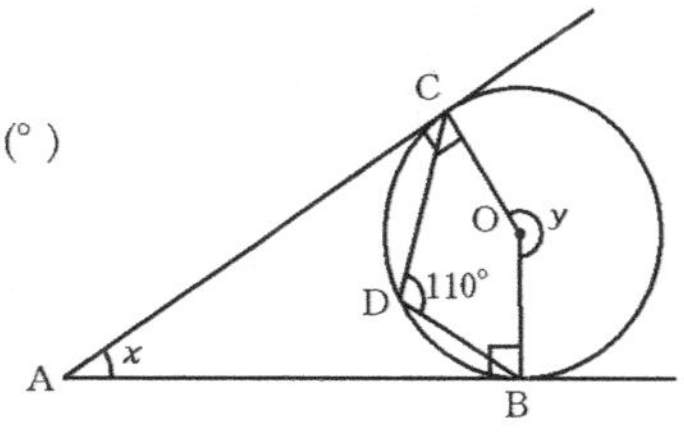

〔3〕

(1)　自然数は右図のような規則で並んでいる。第１列の数に注目すると，第ｎ行，第１列の数はn^2になっていることがわかる。

よって，第７行，第１列の数は，$7^2=49$

	第1列	第2列	第3列	第4列	第5列	第6列	…
第1行	1	2	5	10	17	26	・
第2行	4	3	6	11	18	27	・
第3行	9	8	7	12	19	28	・
第4行	16	15	14	13	20	・	・
第5行	25	24	23	22	21	・	・
第6行	・	・	・	・	・	・	・
⋮	・	・	・	・	・	・	・

(2)　(1)の解説をふまえる。第10列の数は第１行から第10行まで数が１ずつ大きくなっていくから，第１行，第10列の数がわかればよい。

第１行，第10列の数は，第９行，第１列の数の次の数だから，$9^2+1=82$で

である。よって，第4行，第10列の数は，$82+3=85$

(3)　ここまでの解説をふまえる。77 に近い平方数(整数を２乗してできる数)として 81 があり，81 は第９行，第１列の数である。第９行の数は第１列から第９列まで数が１ずつ小さくなっていくから，77 は 81 の $81-77=4$(つ)右にある。よって，77 は第９行，第５列の数である。

〔4〕

(1)　$y=2x-\frac{3}{2}$にAのx座標の$x=1$を代入すると，$y=2\times1-\frac{3}{2}=\frac{1}{2}$となるから，A$\left(1,\ \frac{1}{2}\right)$である。
①のグラフはAを通るから，$y=ax^2$に$x=1$，$y=\frac{1}{2}$を代入すると，$\frac{1}{2}=a\times1^2$より，$a=\frac{1}{2}$

(2)　右図のようにx軸についてＢと対称な点B′をとると，ＢＰ＝B′Ｐとなるから，ＡＢ＋ＢＰが最小となるのは，ＡＢ＋B′Ｐが最小になるとき，つまり，３点Ａ，Ｐ，B′が一直線上に並ぶときである。したがって，直線ＡB′とx軸との交点がＰである。
$y=\frac{1}{2}x^2$にＢのx座標の$x=3$を代入すると，$y=\frac{1}{2}\times3^2=\frac{9}{2}$となるから，B$\left(3,\ \frac{9}{2}\right)$であり，B′$\left(3,\ -\frac{9}{2}\right)$である。
直線ＡB′の式を$y=mx+n$とする。A$\left(1,\ \frac{1}{2}\right)$の座標から$\frac{1}{2}=m+n$，B′$\left(3,\ -\frac{9}{2}\right)$の座標から$-\frac{9}{2}=3m+n$が成り立つ。これらを連立方程式として解くと，$m=-\frac{5}{2}$，$n=3$となるから，直線ＡB′の式は，$y=-\frac{5}{2}x+3$である。この式にP$(t,\ 0)$の座標を代入すると，$0=-\frac{5}{2}t+3$より$t=\frac{6}{5}$となり，$1<t<3$を満たす。

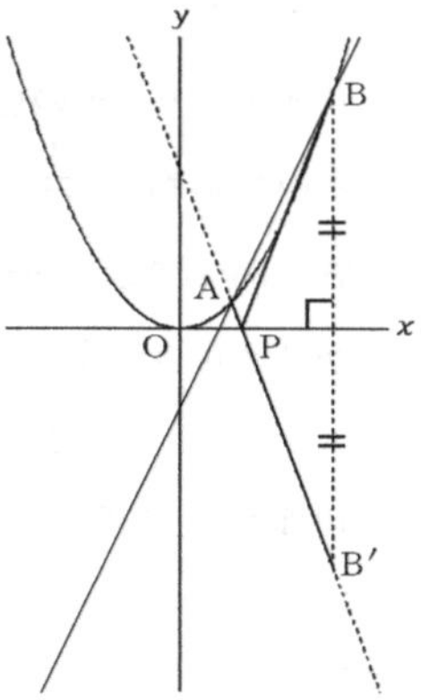

(3)　直線ＡＢとx軸との交点をＱとすると，△ＱＰＢと△ＡＰＱの面積比は，点Ｂと点Ａのy座標の比に等しく，$\frac{9}{2}:\frac{1}{2}=9:1$だから，△ＱＰＢと△ＰＡＢの面積比は，$9:(9-1)=9:8$になる。
そこで，まず△ＯＢＣの面積を求め，△ＱＰＢ＝$\frac{9}{8}$△ＰＡＢとなる点Ｐを求めればよい。
②の式より，C$\left(0,\ -\frac{3}{2}\right)$，ＯＣ＝$\frac{3}{2}$だから，
△ＯＢＣ＝$\frac{1}{2}$×ＯＣ×(ＯとＢのx座標の差)＝$\frac{1}{2}\times\frac{3}{2}\times3=\frac{9}{4}$
これより，△ＱＰＢ＝$\frac{9}{4}\times\frac{9}{8}=\frac{81}{32}$となればよい。
②の式より，Q$\left(\frac{3}{4},\ 0\right)$だから，△ＱＰＢの面積について，
$\frac{1}{2}$×ＰＱ×(ＱとＢのy座標の差)＝$\frac{81}{32}$　　$\frac{1}{2}\times\left(t-\frac{3}{4}\right)\times\frac{9}{2}=\frac{81}{32}$　　$\frac{9}{4}\left(t-\frac{3}{4}\right)=\frac{81}{32}$　　$t-\frac{3}{4}=\frac{9}{8}$
$t=\frac{9}{8}+\frac{3}{4}=\frac{15}{8}$となり，$1<t<3$を満たす。

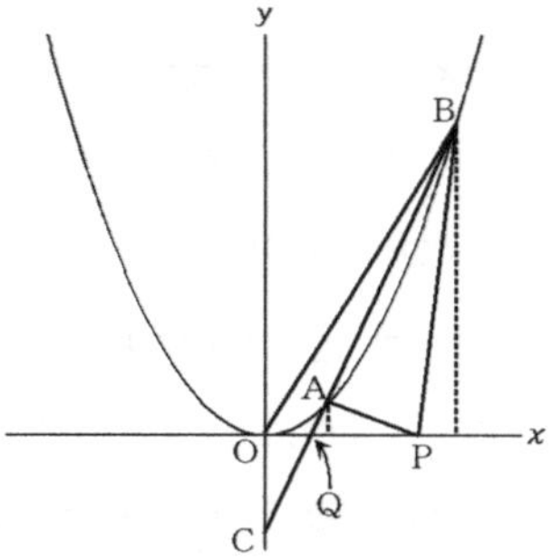

〔5〕

(1)　断面の四角形ＡＥＧＣは長方形である。△ＡＢＣは直角二等辺三角形だから，ＡＣ＝$\sqrt{2}$ＡＢ＝$2\sqrt{2}$
よって，長方形ＡＥＧＣの面積は，ＡＥ×ＡＣ＝$2\times2\sqrt{2}=4\sqrt{2}$

(2)　右図のように記号をおく。直線ＥＪ，ＦＢ，ＧＫは１点で交わり，その交点をＩとする。三角すいＩ－ＥＦＧと三角すいＩ－ＪＢＫは相似であり，相似比はＥＦ：ＪＢ＝２：１だから，体積比は，$2^3:1^3=8:1$である。したがって，立体ＪＢＫ－ＥＦＧと三角すいＩ－ＥＦＧの体積比は，$(8-1):8=7:8$
ＩＢ：ＩＦ＝１：２だから，ＩＢ：ＢＦ＝$1:(2-1)=1:1$，ＩＢ＝ＢＦ＝２
これより，ＩＦ＝$2+2=4$であり，三角すいＩ－ＥＦＧの体積は，
$\frac{1}{3}\times\left(\frac{1}{2}\times2\times2\right)\times4=\frac{8}{3}$　　よって，立体ＪＢＫ－ＥＦＧの体積は，$\frac{8}{3}\times\frac{7}{8}=\frac{7}{3}$

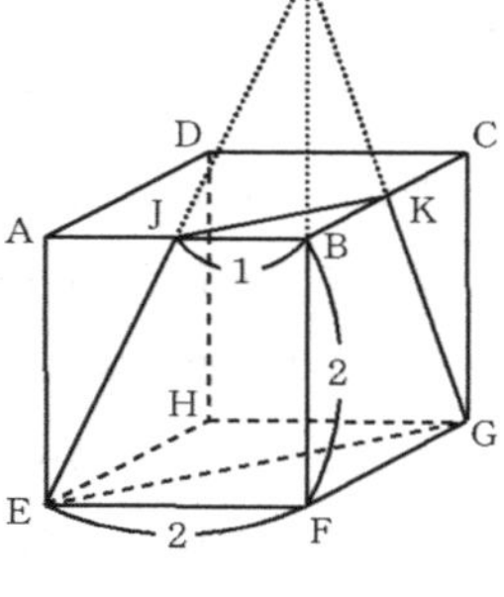

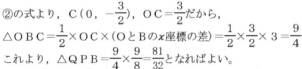

(3)　切断面は右図の四角形ＡＭＧＬである。平行な面にできる切り口の線は平行になるから，ＡＬ//ＭＧ，ＡＭ//ＬＧであり，△ＡＤＬ，△ＧＦＭ，△ＧＣＬ，△ＡＥＭはすべて合同な直角三角形となり，ＭはＥＦの中点である。

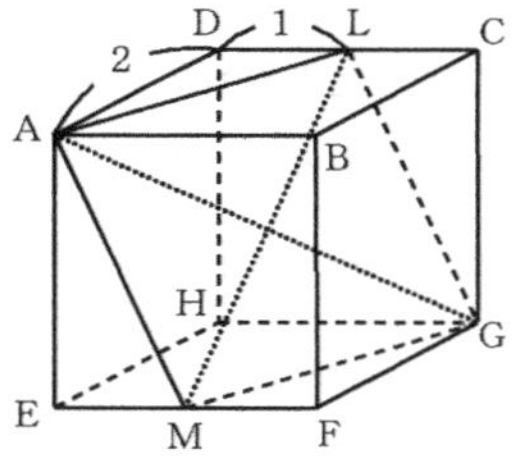

ＡＬ＝ＧＭ＝ＧＬ＝ＡＭだから，四角形ＡＭＧＬはひし形なので，２本の対角線(ＡＧとＬＭ)の長さから面積を求められる。

ＡＣ$=2\sqrt{2}$だから，三平方の定理より，ＡＧ$=\sqrt{AC^2+CG^2}=\sqrt{(2\sqrt{2})^2+2^2}=\sqrt{12}=2\sqrt{3}$

四角形ＬＭＦＣは，ＬＣ＝ＭＦ，ＬＣ//ＭＦより平行四辺形だから，ＬＭ＝ＣＦ$=2\sqrt{2}$

よって，ひし形ＡＭＧＬの面積は，$\frac{1}{2}\times 2\sqrt{3}\times 2\sqrt{2}=2\sqrt{6}$

〔６〕　図をかくと，右のようになる。証明を読みながら，等しい辺や角に同じ記号をかきこんでいくと，ミスを防ぐことができる。

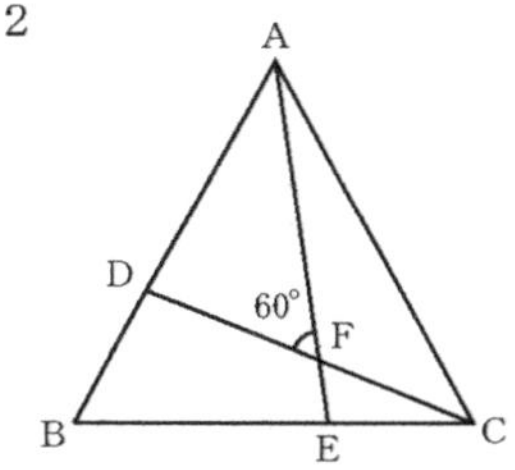

―《2020　英語　解説》―

〔１〕　【放送文の要約】参照。

１　質問「ゴードン氏はどこにカバンを置き忘れたのですか？」…女性の５回目の発言 We found it on the train.より，ウ「電車の中」が適当。

【放送文の要約】

女性　　　：ハルヒ駅です。

ゴードン氏：もしもし，私は市役所に向かう途中で，どこかでカバンを置き忘れてしまって，今，探しているのですが。

女性　　　：まあ，どこに置き忘れたか覚えていますか？

ゴードン氏：図書館を出て，ハルヒ駅で電車に乗ったのが２時です。でも，どこに置き忘れたのかはわかりません。

女性　　　：わかりました。それは何色ですか？

ゴードン氏：青と白のカバンで，私の名前が書いてあります。

女性　　　：お名前を教えてくださいますか。

ゴードン氏：ゴードンです。ケン・ゴードンです。

女性　　　：わかりました。少々お待ちください。…ゴードンさん，あなたのバッグはここにあります。1ウ電車の中にありました。

ゴードン氏：ああ，ありがとうございます！今，駅に行ってもいいですか？

女性　　　：もちろんです。

２　質問「マサオが１番好きな教科は何ですか？」…マサオの２回目の発言 I like history.より，イ「歴史」が適当。

【放送文の要約】

マサオ：ああ，次の授業は数学だ。いやだなあ。

ケイト：そうなの？私は好きよ。マサオは何の教科が１番好きなの？

マサオ：2イ僕は歴史が好きだな。君は？何の教科が１番好き？

ケイト：国語が１番好きよ。

マサオ：なるほど。君は日本語を話すのが得意だものね。

ケイト：ありがとう，マサオ。そう言ってもらえて嬉しいわ。私は言語を学ぶのに興味があるの。

マサオ：他の教科では何に興味があるの？

ケイト：そうね，理科が好きよ。

マサオ：おお，君が好きなのは数学に国語，それに理科なんだ。すごいね！

3　質問「ニックとチエは何時に学校で待ち合わせますか？」…チエの３回目，ニックの４回目のやり取りより，ウ「11時」が適当。

【放送文の要約】

ニック：チエ，明日サッカーの試合を見に行かない？

チエ　：何の試合なの？

ニック：うちの学校のチームが試合をするんだ。ユウタが出るんだよ。

チエ　：それはいいわね。試合は何時に始まるの？

ニック：12時だよ。10時に学校で待ち合わせる？

チエ　：ええっと，9時半に母と買い物に行かなければならないの。3ウ11時はどうかしら？

ニック：3ウわかったよ。じゃあね。

4　質問「グリーン先生はいつ東山動物園に行きましたか？」…第１段落３～４行目より，イ「彼女は２日前にそこへいきました」が適当。

5　質問「グリーン先生は授業で何をするつもりですか？」…第２段落１～２行目より，エ「彼女は生徒たちと一緒に英語の歌を歌うつもりです」が適当。

【放送文の要約】

みなさん，こんにちは。初めまして。私の名前はアン・グリーンです。カナダのケロウナ出身です。日本には1週間前に来ました。日本に来たのは初めてなので，すべてが新鮮です。4イ私は２日前に東山動物園に行って，コアラを見ました。そして昨日は，担任の田中先生と一緒に，栄に行きました。そこでは買い物を楽しみました。私はお箸とテニスシューズを買いました。デパートでは着物を見ました。着物はとてもきれいでした。できたら，いつか家族に買ってあげたいと思います。

5エ私は今年，みなさんに英語を教えます。私は英語の歌をたくさん知っています。一緒に英語で歌って楽しみましょう。みなさんが去年より英語が好きになることを願っています！ご清聴ありがとうございました。

〔2〕　【本文の要約】参照。

6　直前の文より，アが適当。

7　第３段落８行目より，アンのケーキを食べたアラン夫人が「苦い」と言ったことから，ウ「薬」が適当。ア「バニラ」，イ「ハチミツ」，エ「砂糖」は当てはまらない。

8　直後の文より，エが適当。

9　・nothing「何も～ない」　・as … as～「～と同じくらいの…」

10　ア「アラン夫人は×若くも，美しくもなかった」　イ「アンはアラン夫妻のためにケーキを作り，×それはおいしかった」　ウ×「アンはケーキを作っている時，バニラのビンを割ってしまった」…本文にない内容。　エ○「アラン夫人はアンが作ったケーキを食べた時，怒りはしなかった」…第３段落６～８行目，第５段落２～３行目の内容と一致。

【本文の要約】

長い夏休みは６月末に始まった。年老いた牧師が教会を去り，新しい牧師がやってきた。名をアラン牧師と言った。

彼は若くて美しい妻を伴ってきた。

ある日，ジェーン・カスバートは台所で忙しくしていた。彼女は白髪頭で背の高い女性だった。若くも，美しくもなかったが，親切な女性だった。「水曜日のお茶会にアラン牧師夫妻を招待しましょう」ジェーンは，可愛い娘のアンに言った。「まあ，本当に？」アンが興奮気味に「ケーキを作ってもいい？」と言うと，ジェーンは「いいわよ，アン」と言った。

水曜の朝，アンは早起きしてケーキを作った。とてもおいしそうにできた。午後，アンはテーブル中に花を飾った。やがてアラン夫妻がやってきた。6ア「テーブルの飾りつけがとてもきれいね」と夫妻が言った。アンはとても嬉しかった。彼女はジェーンと一緒にテーブルについた。ジェーンは1番良い服を着ていた。「私はご夫妻のためにこのケーキを作りました。アラン夫人，召し上がりますか」とアンが尋ねると，アラン夫人は「いただくわ」と返事をして，ほほ笑んだ。アンはアラン夫人のためにケーキを切った。10エアラン夫人はケーキを口に入れて食べ始めた。しかしあまり嬉しそうではなかった。「どうかしましたか？」とジェーンが言うと，「私には少し苦いようです」とアラン夫人は言った。それからジェーンもケーキを食べてみた。「アン！」彼女は叫んだ。「あなた，これに何を入れたの？」「バニラだけよ」アンは答えた。アンは台所に行き，小ビンを持って戻って来た。ビンには「最高級バニラ」と書いてあった。ジェーンはそのビンを開けると，「これはバニラではないわ」と言った。「これはBウ薬(＝medicine)よ。私は先週，薬のビンを割ってしまって，薬をこの古いバニラのビンに入れたのよ」

「まあ，大変！」とアンは言った。彼女は二階の自分の部屋に駆け上がり，号泣した。しばらくして，誰かが部屋に入ってきたが，アンは顔を上げなかった。「私はとても不幸だわ」と彼女は言った。「もしみんなが私のケーキのことを聞いたら，みんな私のことを笑うわ。私は下には行けない。もうアラン夫人の顔を見られない」

「アン，泣かないで」アンは驚いて顔を上げた。8エ「アラン夫人！」彼女はびっくりして言った。「ええ，私よ」10エアラン夫人はそう言って笑った。「ケーキに入っていたBウ薬(＝medicine)のことは愉快なミスにすぎないわ」「アラン夫人，本当にごめんなさい」にアンが続けて「私はご夫妻のためにおいしいケーキを作りたかったんです」と言うと，アラン夫人は「わかっているわ」と言った。「さあ，下りてきて，あなたの花を見せてちょうだい。あなたの花ほど美しいものは他にはないわ」

アンはまた嬉しくなった。アンはアラン夫人と下に下りた。ケーキのことは誰も口に出さなかった。

〔3〕【本文の要約】参照。

11 質問「そのアメリカ人女性はなぜ『日本人旅行者はとても失礼だ』と言いましたか？」…第2段落の内容より，ウ「エレベーターに乗るときに人を押すから」が適当。

12 質問「そのアメリカ人女性はどこで日本人旅行者に押されましたか？」…第1段落1行目より，エ「ハワイで」が適当。

13 質問「著者はなぜ日本人旅行者が失礼というわけではないとわかったのですか？」…第4段落1～2行目より，ア「なぜなら彼らは日本でいつもすることをしているにすぎないから」が適当。

14 質問「ことわざの『ローマではローマ人がするようにせよ』は何を意味していますか」…第4段落4～6行目より，エ「外国を訪れたなら，その国で暮らしている人のようにふるまうべきだ」が適当。

15 質問「外国人がおかしなことをしているのを見たら，私たちは何をするべきですか？」…第4段落最後の文より，イ「お互いの文化の違いを理解するべきです」が適当。

【本文の要約】

12エハワイでバスに乗っていた時，1人のアメリカ人女性が私に言いました。「日本人旅行者はとても失礼です！」私はなぜ彼女がそう言うのか，わかりませんでした。ほとんどの人は日本人が礼儀正しいと思っています。それで私は彼女の話を聞きました。

11ウ「ここでエレベーターに乗るときに，いつも起こることですが」と彼女は言いました。「エレベーターがすでに満員でも，日本人はエレベーターに乗るためにいつも人を押すのです。本当に失礼です！」

なるほど。それで私はわかりました。この女性は日本に行ったことがなく，東京や名古屋のような大都市のエレベーターに乗ったことがないのです。日本人がエレベーターに乗るとき，人を押すのは普通のことです。なぜなら日本のエレベーターがたいてい混んでいるからです。しかしながら，アメリカ人は人を押したりしません。そうする必要がないからです。ですからアメリカ人はエレベーターの中で押されると，「失礼だ」と感じるのです。それではこのような状況で本当に悪いのは誰でしょうか？誰も悪くない，とも，全員悪い，とも言えるのです。

今回は誰も悪くはありませんでした。13アなぜなら日本人旅行者はいつも自国でしていることをしただけなのです。そしてアメリカ人女性は，なぜ彼らがそうしたかがわからなかったのです。単に文化の違いだったのです。しかしながら，誰しも少々の寛容さは必要なのですから，みんな悪いとも言えます。14エ私たちが外国を訪れるときには，その国の人々を観察し，彼らと同じことをするよう，期待されます。「ローマではローマ人がするようにせよ（＝郷に入っては郷に従え）」ということわざの通りです。しかし，私たちは外国人旅行者に，私たちと同じように全てのことをするのを期待することはできません。15イ私たちは，文化に関してはその違いに少々の寛容さを持つべきなのです。

〔4〕

16　アが誤り。×are→○is：〈one of＋名詞の複数形〉は「(名詞の複数形）の1つ」という意味だから，単数扱い。

17　エが誤り。×playing→○play：will のような助動詞に続く動詞は原形。

18　ウが誤り。×most→○不要：直後に heavy「重い」の最上級 heaviest があるから，most は要らない。

19　エが誤り。×see→○seen：前にある have you より，現在完了の文だから，see を過去分詞 seen にする。

20　ウが誤り。×many→○often：前文「私の国では，週に1回日本語を勉強します」に続く疑問文で頻度を尋ねているのだから，often が適当。　・How often ～?「どのくらい（の頻度）ですか？」

〔5〕

21　bike に着目する。〈It is … for＋人＋to ～〉「(人）にとって～することは…だ」の構文より，ウが適当。文意「私にとって自転車に乗ることは簡単だ」　なお〈It is … of＋人＋to ～〉「(人）が～するとは…だ」は，「(人）が…だ」と判断した理由や根拠を不定詞で表すときに用いる。

22　twenty years に着目する。文意「私たちは20年間（ずっと）親友でいる」という現在完了“継続”の文だから，ウが適当。〈for ～〉は「～の間」＝「継続の期間」を表す。イの〈since ～〉は「その時点から今まで」を表す。

23　動詞 is に着目する。アが適当。washing the car in front of the house という〈現在分詞＋語句〉が後ろから，前にある名詞（ここでは man）を修飾する文。文意「家の前で車を洗っているその男性は私の父だ」

24　of に着目する。of のような前置詞に続く動詞は ing 形にするから，イが適当。文意「彼女はサッカーが上手なことを自慢に思っている」　・be proud of ～「～を自慢に思う／～を誇りに思う」

25　had と文末の?に着目する。過去の文の肯定文には，過去形で否定形の付加疑問が付くから，イが適当。文意「あなたはアメリカで本当に楽しく過ごしたのですね？」

〔6〕

26　Was the house built by your grandfather?：受動態〈be 動詞＋過去分詞＋by ～〉の疑問文。

27　He did not look as happy as his sister.：「～ほど…ではない」は〈not＋as＋形容詞／副詞＋as ～〉と表す。ここでは形容詞の happy をあてはめる。　・look ～「～のように見える」

28　The movie will encourage him to play basketball.：・encourage＋人＋to ～「(人）を～するように仕向ける」

29　He was <u>so</u> kind that <u>he</u> showed me the way to the station.：・so … that ～「とても…で～だ」

30　I don't know what to cook for dinner.：〈疑問詞＋to ～〉の文。　・what to ～「何をすべきか」　・for ～「～として」

《2020　理科　解説》

〔1〕

1　ウ○…位置エネルギーと運動エネルギーの和を力学的エネルギーといい，摩擦や空気の抵抗などを考えなければ力学的エネルギーは一定に保たれる(力学的エネルギーの保存)。また，斜面上では，小球の速さが一定の割合で増加するので，時間が経過するほど，位置エネルギーが減少する割合，つまり運動エネルギーが増加する割合は大きくなる。

2　イ○…実験１より，木片の移動距離は小球をはなす高さに比例する。実験２で，実験１と同じ80ｇの小球を使ったときの木片の移動距離が3.6㎝であることに着目すると，小球をはなした高さが$5.0\times\frac{3.6}{2.4}=7.5$(㎝)だとわかる。

3　イ○…実験１，２より，木片の移動距離は小球をはなす高さと小球の質量に比例することがわかる。80ｇの小球を7.5㎝の高さからはなしたときの木片の移動距離が3.6㎝だから，100ｇの小球を12.5㎝の高さからはなした場合，木片は$3.6\times\frac{100}{80}\times\frac{12.5}{7.5}=\frac{45}{6}=7.5$(㎝)動く。

4　ウ○…レールの傾きを大きくして同じ高さから小球をはなした場合，小球の移動する距離は短くなり，重力の斜面に平行な分力が大きくなって速さが増加する割合も大きくなるので，水平面に達するまでの時間は短くなる。これに対し，小球をはなした高さ(位置エネルギー)が同じであれば，水平面に達したときの速さ(運動エネルギー)は変わらない。

5　エ○…図Ⅰの右手を利用すると，図３のコイルの左端がＮ極，右端がＳ極になることがわかる。よって，台車がコイルに近づくときには，棒磁石のＮ極とコイルのＮ極が反発し合って，台車の速さは遅くなり，台車がコイルから遠ざかるときには，棒磁石のＳ極とコイルのＳ極が反発し合って，台車の速さは速くなる。

図Ⅰ

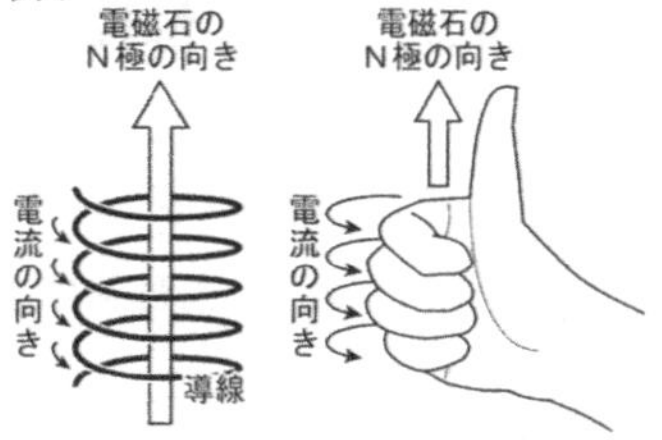

〔2〕

6　ウ○…石灰石と塩酸が反応して二酸化炭素が発生し，空気中に出ていく。

7　ウ○…表３で，塩酸の量が80㎤と120㎤のときの反応前の質量を比べると，塩酸120－80＝40(㎤)の質量が224.0－180.0＝44.0(ｇ)であることがわかる。よって，〔密度(ｇ/㎤)＝$\frac{質量(g)}{体積(cm^3)}$〕より，$\frac{44.0}{40}=1.1$(ｇ/㎤)である。

8　イ○…表３より，塩酸の量が200.0㎤以下であれば，反応前後の質量の差は塩酸の量に比例することがわかる。反応前後の質量の差は，塩酸の量が80.0㎤のときに180.0－179.2＝0.8(ｇ)だから，塩酸の量が150㎤の実験を行えば，$0.8\times\frac{150}{80.0}=1.50$(ｇ)になる。

9　ウ○…表３より，塩酸の量が200.0㎤以下であれば，反応前後の質量の差は塩酸の量に比例し，反応前後の質量の差は2.0ｇより大きくならないから，石灰石5.0ｇと塩酸200.0㎤が過不足なく反応することがわかる(Ｃは正しい)。また，塩酸の量が240.0㎤の実験後は，塩酸が240.0－200.0＝40.0(㎤)残っているので，石灰石を追加すれば，再び反応が起こる(Ｅは正しい)。

10　ア○…濃度を1.2倍にした120㎤の塩酸は，実験に使った塩酸120×1.2＝144(㎤)と同じである。よって，８解説と同様に考えて，塩酸の量が144㎤の実験を行えば，反応前後の質量の差は$0.8\times\frac{144}{80.0}=1.44$(ｇ)になる。

〔3〕

11　ア○…Ａ～Ｈのうち，胎生であるのはＡのほ乳類だけである。

12　イ○…A(ほ乳類)，B(鳥類)，D(魚類)，E(は虫類)，F(両生類)は背骨をもつセキツイ動物，C(節足動物の昆虫類)，G(軟体動物)，H(棘《きょく》皮《ひ》動物)は背骨をもたない無セキツイ動物である。

14　イ○…オーストラリアにすむカモノハシは卵生であるが，子を乳で育て，体が毛でおおわれていることなどから，ほ乳類に分類される。

15　①が恒温動物，②が変温動物である。

〔4〕

16　オ○…北極側が太陽の方向に傾いているeが夏至(6月20日ごろ)，gが秋分(9月20日ごろ)，aが冬至(12月20日ごろ)，cが春分(3月20日ごろ)の地球である。ゴールデンウィークは夏至の約1.5か月前だからd，クリスマスは12月25日だからaに最も近い。

17　エ○…地球の公転面と地球の地軸が平行で，地軸が常に太陽の方向を向いていると，太陽の方向を向いている極を含む半球だけに太陽の光が当たり続け，常に昼になる。反対側の半球には太陽の光が当たることがないので，常に夜になる。

18　エ○…図8のように，南の空で右半分が光って見えるのは図7のcの月であり，cを正面に見たとき，太陽は右手側にある。南を見たときの右手側は西であり，太陽が西にあることから時間帯は夕方であることがわかる。なお，図8のように見える月を上弦の月という。

20　ア○…低緯度付近の速度が速い大気は，中緯度付近に向かって右にそれるように移動する。このような大気の移動が，中緯度付近では西から東へ向かって吹く風(偏西風)になる。

《2020　社会　解説》

〔1〕

1　Aは奈良県だから，(ウ)が正しい。吉野杉は日本三大美林の1つである。和泉山脈は大阪府と和歌山県にある。

2　(エ)が誤り。琵琶湖(滋賀県)の生態系を維持するため，ブラックバスやブルーギルなどの外来魚の釣りが推奨されている。

3　(エ)が正しい。阪神工業地帯(大阪府・兵庫県)は金属の割合が高く，中京工業地帯よりも機械の割合が低く，京浜工業地帯よりもその他(印刷・出版)の割合が低くなることから，③と判断する。①は中京工業地帯，②は京浜工業地帯，Gは食料品。

〔2〕　Aはノルウェー，Bはイギリス，Cはドイツ，Dはフランス，Eはイタリア。

4　(イ)が正しい。ピレネー山脈はフランスとスペインの国境にあり，ドナウ川はドイツに源を発してウィーンなどをへて黒海に注ぐ。リアス式海岸は複雑に入り組んだ地形の海岸である。

5　(イ)が正しい。　(a)C．降水量の年較差が小さい西岸海洋性気候だからドイツのベルリンと判断する。
(b)E．夏に乾燥し，冬に雨が降る地中海性気候だからイタリアのローマと判断する。

6　(ウ)が正しい。ヨーロッパ州の南部ではカトリック，北西部ではプロテスタント，東部では正教会が主に信仰されている。よって，AとBでは主にプロテスタントが信仰されている。

7　(ア)が誤り。ユーロスターはフランス・イギリス，特急ICEはドイツ・オーストリア・スイス・オランダ・フランスを結ぶ。

〔3〕

8　(ウ)が正しい。骨角器は縄文時代に釣り針などに使われた道具，石鏃は狩猟の道具，鎌は稲刈りの道具である。

9　(イ)が正しい。新羅による朝鮮半島の統一は676年だから，7世紀にあたる。(ア)は紀元前2世紀～紀元後2

世紀頃，(ウ)は 19 世紀，(エ)は 1498 年のできごとだから 15 世紀。

10 (ア)が正しい。遣唐使の派遣は 630 年～894 年だから，７～９世紀にあたる。朝鮮通信使の派遣は 17～19 世紀，南蛮貿易は 16 世紀，琉球王国との(中継)貿易は 15～18 世紀。

11 国風文化は平安時代だから，(ウ)が正しい。(ア)は室町時代，(イ)は安土桃山時代，(エ)は江戸時代。

12 (イ)が正しい。平治の乱(1159 年)に勝利した平清盛は，一族の者を朝廷の高い位につけ，自らは太政大臣の地位に就いて，西日本を中心として政治の実権をにぎった。前九年合戦(1051 年～1062 年)後には，源氏が東国に勢力を固め，後三年の役(1083 年～1087 年)後には，奥州藤原氏が勃興した。源頼朝の征夷大将軍就任は 1192 年。

13 ４．日本人の海外渡航と帰国の禁止(1635 年)・島原・天草一揆(1637 年)・ポルトガル船の来航禁止(1639 年)→２．徳川吉宗の享保の改革(1716 年～1745 年)→３．田沼意次の政治(1767 年～1786 年)・天明のききん(1782 年～1787 年)→１．薩長同盟(1866 年)の順であり，大塩平八郎の乱は 1837 年だから，(ウ)を選ぶ。

14 清教徒革命(ピューリタン革命)は 1642 年～1649 年，名誉革命は 1688 年で 17 世紀にあたるから，(イ)を選ぶ。

〔４〕

15 (イ)が正しい。Ａは水力発電が盛んなカナダ，Ｂは原子力発電が盛んなフランス，Ｃは太陽光発電や風力発電などの再生可能エネルギーの発電が盛んなドイツ，Ｄは石油や石炭などによる火力発電が盛んな日本と判断する。

16 (ウ)が誤り。法は国民に強制される規範である。また，国家の領域は，領土・領海・領空からなる。

17 (イ)が正しい。 Ｃ・Ｄ．不景気のときに国債を買うことで一般銀行の資金量を増やし，個人や企業に対する貸付の金利を下げて市場に出回る資金量を増やす。好景気のときに国債を売ることで一般銀行の保有する資金量を減らし，個人や企業に対する貸付の金利を上げて市場に出回る資金量を減らす。

〔５〕

18 (ウ)が誤り。1955 年～1993 年まで，自由民主党を与党第一党とする 55 年体制が確立された。

19 (ア)が正しい。 (イ)国務大臣の過半数が国会議員から選ばれる。 (ウ)内閣総理大臣の任命は，天皇が行う国事行為である。 (エ)行政の運営に関する決定は「内閣総理大臣」でなく「内閣」によって行われる(行政権)。

20 (ウ)が正しい。各党の獲得議席数については右表参照。

	A党	B党	C党
÷1	①12000	②8400	④4800
÷2	③6000	⑤4200	2400
÷3	⑥4000	2800	1600
議席数	3	2	1

丸番号は当選順位

21 (ウ)が正しい。日本国憲法公布の 11 月３日は文化の日，施行の５月３日は憲法記念日として祝日になっている。

〔６〕

22 (ア)が正しい。開国以来，生糸が日本の主要な輸出品だったことから，⑴を 1865 年の横浜港と判断する。さらに，神奈川県に日産自動車があることから，輸出額上位に注目して，⑷を 2013 年の横浜港と判断する。

23 (ウ)が正しい。1853 年にペリー率いる黒船が神奈川県の浦賀に来航した。 (ア)鎌倉幕府を開いたのは源頼朝である。また，平清盛は武士として初めて太政大臣の地位についたが，幕府を開いていない。 (イ)加賀の一向一揆は石川県で起こった。 (エ)五稜郭の戦いは北海道の函館で行われた。

24 ⑴と⑶が正しいから，(イ)を選ぶ。 ⑵日本企業の進出先は「アフリカ」でなく「アジア」が最も多い。
⑷世界貿易機関(ＷＴＯ)は，関税および貿易に関する一般協定(ＧＡＴＴ)を発展させて設立された。ＥＵとＮＡＦＴＡは現行の組織・協定である。

25 大日本帝国憲法は君主権の強いドイツ(プロイセン)の憲法を参考にしたから，(ウ)を選ぶ。(ア)はイギリス，(イ)はソ連，(エ)はアメリカについての記述である。

■ ご使用にあたってのお願い・ご注意

（1）問題文等の非掲載

著作権上の都合により，問題文や図表などの一部を掲載できない場合があります。

誠に申し訳ございませんが，ご了承くださいますようお願いいたします。

（2）過去問における時事性

過去問題集は，学習指導要領の改訂や社会状況の変化，新たな発見などにより，現在とは異なる表記や解説になっている場合があります。過去問の特性上，出題当時のままで出版していますので，あらかじめご了承ください。

（3）配点

学校等から配点が公表されている場合は，記載しています。公表されていない場合は，記載していません。

独自の予想配点は，出題者の意図と異なる場合があり，お客様が学習するうえで誤った判断をしてしまう恐れがあるため記載していません。

（4）無断複製等の禁止

購入された個人のお客様が，ご家庭でご自身またはご家族の学習のためにコピーをすることは可能ですが，それ以外の目的でコピー，スキャン，転載（ブログ，ＳＮＳなどでの公開を含みます）などをすることは法律により禁止されています。学校や学習塾などで，児童生徒のためにコピーをして使用することも法律により禁止されています。

ご不明な点や，違法な疑いのある行為を確認された場合は，弊社までご連絡ください。

（5）けがに注意

この問題集は針を外して使用します。針を外すときは，けがをしないように注意してください。また，表紙カバーや問題用紙の端で手指を傷つけないように十分注意してください。

（6）正誤

制作には万全を期しておりますが，万が一誤りなどがございましたら，弊社までご連絡ください。

なお，誤りが判明した場合は，弊社ウェブサイトの「ご購入者様のページ」に掲載しておりますので，そちらもご確認ください。

■ お問い合わせ

解答例，解説，印刷，製本など，問題集発行におけるすべての責任は弊社にあります。

ご不明な点がございましたら，弊社ウェブサイトの「お問い合わせ」フォームよりご連絡ください。迅速に対応いたしますが，営業日の都合で回答に数日を要する場合があります。

ご入力いただいたメールアドレス宛に自動返信メールをお送りしています。自動返信メールが届かない場合は，「よくある質問」の「メールの問い合わせに対し返信がありません。」の項目をご確認ください。

また弊社営業日（平日）は，午前９時から午後５時まで，電話でのお問い合わせも受け付けています。

2025 春

株式会社教英出版
〒422-8054　静岡県静岡市駿河区南安倍３丁目 12-28
TEL　054-288-2131　　FAX　054-288-2133
URL　https://kyoei-syuppan.net/
MAIL siteform@kyoei-syuppan.net

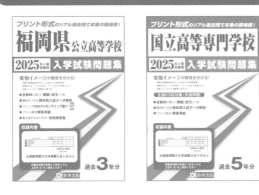

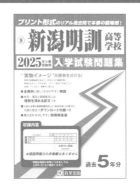

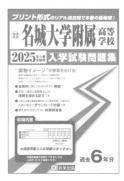

学校別問題集

北海道
①札幌北斗高等学校
②北星学園大学附属高等学校
③東海大学付属札幌高等学校
④立命館慶祥高等学校
⑤北海高等学校
⑥北見藤高等学校
⑦札幌光星高等学校
⑧函館ラ・サール高等学校
⑨札幌大谷高等学校
⑩北海道科学大学高等学校
⑪遺愛女子高等学校
⑫札幌龍谷学園高等学校
⑬札幌日本大学高等学校
⑭札幌第一高等学校
⑮旭川実業高等学校
⑯北海学園札幌高等学校

青森県
①八戸工業大学第二高等学校

宮城県
①聖和学園高等学校(A日程)
②聖和学園高等学校(B日程)
③東北学院高等学校(A日程)
④東北学院高等学校(B日程)
⑤仙台大学附属明成高等学校
⑥仙台城南高等学校
⑦東北学院榴ケ岡高等学校
⑧古川学園高等学校
⑨仙台育英学園高等学校(A日程)
⑩仙台育英学園高等学校(B日程)
⑪聖ウルスラ学院英智高等学校
⑫宮城学院高等学校
⑬東北生活文化大学高等学校
⑭東北高等学校
⑮常盤木学園高等学校
⑯仙台白百合学園高等学校
⑰尚絅学院高等学校(A日程)
⑱尚絅学院高等学校(B日程)

山形県
①日本大学山形高等学校
②惺山高等学校
③東北文教大学山形城北高等学校
④東海大学山形高等学校
⑤山形学院高等学校

福島県
①日本大学東北高等学校

新潟県
①中越高等学校
②新潟第一高等学校
③東京学館新潟高等学校
④日本文理高等学校
⑤新潟青陵高等学校
⑥帝京長岡高等学校
⑦北越高等学校
⑧新潟明訓高等学校

富山県
①高岡第一高等学校
②富山第一高等学校

石川県
①金沢高等学校
②金沢学院大学附属高等学校
③遊学館高等学校
④星稜高等学校
⑤鵬学園高等学校

山梨県
①駿台甲府高等学校
②山梨学院高等学校(特進)
③山梨学院高等学校(進学)
④山梨英和高等学校

岐阜県
①鶯谷高等学校
②富田高等学校
③岐阜東高等学校
④岐阜聖徳学園高等学校
⑤大垣日本大学高等学校
⑥美濃加茂高等学校
⑦済美高等学校

静岡県
①御殿場西高等学校
②知徳高等学校
③日本大学三島高等学校
④沼津中央高等学校
⑤飛龍高等学校
⑥桐陽高等学校
⑦加藤学園高等学校
⑧加藤学園暁秀高等学校
⑨誠恵高等学校
⑩星陵高等学校
⑪静岡県富士見高等学校
⑫清水国際高等学校
⑬静岡サレジオ高等学校
⑭東海大学付属静岡翔洋高等学校
⑮静岡大成高等学校
⑯静岡英和女学院高等学校
⑰城南静岡高等学校
⑱静岡女子高等学校
常葉大学附属常葉高等学校
⑲常葉大学附属橘高等学校
常葉大学附属菊川高等学校
⑳静岡北高等学校
㉑静岡学園高等学校
㉒焼津高等学校
㉓藤枝明誠高等学校
㉔静清高等学校
㉕磐田東高等学校
㉖浜松学院高等学校
㉗浜松修学舎高等学校
㉘浜松開誠館高等学校
㉙浜松学芸高等学校
㉚浜松聖星高等学校
㉛浜松日体高等学校
㉜聖隷クリストファー高等学校
㉝浜松啓陽高等学校
㉞オイスカ浜松国際高等学校

愛知県
①[国立]愛知教育大学附属高等学校
②愛知高等学校
③名古屋経済大学市邨高等学校
④名古屋経済大学高蔵高等学校
⑤名古屋大谷高等学校
⑥享栄高等学校
⑦椙山女学園高等学校
⑧大同大学大同高等学校
⑨日本福祉大学付属高等学校
⑩中京大学附属中京高等学校
⑪至学館高等学校
⑫東海高等学校
⑬名古屋たちばな高等学校
⑭東邦高等学校
⑮名古屋高等学校
⑯名古屋工業高等学校
⑰名古屋葵大学高等学校
(名古屋女子大学高等学校)
⑱中部大学第一高等学校
⑲桜花学園高等学校
⑳愛知工業大学名電高等学校
㉑愛知みずほ大学瑞穂高等学校
㉒名城大学附属高等学校
㉓修文学院高等学校
㉔愛知啓成高等学校
㉕聖カピタニオ女子高等学校
㉖滝高等学校
㉗中部大学春日丘高等学校
㉘清林館高等学校
㉙愛知黎明高等学校
㉚岡崎城西高等学校
㉛人間環境大学附属岡崎高等学校
㉜桜丘高等学校

㉝光ヶ丘女子高等学校
㉞藤ノ花女子高等学校
㉟栄徳高等学校
㊱同朋高等学校
㊲星城高等学校
㊳安城学園高等学校
㊴愛知産業大学三河高等学校
㊵大成高等学校
㊶豊田大谷高等学校
㊷東海学園高等学校
㊸名古屋国際高等学校
㊹啓明学館高等学校
㊺聖霊高等学校
㊻誠信高等学校
㊼誉高等学校
㊽杜若高等学校
㊾菊華高等学校
㊿豊川高等学校

三重県

①暁高等学校(3年制)
②暁高等学校(6年制)
③海星高等学校
④四日市メリノール学院高等学校
⑤鈴鹿高等学校
⑥高田高等学校
⑦三重高等学校
⑧皇學館高等学校
⑨伊勢学園高等学校
⑩津田学園高等学校

滋賀県

①近江高等学校

大阪府

①上宮高等学校
②大阪高等学校
③興國高等学校
④清風高等学校
⑤早稲田大阪高等学校
(早稲田摂陵高等学校)
⑥大商学園高等学校
⑦浪速高等学校
⑧大阪夕陽丘学園高等学校
⑨大阪成蹊女子高等学校
⑩四天王寺高等学校
⑪梅花高等学校
⑫追手門学院高等学校
⑬大阪学院大学高等学校
⑭大阪学芸高等学校
⑮常翔学園高等学校
⑯大阪桐蔭高等学校
⑰関西大倉高等学校
⑱近畿大学附属高等学校
⑲金光大阪高等学校
⑳星翔高等学校
㉑阪南大学高等学校
㉒箕面自由学園高等学校
㉓桃山学院高等学校
㉔関西大学北陽高等学校

兵庫県

①雲雀丘学園高等学校
②園田学園高等学校
③関西学院高等部
④灘高等学校
⑤神戸龍谷高等学校
⑥神戸第一高等学校
⑦神港学園高等学校
⑧神戸学院大学附属高等学校
⑨神戸弘陵学園高等学校
⑩彩星工科高等学校
⑪神戸野田高等学校
⑫滝川高等学校
⑬須磨学園高等学校
⑭神戸星城高等学校
⑮啓明学院高等学校
⑯神戸国際大学附属高等学校
⑰滝川第二高等学校
⑱三田松聖高等学校
⑲姫路女学院高等学校
⑳東洋大学附属姫路高等学校
㉑日ノ本学園高等学校
㉒市川高等学校
㉓近畿大学附属豊岡高等学校
㉔夙川高等学校
㉕仁川学院高等学校
㉖育英高等学校

奈良県

①西大和学園高等学校

岡山県

①[県立]岡山朝日高等学校
②清心女子高等学校
③就実高等学校
(特別進学コース〈ハイグレード・アドバンス〉)
④就実高等学校
(特別進学チャレンジコース・総合進学コース)
⑤岡山白陵高等学校
⑥山陽学園高等学校
⑦関西高等学校
⑧おかやま山陽高等学校
⑨岡山商科大学附属高等学校
⑩倉敷高等学校
⑪岡山学芸館高等学校(1期1日目)
⑫岡山学芸館高等学校(1期2日目)
⑬倉敷翠松高等学校
⑭岡山理科大学附属高等学校
⑮創志学園高等学校
⑯明誠学院高等学校
⑰岡山龍谷高等学校

広島県

①[国立]広島大学附属高等学校
②[国立]広島大学附属福山高等学校
③修道高等学校
④崇徳高等学校
⑤広島修道大学ひろしま協創高等学校
⑥比治山女子高等学校
⑦呉港高等学校
⑧清水ヶ丘高等学校
⑨盈進高等学校
⑩尾道高等学校
⑪如水館高等学校
⑫広島新庄高等学校
⑬広島文教大学附属高等学校
⑭銀河学院高等学校
⑮安田女子高等学校
⑯山陽高等学校
⑰広島工業大学高等学校
⑱広陵高等学校
⑲近畿大学附属広島高等学校福山校
⑳武田高等学校
㉑広島県瀬戸内高等学校(特別進学)
㉒広島県瀬戸内高等学校(一般)
㉓広島国際学院高等学校
㉔近畿大学附属広島高等学校東広島校
㉕広島桜が丘高等学校

山口県

①高水高等学校
②野田学園高等学校
③宇部フロンティア大学付属香川高等学校
(普通科〈特進・進学コース〉)
④宇部フロンティア大学付属香川高等学校
(生活デザイン・食物調理・保育科)
⑤宇部鴻城高等学校

徳島県

①徳島文理高等学校

香川県

①香川誠陵高等学校
②大手前高松高等学校

愛媛県

①愛光高等学校
②済美高等学校
③FC今治高等学校
④新田高等学校
⑤聖カタリナ学園高等学校

福岡県

①福岡大学附属若葉高等学校
②精華女子高等学校(専願試験)
③精華女子高等学校(前期試験)
④西南学院高等学校
⑤筑紫女学園高等学校
⑥中村学園女子高等学校(専願入試)
⑦中村学園女子高等学校(前期入試)
⑧博多女子高等学校
⑨博多高等学校
⑩東福岡高等学校
⑪福岡大学附属大濠高等学校
⑫自由ケ丘高等学校
⑬常磐高等学校
⑭東筑紫学園高等学校
⑮敬愛高等学校
⑯久留米大学附設高等学校
⑰久留米信愛高等学校
⑱福岡海星女子学院高等学校
⑲誠修高等学校
⑳筑陽学園高等学校(専願入試)
㉑筑陽学園高等学校(前期入試)
㉒真颯館高等学校
㉓筑紫台高等学校
㉔純真高等学校
㉕福岡舞鶴高等学校
㉖折尾愛真高等学校
㉗九州国際大学付属高等学校
㉘祐誠高等学校
㉙西日本短期大学附属高等学校
㉚東海大学付属福岡高等学校
㉛慶成高等学校
㉜高稜高等学校
㉝中村学園三陽高等学校
㉞柳川高等学校
㉟沖学園高等学校
㊱福岡常葉高等学校
㊲九州産業大学付属九州高等学校
㊳近畿大学附属福岡高等学校
㊴大牟田高等学校
㊵久留米学園高等学校
㊶福岡工業大学附属城東高等学校(専願入試)
㊷福岡工業大学附属城東高等学校(前期入試)
㊸八女学院高等学校
㊹星琳高等学校
㊺九州産業大学付属九州産業高等学校
㊻福岡雙葉高等学校

佐賀県

①龍谷高等学校
②佐賀学園高等学校
③佐賀女子短期大学付属佐賀女子高等学校
④弘学館高等学校
⑤東明館高等学校
⑥佐賀清和高等学校
⑦早稲田佐賀高等学校

長崎県

①海星高等学校(奨学生試験)
②海星高等学校(一般入試)
③活水高等学校
④純心女子高等学校
⑤長崎南山高等学校
⑥長崎日本大学高等学校(特別入試)
⑦長崎日本大学高等学校(一次入試)
⑧青雲高等学校
⑨向陽高等学校
⑩創成館高等学校
⑪鎮西学院高等学校

熊本県

①真和高等学校
②九州学院高等学校(奨学生・専願生)
③九州学院高等学校(一般生)
④ルーテル学院高等学校(専願入試・奨学入試)
⑤ルーテル学院高等学校(一般入試)
⑥熊本信愛女学院高等学校
⑦熊本学園大学付属高等学校(奨学生試験・専願生試験)
⑧熊本学園大学付属高等学校(一般生試験)
⑨熊本中央高等学校
⑩尚絅高等学校
⑪文徳高等学校
⑫熊本マリスト学園高等学校
⑬慶誠高等学校

大分県

①大分高等学校

宮崎県

①鵬翔高等学校
②宮崎日本大学高等学校
③宮崎学園高等学校
④日向学院高等学校
⑤宮崎第一高等学校(文理科)
⑥宮崎第一高等学校(普通科･国際マルチメディア科･電気科)

鹿児島県

①鹿児島高等学校
②鹿児島実業高等学校
③樟南高等学校
④れいめい高等学校
⑤ラ・サール高等学校

新刊
もっと過去問シリーズ

愛知県

愛知高等学校
7年分(数学・英語)
中京大学附属中京高等学校
7年分(数学・英語)
東海高等学校
7年分(数学・英語)
名古屋高等学校
7年分(数学・英語)
愛知工業大学名電高等学校
7年分(数学・英語)
名城大学附属高等学校
7年分(数学・英語)
滝高等学校
7年分(数学・英語)

※もっと過去問シリーズは入学試験の実施教科に関わらず、数学と英語のみの収録となります。

教英出版
〒422-8054
静岡県静岡市駿河区南安倍3丁目12－28
TEL 054-288-2131
FAX 054-288-2133
詳しくは教英出版で検索
教英出版 検索
URL https://kyoei-syuppan.net/

中部大学春日丘高等学校

令和６年度　国　　　語　（40分）

1　試験開始の合図があるまで，この問題冊子を開いてはいけません。 2　問題は全部で 23 ページあります。解答用紙は１枚です。 3　受験番号と氏名を，この表紙と解答用紙に必ず記入しなさい。 4　試験終了後，問題冊子と解答用紙を回収します。

解答用紙は，コンピュータで処理される
マークシートです。
特に，次の注意をよく守りなさい。

1　ＨＢの黒鉛筆で記入しなさい。
（とがっている鉛筆は避けなさい）

2　受験番号は，□内に横１字ずつ記入し，
下のそれぞれの数字をマークしなさい。
（記入例）　受験番号が２００４２４の場合

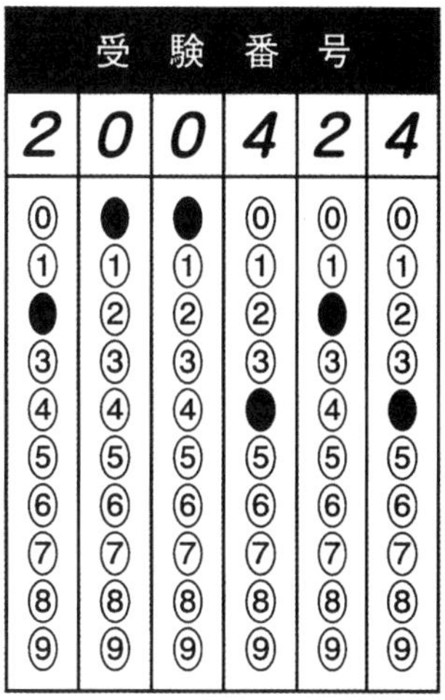

3　解答の記入方法は，たとえば，[1]と表示のある問いに対してイと解答する場合には，次のように解答番号１の解答欄にマークしなさい。

（例）

解答番号	解　答　欄
1	㋐　●　㋒　㋓

4　マークする場合は，次に示す良い例のように黒く塗りつぶしなさい。

良い例	悪い例

5　マークの訂正は，上質の消しゴム（プラスチック製が良い）で跡を残さないように完全に消し，消し屑をきれいに取り除きなさい。

6　解答用紙を汚したり，折りまげたりしないこと。

受験番号							氏　名	

国語

（解答番号 1 ～ 25 ）

一　次の文章を読み、後の問いに答えなさい。

(注1)マトグロッソのジャングルの中で採取と狩猟の生活をするインディオの生活をフィールドワーカーとして観察したときに、(注2)レヴィ＝ストロースはインディオたちが限られた資源を最大限に有効利用するために、環境に対して独特の踏み込みをする習慣を持っていることを知りました。ジャングルの中でふと目についたものがあると、彼らはそれを熟視して、こう自問するのです。「こんなものでもそのうち何かの役に立つんじゃないかな?」これこそすぐれて(注3)ブリコルール的な問いなのですが、この言葉は（　1　）沈黙交易の起源において、テリトリーのはずれで、「なんだかよくわからないもの」に遭遇して、それを「贈り物」と考えたクロマニヨン人の考えと、①本質的には同型のものだろうと思います。その「なんだかよくわからないもの」がいつ、どのような条件の下で、どんなふうに「役に立つ」ことになるのか、今の段階ではわからない。そもそもその価値や有用性を考量する手持ちの(注4)度量衡《どりょうこう》がないからこそ、それは「なんだかよくわからないもの」と呼ばれているわけです。

でも、ある種の直感は、それが「いつか役に立つ可能性がある」ことを教えます。そのような直感が活発に働いている人だけが「いつか役に立ったときに、『ああ、あのときに』と思っている自分の感謝の気持ち」を前倒しで感知することができる。だとしたら、それは、さしあたりは意味も有用性もわからないものですが、その人にとっては、すでに「贈り物」なのです。(中略)

この後期資本主義社会の中で、めまぐるしく商品とサービスが行き交う市場経済の中で、②この「なんだかわからないもの」の価値と有用性を先駆的に感知する感受性は、とことんすり減ってしまいました。

それもしかたがありません。僕たちの資本主義マーケットでは、値札が貼られ、スペックが明示され、マニュアルもaホショウ書もついている商品以外のものには存在する権利さえ認められないんですから。その結果、環境の中から「自分宛ての贈り物」を見つけ出す力も衰えてしまった。

けれども、これは（　2　）深刻な事態だと僕は思います。出版不況などというレベルにとどまらない、もっと根源的なところでの③人間の生きる力が衰弱している徴候だと思います。生き延びるチャンスを自分自身で削り減らしている。

「　X　」と思いなす能力、それは言い換えれば、疎遠であり不毛であるとみなされる環境から、それにもかかわらず自分にとって有用なものを先駆的に直感し、拾い上げる能力のことです。言い換えれば疎遠な環境と親しみ深い関係を取り結ぶ力のことです。同じことは人間同士の関係でも（　3　）起きます。自分にとって疎遠と思われる人、理解も共感も絶した人を、やがて自分に豊かなものをもたらすものと先駆的に直感して、その人のさしあたり「わけのわからない」ふるまいを、自分宛ての贈り物だと思いなして、「ありがとう」と告げること。

人間的コミュニケーションはその言葉からしか立ち上がらない。

それは「おのれを被造物であると思いなす」能力が信仰を基礎づけ、宇宙を有意味なものとして分節することを可能にしたのと、成り立ちにおいては変わらないと僕は思います。信仰の基礎は「世界を創造してくれて、ありがとう」という言葉に尽きるからです。自分が現にここにあること、自分の前に他者たちがいて、世界が拡がっていることを、「当然のこと」ではなく、「絶対的他者からの贈り物」だと考えて、それに対する感謝の言葉から今日一日の営みを始めること、それが信仰ということの実質だと僕は思います。

人間を人間的たらしめている根本的な能力、それは「贈与を受けたと思いなす」力です。④この能力はたいせつに、組織的に育まなければならない。僕はそう思います。ことあるごとに、[注5]「これは私宛ての贈り物だろうか？」と自問し、反対給付義務を覚えるような人間を作り出すこと、それはほとんど「類的な義務」だろうと僕は思います。

しかし、今の社会に、こんな言葉づかいで経済活動について語る人間はいません。少なくとも、僕は会ったことがない。今僕たちはメディアのことを問題にしているわけですけれども、メディアについて語る無数の言葉のうちに、⑤「贈与と反対給付義務」という枠組みでメディアを論じているものは見当たりません。ほとんどの人たちは（　4　）「ビジネス」について語っています。財物であるテクストをそれと等価の貨幣と遅滞なく交換する仕組みをどうやって構築するか、もっぱらそれを語っている。そこには、「パスしたもの」がいつか「これは私宛ての贈り物だ」と思いなす人に出会うまで、［　Y　］という考えの存立する余地はなさそうです。

（内田樹『街場のメディア論』光文社新書より）

（注1）「マトグロッソ」……ブラジルの中西部に位置する州の名称。
（注2）「レヴィ＝ストロース」……フランスの社会人類学者、民俗学者。
（注3）「ブリコルール」……フランス語で日曜大工の意。手元にあるありあわせのもので、当座の用事を間に合わせてしまう人のこと。
（注4）「度量衡」……長さと容積と重さのこと。
（注5）「類的」……社会的。

問一　二重傍線部a「ホショウ」を漢字に直したとき、傍線部に同じ漢字を含むものを次のア～エの中から一つ選び、記号で答えなさい。

ア　先日直したばかりの車がまたコショウした。
イ　コンクールでニュウショウを果たして褒められた。
ウ　交通事故のバイショウ金を払うことになった。
エ　よくケンショウしたところ実験結果に間違いはなかった。

1

問二　（ 1 ）～（ 4 ）に入る適語の組合せとして最も適切なものを次のア～エの中から一つ選び、記号で答えなさい。

ア　1　かなり　　2　おそらく　　3　ひたすら　　4　もちろん

イ　1　おそらく　　2　かなり　　3　もちろん　　4　ひたすら

ウ　1　もちろん　　2　ひたすら　　3　かなり　　4　おそらく

エ　1　ひたすら　　2　もちろん　　3　おそらく　　4　かなり

[2]

問三　傍線部①について、インディオとクロマニヨン人の考えはどのような点で同じなのか。最も適切なものを次のア～エの中から一つ選び、記号で答えなさい。

ア　環境に対して独特の習慣を持ち、あらゆる自然の産物を交易の材料と考える点。

イ　資源を有効に利用するため、周囲のものを節約して使う習慣を重要視している点。

ウ　今の段階では価値がないと思うものでも、いつか役に立つことがあると考える点。

エ　採取と狩猟の生活をしていて、豊かな自然の恵みへの感謝をいつも忘れない点。

[3]

問四　傍線部②について、このように筆者が考えるのはなぜか。理由として最も適切なものを次のア〜エの中から一つ選び、記号で答えなさい。 4

ア　資本主義社会では価値のはっきりしない商品の流通がなくなり、直感的にものの価値を見抜く機会がなくなってしまったから。

イ　資本主義社会では商品の流通するスピードが速く、一つ一つの商品の価値をじっくりと見定める余裕がなくなってしまったから。

ウ　資本主義社会では即効性のあるものばかりが求められ、長期的な展望に立って環境に配慮する力が衰えてしまったから。

エ　資本主義社会では均一化したサービスが当たり前になったが、価値がわからないものを扱うマニュアルは存在しないから。

問五　傍線部③はどういう力か。説明として最も適切なものを次のア〜エの中から一つ選び、記号で答えなさい。 5

ア　目の前に起こることを必然だと捉え、何事にも感謝の意を持ち、それを表現する力。

イ　商品の価値を自らの目で見極め、その価値が実際に生かされる場所を探し出す力。

ウ　「なんだかよくわからないもの」に遭遇する機会を逃さないように、常に周りを観察する力。

エ　既存の価値観にとらわれず、自身の直感をもとに一見無意味なものの意味を見抜く力。

問六　空欄Ｘに当てはまる文として最も適切なものを次のア～エの中から一つ選び、記号で答えなさい。　6

ア　自分の直感は正しい
イ　私は贈与を受けた
ウ　拾っておいてよかった
エ　これは役に立つものだ

問七　傍線部④について、このように筆者が考えるのはなぜか。理由として最も適切なものを次のア～エの中から一つ選び、記号で答えなさい。　7

ア　自分とは疎遠な人とも関係を結んでその人から贈与を受けたと思いなし、感謝するところに人間的コミュニケーションの本質が存在しているから。
イ　人間の生きる力が衰弱して、贈与を受けたと思いなす能力を持たない人が増えたのは不十分な家庭教育に原因があると考えられるから。
ウ　自分が被造物であると思いなして世界を創造してくれた絶対的な他者に感謝の意を示すことが重要であるのに、絶対的他者を信じない人が増えたから。
エ　今のメディアで経済活動を語る人たちが、人間を人間的たらしめる能力について説明していても、本質を理解しているとは言えないから。

問八　傍線部⑤の例として**適切ではないもの**を次のア～エの中から一つ選び、記号で答えなさい。　8

ア　自然をつかさどる神々に対して、今までの五穀豊穣にお礼をし、今年の豊作への祈りも込めて、米やお酒を供え物として毎年用意している村がある。

イ　発売当時は買うだけで読んでいなかった本を十年後に読んだ読者が感動して、その気持ちを自分のＳＮＳに記した。

ウ　自社が開発した商品を販売する際にノルマが達成できなかった社員は給与の一部を返納するように、社長名義で通達が出された。

エ　内陸部の人が海岸沿いに住む人からもらった貝殻を初めて見て、何だかわからなかったが、有用性を感じて手持ちの木の実と交換した。

問九　空欄Ｙに当てはまる文として最も適切なものを次のア～エの中から一つ選び、記号で答えなさい。　9

ア　繰り返して自問し、自らの価値に磨きをかけなくてはならない

イ　「なんだかわからないもの」の有用性を疑わなければならない

ウ　他者の存在を意識して、生き延びる力を養わなくてはならない

エ　長い時間をかけて、長い距離を旅しなければならない

問十　筆者の主張として**適切ではないもの**を次のア～エの中から一つ選び、記号で答えなさい。

ア　インディオやクロマニヨン人はさまざまなものをつなぎ合わせる考え方を身につけている。

イ　人間自体が意味を持つものだと認識できれば、それを取り囲む宇宙の存在意義が作られるようになる。

ウ　現代の社会では目の前のものにとらわれ、利益を上げる方法ばかりを模索しているようだ。

エ　どんな相手であっても、いずれ自分に利をもたらすかもしれないことを思い、感謝の気持ちを持って接することが大切だ。

10

二　次の『紫式部日記』の原文と現代語訳とを読んで、後の問いに答えなさい。

〔原文〕

渡殿《わたどの》の戸口の局《つぼね》に見出だせば、ほのうち霧《き》りたる朝の露もまだ落ちぬに、殿(注一)歩かせたまひて、御随身《みずいじん》召して、遣水《やりみづ》(注二)払はせたまふ。

橋の南なる女郎花《をみなへし》(注三)のいみじう盛りなるを、一枝Ａ折らせたまひて、几帳《きちやう》の上よりさし覗《のぞ》かせたまへる御さまの、いと恥づかしげなるに、我が朝顔の思ひ知らるれば、「これ、遅くてはわろからむ」と①のたまはするにことつけて、硯《すずり》のもとに寄りぬ。

〈Ⅰ〉女郎花盛りの色を見るからに露のわきける身こそ知らるれ

「あな、疾《と》」と、ほほ笑みて、硯召し出づ。

〈Ⅱ〉白露はわきてもおかじ女郎花心からにや色の染むらむ

しめやかなる夕暮に、宰相(注四)の君と二人、物語してゐたるに、殿の三位《さんみ》の君、簾《すだれ》のつま引き上げてゐたまふ。年のほどよりはいと大人しく、心にくきさまして、「人はなほ、心ばへこそ難きものなめれ」など、②世の物語、しめじめとしておはするけはひ、幼しと人のあなづりきこゆるこそ悪しけれと、恥づかしげに見ゆ。うちとけぬほどにて、③「多かる野辺《のべ》に」とうち誦《ず》じて、Ｂ立ちたまひにしさまこそ、物語にほめたる男の心地しはべりしか。かばかりなる事の、うち思ひ出でらるるもあり、その折はをかしきことの、過ぎぬれば忘るるもあるは、いかなるぞ。

播磨《はりま》の守、碁(注五)の負けわざしける日、あからさまにまかでて、のちにぞ御盤のさまなどＣ見たまへしかば、華足《けそく》などゆゑゆゑしくして、洲浜《すはま》のほとりの水に書き混ぜたり。

〈Ⅲ〉紀の国の白良《しらら》の浜に拾ふてふこの石こそは巌ともなれ

扇どもも、をかしきを、そのころは人びと持たり。

④八月二十余日のほどよりは、上達部《かんだちめ》、殿上人《てんじやうびと》(注六)ども、さるべきは、みな宿直《とのゐ》がちにて、橋の上、対《たい》の簀子《すのこ》などに、みなうたた寝をしつつ、はかなうあそび明かす。琴、笛の音などには、たどたどしき若人《わかうど》たちの、読経《どきやう》あらそひ、今様《いまやう》

うたどもも、ところにつけてはをかしかりけり。

宮《みや》の大夫《だいふ》、左《ひだり》の宰相《さいしやう》の中将《ちゆうじやう》、兵衛《ひやうゑ》の督《かみ》、美濃《みの》の少将《せうしやう》などして、あそびたまふ夜もあり。わざとの御あそびは、殿おぼすやうやあらむ、Dせさせたまはず。年ごろ里居《さとゐ》したる人びとの、中絶《なかだ》えを思ひ起こしつつ、まゐりつどふけはひ、騒がしうて、そのころはしめやかなることなし。

二十六日、御薫物《おほんたきもの》あはせ果てて、人びとにも配らせたまふ。まろがしゐたる人びと、あまた集ひゐたり。

上より下るる途《みち》に、弁の宰相の君の戸口をさし覗きたれば、昼寝したまへるほどなりけり。萩《はぎ》、紫苑《しをん》、いろいろの衣に、濃きがうちめ心ことなるを上に着て、顔はひき入れて、硯《すずり》の筥《はこ》に枕して臥《ふ》したまへる額つき、いとらうたげになまめかし。絵に描きたるものの姫君の心地すれば、口おほひを引きやりて、「物語の女の心地もしたまへるかな」といふに、見あけて、「もの狂ほしの御さまや。寝たる人を心なくおどろかすものか」とて、⑤すこし起き上がりたまへる顔の、うち赤みたまへるなど、こまかにをかしうこそはべりしか。おほかたもよき人の、をりからに、又こよなくまさるわざなりけり。

（注一）○殿＝藤原道長。作者の仕える中宮の父。

（注二）○遣水＝寝殿造りの屋敷などで、外から水を引き入れて作った流れ。

（注三）○女郎花＝夏から秋にかけて咲く花。美しい女性の例えとして用いられる。

（注四）○宰相の君＝作者が仕えている中宮に仕えている同僚の女房の一人。

（注五）○碁の負けわざ＝碁で負けた際に、何らかのもてなしをすること。

（注六）○殿上人＝天皇の日常生活の場である清涼殿の殿上間に上ることを許された人。

〔現代語訳〕

渡り廊下の戸口にある部屋から庭の方を眺めやると、うっすらと霧がかった朝の葉先についた露もまだ落ちないころなのに、殿はお庭をお歩きになって、警護の者をお呼びになって遣水のごみをお除かせになる。

やがて橋廊の南に咲いている女郎花の真っ盛りなのを一枝お折りになって、それを私の部屋のついたて越しに上から顔をお出しになった、そのお姿の、まことにこちらが恥ずかしくなるほどご立派なのに引きかえて、私の朝方の顔が思い知られるので、「この花の歌、遅くなってはいけないようだ」と、殿がおっしゃるのをよいことにして、硯のそばへにじり寄った。

今が盛りの女郎花の美しい色を見ましたばかりに、露が分けへだてをするこの身の上が、思い知られることでございます。

「おお、早いこと」とにっこりされて、殿は硯をお取り寄せになる。

白露はなにも分けへだてをしているわけではあるまい。女郎花が美しい色に染まっているのは、きっと自分の心からであろうよ。

ひっそりとした夕暮れに、宰相の君と二人で話をしていると、そこへ殿のご子息の三位の君（藤原頼通）が、簾のすそを引き上げたままでお座りになる。お年のわりにはずいぶんと大人びた奥ゆかしい様子で、「女性はやはり気立てがよいということになると、むずかしいことのようだね」などと、その方面の話などをしんみりとしておいでになる様子は、まだ幼いなどと、人々があなどり申しているのはほんとうにいけないことだと、恥ずかしくなるほどご立派に見受けられる。あまりうちとけた話にならない程度のところで、「多かる野辺に」と口ずさんでお立ちになってゆかれたさまは、それこそ物語の中でほめあげている男君そっくりのような気持ちがしました。これぐらいのちょっとしたことで、後々にふと思い出されることもあるし、またその時はおもしろいと思ったことで時が経つと忘れてしまうのもあるのは、いったいどういうわけかしら。

播磨（今の兵庫県南部）の守が負碁によるもてなしをした日、私はちょっと実家に出て、後日になってその日の御盤のさまなどを見ましたところ、花形の足などとても趣向をこらして作ってあって、洲浜の波打ち際の作り水にはこのような歌が書きまぜてあった。

紀の国（今の和歌山県と三重県南西部）の白良の浜に拾うというこの小さい碁石こそは、大きな岩ともなってくれよ。

こんなときにはつきものの扇なども、風流なのをそのころは女房たちが持っていた。

八月二十いく日かのころからは、公卿がたや殿上人などで、当然お邸に宿直すべき人々は、みな宿ることが多くなって、橋廊の上や対屋の縁側などにみな仮寝をしては、とりとめもなく管絃の遊びで夜を明かす。琴や笛の音などはあまり成熟していない若い人たちの読経くらべや今様歌なども、こうした場所がらとしてはふさわしく興あるものであった。

中宮さまは、中宮の大夫や左の宰相の中将、兵衛の督、美濃の少将などと一緒に、音楽に興じられる夜もある。しかし、おもてだった管絃のお遊びは、殿にお考えがあってのことであろうか、お催しにはならない。何年か実家にもどっていた女房たちが、久しい間のごぶさたを思いおこしてはお邸に参り集まってくる様子もさわがしくて、そのころはおちついてしんみりとしたこともない。

二十六日、御薫物の調合が終わってから、中宮さまは、それを女房たちにもおくばりになる。お香を練り丸めていた人々が、おすそわけにあずかろうと、お前に大勢集まっていた。

中宮さまのお前からさがって部屋へもどる途中、弁の宰相の君の部屋の戸口をちょっとのぞいてみると、ちょうど昼寝をなさっているときであった。萩や紫苑などとりどりの色目の袿に、濃い紅のとりわけつややかな打衣を上に着て、顔は襟の中へ隠すようにして、硯の箱に頭をのせて横になっておられる、その額のあたりがとてもかわいらしくなよやかで美しい。絵に描いてある物語のお姫さまのように思われたので、その口もとをおおっている袖を引きのけて、「物語の中の女君のような風情をしていらっしゃるのね」というと、ふと目をあけて、「気でもお狂いのようななさりかたね。寝ている人を思いやりもなく起こすなんてあるものですか」といって、すこし起き上がられたその顔が、思わず赤くなっていらっしゃるのなど、ほんとうにかわいらしく美しく思われたことであった。ふだんでも美しい人が、折が折だけに、またとりわけて美しく見えるということであった。

問一　波線部A～Dの主語は誰か。その組み合わせとして最も適切なものを次のア～エから一つ選び、記号で答えなさい。　11

ア　A　殿　B　宰相の君　C　作者自身　D　上(中宮様)
イ　A　殿　B　殿の三位　C　作者自身　D　殿
ウ　A　御随身　B　宰相の君　C　播磨の守　D　殿
エ　A　御随身　B　殿の三位　C　播磨の守　D　上(中宮様)

問二　傍線部①とあるが、なぜこのようなことをしたのか。最も適切なものを次のア～エから一つ選び、記号で答えなさい。　12

ア　朝顔のように美しい姿を見るにつけ、敵わないと悟ったから。
イ　早く返事を書かなければいけないという強迫観念にとらわれたから。
ウ　道長の言づてを早いうちに記録しておこうと考えたから。
エ　寝起きのままのみっともない姿を見られたくはなかったから。

問三　和歌ⅠとⅡのやり取りの内容として最も適切なものを次のア～エから一つ選び、記号で答えなさい。　13

ア　Ⅰの和歌では、女郎花の露ははかない存在であり作者自身の美しさもはかないものであると嘆いているのに対して、Ⅱの和歌では、道長が、そのはかなさの中に本当の美しさがあるのだと応じている。

イ　Ⅰの和歌では、女郎花の花の露と作者自身の容姿を重ねて美しさを詠んだのに対して、Ⅱの和歌では、道長が、美しさは女郎花の露のようにそのものが輝くことで生まれるものだと応じている。

ウ　Ⅰの和歌では、作者が女郎花の美しさにわが身の衰えを嘆いたのに対して、Ⅱの和歌では、道長が露に関係なく美しくありたいという気持ちが美しさを生むのだと応じている。

エ　Ⅰの和歌では、作者自身の容貌の衰えと女郎花の露の美しさを対比することで老いてゆく悲しみを詠んだのに対して、Ⅱの和歌では、作者の悲しみを理解した道長が、本当の美しさは内面にあると応じている。

問四　傍線部②とあるが、これはどのような話か。最も適切なものを次のア～エから一つ選び、記号で答えなさい。　14

ア　世間の情勢に関する話

イ　男女の間柄についての話

ウ　恥ずかしくない成人になるための話

エ　京に広く伝わっている本に書いてある話

問五　傍線部③は「引き歌」といって古歌の一部を引用することによって、言いたいことをえん曲に表現する技法が使われている。引用されているのは「女郎花おほかる野辺に宿りせばあやなくあだの名をや立ちなむ」という『古今和歌集』の和歌である。ここではどのようなことを言おうとしているのか、最も適切なものを次のア～エから一つ選び、記号で答えなさい。　15

ア　女性たちが大勢いる場所に長居をすると軽薄な浮気者という評判が立ちそうなので、帰ることにしよう。

イ　あまりうちとけてくれない女性たちの間で話をしても無駄な時間になりそうなので、帰ることにしよう。

ウ　女性たちが目の前にいるのに庭の美しい花に目を奪われていては不興を買いそうなので、退散しますよ。

エ　世間話もよいが、女郎花という秋の花ではないけれど、女性たちに飽きられる前に、退散しますよ。

問六　和歌Ⅲの説明として最も適切なものを次のア～エから一つ選び、記号で答えなさい。　16

ア　白良の浜の小石が、碁石となりさらに大きな岩になっていくように中宮の権威の大きさを祝賀する歌。

イ　白良の浜で拾う碁石が長い月日を経て、大きな岩となるように中宮の御代も末永いという祝賀の歌。

ウ　白良の浜の碁石は、長い年月を経て大きな岩に変化しても中宮の気高い存在は変わらないと称賛する歌。

エ　白良の浜で拾われる小石が、碁石から大きな岩へと成長する長い年月の中宮の生涯と重ねて懐古する歌。

問七　傍線部④の出来事について説明した文として適切なものを次のア～エから一つ選び、記号で答えなさい。 17

ア　若い人たち読経くらべや今様歌が好きなため、琴や笛の腕はあまり成熟していなかった。

イ　お香を練り丸めていた人々が、おすそわけにあずかろうと、中宮の元に大勢集まっていた。

ウ　中宮は中宮の大夫や左の宰相の中将らと大々的な宴会を行ったが、道長は参加しなかった。

エ　公卿がたや殿上人などが宿直をしたり、長いこと実家に帰っていた女房が訪ねてきたりした。

問八　傍線部⑤の心情として最も適切なものを次のア～エから一つ選び、記号で答えなさい。 18

ア　物語の姫君のようだとからかわれ、恥ずかしく思って照れている。

イ　物語の姫君のようだと心にもないことを言われ、腹立たしく思っている。

ウ　休んでいるところを急に起こされて、反応が遅れたことに落ち込んでいる。

エ　物語の姫君を夢に見ていたことを言い当てられ、恥ずかしくなっている。

問九　作者が持つ朝の殿（藤原道長）に対しての印象と夕暮れの三位の君（藤原頼通）に対しての印象の違いについて説明したものとして、最も適切なものを次のア～エから一つ選び、記号で答えなさい。　19

ア　道長には、妙に親しく接してくる様子に戸惑いを感じているが、頼通に対しては、その場での幼さが残っていながら、教養を示すような大人びた言動を聞き驚いている。

イ　道長には、気軽に親しく接してくれることへの敬愛の気持ちを持っており、頼通に対してはその端正な姿を見て、物語に出てくるような理想的な男性だと思っている。

ウ　道長には、その立派な様子にあこがれと敬意を強く持っており、頼通に対しては、まだまだ幼いと思っていたのにいつのまにか、たくましく成長したことに驚きを感じている。

エ　道長には、気さくに接してくれながらも気位の高い様子に不安を感じており、頼通に対しては、その美しさを物語に登場する素晴らしい人物と重ねられて強くあこがれている。

問十　本文は『紫式部日記』の一節である。この作品とほぼ同時期に書かれた作品を次のア～エから一つ選び、記号で答えなさい。　20

ア　『枕草子』　　イ　『竹取物語』　　ウ　『平家物語』　　エ　『徒然草』

三　次のそれぞれの問いに答えなさい。

問一　傍線部と同じ品詞を次のア～エから一つ選び、記号で答えなさい。　21

そのサイトのフォロワーはたかだか二千人が関の山だ。

ア　せいぜい三日もあれば十分だろう
イ　もっともな言い分だと認めよう
ウ　彼はたいした人物だと思う
エ　どちらからいらっしゃったのでしょうか

問二　次の外来語と意味の組み合わせのうち**間違っているもの**を次のア～エから一つ選び、記号で答えなさい。　22

ア　アイロニー——皮肉　　イ　プロセス——過程
ウ　スタンダード——規格外　　エ　コンセンサス——合意

問三　次の四字熟語の中で漢字に**誤りがあるもの**を次のア～エから一つ選び、記号で答えなさい。　23

ア　優柔不断　　イ　順風満帆　　ウ　意心伝心　　エ　五里霧中

問四　次の各文の中で傍線部の助動詞「れる」「られる」が、「尊敬」の意味以外で使われているものを次のア～エから一つ選び、記号で答えなさい。　24

ア　大臣は、アメリカを公式訪問された。

イ　先生は、今年の夏は故郷に帰られたのですか。

ウ　今日は部活の先輩が休まれたので、私が指示します。

エ　家でのんびりと過ごしていたところに、先輩たちに来られた。

四　次の文章を読み、後の問いに答えなさい。

自己紹介のゴールは？

自己紹介の内容を作る前に必ず考えておかなければならないのは、「自己紹介のゴール」です。自己紹介のゴールとは、「自分が自己紹介をしたら、どういう状況になっているのか？」というイメージです。「自分の思い通りに聞き手を動かす」とも言えます。たとえば、

・話しかけてもらう
・自分の商品やサービスに興味を持ってもらう状態になる
・自己紹介に惹《ひ》かれた人が名刺交換にやってくる
・同じ趣味や出身地の人とつながっている

このようにまずはゴールを決めてください。そのゴールから逆算して、自己紹介の内容を作っていきます。

以前の私もそうでしたが、自己紹介を苦手にしている方は、「ああ、また反応が鈍いんだろうな…」「どうせ、みんな聴いてくれないんだろうな…」というイメージばかり先行してしまっています。一方で、自己紹介が得意な方は、名刺交換の時間になったら、自分の前に名刺交換の行列ができていることをイメージします。

「思考は現実化する」といいますが、自己紹介が苦手な方は、イメージを現実化させるために、「どうせ自分が話したところで、何にも反応してもらえないし…」と、準備をせずに臨みます。

一方で、自己紹介が得意な方は、「聞いた人たちが自分のもとに名刺交換を求めてくるように」と逆算して、そのために必要な要素を盛り込んだ自己紹介を考えて臨みます。

自己紹介は「一点突破全面展開」

一点突破全面展開。この言葉は、古くは「孫子の兵法」にあり、現代では、ビジネスにおける「ランチェスター戦略」のキーワードとしても有名です。

一点に集中することによって、とんでもないパワーが出るのです。たとえば、指で手のひらを押しても少し痛いだけです。でも、針で手のひらを押したら、少し力を入れるだけで血が出てきます。それは、一点に力が集中しているからです。ほかにも、黒い紙に虫めがねで太陽光を一点に集中させると紙が燃えたり、道を歩いていると雑草が固いアスファルトを突き抜けていたりするのも同様です。その雑草をさわってみると、別にアスファルトを壊すような固さを持っているわけではありません。でも、現実に雑草はアスファルトを突き抜けて生えているのです。これも、一点集中の結果です。

自己紹介でも、この一点集中のパワーを利用します。

苦手な人に限って、あれもこれも伝えようとしますが、限られた時間で詰め込む必要はまったくありません。「**たった一つ、これだけは伝えることができたら悔いはない**」というものを決めて伝えるのです。

多くの人は、伝わるようにと時間いっぱいに複数の言いたいことを詰め込みがちです。だからこそ、この一点集中の自己紹介は際立つのです。

当然、聞いた人の中には、まったく響かないという人も出てきます。でも、面白いもので、「内容は響かなかったけれど、たった一点に集中するという、その姿勢や態度には惹《ひ》かれた」という人が必ず現れるのです。

自分を紹介してはいけない

これは、前作から私が提唱し続けている自己紹介の概念で、自己紹介は話し手であるあなたと、それを聞いてくれる聞き手がいて成り立つ、ということです。

あなたが聞き手の立場になったとき、どんな人に興味を持つでしょうか？

いろいろな意見が出てくると思いますが、それらをひと言でまとめると、「自分の未来を変えてくれる人」に集約されます。

自己紹介を聞いたあとに「面白そうな人だな」と思ったのであれば、今よりも面白い未来を提供してくれる人になるし、「楽しそうな人だな」と思ったのであれば、今よりも楽しい未来を提供してくれる人になります。

有名人になると、名前を言っただけで自己紹介が終わる人もいます。それでも、その人のまわりにひとが集まるのは、「有名人とつながっている自分」という未来を求めている人が多いからです。これと同じように、外見がいい人のまわりに人が集まるのは、「外見がいい人とつながっている自分」という未来を求めている人がいるからです。

人は何に対して一番興味を持っているでしょうか?それは「自分自身」です。もっというなら、「自分の未来」です。**聞き手は話し手に興味を持って話を聞いているのではなくて、「自分の未来がどうなるのか」に興味を持って聞いているのです。**

ですから、自己紹介は自分を紹介するのではなく、相手の未来、そして、その未来に自分がどう貢献できるのかについて語らなければならないのです。

（横川裕之『人も仕事もお金も引き寄せる　すごい自己紹介[完全版]』より）

問　本文をもとにして、高校一年生のAさんからDさんまでの四人が自己紹介文を作りました。本文の主張を最もよく反映した自己紹介文を作成した人物を、次のア～エの中から一つ選び、記号で答えなさい。　25

Aさん　私は市内のH中学校の出身です。部活動は、中学ではテニス部に入っていました。高校では新しい部活動にチャレンジしたいと思っています。趣味は漫画を読むことで、今は「文豪ストレイドッグス」にはまっています。高校の授業では中島敦や芥川龍之介の小説を授業で読むそうなので楽しみです。

Bさん　私は、中学一年生の頃からボランティア活動をしています。活動で行っていることは、地域のゴミ拾い活動や、近所の福祉施設を訪問して高齢者の方とお話しすることです。この高校にはボランティア活動を行う部活動があるので、入部して、小中学生に勉強を教える活動に参加してみたいです。そうやって周りの人を手助けできる人になりたいです。

Cさん　私は小学生の頃からラグビーをやっています。ポジションはバックスで、足が速いのを活かしてトライを取りにいくポジションです。出身は長野県ですが、地元の先輩がいるのと、姫野選手に憧れて、この高校に入学しました。高校での目標は花園に出て全国優勝することです。応援してください。

Dさん　私は嵐のファンで特に相葉くんが好きです。最近のジャニーズ事務所のニュースがとても心配です。ギターを自分で練習していて、高校では軽音楽部に入りたいです。将来は起業してお店を経営したいと思っています。そのために高校ではいろんな人と話してコミュニケーション力を身につけたいです。

ア　Aさん　　イ　Bさん　　ウ　Cさん　　エ　Dさん

（問題はこれで終わりです。）

令和６年度　　数　学　（40分）

1　試験開始の合図があるまで，この問題冊子を開いてはいけません。 2　問題は全部で10ページあります。解答用紙は１枚です。 3　受験番号と氏名を，この表紙と解答用紙に必ず記入しなさい。 4　試験終了後，問題冊子と解答用紙を回収します。

解答用紙は，コンピュータで処理される
マークシートです。
特に，次の注意をよく守りなさい。

1　ＨＢの黒鉛筆で記入しなさい。
　（とがっている鉛筆は避けなさい）

2　受験番号は，□内に横１字ずつ記入し，
　下のそれぞれの数字をマークしなさい。
　（記入例）　受験番号が２００４２４の場合

受験番号					
2	0	0	4	2	4
⓪	●	●	⓪	⓪	⓪
①	①	①	①	①	①
●	②	②	②	●	②
③	③	③	③	③	③
④	④	④	●	④	●
⑤	⑤	⑤	⑤	⑤	⑤
⑥	⑥	⑥	⑥	⑥	⑥
⑦	⑦	⑦	⑦	⑦	⑦
⑧	⑧	⑧	⑧	⑧	⑧
⑨	⑨	⑨	⑨	⑨	⑨

3　解答の記入方法は，たとえば，［ア］と表示のある問いに対して３と解答する場合には，次のように解答番号アの解答欄にマークしなさい。また，計算結果が分数になる場合はこれ以上約分できない形にして答えなさい。（裏表紙：例にならって練習しなさい）

（例）

解答番号	解　答　欄
ア	⊖　(±)　⓪　①　②　●　④　⑤　⑥　⑦　⑧　⑨

4　マークする場合は，次に示す良い例のように黒く塗りつぶしなさい。

良い例	悪い例
●	

5　マークの訂正は，上質の消しゴム（プラスチック製が良い）で跡を残さないように完全に消し，消し屑をきれいに取り除きなさい。

6　解答用紙を汚したり，折りまげたりしないこと。

受験番号							氏　名	

数　　学

次の $\boxed{\text{ア}}$ ～ $\boxed{\text{リ}}$ の中に適する数，符号を１つずつ入れなさい。

〔１〕

（１）$48 \div \{-1-2\times(3-5)\} = \boxed{\text{ア}}\boxed{\text{イ}}$

（２）$\left(-\dfrac{3}{2}x^2y\right)^3 \div \left(-\dfrac{9}{4}x^2y^2\right) \times \left(-\dfrac{y}{x}\right)^2 = \dfrac{\boxed{\text{ウ}}}{\boxed{\text{エ}}}x^{\boxed{\text{オ}}}y^3$

（３）$\left(\dfrac{\sqrt{6}+\sqrt{2}}{2}\right)^2 - \left(\dfrac{\sqrt{6}-\sqrt{2}}{2}\right)^2 = \boxed{\text{カ}}$ である。

$\boxed{\text{カ}}$ については，最も適当なものを，次の⓪～⑧のうちから一つ選べ。

⓪　4　　①　-4　　②　8　　③　-8　　④　$2\sqrt{3}$

⑤　$-2\sqrt{3}$　　⑥　$4\sqrt{3}$　　⑦　$-4\sqrt{3}$　　⑧　0

（４）箱の中に，１から６までの数字を１つずつ記入した６枚のカード $\boxed{1}$，$\boxed{2}$，$\boxed{3}$，$\boxed{4}$，$\boxed{5}$，$\boxed{6}$ が入っている。これらをよくかき混ぜてから，２枚のカードを同時に取り出すとき，それぞれのカードに書かれている数の積が奇数になる確率は $\dfrac{\boxed{\text{キ}}}{\boxed{\text{ク}}}$ である。

（5） あるクラスの 10 人の生徒に対して, 10 点満点のテストを実施する予定であったが, テスト当日に 1 人の生徒が欠席した。テストを受験した生徒 9 人の結果は以下の通りである。

3, 3, 3, 4, 6, 6, 8, 8, 9 （点）

（ア） テストを受験した生徒 9 人について, テストの点数の中央値は ケ 点である。

（イ） 翌日, テストを欠席した生徒に対して同様のテストを実施した。このとき, 10 人の点数の中央値として考えられるのは コ 通りである。ただし, テストの点数はすべて整数であるものとする。

〔2〕

（1）1次方程式 $0.8(x-1)-(x+1)=0.3(x-1)$ を解くと，$x=$ サシ である。

（2）連立方程式 $\begin{cases} ax-by=14 \\ ax+by=-2 \end{cases}$ の解が $x=1$，$y=-2$ であるとき，

$a=$ ス ，$b=$ セ である。

（3）2次方程式 $(x-3)^2-6=0$ の2つの解の和は ソ である。

（4）下の表はある週の火曜日から日曜日までのイベント参加人数を記録し，前日との参加人数の差を記録したものである。

曜日	火曜日	水曜日	木曜日	金曜日	土曜日	日曜日
前日との差	／	＋3	－7	＋5	＋12	－14

（ア）　参加人数が最も少なかったのは［タ］である。

［タ］については，最も適当なものを，次の⓪～⑤のうちから一つ選べ。

⓪ 火曜日　① 水曜日　② 木曜日　③ 金曜日　④ 土曜日　⑤ 日曜日

また，参加人数が最も少なかった日と多かった日との差は［チツ］人である。

（イ）　この週の火曜日から日曜日までの参加人数の平均が40人であった。このことから，火曜日の参加人数は［テ］人であると考えることができる。

［テ］については，最も適当なものを，次の⓪～⑨のうちから一つ選べ。

⓪　35　①　36　②　37　③　38　④　39
⑤　40　⑥　41　⑦　42　⑧　43　⑨　44

〔3〕 ある鉄道の路線において，A駅からB駅までの距離は3.2 km，B駅からC駅までの距離は2.4 km，C駅からD駅までの距離は9.3 km，D駅からE駅までの距離は10.4 kmある。また，グラフはこの路線の乗車距離 x（km）と大人1人の片道運賃 y（円）の関係を表している。ただし，子ども1人の運賃は，大人1人の運賃の半額とする。例えば，大人1人の運賃が150円であったとき，子ども1人の運賃は75円である。

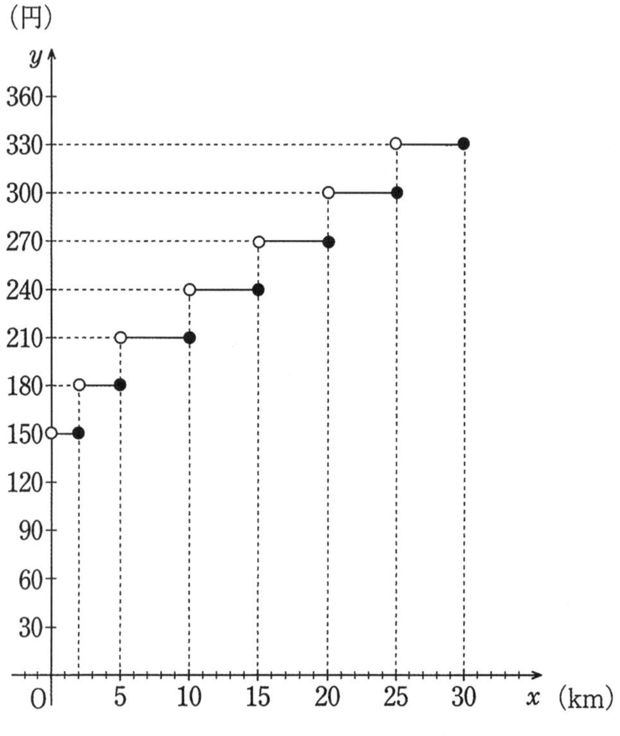

（1） A駅からB駅までの大人3人の片道運賃は トナニ 円である。

（2） A駅で大人７人と子ども３人の合計10人が電車に乗った。そのうち大人３人と子ども１人はＣ駅で降りて，残りは全員Ｄ駅で降りた。この10人の片道運賃の合計は，［ヌ］円である。

［ヌ］については，最も適当なものを，次の⓪～⑤のうちから一つ選べ。

⓪ 1900　① 1930　② 1935　③ 1940　④ 1945　⑤ 1950

（3） 大人５人，子ども５人のグループ全員が，（ⅰ）駅からＥ駅方面に向かう列車に乗り，（ⅱ）駅で降りた。このグループ全員の片道運賃の合計が2250円であった。

（ⅰ）と（ⅱ）については，その組み合わせとして最も適当なものを，次の⓪～⑦のうちから一つ選び，その回答を［ネ］にマークしなさい。

⓪ （ⅰ）A，（ⅱ）C　① （ⅰ）A，（ⅱ）D　② （ⅰ）A，（ⅱ）E
③ （ⅰ）B，（ⅱ）D　④ （ⅰ）B，（ⅱ）E　⑤ （ⅰ）C，（ⅱ）D
⑥ （ⅰ）C，（ⅱ）E　⑦ （ⅰ）D，（ⅱ）E

〔4〕 図のように，放物線 $y=ax^2$ $(a<0)$ と直線 ℓ との交点をA，Bとし，直線 ℓ と y 軸との交点をCとする。また，点Aの座標は $(-6,\ -4)$，点Bの x 座標は正とし，y 座標は -1 である。

【参考図】

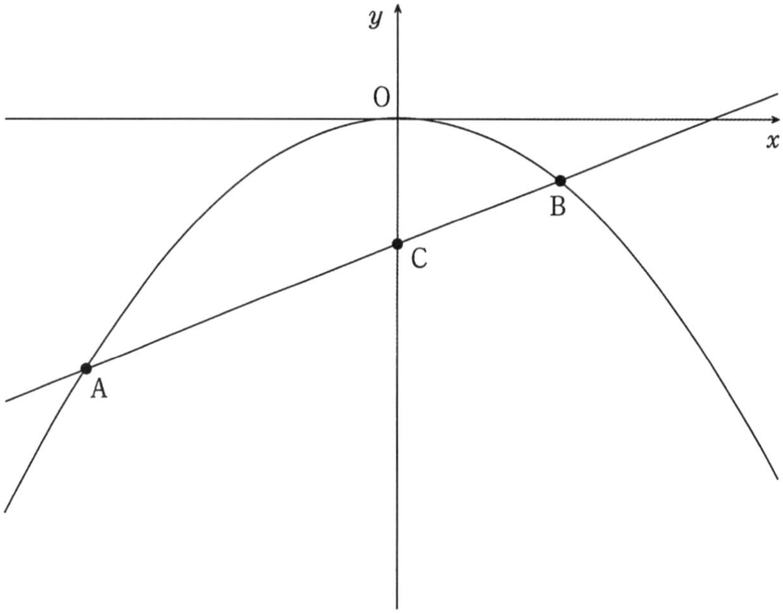

（1）直線 ℓ の式は $y=\dfrac{\boxed{ノ}}{\boxed{ハ}}x-\boxed{ヒ}$ である。

（2）△BOCと△AOCの面積比を最も簡単な整数比で表すと，

△BOC：△AOC＝ $\boxed{フ}$ ： $\boxed{ヘ}$ となる。

（3）△APCの面積が△AOBの面積の $\frac{2}{3}$ 倍になるように，放物線上に点Pをとる。ただし，点Pの x 座標は $-6 < x < 0$ とする。このとき，点Pの x 座標は **ホ** である。

ホ については，最も適当なものを，次の⓪～⑦のうちから一つ選べ。

⓪ $-\frac{1}{3}$	① $-\frac{1}{2}$	② $-\frac{2}{3}$	③ -1
④ $-\frac{3}{2}$	⑤ -2	⑥ -3	⑦ -4

〔5〕 (1) 図のように，円周上に4点A，B，C，Dがある。

このとき，$\angle x =$ [マミ]°である。

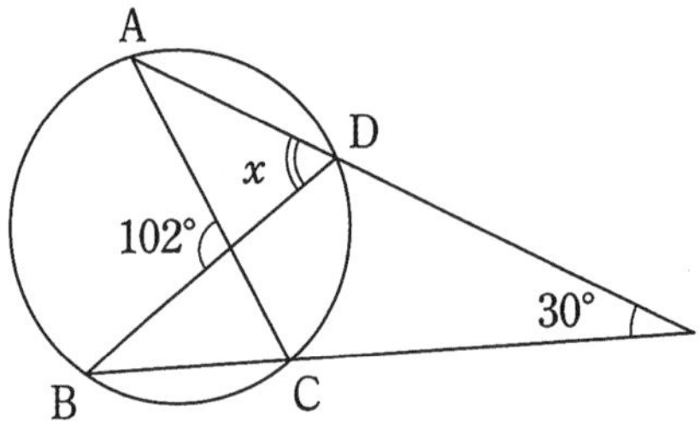

(2) 図のように，AB＝9，BC＝15，∠A＝90°の直角三角形ABCがあり，中心Oの円が各辺に接している。また，線分DEは点Oを通り，辺BCに平行である。

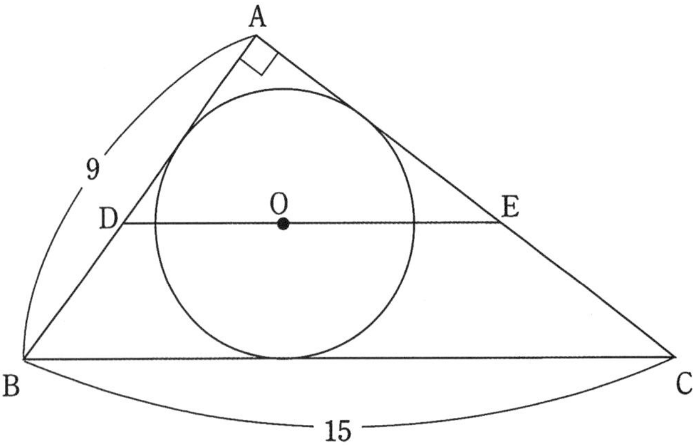

(ア) 三角形ADEの周の長さは [ムメ] である。

(イ) 三角形ADEの面積は，三角形ABCの面積の [モ] 倍である。

[モ] については，最も適当なものを，次の⓪～⑤のうちから一つ選べ。

⓪ $\frac{3}{5}$　① $\frac{7}{12}$　② $\frac{11}{15}$

③ $\frac{9}{25}$　④ $\frac{49}{144}$　⑤ $\frac{121}{225}$

〔6〕 図のように，AE＝2，AB＝4，AD＝8の直方体ABCD－EFGHがある。辺AEの中点をP，辺BFの中点をQとするとき，次の問いに答えよ。

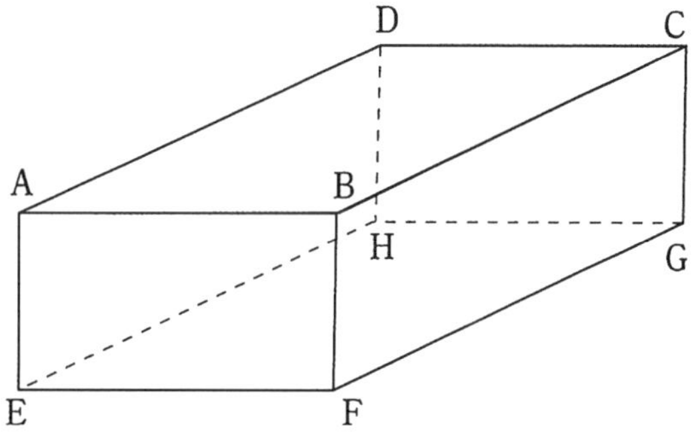

（1） 頂点D，点P，点Qの3点を通る平面で切ったときにできる切り口の図形は $\boxed{\text{ヤ}}$ である。

$\boxed{\text{ヤ}}$ については，最も適当なものを，次の⓪～④のうちから一つ選べ。

⓪ 二等辺三角形　① 直角三角形　② 長方形
③ ひし形　④ 五角形

（2） 頂点D，点P，点Qの3点を通る平面で切ったときにできる切り口の図形の面積は $\boxed{\text{ユ}}\sqrt{\boxed{\text{ヨ}}\boxed{\text{ラ}}}$ である。

（問題はこれで終わりです。）

【練習】

（記入例）

アイ の答えが『36』のとき，アの解答欄に③，イの解答欄に⑥をそれぞれマークしなさい。

$\dfrac{\text{ウエ}}{\text{オ}}$の答えが『$-\dfrac{1}{2}$』のとき，『$-\dfrac{2}{4}$』や『$-\dfrac{3}{6}$』などをマークしてはいけません。

ウの解答欄に㊀，エの解答欄に①，オの解答欄に②をそれぞれマークしなさい。

（練　習）

$\dfrac{\text{カキ}}{\text{ク}}$ の答えが『$-\dfrac{2}{3}$』のとき，解答欄にマークしなさい。

解答番号	解　答　欄											
ア	㊀	±	⓪	①	②	●	④	⑤	⑥	⑦	⑧	⑨
イ	㊀	±	⓪	①	②	③	④	⑤	●	⑦	⑧	⑨
ウ	●	±	⓪	①	②	③	④	⑤	⑥	⑦	⑧	⑨
エ	㊀	±	⓪	●	②	③	④	⑤	⑥	⑦	⑧	⑨
オ	㊀	±	⓪	①	●	③	④	⑤	⑥	⑦	⑧	⑨
カ	㊀	±	⓪	①	②	③	④	⑤	⑥	⑦	⑧	⑨
キ	㊀	±	⓪	①	②	③	④	⑤	⑥	⑦	⑧	⑨
ク	㊀	±	⓪	①	②	③	④	⑤	⑥	⑦	⑧	⑨

令和６年度　英　語　(40分)

1　試験開始の合図があるまで，この問題冊子を開いてはいけません。
2　問題は全部で 10 ページあります。解答用紙は１枚です。
3　受験番号と氏名を，この表紙と解答用紙に必ず記入しなさい。
4　英語は放送によるリスニングテストから始めます。
　リスニングテストが終了し，放送による指示があるまで次のページ（３ページ）を開いてはいけません。
5　試験終了後，問題冊子と解答用紙を回収します。

解答用紙は，コンピュータで処理されるマークシートです。特に，次の注意をよく守りなさい。

1　ＨＢの黒鉛筆で記入しなさい。
　(とがっている鉛筆は避けなさい)

2　受験番号は，□内に横１字ずつ記入し，下のそれぞれの数字をマークしなさい。
　(記入例)　受験番号が２００４２４の場合

受験番号					
2	0	0	4	2	4
⓪	●	●	⓪	⓪	⓪
①	①	①	①	①	①
●	②	②	②	●	②
③	③	③	③	③	③
④	④	④	●	④	●
⑤	⑤	⑤	⑤	⑤	⑤
⑥	⑥	⑥	⑥	⑥	⑥
⑦	⑦	⑦	⑦	⑦	⑦
⑧	⑧	⑧	⑧	⑧	⑧
⑨	⑨	⑨	⑨	⑨	⑨

3　解答の記入方法は，たとえば，1と表示のある問いに対してイと解答する場合には，次のように解答番号１の解答欄にマークしなさい。

(例)

解答番号	解　答　欄
1	㋐　●　㋒　㋓

4　マークする場合は，次に示す良い例のように黒く塗りつぶしなさい。

良い例	悪い例
●	

5　マークの訂正は，上質の消しゴム（プラスチック製が良い）で跡を残さないように完全に消し，消し屑をきれいに取り除きなさい。

6　解答用紙を汚したり，折りまげたりしないこと。

受験番号							氏　名	

英　　　　語

（解答番号 1 ～ 30 ）

〔1〕 リスニングテスト

※音声は収録しておりません

A. それぞれの対話についての問いを聞き，答えとして最も適当なものを４つの選択肢ア～エの中からそれぞれ１つ選びなさい。対話と質問文はそれぞれ２回読まれます。

1 Why does Nancy listen to Japanese songs every day?

ア Because her friend bought many CDs of Japanese songs.

イ Because her friend will play the violin in a concert.

ウ Because she can learn Japanese from the songs.

エ Because Masao usually listens to music after dinner.

2 Where and when will they meet next Sunday?

ア In front of the stadium at two.

イ In front of the stadium at noon.

ウ At Cindy's house at two.

エ At Cindy's house at noon.

3 Which is true?

ア Yuichi left Japan with Janet yesterday.

イ Yuichi bought a present for Bob yesterday.

ウ Yuichi practiced tennis with Janet yesterday.

エ Yuichi bought a tennis racket with Bob yesterday.

B. これから流れる英語は，ある授業で先生が生徒たちに伝えた内容です。内容をよく聞き，質問文の答えとして最も適当なものを４つの選択肢ア～エの中から１つ選びなさい。質問は２つあります。内容と質問文はそれぞれ２回読まれます。

4 When will Mike and David come to the school?

ア On September 3rd.

イ On September 4th.

ウ On October 3rd.

エ On October 4th.

5 What do Mike and David want to do?

ア They want to know about Japanese events.

イ They want to enjoy talking with students in English.

ウ They want to teach English words to the students.

エ They want to have a chance to learn Japanese.

〔2〕 次の英文を読んで，設問に答えなさい。

Jimmy was good at opening safes. He was caught by the police and put into prison. One morning, the chief police officer said to Jimmy, "You can leave prison tomorrow morning. This is your chance to change yourself. Stop breaking into safes, and live an honest life." Jimmy said, "I'll work for a restaurant to bake the best bread and cake in the country."

A week after Jimmy left the prison, someone broke into a safe in one city. Eight thousand dollars was taken. Policeman Ben went to the city to see the broken safe and thought, "Only Jimmy can do such a job. Perhaps (A)Jimmy is in business again." However, it was not true. Jimmy didn't do it. He stopped breaking into safes and was living in the town as an honest man.

In this town, Jimmy was called (B)Josh. People in this town thought that he was kind and honest. The Elmore was the biggest bank in the town. It had a new safe. It was as large as a small room, and it had a special door controlled by a clock. A banker said, "Now it's open, but if you shut it, no one can open it before the planned time." The banker explained it to Josh, but he was not interested in the safe at all. Two little children began to play around the safe.

Suddenly one of the children got into the safe, and the other (C) closed the door. A woman cried out, "My child! Open the door! Please get her out!" All the people around the safe tried hard to open the door, but they could not (D) it. The people by the safe could hear the child's weak voice.

"What should we do?" the banker said. The mother looked very worried. Then, Josh said, "I'll try. Stand away from the door, all of you," he cried. Then he started to use the tools in his bag and tried to open the door. He forgot that he was Josh. He became Jimmy again.

Ten minutes later, the door of the safe was open. The child was free. Jimmy put on his coat and walked to the entrance of the bank. At the entrance, a police officer was standing. "Hello, Ben!" Jimmy smiled and said, "Well, you've found me finally. OK. I'll go to the police station with you." But Ben smiled at Jimmy and said, "What are you talking about?" Then he turned and slowly walked out of the bank (E).

（注） safe：金庫　prison：刑務所　chief police officer：警察署長
break into safes：金庫を壊して中のものを奪う　honest：正直な
banker：銀行員

（出典） *A REFORMED MAN*; written by O. Henry（一部改訂）

6 下線部$_{(A)}$Jimmy is in business again. の内容を正しく表しているものをア～エの中から１つ選びなさい。

ア　ジミーが再び刑務所で暮らす生活に戻ったこと。

イ　ジミーが再び警察官として働くことにしたこと。

ウ　ジミーが金庫を破ることを再開したこと。

エ　ジミーがケーキとパンの販売を再開したこと。

7 下線部$_{(B)}$Josh はどのような人物か。正しく表しているものをア～エの中から１つ選びなさい。

ア　金庫破りをやめて真面目に生活をしている人物

イ　金庫の説明をしている銀行員

ウ　以前金庫破りを捕まえた警察官

エ　金庫を破ることを仕事にしている人物

8 空欄（ C ）と（ D ）に入る最も適当な組み合わせをア～エの中から１つ選びなさい。

ア　(C) woman　(D) close

イ　(C) woman　(D) open

ウ　(C) child　(D) close

エ　(C) child　(D) open

9 空欄（ E ）に入る最も適当なものをア～エの中から１つ選びなさい。

ア　with Josh

イ　with Jimmy

ウ　together

エ　alone

10 本文の内容と一致するものをア～エの中から１つ選びなさい。

ア　Jimmy worked for a cake company to bake the best bread and cake in the country.

イ　The police officer found Jimmy at the Elmore, but he didn't arrest him.

ウ　Ben didn't recognize Jimmy when he walked to the entrance of the bank.

エ　The mother of the child in the safe used Jimmy's tools and tried to open the safe.

〔3〕 次の英文を読んで，設問に答えなさい。

Mr. Sukiya is a high school teacher who is in charge of English in Japan. He is good at English conversation and often takes his students to English speaking countries. The students take English lessons at language schools there. Mr. Sukiya likes this job because he can have the opportunity to improve his English speaking skills. He always does a homestay because he thinks that there is no better way to become a better English speaker. He has a good reason to say this.

About 20 years ago, he went to the US alone for a month. The host family were very nice and welcomed him very warmly. Thanks to them, Mr. Sukiya enjoyed a very comfortable stay.

His host parents were running a bakery and were very busy, especially early in the morning. The bread sold at their bakery was very delicious and popular among people. So they had to bake a lot of bread for their customers. Because of their business, his host mother didn't have the time to prepare breakfast for her children. They had cornflakes with milk, by themselves almost every day. Mr. Sukiya did the same.

One Sunday morning, when Mr. Sukiya woke up, he found that his host mother was cooking something in the kitchen. The house was full of good smells. She was preparing bacon and eggs for the family.

After his host mother greeted Mr. Sukiya, she said, "I'm sorry I cannot serve you breakfast every morning. I have no time to do so, but on Sundays our store is closed. So I have enough time to prepare breakfast today. I hope you like bacon and eggs."

That was Mr. Sukiya's favorite which his wife served him every morning. Thanks to the favorite dish his host mother served, he was much more satisfied with the stay. Then he said to his host mother, "Thank you for bringing home the bacon."

When she heard Mr. Sukiya's words, she smiled at him happily and was impressed by his sense of humor. For Mr. Sukiya, his host mother's big smile was impressive and it has been the greatest memory since then. By the way, do you know why Mr. Sukiya's host mother was impressed by his sense of humor? It was because "bringing home the bacon" has two meanings. One is literal and the other is "earning money for life."

Now you understand that Mr. Sukiya was successful in appreciating his host mother's heartwarming delicious breakfast and respecting all her efforts in the job at the same time.

（注） run : 店などを経営する　　bacon and eggs : ベーコンエッグ
be impressed by ～ : ～に感心する　　impressive : 印象的な
appreciate : 感謝する

3

Janet : Yuichi, I hear Bob is going to leave Japan next month. Did you know?

Yuichi : Yes, Janet. Yesterday I bought a present for him but he doesn't know about it.

Janet : What did you buy?

Yuichi : A tennis racket, because Bob and I are members of the tennis team. We have practiced tennis together for three years.

Janet : That's nice. I hear you and Bob are good friends. Maybe I should give him a present, too.

Yuichi : Well, how about a towel?

Janet : Sounds good. Bob has been so nice to us. I'll miss him.

Yuichi : I'll miss him, too.

4 , 5

Listen, everyone. I have great news today. Two boys from Australia will visit this school. They'll come to our city on September 3. The next day, they'll visit our school. Their names are Mike and David. They're as old as you. They'll study with you for four weeks and go back to Australia in October. I hope you'll enjoy talking with them in English. And I hope they'll learn a lot about Japan. They say they want to learn Japanese from you during their stay. Please teach them some useful Japanese words.

※100点満点

国語解答用紙

問題	1	2	3	4	5	6	7	8	9	10	11	12	13	14	15
配点	3	4	5	5	5	4	5	6	4	6	3	3	4	3	4

問題	16	17	18	19	20	21	22	23	24	25
配点	4	4	4	4	2	3	3	3	3	6

上の注意

り汚したりしないこと。

きは、消しゴムで完全に消すこと。

、数字で記入してから間違いないようマークすること。

を鉛筆（ＨＢ）で黒くぬりつぶすこと。

マークの例

良い例	悪い例

解答番号	解答欄			
21	㋐	㋑	㋒	㋓
22	㋐	㋑	㋒	㋓
23	㋐	㋑	㋒	㋓
24	㋐	㋑	㋒	㋓
25	㋐	㋑	㋒	㋓

※100点満点

数 学 解 答 用 紙

問題	ア	イ	ウ	エ	オ	カ	キ	ク	ケ	コ	サ	シ	ス	セ
配点	5		5			5	5		3	3	5		3	3

問題	ソ	タ	チ	ツ	テ	ト	ナ	ニ	ヌ	ネ	ノ	ハ	ヒ
配点	5	2	2		3	5			5	5	5		

問題	フ	ヘ	ホ	マ	ミ	ム	メ	モ	ヤ	ユ	ヨ	ラ
配点	4		4	5		4		4	5	5		

:の注意

り汚したりしないこと。

きは、消しゴムで完全に消すこと。

、数字で記入してから間違いないようマークすること。

) を鉛筆（ＨＢ）で黒くぬりつぶすこと。

マークの例

良い例	悪 い 例

解答番号	解 答 欄	解答番号	解 答 欄
ナ	⊖ ⊕ ⓪ ① ② ③ ④ ⑤ ⑥ ⑦ ⑧ ⑨	マ	⊖ ⊕ ⓪ ① ② ③ ④ ⑤ ⑥ ⑦ ⑧ ⑨
ニ	⊖ ⊕ ⓪ ① ② ③ ④ ⑤ ⑥ ⑦ ⑧ ⑨	ミ	⊖ ⊕ ⓪ ① ② ③ ④ ⑤ ⑥ ⑦ ⑧ ⑨
ヌ	⊖ ⊕ ⓪ ① ② ③ ④ ⑤ ⑥ ⑦ ⑧ ⑨	ム	⊖ ⊕ ⓪ ① ② ③ ④ ⑤ ⑥ ⑦ ⑧ ⑨
ネ	⊖ ⊕ ⓪ ① ② ③ ④ ⑤ ⑥ ⑦ ⑧ ⑨	メ	⊖ ⊕ ⓪ ① ② ③ ④ ⑤ ⑥ ⑦ ⑧ ⑨
ノ	⊖ ⊕ ⓪ ① ② ③ ④ ⑤ ⑥ ⑦ ⑧ ⑨	モ	⊖ ⊕ ⓪ ① ② ③ ④ ⑤ ⑥ ⑦ ⑧ ⑨
ハ	⊖ ⊕ ⓪ ① ② ③ ④ ⑤ ⑥ ⑦ ⑧ ⑨	ヤ	⊖ ⊕ ⓪ ① ② ③ ④ ⑤ ⑥ ⑦ ⑧ ⑨
ヒ	⊖ ⊕ ⓪ ① ② ③ ④ ⑤ ⑥ ⑦ ⑧ ⑨	ユ	⊖ ⊕ ⓪ ① ② ③ ④ ⑤ ⑥ ⑦ ⑧ ⑨
フ	⊖ ⊕ ⓪ ① ② ③ ④ ⑤ ⑥ ⑦ ⑧ ⑨	ヨ	⊖ ⊕ ⓪ ① ② ③ ④ ⑤ ⑥ ⑦ ⑧ ⑨
ヘ	⊖ ⊕ ⓪ ① ② ③ ④ ⑤ ⑥ ⑦ ⑧ ⑨	ラ	⊖ ⊕ ⓪ ① ② ③ ④ ⑤ ⑥ ⑦ ⑧ ⑨
ホ	⊖ ⊕ ⓪ ① ② ③ ④ ⑤ ⑥ ⑦ ⑧ ⑨	リ	⊖ ⊕ ⓪ ① ② ③ ④ ⑤ ⑥ ⑦ ⑧ ⑨

※100点満点

英　語　解　答　用　紙

問　題	1	2	3	4	5	6	7	8	9	10	11	12	13	14	15
配　点	3	3	3	3	3	3	3	3	3	3	3	3	3	3	3

問　題	16	17	18	19	20	21	22	23	24	25	26	27	28	29	30
配　点	3	3	3	3	3	4	4	4	4	4	4	4	4	4	4

上の注意

り汚したりしないこと。

きは、消しゴムで完全に消すこと。

、数字で記入してから間違いないようマークすること。

◯ を鉛筆（ＨＢ）で黒くぬりつぶすこと。

マークの例

良い例	悪　い　例

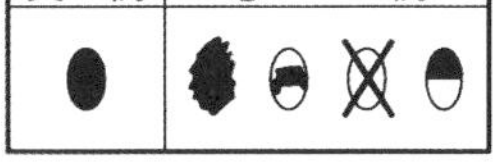

	解答番号	解　答　欄			
㋓	21	㋐	㋑	㋒	㋓
㋓	22	㋐	㋑	㋒	㋓
㋓	23	㋐	㋑	㋒	㋓
㋓	24	㋐	㋑	㋒	㋓
㋓	25	㋐	㋑	㋒	㋓
㋓	26	㋐	㋑	㋒	㋓
㋓	27	㋐	㋑	㋒	㋓
㋓	28	㋐	㋑	㋒	㋓
㋓	29	㋐	㋑	㋒	㋓
㋓	30	㋐	㋑	㋒	㋓

受験番号					
0	0	0	0	0	0
1	1	1	1	1	1
2	2	2	2	2	2
3	3	3	3	3	3
4	4	4	4	4	4
5	5	5	5	5	5
6	6	6	6	6	6
7	7	7	7	7	7
8	8	8	8	8	8
9	9	9	9	9	9

フリガナ	
氏　名	

この欄には記入するな

★マー

解答番号	解	答	欄		解答番号	解	答
1	ア	イ	ウ	エ	11	ア	イ
2	ア	イ	ウ	エ	12	ア	イ
3	ア	イ	ウ	エ	13	ア	イ
4	ア	イ	ウ	エ	14	ア	イ
5	ア	イ	ウ	エ	15	ア	イ
6	ア	イ	ウ	エ	16	ア	イ
7	ア	イ	ウ	エ	17	ア	イ
8	ア	イ	ウ	エ	18	ア	イ
9	ア	イ	ウ	エ	19	ア	イ
10	ア	イ	ウ	エ	20	ア	イ

受験番号					
0	0	0	0	0	0
1	1	1	1	1	1
2	2	2	2	2	2
3	3	3	3	3	3
4	4	4	4	4	4
5	5	5	5	5	5
6	6	6	6	6	6
7	7	7	7	7	7
8	8	8	8	8	8
9	9	9	9	9	9

フリガナ	
氏　名	

この欄には記入するな
● ●

★マー

●折

●記

●受

●マ

解答番号	解　答　欄	解答番号	解　答　欄
ア	⊖ ± 0 1 2 3 4 5 6 7 8 9	サ	⊖ ± 0 1 2 3 4 5 6 7
イ	⊖ ± 0 1 2 3 4 5 6 7 8 9	シ	⊖ ± 0 1 2 3 4 5 6 7
ウ	⊖ ± 0 1 2 3 4 5 6 7 8 9	ス	⊖ ± 0 1 2 3 4 5 6 7
エ	⊖ ± 0 1 2 3 4 5 6 7 8 9	セ	⊖ ± 0 1 2 3 4 5 6 7
オ	⊖ ± 0 1 2 3 4 5 6 7 8 9	ソ	⊖ ± 0 1 2 3 4 5 6 7
カ	⊖ ± 0 1 2 3 4 5 6 7 8 9	タ	⊖ ± 0 1 2 3 4 5 6 7
キ	⊖ ± 0 1 2 3 4 5 6 7 8 9	チ	⊖ ± 0 1 2 3 4 5 6 7
ク	⊖ ± 0 1 2 3 4 5 6 7 8 9	ツ	⊖ ± 0 1 2 3 4 5 6 7
ケ	⊖ ± 0 1 2 3 4 5 6 7 8 9	テ	⊖ ± 0 1 2 3 4 5 6 7
コ	⊖ ± 0 1 2 3 4 5 6 7 8 9	ト	⊖ ± 0 1 2 3 4 5 6 7

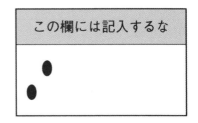

受験番号					
0	0	0	0	0	0
1	1	1	1	1	1
2	2	2	2	2	2
3	3	3	3	3	3
4	4	4	4	4	4
5	5	5	5	5	5
6	6	6	6	6	6
7	7	7	7	7	7
8	8	8	8	8	8
9	9	9	9	9	9

フリガナ	
氏　名	

この欄には記入するな
●
●

★マー

解答番号	解答欄				解答番号	解答	
1	ア	イ	ウ	エ	11	ア	イ
2	ア	イ	ウ	エ	12	ア	イ
3	ア	イ	ウ	エ	13	ア	イ
4	ア	イ	ウ	エ	14	ア	イ
5	ア	イ	ウ	エ	15	ア	イ
6	ア	イ	ウ	エ	16	ア	イ
7	ア	イ	ウ	エ	17	ア	イ
8	ア	イ	ウ	エ	18	ア	イ
9	ア	イ	ウ	エ	19	ア	イ
10	ア	イ	ウ	エ	20	ア	イ

〈スクリプト〉

※音声は収録しておりません

1 Masao : Hi, Nancy. Are you free on Saturday?

Nancy : Yes. I don't have any plans.

Masao : Our friend, Takashi, is going to play the violin in a concert. It will be held in City Hall near the station. Do you want to go there with me?

Nancy : Yes, of course.

Masao : Are you interested in music?

Nancy : Yes. In Canada, I usually enjoyed listening to music after dinner.

Masao : Oh, really? Have you ever listened to Japanese songs?

Nancy : Yes. I borrowed some CDs of Japanese songs from my friend. I listen to them every day at home.

Masao : Every day?

Nancy : That's right, Masao. Listening to Japanese songs is a good way to learn Japanese.

Masao : That's great. I hope you can enjoy the concert.

Nancy : I'm sure, I will. Thank you, Masao.

Masao : You're welcome. See you then.

2 Jack : Hi, Cindy. I have two tickets for the soccer game at Mizuho Stadium on Sunday. Would you like to come with me?

Cindy : I'd love to. What time does the game start?

Jack : It starts at two.

Cindy : I see. Shall we meet in front of the stadium?

Jack : My mother will take us there by car. Let's eat lunch together and do some shopping first. I'll come to your house two hours before the game starts. Is that OK?

Cindy : That's perfect. I'm looking forward to it. Do you know where my house is?

Jack : Yes. It's near the park, isn't it? The park with a beautiful lake.

Cindy : Yes. Well, see you then.

11 Why does Mr. Sukiya often go to English speaking countries?

ア To take his students to study English at language schools.

イ To become a better English teacher.

ウ To be in charge of teaching Japanese at language schools.

エ To take English lessons with his students.

12 Why was it possible for Mr. Sukiya to enjoy a comfortable homestay in the US?

ア Because he was going to stay for only one month.

イ Because he was welcomed warmly by his host family.

ウ Because his host parents were running a bakery store.

エ Because his host mother prepared his breakfast on Sundays.

13 What did Mr. Sukiya have for breakfast during the week in the US?

ア He had bread from his host family's bakery.

イ He had bacon and eggs.

ウ He had cornflakes with milk.

エ He had no breakfast.

14 Which is true for this story?

ア Mr. Sukiya's host mother never prepared breakfast for her family.

イ The host parents' bakery was famous for its delicious bread.

ウ The bakery owned by the host parents was open seven days a week.

エ Mr. Sukiya's host mother didn't understand the joke Mr. Sukiya made.

15 Which is the best title for the story?

ア The Best Way to Eat Delicious Breakfast during Homestay

イ The Importance of Telling Jokes

ウ How to Stay Comfortably in the US

エ The Best Memory of Mr. Sukiya's Stay in the US

〔４〕 次の各文には，それぞれ明らかに文法的・語法的な誤りが１か所ある。その誤りをア～エの中から１つ選びなさい。

16 If I will leave tomorrow, I will be able to meet my cousin in Tokyo.
ア イ ウ エ

17 My parents did not let me to go out late at night.
ア イ ウ エ

18 The problem was too difficult for him to solve it.
ア イ ウ エ

19 One of my friends has been studying very hard for last week.
ア イ ウ エ

20 She was spoken by a man on her way home.
ア イ ウ エ

〔5〕 次の各文の(　　　)に入る最も適当な語（句）をア～エの中から１つ選びなさい。

21 Can you tell me (　　　) I should go to buy the ticket?

ア which　イ who　ウ where　エ what

22 I wish I (　　　) as rich as he.

ア were　イ will be　ウ am　エ can be

23 This park is known (　　　) its beautiful rose garden.

ア by　イ for　ウ to　エ with

24 Mr. Suzuki is (　　　) to buy such an expensive car.

ア so rich　イ so rich that　ウ richer　エ rich enough

25 (　　　) student in my class has a smartphone.

ア All the　イ All of the　ウ Every　エ Both

〔6〕 次の各文の日本語に合うように〔 〕内の語（句）を並べ替えて正しい英文にするとき，___(1)___ と ___(2)___ に入る最も適当な語（句）の組み合わせをア～エの中から１つ選びなさい。ただし，文頭に来る語も小文字で表してあります。

26 母に何というべきかわからなかった。

I ______ ______ ___(1)___ ______ ___(2)___ ______ ______ .

〔 know / to / to / didn't / what / say / my mother 〕

ア (1) to　(2) my mother　イ (1) what　(2) say
ウ (1) to　(2) to　エ (1) what　(2) to

27 彼はクラスの中で一番足が速い。

______ ______ ___(1)___ ______ ______ ___(2)___ ______ ______ .

〔 is / runner / class / he / his / in / fastest / the 〕

ア (1) the　(2) in　イ (1) is　(2) in
ウ (1) the　(2) his　エ (1) is　(2) his

28 もし彼のメールアドレスを知っていたら，彼にｅメールを送るのに。

If ______ ______ ___(1)___ mail address, ______ ______ ______ ___(2)___ ______ ______ .

〔 knew / send / I / would / an e-mail / him / his / I / to 〕

ア (1) his　(2) him　イ (1) knew　(2) him
ウ (1) his　(2) an e-mail　エ (1) knew　(2) an e-mail

29 川沿いを散歩しているお年寄りがいます。

______ ______ ___(1)___ ______ ______ ______ ______ ___(2)___ ______ .

〔 old man / taking / the river / there / along / walk / a / an / is 〕

ア (1) is　(2) along　イ (1) an　(2) there
ウ (1) is　(2) there　エ (1) an　(2) along

30 オーストラリアはとても美しかったので来年また行くのが楽しみです。

Australia ______ ______ __(1)__ ______ ______ ______ __(2)__ ______ ______ ______ ______ next year.

〔 looking / so / going / that / was / to / beautiful / there / forward / again / I'm 〕

ア (1) beautiful (2) forward　　イ (1) that (2) forward

ウ (1) beautiful (2) to　　エ (1) that (2) to

（問題はこれで終わりです。）

中部大学春日丘高等学校

令和６年度　　理　　科　(30分)

1　試験開始の合図があるまで，この問題冊子を開いてはいけません。
2　問題は全部で14ページあります。解答用紙は１枚です。
3　受験番号と氏名を，この表紙と解答用紙に必ず記入しなさい。
4　試験終了後，問題冊子と解答用紙を回収します。

解答用紙は，コンピュータで処理される
マークシートです。
特に，次の注意をよく守りなさい。

1　ＨＢの黒鉛筆で記入しなさい。
（とがっている鉛筆は避けなさい）

2　受験番号は，□内に横１字ずつ記入し，
下のそれぞれの数字をマークしなさい。
(記入例)　受験番号が２００４２４の場合

受験番号					
2	0	0	4	2	4
⓪	●	●	⓪	⓪	⓪
①	①	①	①	①	①
●	②	②	②	●	②
③	③	③	③	③	③
④	④	④	●	④	●
⑤	⑤	⑤	⑤	⑤	⑤
⑥	⑥	⑥	⑥	⑥	⑥
⑦	⑦	⑦	⑦	⑦	⑦
⑧	⑧	⑧	⑧	⑧	⑧
⑨	⑨	⑨	⑨	⑨	⑨

3　解答の記入方法は，たとえば，[1]と表示のある問いに対してイと解答する場合には，次のように解答番号１の解答欄にマークしなさい。

(例)

解答番号	解　答　欄				
1	㋐	●	㋒	㋓	㋔

4　マークする場合は，次に示す良い例のように黒く塗りつぶしなさい。

良い例	悪い例

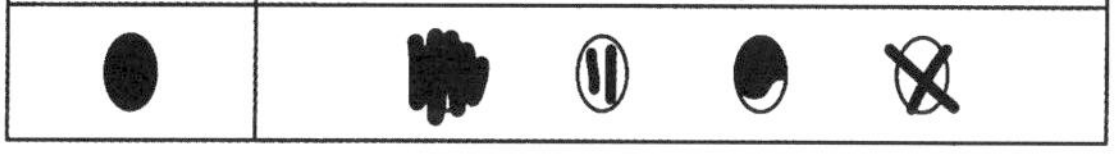

5　マークの訂正は，上質の消しゴム（プラスチック製が良い）で跡を残さないように完全に消し，消し屑をきれいに取り除きなさい。

6　解答用紙を汚したり，折りまげたりしないこと。

受験番号							氏　名	

理　　　科

（解答番号 1 ～ 20 ）

〔１〕 電流の性質について調べるため，様々な実験を行った。 1 ～ 5 に答えなさい。ただし，抵抗器や電熱線の抵抗の大きさは温度によって変化しないものとする。

実験１

① 抵抗(電気抵抗)の大きさが異なる３種類の抵抗器ａ～ｃを用意した。

② 図1のような回路をつくり，電源装置で，抵抗器ａに加える電圧を0[V]から6.0[V]まで1.0[V]ずつ変化させ，そのときの電流の大きさをそれぞれ測定した。

③ 電圧を０[V]に戻し，抵抗器ａを抵抗器ｂ，抵抗器ｃに変えてそれぞれ②と同じ操作を行った。

図２は，測定した結果をグラフに表したものである。

図１

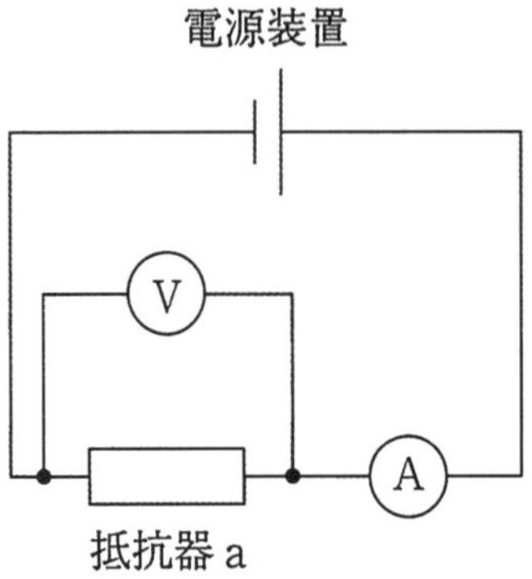

図２

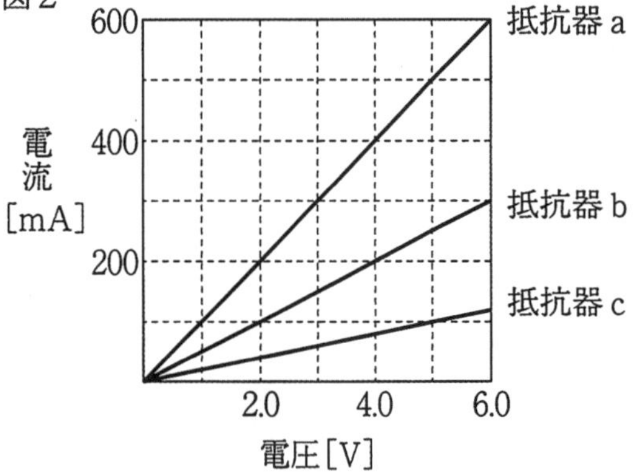

1 抵抗器ｃの抵抗の大きさは何[Ω]か。正しいものを下の(ア)～(オ)の中から１つ選び，記号で答えなさい。

（ア） 0.02[Ω]　　（イ） 0.05[Ω]　　（ウ） 20[Ω]

（エ） 50[Ω]　　（オ） 100[Ω]

2024(R6) 中部大学春日丘高
教英出版

実験２

実験１で用いた抵抗器ａ～ｃと４つの端子Ａ～Ｄを何本かの導線でつなぎ，箱の中に入れ，図３のような装置をつくった。この装置の端子Ａ，Ｂをつなぎ3.0［Ｖ］の電圧を加えて電流の大きさを測定したのち，端子Ｃ，Ｄをつなぎ再び3.0［Ｖ］の電圧を加え電流の大きさを測定すると，電流の大きさが３倍になることが分かった。

図３

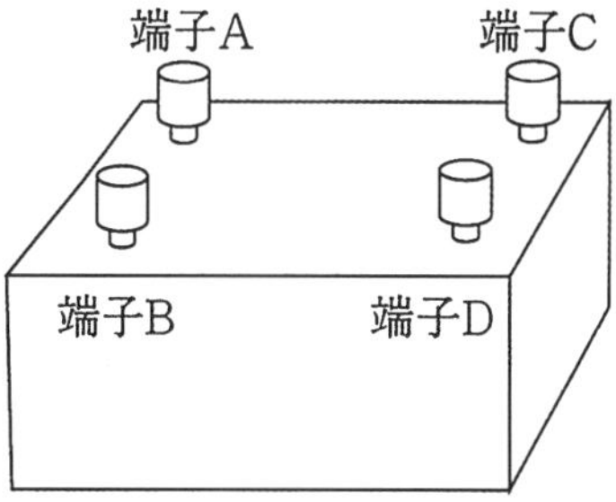

2　このとき箱の中の抵抗器ａ～ｃはそれぞれ端子Ａ～Ｄとどのようにつながれているか。箱の中のつなぎ方を表した図として正しいものを下の(ア)～(オ)の中から１つ選び，記号で答えなさい。ただし，は抵抗器ａ～ｃを，×は端子Ａ～Ｄを表している。

(ア)

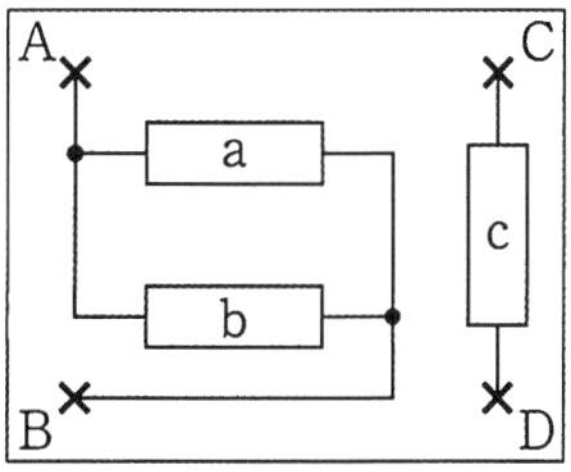

(イ)

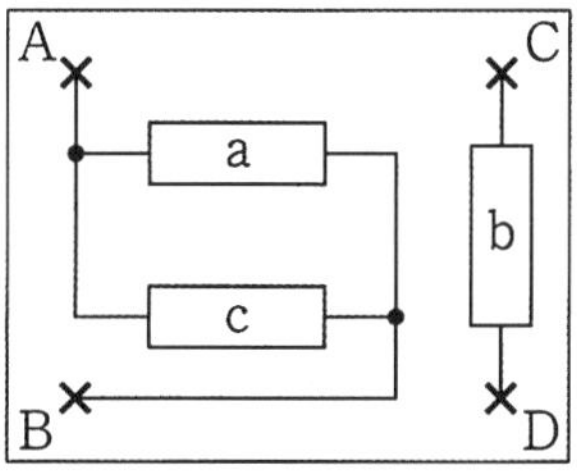

(ウ)

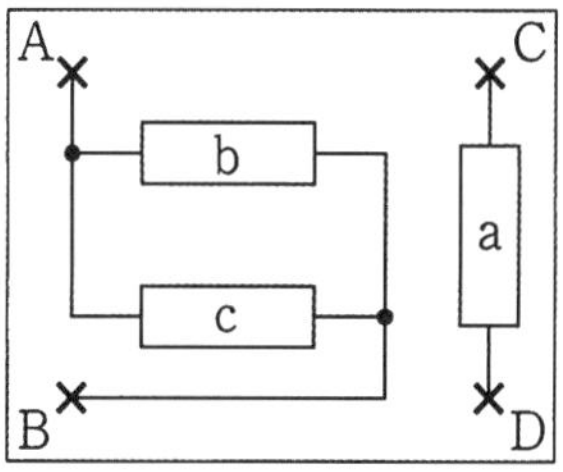

(エ)

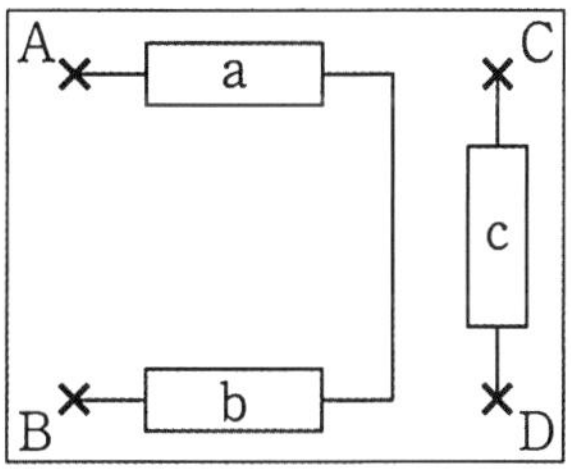

(オ)

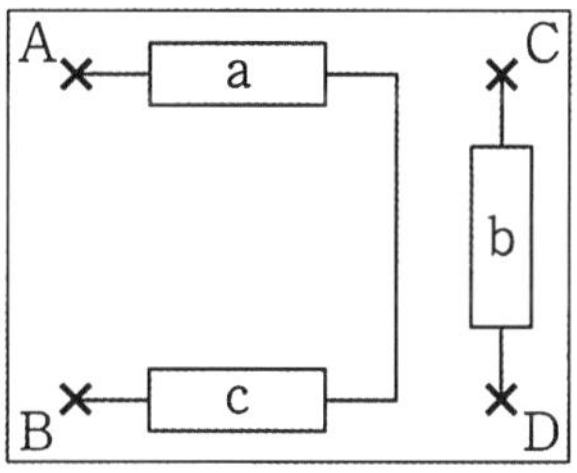

実験3

以下の手順で，電流の流れる導線が磁界から受ける力の向きを調べる実験を行った。ただし，□の中の抵抗以外の部分の電気抵抗の大きさは考えなくてよい。

① 4.0［Ω］の抵抗dを用いて図4のように装置を組みたてた。電源装置の電圧を2.0［V］にして導線に電流を流したところ，導線は図4の矢印Xの向きに動いた。

② 導線につないでいる2つのクリップをつなぎかえると①と逆向きに導線に電流が流れた。このとき，導線は図4の矢印Yの向きに動いた。

③ 図5のようにU字磁石を上下逆さまにしたあと，クリップを図4の状態に戻し，①と同じ向きに導線に電流を流したところ，導線は図4の矢印Yの向きに動いた。

図4

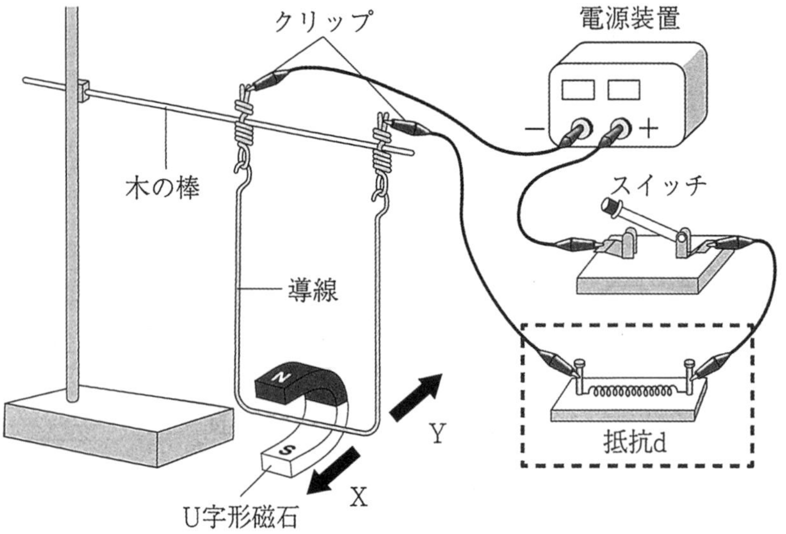

図5

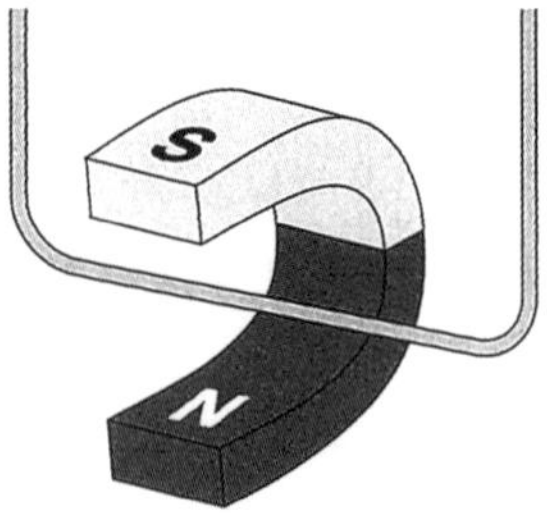

3 次の文は実験3の結果から考えられることを述べたものである。文中の［　　］に入る語句の組み合わせとして正しいものを下の(ア)～(オ)の中から1つ選び，記号で答えなさい。

電流の流れる導線は，磁石の磁界から力を受けて動いた。電流の向きと磁界の向きの両方とも実験3の①と逆向きにすると，導線は図4の矢印［ あ ］の向きに動くと考えられる。

また，アルミニウムのパイプとレール，磁石を使って図6のような装置(リニアモーター)を作ったとき，電流が流れているアルミニウムのパイプは図6の矢印［ い ］の向きに動くと考えられ，電流の向きを逆向きにするとアルミニウムのパイプは図6の矢印［ う ］の向きに動くと考えられる。

図6

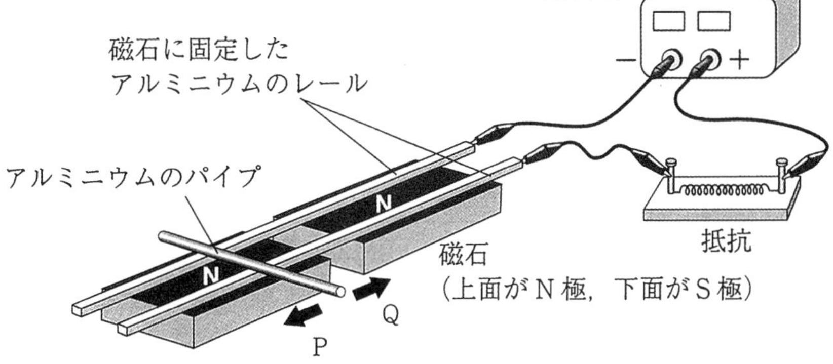

	あ	い	う
(ア)	X	P	Q
(イ)	X	Q	P
(ウ)	X	Q	Q
(エ)	Y	P	Q
(オ)	Y	Q	P

実験4

以下の手順で，電熱線に電圧を加えたときの水温の変化を調べる実験を行った。ただし，電熱線から発生した熱はすべて水の温度上昇に使われるものとする。

① 4つの発泡スチレンのカップに，それぞれ同じ質量の水を入れてしばらく置いた。

② 抵抗の大きさが6.0[Ω]の電熱線eと3.0[Ω]の電熱線fを使って，図7の装置をつくった。

③ スイッチⅡを切った状態でスイッチⅠを入れ，電圧計の値が3.0[V]になるように電源装置を調整して電流を流し，ときどき水をかき混ぜながら水温を測定した。

④ 次に，カップを①で用意した別のものにとりかえ，③と同様に，スイッチⅡを切った状態でスイッチⅠを入れ，電圧計の値が6.0[V]になるように電源装置を調整して電流を流し，ときどき水をかき混ぜながら水温を測定した。

⑤ ③，④の結果を次の表のようにまとめた。

表

		開始時の水温	5分後の水温	10分後の水温	15分後の水温	20分後の水温
電圧	3.0[V]	16.0℃	16.9℃	17.8℃	18.7℃	19.6℃
	6.0[V]	16.0℃	19.6℃	23.2℃	26.8℃	30.4℃

⑥ 次に，図7の回路を用いて，スイッチⅡを切った状態でスイッチⅠを入れて電流を流し，ときどき水をかき混ぜながら水温を測定し，さらに途中でスイッチⅡも入れ，ときどき水をかき混ぜながら水温の測定を続けた。測定中の電圧計の値は常に6.0[V]であった。また，カップは①で用意した別のものを使用し，実験開始時の水温は16.0℃であった。

図7

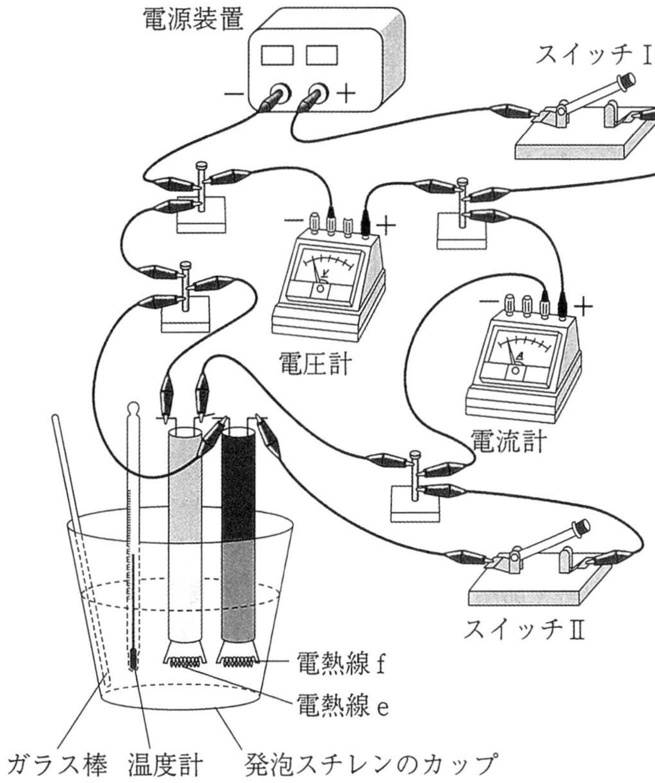

4 実験4の④で，3分間で電熱線eから水が得た熱量は何[J]か。正しいものを下の(ア)～(オ)の中から1つ選び，記号で答えなさい。

(ア) 12[J]　(イ) 360[J]　(ウ) 540[J]　(エ) 1080[J]　(オ) 3240[J]

5 実験4の⑥について，実験開始から30分後の水温が52.0℃になるようにスイッチⅡを入れる。実験開始から何分後にスイッチⅡを入れればよいか。正しいものを下の(ア)～(オ)の中から1つ選び，記号で答えなさい。

(ア) 5分後　(イ) 10分後　(ウ) 15分後
(エ) 20分後　(オ) 25分後

〔２〕 いろいろな質量の銅とマグネシウムの粉末を空気中で十分に加熱した。図８は，加熱した銅の質量と加熱後の物質の質量の関係を表したグラフである。図９は，加熱したマグネシウムの質量と加熱後の物質の質量の関係を表したグラフである。

図８

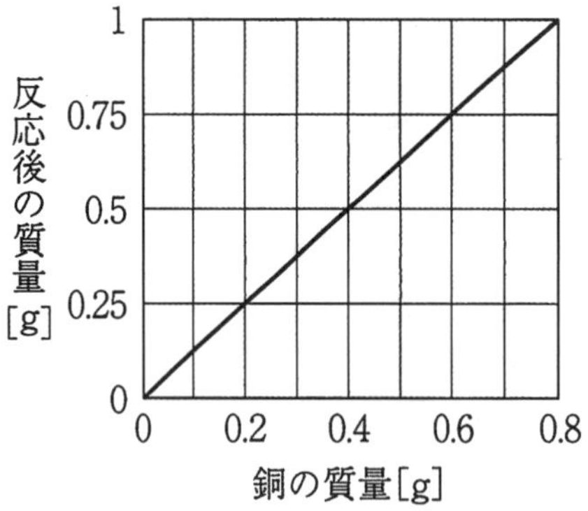

図９

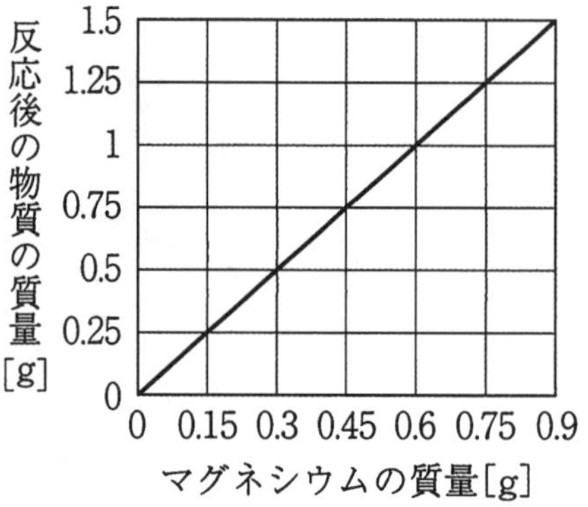

6 銅とマグネシウムを加熱することによって，生成する物質の色について，正しい組み合わせを下の(ア)～(オ)の中から１つ選び，記号で答えなさい。

	銅を加熱したもの	マグネシウムを加熱したもの
(ア)	白色	白色
(イ)	白色	黒色
(ウ)	黒色	白色
(エ)	黒色	黒色
(オ)	赤色	黒色

7 銅の粉末とマグネシウムの粉末が混ざったもの 2.1[g]を空気中で加熱したところ，加熱後の質量が 3.0[g]となった。加熱前の銅の粉末とマグネシウムの粉末の質量比として最も適当なものを下の(ア)～(オ)の中から１つ選び，記号で答えなさい。

(ア) 5：4　(イ) 4：5　(ウ) 4：3　(エ) 3：5　(オ) 3：4

8 銅とマグネシウムが，同じ質量の空気中の気体と化合するとき，この気体と化合する銅とマグネシウムの質量比として最も適当なものを下の(ア)～(オ)の中から１つ選び，記号で答えなさい。

(ア) 8：3　　(イ) 5：3　　(ウ) 1：1　　(エ) 3：5　　(オ) 3：8

9 次の文章を読み，(　　)に当てはまる語句として正しい組み合わせを下の(ア)～(オ)の中から１つ選び，記号で答えなさい。

ある水溶液を飽和水溶液にするには以下の２つがある。

① 溶媒の水を蒸発させる。

② 溶液を冷却して，結晶を析出させる。(ただし，溶媒は凍らない)

①の場合，溶媒の水を蒸発させるほど，水溶液の濃度は（ａ）なる。一定の温度で蒸発させる場合，結晶が析出し始めると，濃度は(ｂ)なる。

②の場合，温度を下げ，溶ける量が小さくなるほど析出する溶質の質量が（ｃ）なり，水溶液の濃度は(ｄ)なる。

	(a)	(b)	(c)	(d)
(ア)	小さく	大きく	多く	変化しなく
(イ)	小さく	小さく	多く	変化しなく
(ウ)	大きく	小さく	少なく	小さく
(エ)	大きく	変化しなく	多く	小さく
(オ)	大きく	変化しなく	少なく	大きく

10　図10は，硝酸カリウムと塩化ナトリウムの100[g]の水に溶ける質量と温度の関係を表したグラフである。溶けている溶質の質量が最も大きいものを下の(ア)～(オ)の中から1つ選び，記号で答えなさい。

図10

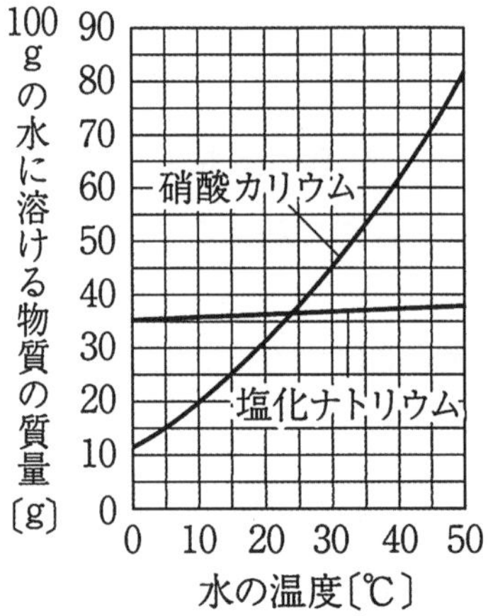

(ア) 10℃における塩化ナトリウム飽和水溶液270[g]

(イ) 20℃における，質量パーセント濃度20％の硝酸カリウム水溶液400[g]を加熱して溶媒の水を120[g]蒸発させたのちに，元の温度(20℃)に戻した水溶液

(ウ) 30℃における硝酸カリウム飽和水溶液290[g]を15℃まで冷却した水溶液

(エ) 40℃における質量パーセント濃度10％の塩化ナトリウム水溶液350[g]

(オ) 50℃における硝酸カリウム飽和水溶液90[g]

〔3〕 次の実験を読み，11 ～ 15 に答えなさい。

実験

4本の試験管①～④にそれぞれ1％のデンプン水溶液を10[mL]入れた後，その試験管①～④に次のような操作をした。

① 水で5倍に薄めた唾液《だえき》を1[mL]加えた後，その試験管を40℃に保って10分間置く。

② 水で5倍に薄めた唾液を1[mL]加えた後，その試験管を5℃に保って10分間置く。

③ 水で5倍に薄めた唾液を煮沸してそれを1[mL]加えた後，その試験管を40℃に保って10分間置く。

④ 水で5倍に薄めた唾液を煮沸してそれを1[mL]加えた後，その試験管を5℃に保って10分間置く。

操作が終わった試験管①～④にヨウ素液を数滴加えて，色の変化を観察した。

11 ヨウ素液を加えたときの試験管①～④のそれぞれの色の変化はどのようになるか。正しい組み合わせを下の(ア)～(オ)の中から1つ選び，記号で答えなさい。

	試験管①	試験管②	試験管③	試験管④
(ア)	青紫色になる	青紫色になる	淡黄色になる	青紫色になる
(イ)	淡黄色になる	青紫色になる	青紫色になる	青紫色になる
(ウ)	青紫色になる	青紫色になる	淡黄色になる	変化しない
(エ)	青紫色になる	変化しない	青紫色になる	変化しない
(オ)	淡黄色になる	変化しない	白色ににごる	白色ににごる

12 この実験から判断してどのようなことがいえるか。正しいものを下の(ア)～(オ)の中から1つ選び，記号で答えなさい。

(ア) デンプンは唾液中の消化酵素の働きで麦芽糖に分解される。

(イ) デンプンは唾液中の消化酵素の働きでブドウ糖に分解される。

(ウ) 唾液中の消化酵素は温度が40℃のときはよく働くが，5℃のときはほとんど働かない。

(エ) 唾液中の消化酵素は温度を5℃に冷やすと分解してしまって働きを失う。

(オ) 唾液中の消化酵素は煮沸してもそのはたらきを失うことはない。

13 デンプンを分解する消化酵素は，唾液以外にも含まれている。唾液以外でデンプンを分解する消化酵素が多く含まれるものは何か。正しいものを下の(ア)～(オ)の中から1つ選び，記号で答えなさい。

(ア) 胃液　(イ) 組織液　(ウ) 胆汁　(エ) 血液　(オ) すい液

14 デンプンが消化酵素により分解された物質は，最終的に主にどこで吸収されて，どの管に入るか。正しい組み合わせを下の(ア)～(オ)の中から1つ選び，記号で答えなさい。

	どこで吸収されるか	どの管に入るか
(ア)	小腸	血管
(イ)	小腸	リンパ管
(ウ)	胃	血管
(エ)	胃	リンパ管
(オ)	食道	血管

15 デンプンが消化酵素により分解された物質は，主にどこに貯えられるか。正しいものを下の(ア)～(オ)の中から1つ選び，記号で答えなさい。

(ア) 脳　(イ) 血液　(ウ) 筋肉　(エ) すい臓　(オ) 肝臓

〔4〕 星座の見え方について，次の 16 ～ 20 に答えなさい。

春日太郎くんは天気が良かったので，2月10日午後8時に星空を見たらオリオン座は図11の(え)の位置で見えた。

また，カシオペア座は図11の（つ)の位置で見えた。図11は，オリオン座とカシオペア座の見え方を示している。

図11

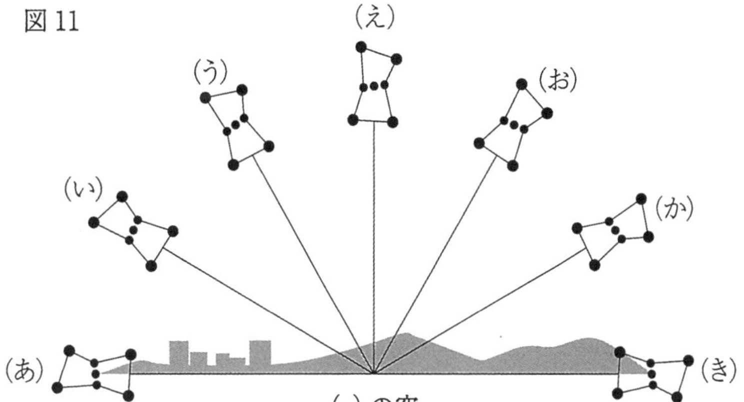

(a) の空

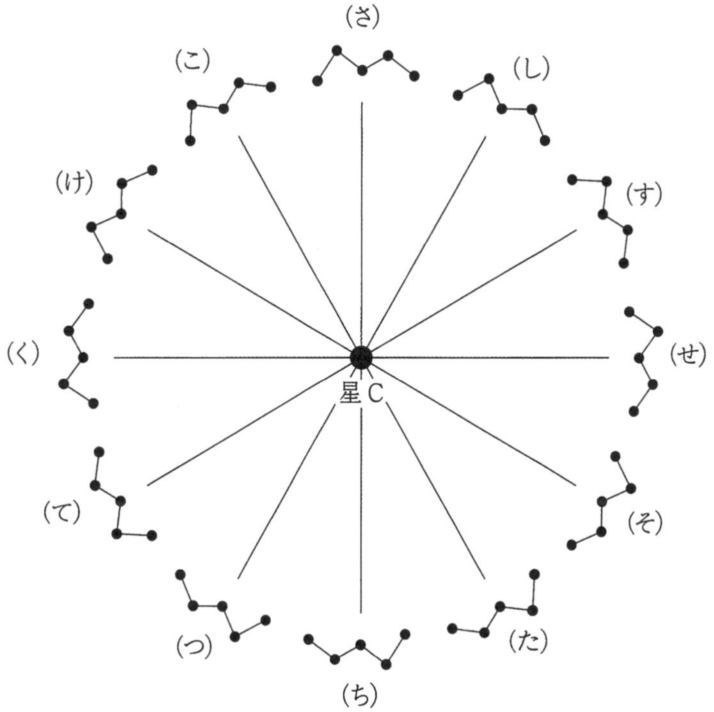

(b) の空

16　図11の(a)と(b)の方向の正しい組み合わせを下の(ア)～(オ)の中から１つ選び，記号で答えなさい。

	(a)	(b)
(ア)	北	東
(イ)	北	西
(ウ)	北	南
(エ)	南	東
(オ)	南	北

17　図11の(a)の空で，12月10日午前２時に見えるオリオン座は，どの位置になるか，正しいものを下の(ア)～(オ)の中から１つ選び，記号で答えなさい。

(ア) 見えない
(イ) (い)の位置
(ウ) (え)の位置
(エ) (お)の位置
(オ) (か)の位置

18　８月の夜，天気が良ければ，カシオペア座は見ることができるが，オリオン座は見ることができない。その理由として正しいものを下の(ア)～(オ)の中から１つ選び，記号で答えなさい。

(ア) (b)の空は１年中雲がかからず，(a)の空は，常に雲がかかっているため。
(イ) (b)の空は星の動きがなく，(a)の空は，常に星が動いているため。
(ウ) カシオペア座は夜１年中見えるが，オリオン座は８月，太陽の方向にあるため。
(エ) カシオペア座もオリオン座もこの８月だけ特別で，年によってはオリオン座が見える。
(オ) (b)の空は，(a)の空より角度の高いところに星が多くあるので，見えやすい。

19 図 11 の(b) の空で，8 月 10 日午後 10 時に見えるカシオペア座はどの位置になるか，正しいものを下の(ア) ～ (オ) の中から 1 つ選び，記号で答えなさい。

(ア) (け)の位置

(イ) (さ)の位置

(ウ) (し)の位置

(エ) (た)の位置

(オ) (つ)の位置

20 図 11 の星 C について誤りを含む文を，下の(ア) ～ (オ) の中から 1 つ選び，記号で答えなさい。

(ア) 星 C は，北極星といい，現在の地球の地軸のほぼ延長線上にある。

(イ) 星 C は，1 年中ほぼ位置が変わらず，方角を知る上では大切である。

(ウ) 星 C は，おおぐま座の一部である。

(エ) 星 C は，二等星である。

(オ) 星 C は，南半球では見ることのできる地域はごく限られている。

(問題はこれで終わりです。)

令和６年度　　　社　　　会　（30分）

1　試験開始の合図があるまで，この問題冊子を開いてはいけません。
2　問題は全部で 22 ページあります。解答用紙は１枚です。
3　受験番号と氏名を，この表紙と解答用紙に必ず記入しなさい。
4　試験終了後，問題冊子と解答用紙を回収します。

解答用紙は，コンピュータで処理される
マークシートです。
特に，次の注意をよく守りなさい。

1　ＨＢの黒鉛筆で記入しなさい。
（とがっている鉛筆は避けなさい）

2　受験番号は，□内に横１字ずつ記入し，
下のそれぞれの数字をマークしなさい。
（記入例）　受験番号が２００４２４の場合

受験番号					
2	0	0	4	2	4
⓪	●	●	⓪	⓪	⓪
①	①	①	①	①	①
●	②	②	②	●	②
③	③	③	③	③	③
④	④	④	●	④	●
⑤	⑤	⑤	⑤	⑤	⑤
⑥	⑥	⑥	⑥	⑥	⑥
⑦	⑦	⑦	⑦	⑦	⑦
⑧	⑧	⑧	⑧	⑧	⑧
⑨	⑨	⑨	⑨	⑨	⑨

3　解答の記入方法は，たとえば，[1]と表示のある問いに対してイと解答する場合には，次のように解答番号１の解答欄にマークしなさい。

（例）

解答番号	解　答　欄
1	㋐　●　㋒　㋓

4　マークする場合は，次に示す良い例のように黒く塗りつぶしなさい。

良い例	悪い例

5　マークの訂正は，上質の消しゴム（プラスチック製が良い）で跡を残さないように完全に消し，消し屑をきれいに取り除きなさい。

6　解答用紙を汚したり，折りまげたりしないこと。

受験番号							氏　名	

社　　　会

（解答番号 1 ～ 25 ）

〔１〕 龍太郎さんは，夏休みに家族でアフリカ旅行に出かけた。このことについて，地図や写真を参考に，あとの 1 ～ 4 に答えなさい。

地図１

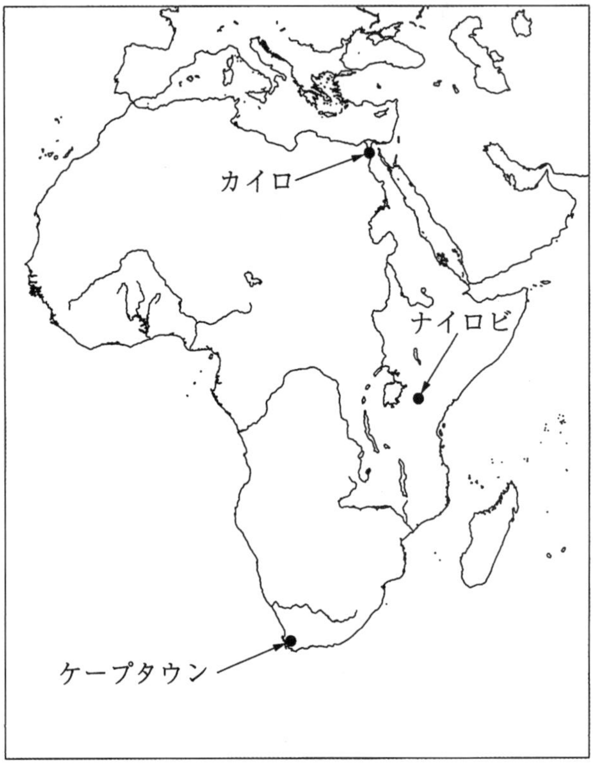

1　龍太郎さんは，アフリカの人口構成に関心があったので，旅行前に調べることにした。下の表は，ラテンアメリカ，アフリカ，ヨーロッパ，アジアにおける1950年と2021年の0～14歳，15～64歳，65歳以上の3区分における人口割合である。アフリカに該当するものを，表中の(ア)～(エ)のうちから一つ選びなさい。

	1950年(%)			2021年(%)		
	0～14歳	15～64歳	65歳以上	0～14歳	15～64歳	65歳以上
(ア)	26.4	65.7	7.9	15.8	64.8	19.4
(イ)	37.0	58.8	4.2	23.5	67.1	9.4
(ウ)	41.5	55.1	3.3	40.3	56.2	3.5
(エ)	41.1	55.6	3.2	23.6	67.5	9.0

（『データブック オブ・ザ・ワールド 2023』により作成）

2　次の雨温図a～cは，地図1のケープタウン，ナイロビ，カイロのいずれかである。a～cと都市名の組み合わせとして正しいものを，下の(ア)～(エ)のうちから一つ選びなさい。

a　　　　b　　　　c

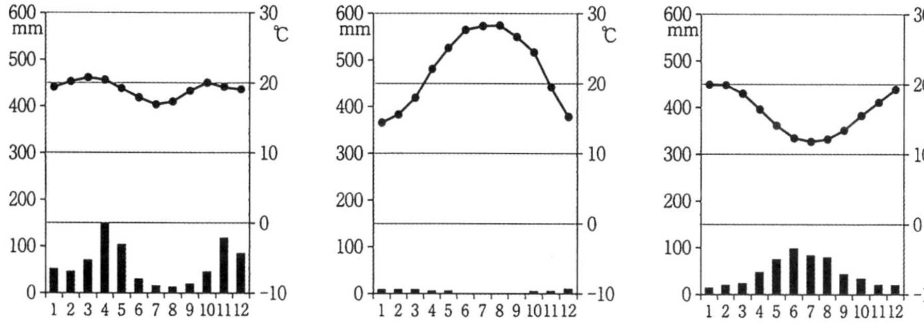

	a	b	c
(ア)	ケープタウン	カイロ	ナイロビ
(イ)	ケープタウン	ナイロビ	カイロ
(ウ)	ナイロビ	ケープタウン	カイロ
(エ)	ナイロビ	カイロ	ケープタウン

3　龍太郎さんは，現在アフリカで問題になっている事柄について下調べをした。次の写真は，この問題に関連するナイロビ市内の様子である。この写真に関する説明文として正しいものを，下の(ア)～(エ)のうちから一つ選びなさい。

(ア)　農村から都市への移住が進み，各国の首都を中心に人口が集中しており，上下水道や道路などの整備が遅れている。

(イ)　都市から農村への移住が進み，各国の農村部に人口が集中しており，上下水道や道路の整備が遅れている。

(ウ)　農村から都市への移住が進み，各国の主要都市を中心に人口が集中しており，そのため政治的な分裂を引き起こしている。

(エ)　都市から農村への移住が進み，各国の主要都市周辺の農村部に人口が集中しており，そのため政治的な分裂を引き起こしている。

4 龍太郎さんは，旅行後にアフリカの民族や言語・公用語についてのレポートを次のようにまとめた。次のレポートの中の，[A]・[B]にあてはまる語句の組み合わせとして正しいものを，下の(ア)～(エ)のうちから一つ選びなさい。

> アフリカの民族や言語・公用語について
>
> 北アフリカでは[A]を公用語としている国が多く，北アフリカ以外の国では多くの民族が独自の言語をもっている。同じ国内で互いに言葉が通じないと困るため，現在も英語やフランス語など植民地時代の旧本国の言語を公用語としている国が多い。宗教の面では北アフリカ以外の国では，伝統的な宗教を信仰しているが，植民地時代の影響で[B]も広がっている。

	A	B
(ア)	アラビア語	イスラム教
(イ)	ヒンディー語	イスラム教
(ウ)	アラビア語	キリスト教
(エ)	ヒンディー語	キリスト教

〔２〕 涼子さんは，冬休みに故郷の九州に帰省した。このことについて，地図２を参考に，あとの 5 ～ 7 に答えなさい。

地図２

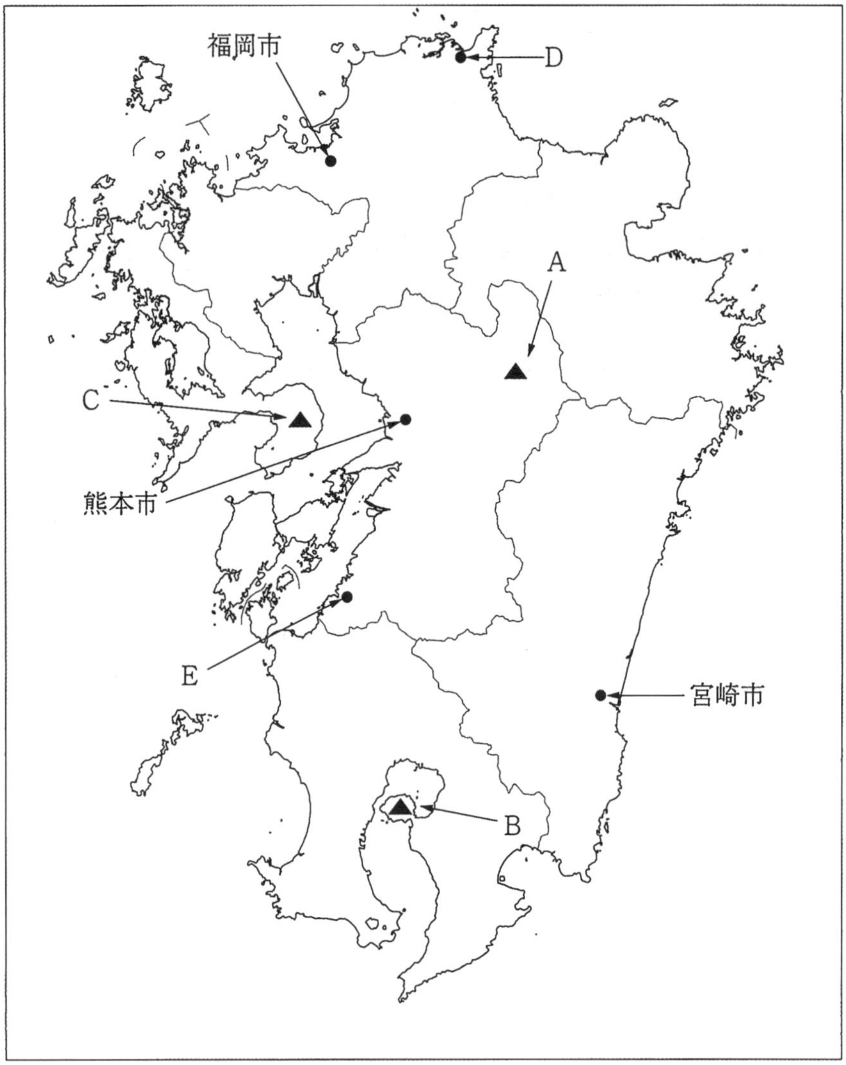

5　次のＡ～Ｃの説明文は，地図２中のＡ～Ｃの火山に関連する説明文である。説明文の［　　］に入る語句とＣの火山の名称の組み合わせとして正しいものを，下の(ア)～(エ)のうちから一つ選びなさい。

Ａ：火山の噴火後にくぼんでできた［　　］としては，世界最大級のものである。
Ｂ：火山周辺の湾は，噴火によってできた［　　］に水が入り込んだものである。
Ｃ：島原半島に位置する火山である。約 30 年ほど前に火砕流が発生して大きな被害を出した。

	Ａ・Ｂの空欄	Ｃの火山の名称
(ア)	カルデラ	開聞岳
(イ)	カルデラ	雲仙岳
(ウ)	デルタ	開聞岳
(エ)	デルタ	雲仙岳

6 地図中のD・Eは環境モデル都市に選定されており，次の文章W～Zは，環境モデル都市に選定されている全国の都市の取り組みに関するものである。地図２に示した都市D・Eと文章W～Zの組み合わせとして正しいものを，次のページの(ア)～(エ)のうちから一つ選びなさい。

W

世界有数の自動車メーカーの本拠地で，産業都市として発展したこの都市は，市域の７割が森林という顔も持ちます。先進環境技術のショーケース・実証実験の場とする「低炭素社会モデル地区」の整備や，次世代エコカーを活用した取り組み等により，未来の新しいライフスタイルを提案し，人と環境と技術が融合する「ハイブリッド・シティとよた」を実現します。

X

製鉄のまちとして日本の高度経済成長を支えたこの都市は，一方で深刻な公害にも苦しみました。市民・企業・行政が一体となって公害に立ち向かい，「死の海」と呼ばれた洞海湾は再生，「七色の煙」がたちこめた空は青さを取り戻しました。この過程で獲得したまちの資産である，環境技術，産学官民の太い絆を糧に，現在は温暖化問題に取り組み，アジア・世界へと取り組みを拡大しています。

Y

かつて甚大な公害の被害を受けたこの都市は，その教訓を活かしたまちづくりを進めるため，1992年に日本で初めて「環境モデル都市づくり宣言」をしました。22種類の分別によるゼロ・ウェイストのまちづくりに加え，レアメタルなど新たな分別・リサイクルも始めています。自然環境や人々の暮らしに目を向け，風土に根ざした環境保全を実現し，市民や企業の力を，環境と地域経済の発展の両立に活かした低炭素都市を創出します。

Z

温暖少雨な瀬戸内式気候であるこの都市は，降水量が少ない反面，年間平均日照時間が全国平均を大きく上回ることから，地域に最も適したエネルギーに太陽エネルギーを位置づけ，導入を推進しています。さらに，「環境首都」として有名なフライブルク市(ドイツ)とエコフレンドシップ協定を締結し，将来に向けて子どもたちの環境意識の醸成を図っています。

	都市D	都市E
(ア)	W	Y
(イ)	W	Z
(ウ)	X	Y
(エ)	X	Z

7 次の表は，みかん，トマト，玉ねぎ，大根の収穫量上位5位までの都道府県を示しており，農業のさかんな九州地方の県もこの中に多く含まれている。玉ねぎの収穫量に該当する表を，次の(ア)～(エ)のうちから一つ選びなさい。

(ア)

順位	都道府県名	収穫量(千トン)
1位	和歌山県	167
2位	静岡県	120
3位	愛媛県	113
4位	熊本県	83
5位	長崎県	48

(イ)

順位	都道府県名	収穫量(千トン)
1位	千葉県	148
2位	北海道	147
3位	青森県	116
4位	鹿児島県	86
5位	神奈川県	74

(ウ)

順位	都道府県名	収穫量(千トン)
1位	熊本県	135
2位	北海道	66
3位	愛知県	43
4位	茨城県	42
5位	栃木県	32

(エ)

順位	都道府県名	収穫量(千トン)
1位	北海道	892
2位	佐賀県	125
3位	兵庫県	99
4位	長崎県	33
5位	愛知県	28

(『データブック オブ・ザ・ワールド 2023』により作成)

〔３〕 サツキさんは，博物館で「日本と海外の関わりの歴史」という展示を見て，次のⅠ～Ⅲの資料に興味を持った。資料を見て，あとの 8 ～ 10 に答えなさい。

Ⅰ

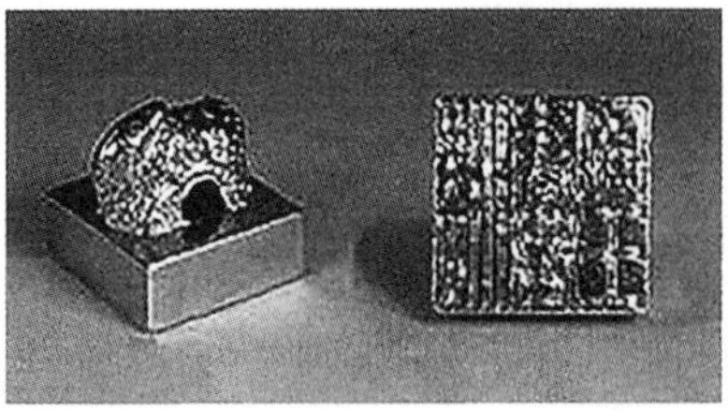

中国から日本にもたらされた金印

Ⅱ

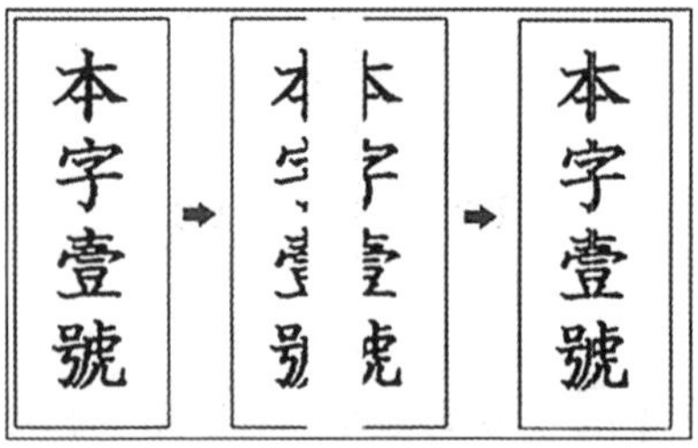

日本と中国との貿易で用いられた割札

Ⅲ

島原・天草一揆の様子を描いた絵

8 次の文は資料Ⅰに関する説明文である。文中の（ ① ）・（ ② ）にあてはまる語句の組み合わせとして正しいものを，下の（ア）～（エ）から一つ選びなさい。

この金印は，漢の光武帝から（ ① ）時代に倭の奴国王にもたらされたとされており，江戸時代に現在の（ ② ）県で発見された。

（ア） ①：縄文 ②：長崎　　（イ） ①：縄文 ②：福岡
（ウ） ①：弥生 ②：長崎　　（エ） ①：弥生 ②：福岡

9 資料Ⅱによる貿易が行われていたころの日本の様子について述べた文として正しいものを，次の(ア)～(エ)から一つ選びなさい。

(ア) 商人や手工業者は，株仲間と呼ばれる団体を組織し，営業を独占する権利を獲得した。

(イ) 有力な守護大名が管領に任じられ，将軍を補佐した。

(ウ) 浄土真宗や臨済宗といった新たな仏教宗派が誕生した。

(エ) この頃の武士は，分割相続を基本としており，女性の地頭も存在した。

10 次の(ア)～(エ)は，資料Ⅰ～Ⅲの間におきたできごとである。これらを古い順に並び変えたとき，３番目になるものを，一つ選びなさい。

(ア) ローマ教皇の呼びかけに応じた西ヨーロッパ諸国の王や貴族が，十字軍を組織してエルサレムを目指した。

(イ) 高麗が新羅を滅ぼして，朝鮮半島を統一した。

(ウ) ドイツで，ルターによる宗教改革が行われた。

(エ) 預言者ムハンマドによって，イスラム教が始められた。

〔4〕 東アジアを示した次の地図3を見て，あとの 11 ～ 13 に答えなさい。なお，地図中の国境線は現代のものである。

地図3

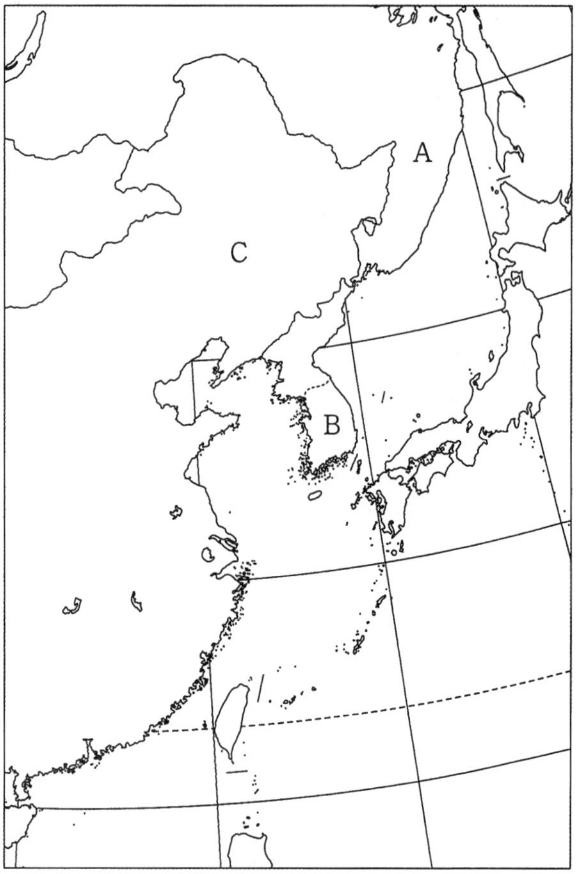

※100点満点

理 科 解 答 用 紙

問 題	1	2	3	4	5	6	7	8	9	10
配 点	5	5	5	5	5	5	5	5	5	5

問 題	11	12	13	14	15	16	17	18	19	20
配 点	5	5	5	5	5	5	5	5	5	5

上の注意

り汚したりしないこと。

きは、消しゴムで完全に消すこと。

、数字で記入してから間違いないようマークすること。

◯ を鉛筆（ＨＢ）で黒くぬりつぶすこと。

マークの例

良い例	悪 い 例

答 欄		
ウ	エ	オ
ウ	エ	オ
ウ	エ	オ
ウ	エ	オ
ウ	エ	オ
ウ	エ	オ
ウ	エ	オ
ウ	エ	オ
ウ	エ	オ
ウ	エ	オ

※100点満点

社　会　解　答　用　紙

問　題	1	2	3	4	5	6	7	8	9	10	11	12	13	14	15
配　点	4	4	4	4	4	4	4	4	4	4	4	4	4	4	4

問　題	16	17	18	19	20	21	22	23	24	25
配　点	4	4	4	4	4	4	4	4	4	4

上の注意

り汚したりしないこと。

きは、消しゴムで完全に消すこと。

、数字で記入してから間違いないようマークすること。

◯ を鉛筆（ＨＢ）で黒くぬりつぶすこと。

マークの例

良い例	悪　い　例

解答番号	解　　答　　欄			
21	ア	イ	ウ	エ
22	ア	イ	ウ	エ
23	ア	イ	ウ	エ
24	ア	イ	ウ	エ
25	ア	イ	ウ	エ

受験番号					
⓪	⓪	⓪	⓪	⓪	⓪
①	①	①	①	①	①
②	②	②	②	②	②
③	③	③	③	③	③
④	④	④	④	④	④
⑤	⑤	⑤	⑤	⑤	⑤
⑥	⑥	⑥	⑥	⑥	⑥
⑦	⑦	⑦	⑦	⑦	⑦
⑧	⑧	⑧	⑧	⑧	⑧
⑨	⑨	⑨	⑨	⑨	⑨

フリガナ	
氏名	

この欄には記入するな

★マー

解答番号	解答欄				解答番号	解答	
1	㋐	㋑	㋒	㋓	11	㋐	㋑
2	㋐	㋑	㋒	㋓	12	㋐	㋑
3	㋐	㋑	㋒	㋓	13	㋐	㋑
4	㋐	㋑	㋒	㋓	14	㋐	㋑
5	㋐	㋑	㋒	㋓	15	㋐	㋑
6	㋐	㋑	㋒	㋓	16	㋐	㋑
7	㋐	㋑	㋒	㋓	17	㋐	㋑
8	㋐	㋑	㋒	㋓	18	㋐	㋑
9	㋐	㋑	㋒	㋓	19	㋐	㋑
10	㋐	㋑	㋒	㋓	20	㋐	㋑

受験番号					
⓪	⓪	⓪	⓪	⓪	⓪
①	①	①	①	①	①
②	②	②	②	②	②
③	③	③	③	③	③
④	④	④	④	④	④
⑤	⑤	⑤	⑤	⑤	⑤
⑥	⑥	⑥	⑥	⑥	⑥
⑦	⑦	⑦	⑦	⑦	⑦
⑧	⑧	⑧	⑧	⑧	⑧
⑨	⑨	⑨	⑨	⑨	⑨

フリガナ	
氏名	

この欄には記入するな

★マー

解答番号	解答欄					解答番号	解
1	㋐	㋑	㋒	㋓	㋔	11	㋐
2	㋐	㋑	㋒	㋓	㋔	12	㋐
3	㋐	㋑	㋒	㋓	㋔	13	㋐
4	㋐	㋑	㋒	㋓	㋔	14	㋐
5	㋐	㋑	㋒	㋓	㋔	15	㋐
6	㋐	㋑	㋒	㋓	㋔	16	㋐
7	㋐	㋑	㋒	㋓	㋔	17	㋐
8	㋐	㋑	㋒	㋓	㋔	18	㋐
9	㋐	㋑	㋒	㋓	㋔	19	㋐
10	㋐	㋑	㋒	㋓	㋔	20	㋐

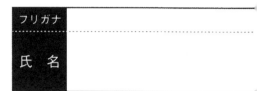

11　次の地図Ⅰ～Ⅲは，19世紀から20世紀初めにかけての地図3中のAの国と日本の国境線の変化を示したものである。地図Ⅰ～Ⅲを古い順に並べ替えたとき正しい順序になるものを，下の(ア)～(エ)から一つ選びなさい。なお，地図Ⅱ中の斜線部は，両国の雑居地であることを示している。

地図Ⅰ

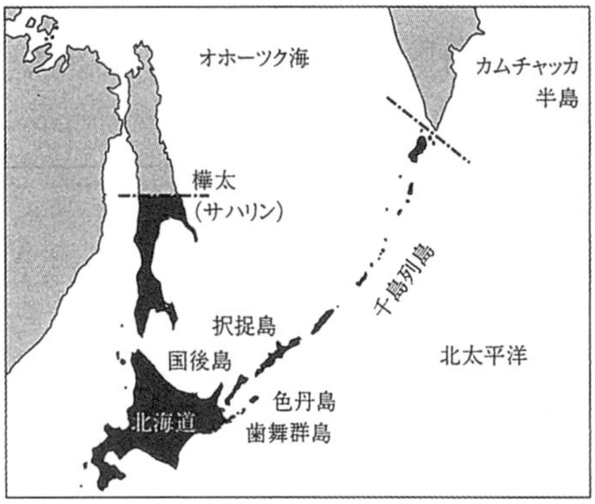

地図Ⅱ

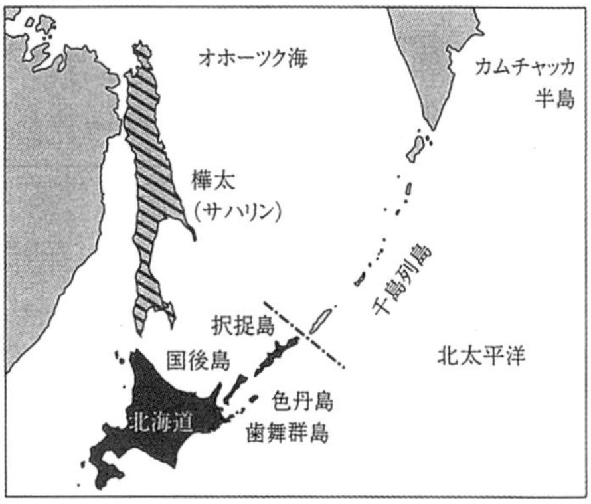

地図Ⅲ

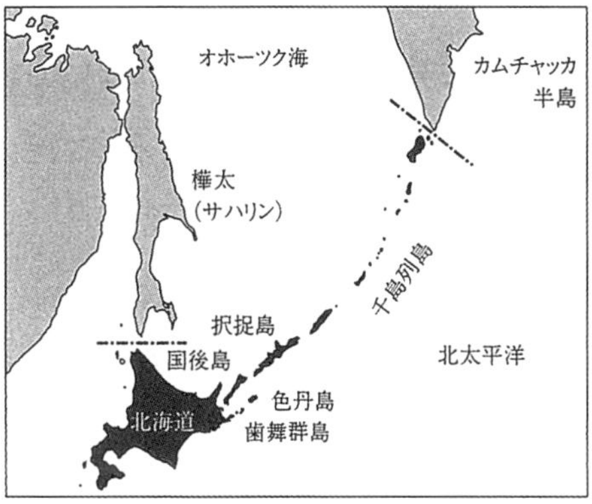

(ア)　Ⅰ→Ⅱ→Ⅲ　　(イ)　Ⅱ→Ⅰ→Ⅲ

(ウ)　Ⅱ→Ⅲ→Ⅰ　　(エ)　Ⅲ→Ⅱ→Ⅰ

12　次の文は地図３中のＢの場所に関する説明文である。文中の（　①　）・（　②　）にあてはまる語句の組み合わせとして正しいものを，下の（ア）～（エ）から一つ選びなさい。

日露戦争後，日本は韓国の植民地化を進め，1905年には韓国統監府の初代統監に（　①　）が就任した。その後，1910年に韓国併合を行い，韓国を朝鮮と改めて，朝鮮総督府を設置し，植民地支配を進めた。その後，1919年には，（　②　）と呼ばれる民族運動が起きた。

（ア）　①：伊藤博文　②：三・一独立運動
（イ）　①：岩倉具視　②：三・一独立運動
（ウ）　①：伊藤博文　②：五・四運動
（エ）　①：岩倉具視　②：五・四運動

13　地図３中のＣの地域について，1930年代に発生したできごとについて説明した次のＸ・Ｙの文の正誤の組み合わせとして正しいものを，下の（ア）～（エ）から一つ選びなさい。

Ｘ　清の最後の皇帝であった溥儀を元首とする満州国が建国された。
Ｙ　柳条湖事件をきっかけに，日中戦争が始まった。

（ア）　Ｘ　正　　Ｙ　正　　　（イ）　Ｘ　正　　Ｙ　誤
（ウ）　Ｘ　誤　　Ｙ　正　　　（エ）　Ｘ　誤　　Ｙ　誤

〔5〕 中学3年生の春男さんのクラスでは，下のような課題探究学習を行った。これをみて，あとの 14 ～ 17 に答えなさい。

＜課題＞ あなた自身がH市の市長となって，H市の抱える課題の解決をはかろう！

H市の課題①：歳入が少ない	H市の課題②：子育て・介護支援
H市の課題③：環境問題	H市の課題④：公園の不足

14 H市の課題①に関連して，地方財政について述べた文として誤っているものを，次の(ア)～(エ)のうちから一つ選びなさい。

(ア) 地方公共団体のあいだの財政の格差をおさえるために国から配分されるものを，地方交付税交付金という。

(イ) 教育や道路の整備といった特定の仕事の費用の一部を国が負担するものを，国庫支出金という。

(ウ) 地方公共団体に納める地方税には，所得税や相続税があり，これらは間接税に分類される。

(エ) 全国的に見れば，地方公共団体の歳入のうち，地方税の割合は4割ほどである。

15　H市の課題②に関連して，日本における少子高齢化や社会保障について述べた文として正しいものを，次の(ア)～(エ)のうちから一つ選びなさい。

(ア)　介護保険制度では，30歳以上の人の加入が義務付けられている。

(イ)　高齢者や障がいのある人々，子どもなど社会の中で弱い立場になりやすい人々を支援する社会福祉は，生活保護法に基づいて行われている。

(ウ)　2020年の合計特殊出生率は，2.13で前年よりも上昇した。

(エ)　2005年からは死亡数が出生数を上回り，人口の減少が始まっている。

16　H市の課題④に関連して，社会資本の整備や公共サービスの提供について述べた文として正しいものを，次の(ア)～(エ)のうちから一つ選びなさい。

(ア)　社会資本整備などへの支出を公共投資といい，政府は景気の悪いときは一般に公共投資を増やす。

(イ)　利潤を獲得することを目的として，政府は道路や公園，水道などの社会資本を整備している。

(ウ)　公共施設の建設について，地方自治では住民投票で住民全体の意見を明らかにする動きがある。この場合，選挙権がない外国人や中学生は参加することができないと法律で決められている。

(エ)　公共サービスの提供には，社会保障や教育などがあり，これらはすべて国または地方公共団体により提供されている。

17 春男さんは，H市の抱える課題についての解決策を考えて，次のようなパネルにまとめた。手続きや考え方，内容に誤りがあるものが含まれているパネルはいくつあるか。下の(ア)～(エ)のうちから一つ選びなさい。なお，解決策①～③は，それぞれ課題①～③の解決策である。

解決策① 歳入増加をはかるため，市長が条例を制定し，H市独自の税をつくる。

解決策② 女性のみを対象とした育児・介護休業法にもとづき，廃校の教室を利用した子育て支援施設を設置する。

解決策③ 日本国憲法に明文化されている環境権に基づいて，より良い環境で市民が生活できるように，国の規制よりも厳しい基準での規制を行う。

(ア)　なし　　(イ)　1つ　　(ウ)　2つ　　(エ)　3つ

〔６〕 次の図と表をみて，あとの 18 ～ 20 に答えなさい。

図　自由権の分類

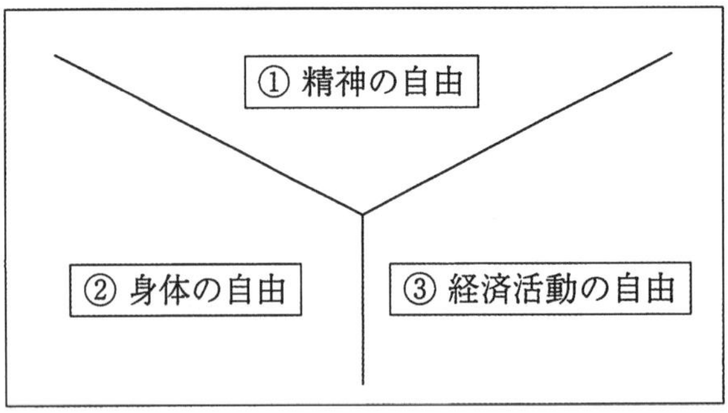

表　全裁判所の新受事件数の推移

	1990 年	2000 年	2010 年	2020 年
民事(万件)	171.5	305.2	217.9	135.0
刑事(万人)	169.4	163.8	115.8	85.2
家事(万件)	34.3	56.1	81.5	110.5
少年(万人)	48.3	28.6	16.5	5.3

(『日本国勢図会 2022/2023』より作成)

18 次のＡ～Ｆの自由について，図のように分類したとき，その組み合わせとして正しいものを，下の(ア)～(エ)のうちから一つ選びなさい。

Ａ　住みたいところに住む自由
Ｂ　自分の就きたい職業を選ぶ自由
Ｃ　好きな昆虫について学ぶ自由
Ｄ　自分の信じたい宗教を信仰する自由
Ｅ　手続きなしに逮捕されない自由
Ｆ　言いたいことを自由に発言する自由

(ア)　①　Ａ・Ｂ・Ｃ　②　Ｄ　③　Ｅ・Ｆ
(イ)　①　Ｂ・Ｃ・Ｆ　②　Ａ・Ｅ　③　Ｄ
(ウ)　①　Ｃ・Ｄ・Ｆ　②　Ｅ　③　Ａ・Ｂ
(エ)　①　Ｄ・Ｅ・Ｆ　②　Ａ・Ｂ　③　Ｃ

19 裁判所と他の政治機関との関わりについて述べた文として正しいものを，次の(ア)～(エ)のうちから一つ選びなさい。

(ア) 最高裁判所長官の指名と，その他の裁判官の任命を内閣が行う。

(イ) 不適切な行為や違法行為を行った国会議員の裁判を行う弾劾裁判所が，国会に設置される。

(ウ) 裁判所の出した判決について，国会は国政調査権に含まれる再審請求により，裁判のやり直しを命じることができる。

(エ) 国会が制定した法律は，裁判所の違憲審査によって認められたのち，法律として公布される。

20 春男さんは，有名な裁判例について調べ，図や表と関連づけて次のようなレポートにまとめた。しかし，先生から誤りを指摘され，直すところがあったが，一つの段落だけは直す必要はないと言われた。直す必要のない段落を，次の(ア)～(エ)のうちから一つ選びなさい。

段落	レポートの内容
(ア)	まず，朝日訴訟という裁判について調べました。この裁判では図の②に分類される，生存権が問題となった裁判でした。生存権は，健康で文化的な最低限度の生活を営む権利として日本国憲法に規定されています。
(イ)	また，高度経済成長期の日本では，大気汚染や水質汚濁などの公害を発生させた企業の責任を追及する，四大公害裁判が起こされたこともわかりました。その結果，公害対策基本法をはじめ，さまざまな法律が制定され，国や地方公共団体も公害対策を本格的に始めました。
(ウ)	2010年の足利事件のように，有罪が確定したが，再審により無罪となった裁判例もあることが分かりました。このようなえん罪をなくすために，拷問の禁止が規定されており，これは図の①に分類されます。
(エ)	司法制度改革が進んだ結果，アメリカと同じように全ての裁判に国民が参加する裁判員制度が実施されています。表をみると，2000年以降は裁判所が受けた事件はいずれも減少しているので，国民の司法参加もしやすくなったのではないかと思います。

〔7〕 次の資料は，東海道の品川宿について，江戸時代当時と現在の同じ場所を示したものである。この東海道の歴史，そして現在について，あとの 21 ～ 25 に答えなさい。

21 歌川広重によって描かれた浮世絵「東海道五十三次」について述べた文として正しいものを，次の(ア)～(エ)のうちから一つ選びなさい。

(ア) この絵画は外国からの文化の影響を受けて描かれたものである。

(イ) この絵画は日本の風景や宿場町の情景を描いたものである。

(ウ) この絵画は江戸時代には存在せず，明治時代になってから描かれたものである。

(エ) この絵画は宗教的な意味を持ち，神社や寺院で使用された。

22 東海道が江戸時代の日本経済に与えた影響について述べた文として正しいものを，次の(ア)～(エ)のうちから一つ選びなさい。

(ア) 商人たちが台頭し，町の発展が進んだ。

(イ) 参勤交代によって，藩の収入が増加した。

(ウ) 日本の農業を衰退させるきっかけとなった。

(エ) 外国との貿易が衰退し，国交が断絶した。

23　観光による歴史的，文化的遺産への悪影響を防ぐために適切と考えられるものを，次の(ア)～(エ)のうちから一つ選びなさい。

(ア)　観光地へのアクセスを向上させ，駐車場を整備し，自家用車での来場を促す。
(イ)　観光客が建物や遺跡に近づきすぎないよう，ガイドラインを示す。
(ウ)　観光地の入場料を大幅に引き下げて，より多くの観光客を呼び込む。
(エ)　観光地内に新たな建造物を設けて，観光客の興味を引き付ける。

24　幕末から今日までの品川に関して述べた文として誤っているものを，次の(ア)～(エ)のうちから一つ選びなさい。

(ア)　ペリーが来航し，幕府に開国をせまったことを受けて，品川沖に砲台として台場が設置された。
(イ)　明治維新のころ，日本で初めての鉄道が開設され，新橋から品川を経由して貿易港の横浜を結んだ。
(ウ)　現在，東京都の特別区の一つに品川区があるが，品川区長は東京都知事によって指名される。
(エ)　今日の品川は日本有数のビジネス街として発展し，東海道新幹線の駅が置かれている。また，リニア中央新幹線のターミナル駅の工事が進んでいる。

25 次のA～Eは，東海道を旅する際に見られる景色である。東京を出発し京都に到着するまでに見られる景色の順番として正しいものを，下の(ア)～(エ)のうちから一つ選びなさい。

A　三十三番目の宿場町に到着した。ここは，三河に入る最初の宿場町として有名である。

B　自然豊かな地域で，温泉や景色が楽しめる。関所の跡や芦ノ湖が有名である。

C　茶畑やみかん畑が広がり，色とりどりの農業が展開されている。

D　歴史的な寺院や神社が多くみられる。1000年以上続いた都がここに存在した。

E　繁華街の日本橋を渡る。頭上には，大きな道路が走っている。

(ア)　E → A → B → C → D

(イ)　D → C → B → A → E

(ウ)　D → B → A → C → E

(エ)　E → B → C → A → D

（問題はこれで終わりです。）

中部大学春日丘高等学校

令和５年度　国　　　語　(40分)

1　試験開始の合図があるまで，この問題冊子を開いてはいけません。
2　問題は全部で 18 ページあります。解答用紙は１枚です。
3　受験番号と氏名を，この表紙と解答用紙に必ず記入しなさい。
4　試験終了後，問題冊子と解答用紙を回収します。

解答用紙は，コンピュータで処理される
マークシートです。
特に，次の注意をよく守りなさい。

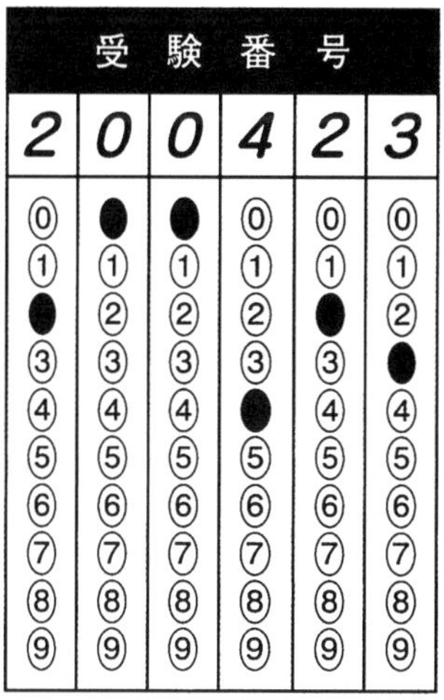

1　ＨＢの黒鉛筆で記入しなさい。
（とがっている鉛筆は避けなさい）

2　受験番号は，□内に横１字ずつ記入し，
下のそれぞれの数字をマークしなさい。
(記入例)　受験番号が２００４２３の場合

3　解答の記入方法は，たとえば，1と表示のある問いに対してイと解答する場合には，次のように解答番号１の解答欄にマークしなさい。

(例)

解答番号	解答欄
1	㋐　●　㋒　㋓

4　マークする場合は，次に示す良い例のように黒く塗りつぶしなさい。

良い例	悪い例

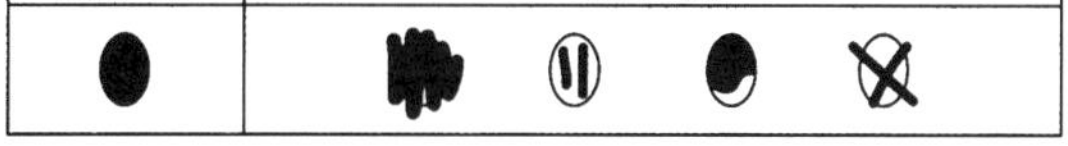

5　マークの訂正は，上質の消しゴム（プラスチック製が良い）で跡を残さないように完全に消し，消し屑をきれいに取り除きなさい。

6　解答用紙を汚したり，折りまげたりしないこと。

受験番号							氏　名	

K 教英出版

国語

（解答番号 1 〜 25 ）

一　次の文章を読んで、後の問いに答えなさい。

雛《ひいな》の調度。蓮《はちす》の浮葉のいと小さきを、池より取り上げたる。葵《あおい》のいと小さき。なにもなにも、小さきものは、皆うつくし。

（現代語訳：人形遊びの道具。蓮《はす》の浮き葉でとても小さいのを、池から取り上げたもの。葵の大変小さいもの。それが何であれ、小さなものはすべてかわいい。）

清少納言の『 I 』一四六段の結語にある言葉である。（中略）「それが何であれ、小さなものはすべてかわいい」というのが清少納言の美学であり、それを証明するかのように『 I 』は、不要に冗長な独白を重ねることなく、短く簡略化されたエッセイの連続から構成されている。

『 I 』が示す小さきものへの偏愛は、その傍らにアリストテレス（注1）の『詩学』を並べてみると、①よりいっそうその独自性が際立つことになる。西欧の古典美学の起源とされるこの書物は次のように語っている。

極端に小さな動物は美しくありえないであろう。それは、ほとんど気付かれぬくらい短い瞬間に見られてしまうために、不鮮明なまま何も識別できないからである。他方また、極端に大きな動物もやはり美しくありえないであろう。それは、いちどに見られることができずに、観察者であるわれわれにとっては、それのもつ全一性が視野から失われてしまうためである。

アリストテレスの時代には②「かわいい」という観念も、［ Ⅱ ］という観念もなかった。論に値するのはただ美ばかりであり、それはつねに調和と均衡《きんこう》に満ちて、しかるべき距離のもとに、しかるべき分量のもとに、眺められるべきものでなければならなかった。『［ Ⅰ ］』が問いかけているのはそれとは正反対の、量的な均衡が崩れたときにはじめて事物が垣間見せることになる、壊れやすく、可憐《かれん》な美としての「かわいさ」のことである。それは西洋の美学が古(注2)典主義からバロック(注3)へ、はたまたロマン主義(注4)の崇高美学へと変転してゆく間にも、一度として美学の中心に置かれることはなかった。それはときたま東洋より到来するシノワズリー（中国趣味）やジャポニズム（日本趣味）、あるいはペルシャの細密画を例外とすれば、ほとんど挿話(注5)《そうわ》的な話題としてしか言及されることがないままに現在に至っている。

では、この小ささの美学は日本文化に特有のものなのだろうか。日本人は短歌という世界でも稀なる短詩型を考案しただけでは満足せず、それをさらに小さくして俳句を発明してしまった。またトランジスタラジオと電卓、ウォークマンといった携帯電機商品を次々と開発し、つい今しがたも携帯電話をいかに軽量化するかに腐心してきた。ハリウッドが『ジュラシック・パーク』を製作している間に、ポケットに入るモンスター、略して「ポケモン」を考案し、「ピカチュウ」と込みで全世界の市場に送り出した。こうした文化の背後には、何か伝統的に一貫した原理が働いているのだろうか。

③この問題に真正面から取り組んだのが、韓国の比較文化学者である李御寧《イー・オリョン》が著した『「縮み」志向の日本人』であった。李は韓国と日本の伝統文化、歴史、言語を豊富な細部にわたって比較 A タイショウすることを通して、日本文化の根底にはものごとを縮小する原理が横たわっていると結論し、さらに重要なこととして、それが事物をより「可愛い」「力強い」ものに変化させることに結びつくと語っている。

日本では何かを作ることを細工といいます。作るということは（　④　）、細かく縮小する工作なのです。それでも気がすまないので、細工の上になお「小」という文字を加えて小細工ともいいます。まるで「豆」「ひな」の接頭語ひとつでは足りないかのように、小型の赤本を「ひな豆本」と接頭語を重ねて使ったのと同じ例です。そうですから体裁などがぶざまだったりすることを日本語では不細工というのです。このように縮小されたものは、たんに小っぽけなものとはちがい、本来のものよりもっと可愛いもの、もっと力強いものになるということで、異様な特色を帯びてくるのです。

李は単に、日本にあっては小さいことが「かわいい」だけではない、それは事物により圧縮された強度を与えることになると説いている。こうした主張を実証するかのように、彼は博覧強記（注6）のかぎりを尽くして、⑤日本の「縮み」文化の例を挙げる。（中略）事物を可能なかぎり小さくし、それを巨大な宇宙と対応させ、より強いものへと変化させてゆくことにかけて、日本人の右に出る者はいない。一寸法師にしても、『浮世草子』の大豆右衛門にしても、川端康成の『掌の小説』にしても、小さくもまた短くもなることによって、日本的なるものはいっそう強く、かつ美しく輝くことになる。第二次大戦後の日本がトランジスタラジオを皮切りに、極小な電化製品をもって世界を席捲《せっけん》（注7）した背景には、⑥こうした文化的伝統が息づいている。以上が李御寧の日本文化論の要約である。（四方田犬彦『「かわいい」論』ちくま新書より）

（注1）「アリストテレス」……前３８４年～前３２２年。古代ギリシャの哲学者。プラトンの弟子。

（注2）「古典主義」……十七世紀～十八世紀のヨーロッパで流行した芸術様式。古代ギリシャ・ローマの文化と思潮を理想とし、簡潔明快、かつ合理性を特色としている。ロマン主義と対立する。

（注3）「バロック」……十六世紀末～十八世紀のヨーロッパで流行した芸術様式。自由な感動表現、動的で量感あふれる装飾形式が特色。

（注4）「ロマン主義」……十八世紀末～十九世紀前半のヨーロッパで流行した芸術様式。それまでの理性偏重、合理主義などに対し感受性や主観に重きをおいた。古典主義と対をなす。

（注5）「挿話的な」……本筋とは関係のない短い話のような、ということ。

（注6）「博覧強記」……広く物事を見知って、よく覚えていること。

（注7）「席捲」……はげしい勢いで自分の勢力範囲を広げること。

問一　二重傍線部Aを漢字に直したとき、含まれる漢字として正しいものを、次のア～エの中から一つ選び、記号で答えなさい。　1

ア　賞　　イ　照　　ウ　称　　エ　象

問二　[Ⅰ]に入る作品名として最も適切なものを次のア～エの中から一つ選び、記号で答えなさい。　2

ア　方丈記　　イ　徒然草　　ウ　枕草子　　エ　源氏物語

問三　傍線部①について、なぜ「独自性が際立つ」のか。理由として最も適切なものを次のア～エの中から一つ選び、記号で答えなさい。　3

ア　西欧の美学で論に値するのは小さいものではなく、見る者を圧倒する巨大なものだったから。

イ　西欧の美学の歴史をたどると、「かわいい」という観念がいつも美の中心に置かれていたから。

ウ　西欧の美学では、量的な均衡が崩れたときに初めて垣間見えるものが美の本質だったから。

エ　西欧の美学においては、極端に小さなものや極端に大きなものは美の対象にならなかったから。

問四　傍線部②とはどのようなことか。説明として最も適切なものを次のア～エの中から一つ選び、記号で答えなさい。　4

ア　均衡を尊ぶ精神を第一とし、小さなものを最上とすること。

イ　調和を保つ美しさを超え、この世のものの中で絶対的なこと。

ウ　他と比べて小さく、壊れやすいものを愛おしく感じること。

エ　外面的なものだけでなく、内面的にも優れていること。

問五　Ⅱ　に入る語として最も適切なものを次のア～エの中から一つ選び、記号で答えなさい。　5

ア　崇高　　イ　全一性　　ウ　調和　　エ　量的な均衡

問六　傍線部③について、どのような問題か。説明として最も適切なものを次のア～エの中から一つ選び、記号で答えなさい。　6

ア　短歌や俳句を生み出したにもかかわらず、日本の文化が海外に知られていないという問題。

イ　小さいものを尊いものとする日本の文化が、外国には存在しないものかどうかという問題。

ウ　ハリウッドの大作映画に対して、日本のゲームやアニメ文化は対抗できるのかという問題。

エ　携帯電機商品の開発に必死で、日本人が伝統文化を忘れているのではないかという問題。

問七　（　④　）の中に入る言葉として最も適切なものを次のア～エの中から一つ選び、記号で答えなさい。　7

ア　だから　　イ　逆に　　ウ　そのため　　エ　すなわち

問八　傍線部⑤について、例として**適切でないもの**を次のア～エの中から一つ選び、記号で答えなさい。　8

ア　弓道において、新しく射る矢が最後の一本と常に考えることにより、集中力が高まるということ。

イ　大量の仏典を探索した末に、わずか七文字から構成された念仏が考案され、庶民に広まったこと。

ウ　茶道において、四畳半、一畳半といった狭い茶室を作り上げ、清らかな心の重要性を示したこと。

エ　山や池を小石などを使って再現した枯山水の庭園により、抽象性の中に豊かな精神性を宿らせたこと。

問九　傍線部⑥とは、どのような文化か。説明として最も適切なものを次のア～エの中から一つ選び、記号で答えなさい。　9

ア　ありのままの小さな自然から強さを生み出し、加工は最小限にとどめていく文化。

イ　ものを小さくして持ち運びを可能にすることにより、社会全体を発展させていく文化。

ウ　強さを保つためにものを縮小して、世界のしくみを理解しやすくしていく文化。

エ　ものを縮小することにより、可愛らしさと強さの両方を同時に作り出していく文化。

問十　本文の内容として**適切でないもの**を次のア～エの中から一つ選び、記号で答えなさい。　10

ア　アリストテレスの『詩学』を引用して、清少納言の文章と比較することにより、小さいものを美学の中心に置く日本人の発想が独特であることを印象づけている。

イ　西欧においてシノワズリーやジャポニズムは例外的な流行ではあるが、東洋の美学が散発的に紹介されることにより、ロマン主義を生み出す原動力となった。

ウ　過去において日本人は世界でも珍しい短詩型を考案し、現代においても数々の小型電機製品の開発に余念がないのだが、そのどちらにも一貫した原理が働いている。

エ　日本の文化を研究する李御寧は、韓国と日本の伝統文化を比較して、「小ささの美学」が日本に特有なものであり、特に日本人がその手法に優れていることを示した。

二　次の『伊勢物語』の原文と現代語訳とを読んで、後の問いに答えなさい。

〔原文〕

むかし、田邑《たむら》の帝と申すみかどおはしましけり。①その時の女御《にょうご》（注1）、多賀幾子《たかきこ》と申すいまそがりけり。それうせたまひて、安祥寺《あんじやうじ》にてみわざしけり。人々ささげ物奉りけり。奉りあつめたる物千ささげばかりあり。そこばくのささげ物を木の枝につけて、堂の前に立てたれば、山もさらに堂の前に動きいでたるやうになむ見えける。それを、右大将にいまそがりける藤原の常行《つねゆき》と申すいまそがりて、講の終はるほどに、歌詠む人々を召し集めて、今日のみわざを題にて、春の心ばへある歌奉らせたまふ。右の馬の頭《かみ》（注2）なりけるおきな、目はたがひながらよみける。

《A》②山のみな移りて今日に逢《あ》ふことは③春の別れをとふとなるべし

とよみたりけるを、④いま見ればよくもあらざりけり。そのかみはこれやまさりけむ、あはれがりけり。

むかし、多賀幾子と申す女御おはしましけり。失せたまひて、七七日《なななぬか》のみわざ、安祥寺にてしけり。右大将藤原の常行といふ人いまそがりけり。そのみわざにまうでたまひて、かへさに、山科の禅師の親王（注3）おはします、その山科の宮に、滝落とし、水走らせなどして、おもしろく造られたるにまうでたまうて、「年ごろよそには仕うまつれど、近くはいまだ仕うまつらず。⑤こよひはここにさぶらはむ」と申したまふ。親王喜びたまうて、夜のおましの設けさせたまふ。さるに、⑥かの大将、いでてたばかりたまふやう、「宮仕へのはじめに、ただなほやはあるべき。三条の大御幸《みゆき》せし時、紀の国（注4）の千里の浜にありける、いとおもしろき石奉れりき。大御幸ののち奉れりしかば、ある人の御曹司の前にみぞにすゑたりしを、島このみたまふ君なり、⑦この石を奉らむ」とのたまひて、御随身《みずいじん》（注5）、舎人《とねり》（注6）してとりにつかはす。いくばくもなくて持て来ぬ。この石、聞きしよりは見るはまされり。これをただに奉らばすずろなるべしとて、人々に歌よませたまふ。右馬頭なりける人のをなむ、青き苔《こけ》をきざみて、蒔絵《まきゑ》（注7）のかたに、この歌をつけて奉りける。

《B》あかねども岩にぞかふる色見えぬ⑧心を見せむよしのなければ

となむよめりける。

（注１）　女御＝天皇の后妃のひとつ。皇后・中宮に次ぐ、高位の女官。
（注２）　右の馬の頭＝官馬の管理をする役所における長官職の一つ。
（注３）　親王＝皇族の身位《しんい》の一つ。
（注４）　紀の国の千里の浜＝現在の和歌山県に位置する、美しい海浜。
（注５）　御随身＝身辺に供としてつき従うこと。また、その人。
（注６）　舎人＝警備や雑用などに従事していた者。
（注７）　蒔絵＝器などの表面に細い筆を使って漆で絵を描き、その漆が固まらないうちに上から金の粉を蒔きつけて模様を表現したもの。

〔現代語訳〕

昔、田邑の帝という帝がいらっしゃった。その時の女御に、多賀幾子という方がいらっしゃった。その方がお亡くなりなったので、安祥寺にてご法要を行った。人々が、木の枝に付けたささげ物を献上した。その際に献上したささげ物は千棒げほどある。たくさんのささげ物を木の枝にくくり付けて堂の前に立てたので、まるで山のようで、それもいま新たにその山が堂の前に動いて出てきたように見えたのであった。それを右大将でいらっしゃった藤原常行という方がおいでになってご覧になり、お経の講義が終わるころに、歌を詠む人々をお集めになり、今日のご法要を題として、春の趣のある歌を献上させなさる。すると右の馬の頭であった老人が、うっかり間違えたままこう詠んだ。

《Ａ》山がみなここに移動して、今日のご法要に逢うということは、春の別れを惜しんで弔おうというつもりなのでしょう。

と詠んだのを、いま見るとよい出来でもなかった。当時はこれがすぐれていたのであろうか、人々は感慨にふけっていた。

昔、多賀幾子という女御がいらっしゃった。その方がお亡くなりになって、四十九日のご法要を、安祥寺で行った。右大将の藤原常行という人がいらっしゃった。そのご法要に参拝なさって、その帰りに、山科の禅師の親王がいらっしゃる山科の宮、そこは滝を落としたり、水を流したりして、趣深くお造りになっているが、その宮に参上なさって、「長年、よそではお仕えしておりますが、あなた様のお側ではまだお仕えしておりません。今夜はここでお仕えいたしましょう」と親王に申し上げなさる。親王はお喜びになり、常行のために夜の御寝所の用意をおさせになる。そうしているうちに、その大将が御前から下がっていろいろと考えをめぐらせなさるには、「親王にお仕えする初めにあたって、何もしないでいるわけにはいくまい。父の三条の邸《やしき》に大きな行幸《みゆき》(外出)があった時、紀伊《きい》の国の千里の浜にあった、大変趣のある石を人が献上してきた。大きな行幸の後で献上してきたので、そのままある人の部屋の前の溝に置いておいたのだが、しゃれた庭園を好む人であるので、この石を献上しよう」とおっしゃって、御随身や舎人に命じて石を取りに行かせた。それほど時間も経たぬうちに石を持って帰って来た。この石は話に聞いていたよりも実際に目で見る方が、ずっとすぐれていた。これをそのままで差し上げるのではつまらないだろうということで、お供の人々に歌を詠ませなさる。右の馬の頭であった人の歌を、石の表面の青い苔を刻んで蒔絵の模様のように、石面に彫り付けて献上した。

　《B》十分ではございませんけれども、私の思いを岩に込めて献上いたします。色には見えない私の心を、お見せするすべがございませんので。

と詠んだのであった。

【練習】

（記入例）

アイ の答えが『36』のとき，アの解答欄に③，イの解答欄に⑥をそれぞれマークしなさい。

$\frac{ウエ}{オ}$の答えが『$-\frac{1}{2}$』のとき，『$-\frac{2}{4}$』や『$-\frac{3}{6}$』などをマークしてはいけません。

ウの解答欄に⊖，エの解答欄に①，オの解答欄に②をそれぞれマークしなさい。

（練　習）

$\frac{カキ}{ク}$ の答えが『$-\frac{2}{3}$』のとき，解答欄にマークしなさい。

解答番号	解　答　欄											
ア	⊖	±	0	1	2	●	4	5	6	7	8	9
イ	⊖	±	0	1	2	3	4	5	●	7	8	9
ウ	●	±	0	1	2	3	4	5	6	7	8	9
エ	⊖	±	0	●	2	3	4	5	6	7	8	9
オ	⊖	±	0	1	●	3	4	5	6	7	8	9
カ	⊖	±	0	1	2	3	4	5	6	7	8	9
キ	⊖	±	0	1	2	3	4	5	6	7	8	9
ク	⊖	±	0	1	2	3	4	5	6	7	8	9

問一　傍線部①について説明したものとして最も適切なものを次のア～エの中から一つ選び、記号で答えなさい。　11

ア　田邑の帝が政権を握っており、多賀幾子は安祥寺に住んでいた時。
イ　藤原常行は逝去していたが、多賀幾子はまだ存命だった時。
ウ　田邑の帝が政治を担っており、多賀幾子はまだ存命だった時。
エ　藤原常行が権勢を保っており、多賀幾子は亡くなっていた時。

問二　傍線部②とは、具体的に何を指すか。最も適切なものを次のア～エの中から一つ選び、記号で答えなさい。　12

ア　法要のために集まったたくさんの人。
イ　法要のために造られた、女御にささげるための山。
ウ　人々が奉納したささげ物をつけた木の枝。
エ　安祥寺が建っている場所から見える山。

問三　傍線部③とは、具体的に何を指すか。最も適切なものを次のア～エの中から一つ選び、記号で答えなさい。　13

ア　多賀幾子との永遠の別れ。
イ　法要を開いた安祥寺との別れ。
ウ　ともに歌を詠んだ人との、この場での別れ。
エ　藤原常行が先に帰ることによる別れ。

問四　傍線部④について、これは誰による印象か。最も適切なものを次のア～エの中から一つ選び、記号で答えなさい。　[14]

ア　馬の頭　　イ　藤原常行　　ウ　人々　　エ　作者

問五　傍線部⑤とは、具体的にどうするというのか。最も適切なものを次のア～エの中から一つ選び、記号で答えなさい。　[15]

ア　今夜は安祥寺で四十九日の法要をしようということ。
イ　今夜は山科の御殿にとどまってお勤めしようということ。
ウ　今夜は紀の国の千里の浜を訪れようということ。
エ　今夜は山科の御殿で滝の水を落として庭を造ろうということ。

問六　傍線部⑥とは誰のことか。最も適切なものを次のア～エの中から一つ選び、記号で答えなさい。　[16]

ア　親王　　イ　馬の頭　　ウ　藤原常行　　エ　舎人

問七　傍線部⑦について、親王への贈り物に石を選んだのはなぜか。その説明として最も適切なものを次のア～エの中から一つ選び、記号で答えなさい。　[17]

ア　身分の高い人に高価な石を贈ることが、その時代の習わしだったから。
イ　親王が長い間探しているという由緒ある石を、自分が持っていることを思い出したから。
ウ　親王にお仕えする時に渡してほしいと、紀の国の千里の浜にある由緒ある石を預かっていたから。
エ　親王は工夫を凝らした庭が好きで、好みに合いそうな趣ある石を持っていることを思い出したから。

問八　和歌Bを二つの意味内容に分けたとき、一つ目の終わりはどこになるか。最も適切なものを次のア～エの中から一つ選び、記号で答えなさい。　18

ア　あかねども

イ　岩にぞかふる

ウ　色見えぬ

エ　心を見せむ

問九　傍線部⑧とはどのような気持ちか。その説明として最も適切なものを次のア～エの中から一つ選び、記号で答えなさい。　19

ア　多賀幾子の女御を深く追悼するという気持ち。

イ　これから仕える親王のことを深く慕っているという気持ち。

ウ　贈り物に選んだ石をたいそう大切に思う気持ち。

エ　石を取りに行ってくれた御随身や舎人に対する感謝の気持ち。

問十　本文の内容を説明したものとして最も適切なものを次のア～エの中から一つ選び、記号で答えなさい。

ア　馬の頭は年老いて目が不自由であったため供え物を山と見間違えたが、岩の苔には自らの忠誠心をしっかりと刻み込んだ。

イ　思い返すと良さの分からない歌であったものの、安祥寺で馬の頭が詠んだ和歌はその場にいた人たちに大いに感心された。

ウ　安祥寺で馬の頭によって詠まれた歌は山に関するもので、三条の邸で常行によって詠まれた歌は岩に関するものであった。

エ　多賀幾子の法要においても、田邑の帝に対しても、藤原常行は手腕を発揮し、儀式の成功や関係が深まるよう務めあげた。

20

三　次のそれぞれの問いに答えなさい。

問一　次の三つ慣用句の空欄部には色の名前が入る。次の選択肢ア～エの中から空欄部に**該当しない**ものを一つ選び、記号で答えなさい。　21

・隣の芝生は（　　）く見える。

・（　　）い声援。

・腹が（　　）い。

ア　赤　　イ　黒　　ウ　青　　エ　黄色

問二　次のア～エの文のうち、敬語の用法が**誤っているもの**を一つ選び、記号で答えなさい。　22

ア　あなたはどちらの部屋にいたしますか。

イ　あの先生は今でも現役を続けておられる。

ウ　はい、私の名前は春日太郎です。

エ　あちらの者に説明をお聞きになってください。

問三　次のア～エの文のうち、「シンシン」という語の漢字が「新進」になるものはどれか。最も適切なものを一つ選び、記号で答えなさい。　23

ア　シンシンの健康を祈る。
イ　興味シンシンである。
ウ　雪がシンシンと降る。
エ　シンシンの作家に出会う。

問四　単語を「和語」「漢語」「外来語」に分類したとき、「和語」＋「外来語」の組み合わせになっている複合語はどれか。最も適切なものを次のア～エの中から一つ選び、記号で答えなさい。　24

ア　窓硝子　　イ　麦酒瓶　　ウ　読書週間　　エ　青空教室

四　次のⅠとⅡの文章を読んで、後の問いに答えなさい。

Ⅰ

お詫び
著作権上の都合により、文章は掲載しておりません。
ご不便をおかけし、誠に申し訳ございません。
教英出版

Ⅱ

（マーサ・スタウト著・木村博江訳「良心をもたない人たち――25人に1人という恐怖」草思社）

お詫び

著作権上の都合により、文章は掲載しておりません。
ご不便をおかけし、誠に申し訳ございません。

教英出版

（ジェームズ・ブレア、デレク・ミッチェル、カリナ・ブレア著・
福井裕輝訳「サイコパス――冷淡な脳――」星和書店より）

問 右の二つの本文をもとにAさんからDさんまでの四人が自分の意見を述べ合いました。二つの本文の主旨をよく理解して発言している人物を、次のアからエの中から一つ選び、記号で答えなさい。25

ア Aさん「たとえ悪い人間であっても、劣悪な環境がそうさせたのであって、生まれつき良心のない悪い人間などいないというのが私の意見です。サイコパスにも寄り添うというのか、相手を理解しようとする姿勢が関係を築くのだと思います」

イ Bさん「これまで連続殺人事件の犯人とか、そういうイメージでサイコパスを理解してきたつもりでしたが、必ずしも身体的な暴力と結びつくわけではなく、平気で他人を支配して利用しようとする本質があるのではないかという気がします」

ウ Cさん「人間は誰でも怒りに駆られて攻撃することはありますが、サイコパスが攻撃を何かを達成するための手段として行使するというのは、まさに戦争に通じるものがあると思います。サイコパスを国の指導者にしてはいけない気がします」

エ Dさん「サイコパスの診断基準を知ったからといって、素人である私たちが安易に周囲の人物に当てはめてみることは厳に慎まなければならないと思います。その上で、罪悪感のない人間が数多く存在することは知っておく必要がありますね」

（問題はこれで終わりです。）

令和５年度　　数　　学　（40分）

1　試験開始の合図があるまで，この問題冊子を開いてはいけません。
2　問題は全部で 12 ページあります。解答用紙は１枚です。
3　受験番号と氏名を，この表紙と解答用紙に必ず記入しなさい。
4　試験終了後，問題冊子と解答用紙を回収します。

解答用紙は，コンピュータで処理される
マークシートです。
特に，次の注意をよく守りなさい。

1　ＨＢの黒鉛筆で記入しなさい。
（とがっている鉛筆は避けなさい）

2　受験番号は，□内に横１字ずつ記入し，
下のそれぞれの数字をマークしなさい。
（記入例）　受験番号が２００４２３の場合

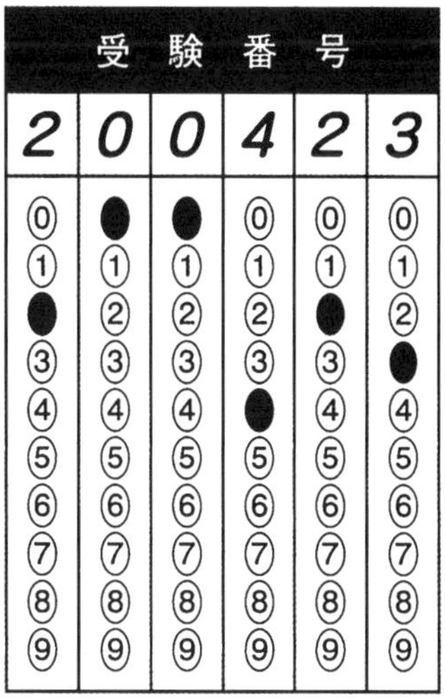

3　解答の記入方法は，たとえば，ア と表示のある問いに対して３と解答する場合には，次のように解答番号アの解答欄にマークしなさい。また，計算結果が分数になる場合はこれ以上約分できない形にして答えなさい。（裏表紙：例にならって練習しなさい）

（例）

解答番号	解　答　欄
ア	⊖ ⊕ ⓪ ① ② ● ④ ⑤ ⑥ ⑦ ⑧ ⑨

4　マークする場合は，次に示す良い例のように黒く塗りつぶしなさい。

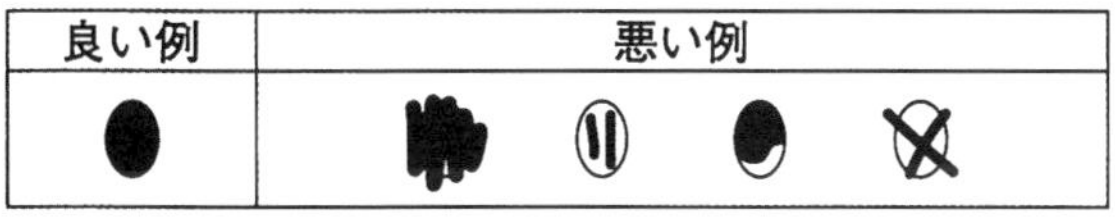

5　マークの訂正は，上質の消しゴム（プラスチック製が良い）で跡を残さないように完全に消し，消し屑をきれいに取り除きなさい。

6　解答用紙を汚したり，折りまげたりしないこと。

受験番号							氏　名	

数　　　学

次の $\boxed{\text{ア}}$～$\boxed{\text{リ}}$ の中に適する数，符号を１つずつ入れなさい。

〔1〕

（1）$(3-7)\div\dfrac{4}{5}-3\times(-4)=\boxed{\text{ア}}$

（2）$(-2a^2b)^3\times4ab^3\div(-8ab)=\boxed{\text{イ}}\,a^{\boxed{\text{ウ}}}\,b^{\boxed{\text{エ}}}$

（3）$(\sqrt{3}-1)^2+\sqrt{27}-\dfrac{6}{\sqrt{3}}\times2=\boxed{\text{オ}}-\boxed{\text{カ}}\sqrt{3}$

（4）大小２つのサイコロを同時に投げ，大きいサイコロの出た目の数を a，小さいサイコロの出た目の数を b とする。このとき，$a\geqq b$ となる確率は $\boxed{\text{キ}}$ である。ただし，大小２つのサイコロはともに，１から６までのどの目が出ることも同様に確からしいものとする。

$\boxed{\text{キ}}$ にあてはまるものを下記の＜語群＞の中から選び，番号で答えよ。

＜語群＞

⓪ $\dfrac{1}{12}$　① $\dfrac{1}{6}$　② $\dfrac{1}{4}$　③ $\dfrac{1}{3}$　④ $\dfrac{5}{12}$

⑤ $\dfrac{1}{2}$　⑥ $\dfrac{7}{12}$　⑦ $\dfrac{2}{3}$　⑧ $\dfrac{3}{4}$　⑨ $\dfrac{5}{6}$

（5） 下の図は，ある中学生９人の数学テストの得点結果を箱ひげ図に表したものである。この９人の数学テストの結果として最も適切なものは ク である。ク にあてはまるものを下記の＜語群＞の中から選び，番号で答えよ。

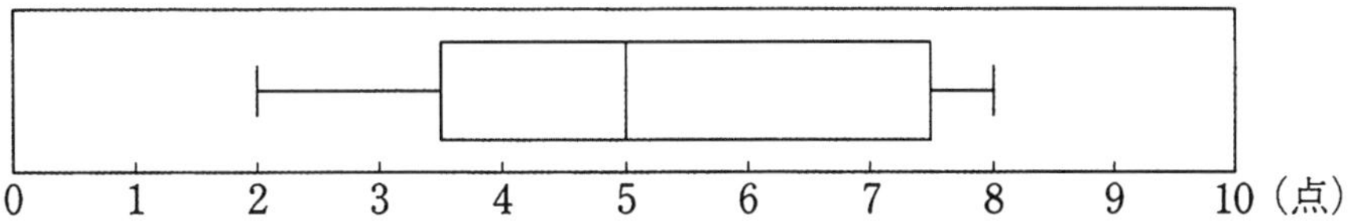

＜語群＞

⓪ 1，2，3，4，5，6，7，8，9

① 2，2，4，4，5，6，6，8，8

② 2，3，4，5，5，5，6，7，8

③ 2，3，4，4，5，6，7，9，9

④ 2，3，4，5，5，6，7，8，8

⑤ 2，3，4，5，5，7，7，8，9

〔2〕

（1） 連立方程式$\begin{cases} \dfrac{x}{2}-\dfrac{2-2y}{3}=2 \\ (x-1):(y+1)=2:7 \end{cases}$ を解くと，$y=\dfrac{\boxed{ケ}}{\boxed{コ}}$ である。

（2） 2次方程式 $x^2-x-2=0$ の2つの解をそれぞれ3倍した数が

2次方程式 $x^2+ax+b=0$ の解であるとき，$a=\boxed{サ}\boxed{シ}$ である。

（3） 1本75円の鉛筆をちょうど $\boxed{ス}\boxed{セ}$ 本買える代金を持っている。

この代金で1本55円の鉛筆を買ったところ，$\boxed{ス}\boxed{セ}$ 本より4本多く買うことができ，60円が余った。

(4)　図のように，同じ長さの棒を右に並べて正三角形をつくる。

例えば，7 本の棒を使うと，この図のように正三角形が 3 個できるものとする。

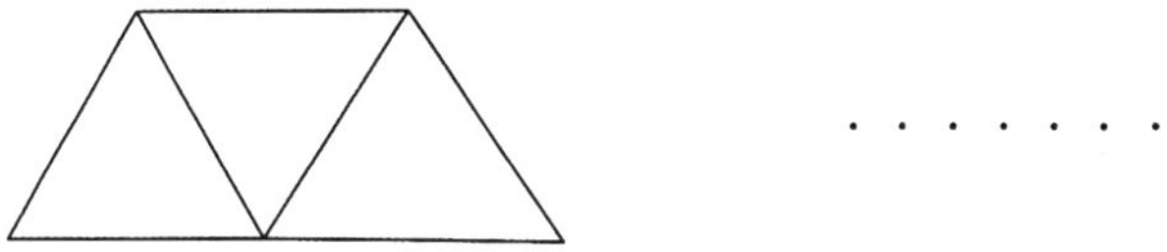

(ア)　正三角形を 10 個つくるとき，棒は **ソ** 本必要である。

ソ にあてはまるものを下記の＜ ソ の語群＞の中から選び，番号で答えよ。

＜ ソ の語群＞

⓪ 18　① 19　② 20　③ 21　④ 22

⑤ 26　⑥ 27　⑦ 28　⑧ 29　⑨ 30

(イ)　棒を 80 本使うと正三角形は **タ** 個までつくることができる。

タ にあてはまるものを下記の＜ タ の語群＞の中から選び，番号で答えよ。

＜ タ の語群＞

⓪ 26　① 27　② 28　③ 29　④ 30

⑤ 38　⑥ 39　⑦ 40　⑧ 41　⑨ 42

〔３〕 図Ⅰのように，AB＝BC＝10 cm，∠BAD＝∠ADC＝90°の台形ABCDがある。また，台形ABCDの面積は $104\ cm^2$ である。

＜図Ⅰ＞

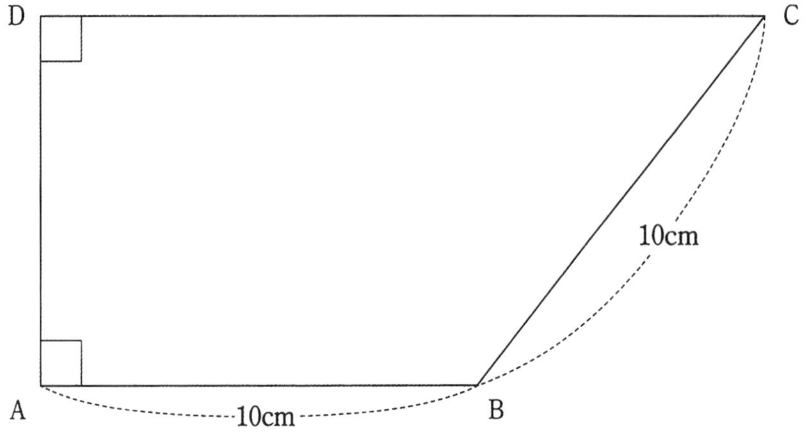

頂点Aを出発し，一定の速さで辺AB，BC上を通って移動する点Pを考える。

点Pが頂点Aを出発してから x 秒後に，3点A，B，Pを結んでできる三角形ABPの面積を $y\ cm^2$ とする。ただし，点Pが辺AB上を移動している間は三角形が作れないため，三角形ABPの面積を $0\ cm^2$ とする。

右記の図Ⅱは，x の変域が $0 \leqq x \leqq 10$ であるときの x と y の関係式を表したグラフである。

＜図Ⅱ＞

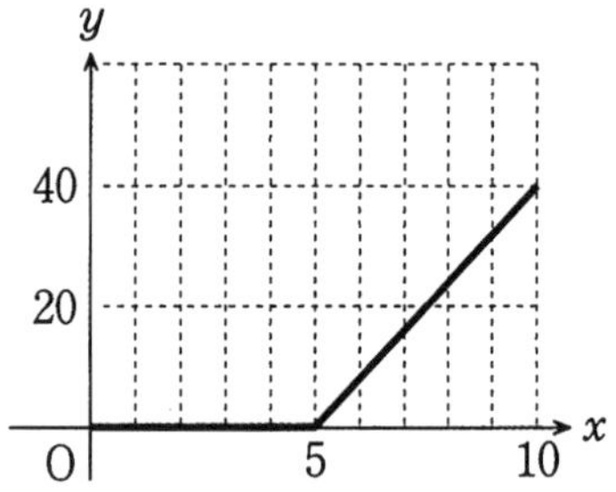

（1） 図Ⅱより，点Pは毎秒［チ］cmの速さで進んでいることがわかる。また，$x=10$ のとき $y=40$ であることから，辺ADの長さは［ツ］cmであることがわかる。

次に，頂点Aを出発し，一定の速さで辺AD，DC上を通って移動する点Qを考える。また，点Qは頂点Aを出発してからちょうど5秒後に，点Dに到達する速さで移動するものとする。

> 点Qが頂点Aを出発してからx秒後に，3点A，D，Qを結んでできる三角形ADQの面積をY cm^{2}とする。ただし，点Qが辺AD上を移動している間は三角形が作れないため，三角形ADQの面積を0 cm^{2}とする。

右記の図Ⅲは，xの変域が$0 \leqq x \leqq 10$であるときのxとYの関係を表したグラフである。

＜図Ⅲ＞

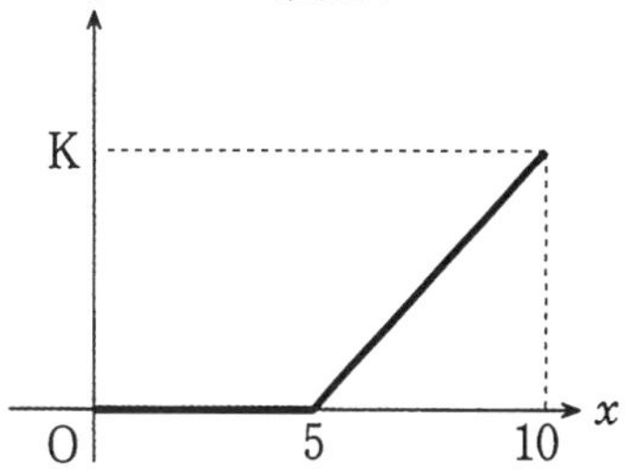

（2） 図Ⅲにおいて，Kの値は [テ][ト] となる。

最後に，2つの点P，Qが頂点Aを同時に出発する場合を考える。ただし，点Pは頂点Cに到達した後，辺CD上を移動し，点Pと点Qが辺CD上で重なったとき，2つの点P，Qは同時に停止するものとする。

> 2つの点P，Qが頂点Aを同時に出発してからx秒後に，2つの動点P，Qを用いてできる下記の図形(ⅰ)と(ⅱ)の面積の和をS cm^{2}とする。
>
> (ⅰ) 点Pが辺BC上を移動しているとき，3点A，B，Pを結んでできる三角形ABP，または点Pが辺CD上を移動しているとき，4点A，B，C，Pを結んでできる台形ABCP
>
> (ⅱ) 点Qが辺DC上を移動しているとき，3点A，D，Qを結んでできる三角形ADQ

右記の図Ⅳは，xとSの関係を表したグラフである。

＜図Ⅳ＞

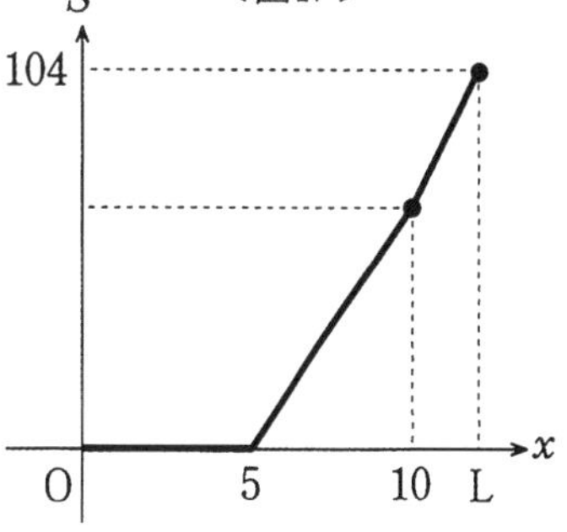

（3） 図Ⅳにおいて，Lの値は $\dfrac{\text{[ナ][ニ][ヌ]}}{9}$ である。

〔4〕 放物線$y=\frac{1}{3}x^2$上に3点A，B，Cがあり，それぞれのx座標は－6，3，9である。

（1） 直線ACとy軸との交点をDとする。点Dのy座標は[ネ][ノ]である。

（2） 点Dを通り，直線ABに平行な直線をℓとする。放物線と直線ℓとの2つの交点をE, Fとするとき，点Eと点Fのx座標の差は[ハ][ヒ]である。ただし，(点Eのx座標)＞(点Fのx座標)とする。

（3） △ADFは[フ]である。また，この三角形と合同な三角形は2つあり，
△ADF≡△[ヘ]，△ADF≡△[ホ]である。

[フ]にあてはまるものを下記の＜[フ]の語群＞の中から選び，番号で答えよ。

＜[フ]の語群＞

⓪ 正三角形　　① 二等辺三角形　　② 直角三角形

③ 直角二等辺三角形　　④ 鋭角三角形　　⑤ 鈍角三角形

[ヘ]，[ホ]にあてはまるものを下記の＜[ヘ]と[ホ]の語群＞の中から選び，番号で答えよ。

＜[ヘ]と[ホ]の語群＞

⓪ ADE　　① ADB　　② ADO

③ DAE　　④ DAB　　⑤ DAO

⑥ ECD　　⑦ EDC　　⑧ EAB

＜参考図＞

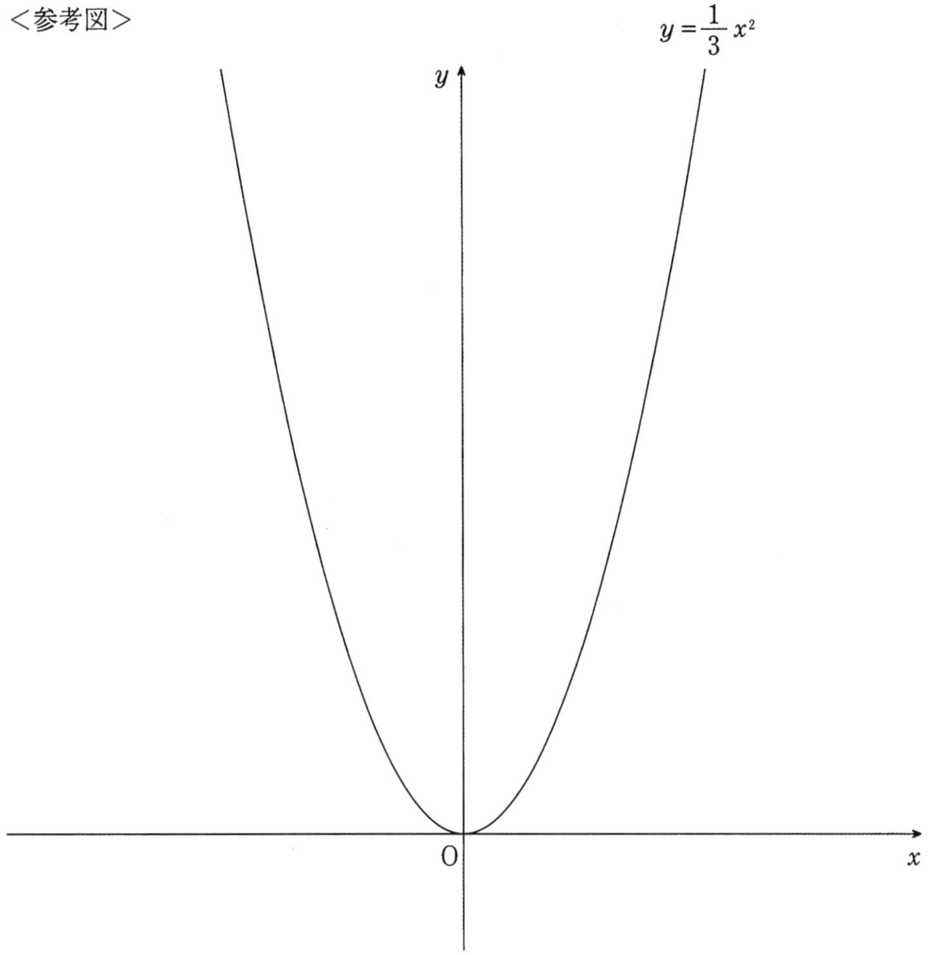

〔5〕（1） 図のように，直線 l は円 O の接線で，点 A がその接点である。
$\overset{\frown}{AB}=\overset{\frown}{BC}$ のとき，$x=$ [マ][ミ] °である。

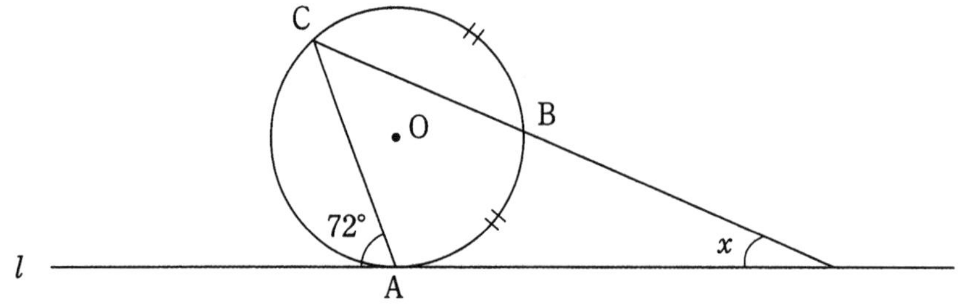

（2） 図のように，三角形 ABC があり，DE = 1 cm，DF = 5 cm，BC = 7 cm，DE∥FG∥BC である。四角形 DFGE と四角形 FBCG の面積が等しいとき，三角形 AFG の面積は三角形 ADE の面積の [ム][メ] 倍であり，FB = $\dfrac{[モ]}{[ヤ]}$ cm である。

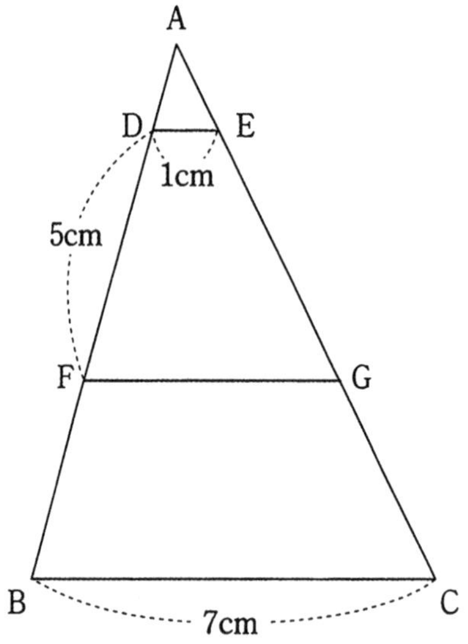

（下書き用紙）

数学の試験問題は次に続く。

〔6〕 春日さんと花子さんは次のことをした。

容器Aの底面を上にして，さらに水平になるようにして水を満たし，その中におもりBを底面を水平にして静かに沈めたところ，図ⅡのようにおもりBはその高さの$\frac{2}{3}$まで沈んだところで容器Aに4点で触れて静止した。

図Ⅰのように，高さがともに12 cmである円すい形の容器Aと正四角柱の金属のおもりBがある。あふれた水の体積が$400\ \mathrm{cm}^3$であったとき，次の会話内の空欄を埋めよ。ただし，容器Aの厚みは考えないものとする。

＜図Ⅰ＞

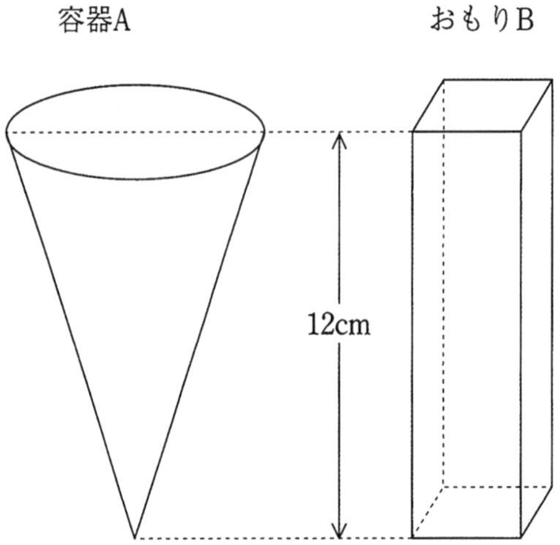

＜図Ⅱ＞

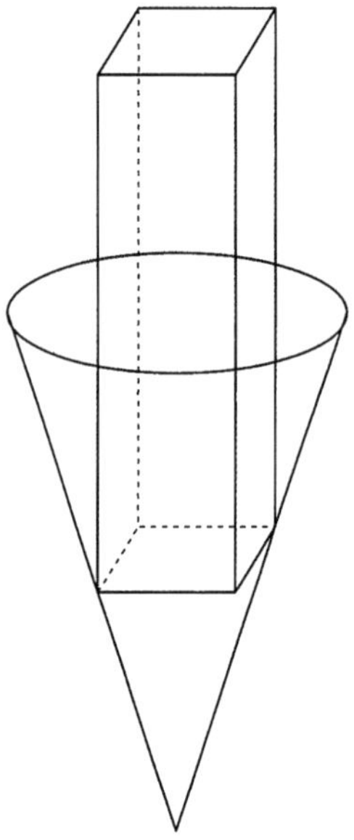

春日さん：容器Aの体積を求めることができそうだね。

花子さん：確かにそうね。
あふれた水の体積と，おもりBの沈めた高さに注目すると，おもりBの底面である正方形の1辺の長さは $\boxed{\text{ユ}}\sqrt{\boxed{\text{ヨ}}}$ cm だね。

春日さん：そうだね。
相似な図形の性質を使って，容器Aの底面である円の半径は $\boxed{\text{ラ}}$ cm，容器Aの体積は $\boxed{\text{リ}}$ cm^3 となるね。

花子さん：体積の求め方はいろいろあるね。

$\boxed{\text{ラ}}$ にあてはまるものを下記の＜$\boxed{\text{ラ}}$ の語群＞の中から選び，番号で答えよ。

＜$\boxed{\text{ラ}}$ の語群＞

⓪ 8	① 9	② 10	③ 11	④ 12
⑤ 13	⑥ 14	⑦ 15	⑧ 16	⑨ 17

$\boxed{\text{リ}}$ にあてはまるものを下記の＜$\boxed{\text{リ}}$ の語群＞の中から選び，番号で答えよ。

＜$\boxed{\text{リ}}$ の語群＞

⓪ 120π	① 300π	② 400π	③ 600π	④ 800π
⑤ 900π	⑥ 1200π	⑦ 1600π	⑧ 2700π	⑨ 3600π

（問題はこれで終わりです。）

令和５年度　　英　　語　(40分)

1　試験開始の合図があるまで，この問題冊子を開いてはいけません。 2　問題は全部で10ページあります。解答用紙は1枚です。 3　受験番号と氏名を，この表紙と解答用紙に必ず記入しなさい。 4　英語は放送によるリスニングテストから始めます。 リスニングテストが終了し，放送による指示があるまで次のページ（３ページ）を開いてはいけません。 5　試験終了後，問題冊子と解答用紙を回収します。

解答用紙は，コンピュータで処理されるマークシートです。特に，次の注意をよく守りなさい。

1　ＨＢの黒鉛筆で記入しなさい。
（とがっている鉛筆は避けなさい）

2　受験番号は，□内に横１字ずつ記入し，
下のそれぞれの数字をマークしなさい。
（記入例）　受験番号が２００４２３の場合

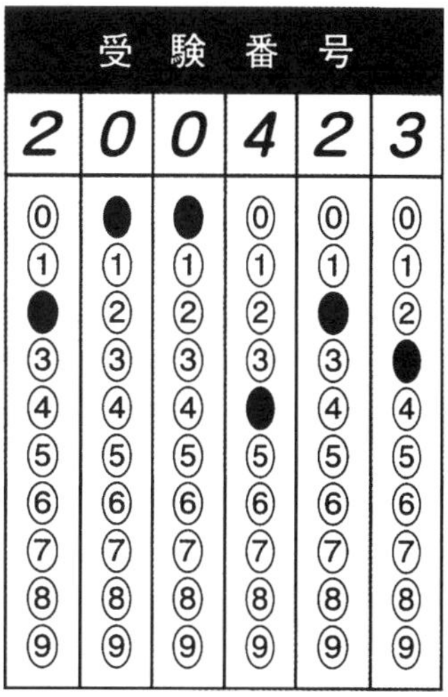

3　解答の記入方法は，たとえば，1と表示のある問いに対してイと解答する場合には，次のように解答番号１の解答欄にマークしなさい。

（例）

解答番号	解　答　欄
1	㋐　●　㋒　㋓

4　マークする場合は，次に示す良い例のように黒く塗りつぶしなさい。

5　マークの訂正は，上質の消しゴム（プラスチック製が良い）で跡を残さないように完全に消し，消し屑をきれいに取り除きなさい。

6　解答用紙を汚したり，折りまげたりしないこと。

受験番号							氏　名	

英　　　語

（解答番号 1 ～ 30 ）

〔1〕 リスニングテスト

※音声は収録しておりません

A. それぞれの対話についての問いを聞き，答えとして最も適当なものを４つの選択肢ア～エの中からそれぞれ１つ選びなさい。対話と質問文はそれぞれ２回ずつ読まれます。

1 Why does Tom believe that Jane can write an essay quickly?

ア Because he believes she is good at writing an English essay.

イ Because he believes she has a dream.

ウ Because he believes she has already written a long essay.

エ Because he believes she has never done her homework.

2 What does Fred ask Lucy to do?

ア He asks her to buy something in Japan.

イ He asks her to go to a concert with Judy next time.

ウ He asks her to come to Japan with his family.

エ He asks her to speak to Judy.

3 How much does the man have to pay if he does not eat in the restaurant?

ア It is thirty five dollars.

イ It is forty dollars.

ウ It is forty one dollars.

エ It is forty five dollars.

B. これから流れる英語は，あるアナウンスの内容です。内容をよく聞き，質問文の答えとして最も適当なものを４つの選択肢ア～エの中から１つ選びなさい。質問は２つあります。アナウンスと質問文はそれぞれ２回ずつ読まれます。

4 Where is it possible for you to hear this announcement?

ア At an airport.

イ At an amusement park.

ウ At a library.

エ At an aquarium.

5 What time do passengers need to go to Gate A23?

ア At 2:15 pm.

イ After 4:00 pm.

ウ Before 2:00 pm.

エ At 4:00 pm.

〔2〕 次の英文を読んで，質問に答えなさい。

Patrick never did homework. “Too boring,” he said. He played baseball and basketball and Nintendo instead. His teachers told him, “Patrick! Do your homework or you won’t learn a thing.” But he hated homework.

One day his cat was playing with a little doll. Actually it wasn’t a doll but a man who was smaller than a mouse. (A) He was surprised to see that. He had a little wool shirt and a tall hat much like a witch’s. He was an elf. He cried, “Help me and I’ll do anything for you. I promise you.” Patrick couldn’t believe how lucky he was! He said to the elf, “Please do all my homework until the end of the semester. If you do a good job, I might get A’s.”

(B) The elf was silent for a while, and then he said, “It’s so hard for me but I’ll try to do it.” (C) To save the elf, Patrick gave his cat a new toy, and so his cat started playing with the toy instead of with the elf.

The next day, the elf began to do Patrick’s homework, but the elf didn’t always know the answers and cried, “Help me! Help me! ” Patrick had to help him in (D) many ways. Sometimes Patrick had to get a dictionary to tell the elf the meanings of some words in his homework. The elf knew nothing about math and said, “I have never studied math, so I need your help.” So, when he was doing math homework, Patrick was very busy helping him answer some questions. He didn’t know anything about human history, either. Patrick had to help him again. Patrick needed to read many history books to help him do the history homework. Sometimes Patrick didn’t have enough sleep at night because he was too busy helping the elf.

On the last day of the semester, the elf disappeared. Patrick got many A’s. His classmates were surprised and his teachers smiled. His parents wondered, “What happened?” He became an excellent student who was good at all subjects. Patrick still thinks the elf did all his homework. Only you and I know who really did it.

（注） elf：妖精　　semester：学期　　A’s：（学業成績の）A

（出典） *WHO DID PATRICK’S HOMEWORK?* ; written by Carol Moore（一部改訂）

6 下線部(A) He was surprised to see that の理由として最も適当なものをア～エの中から1つ選びなさい。

ア ネコが人形で遊んでいるのを初めて見たから。

イ ネコがネズミと遊んでいたから。

ウ ネコが遊んでいたのは人形ではなかったから。

エ ネコがしゃべったから。

7 下線部(B) The elf was silent for a while の理由として最も適当なものをア～エの中から1つ選びなさい。

ア 妖精は自分にできることかどうか考えていたから。

イ 妖精は人間と話すことが怖かったから。

ウ 妖精は宿題が嫌いだったから。

エ 妖精はPatrickの願いが理解できなかったから。

8 下線部(C) To save と同じ用法を含むものをア～エの中から1つ選びなさい。

ア I want to be a teacher.

イ He will need someone to support him.

ウ He has some facts to tell her right away.

エ I will buy a ticket to watch a movie.

9 下線部(D) many ways に含まれないものをア～エの中から1つ選びなさい。

ア 数学の問題の解き方を考えること。

イ 辞書を使って妖精に言葉の意味を教えること。

ウ 人間の歴史について妖精に教えること。

エ 妖精に十分な睡眠を取らせてあげること。

10 本文の内容と一致するものをア～エの中から1つ選びなさい。

ア Patrick was playing with his cat when he saw the elf.

イ Patrick did most of his homework himself.

ウ Everyone knows who did Patrick's homework.

エ Patrick was angry because the elf wasn't helpful.

〔３〕 次の英文を読んで，設問に答えなさい。

How much trash do you produce in a day? I started thinking about this after listening to a talk by Bea Johnson, an advocate of zero-waste living.

Her family of four (herself, her husband and two sons) produce so little trash. They do this in a few ways. First, they don't buy packaged goods. They use their own shopping bags. They also reduce the things that they have and use the same product for many things. For example, Johnson uses vinegar and baking soda to clean. Also, she has only fifteen pieces of clothing.

"A zero-waste life is not about depriving yourself," she said. "It's about focusing on what's important to save time and money and have better health." Johnson explains all this and more in her book *Zero Waste Home*, a guidebook for reducing waste and making our life simple. I read the book a few years ago and tried to follow her ways of living.

But I couldn't keep doing that. After a few weeks, I bought packaged goods. It was very hard for me to stop buying potato chips and stationery. I managed to stop using any plastic bags and to use my own knife and fork when I eat out. But I am still producing some trash.

But after Johnson's talk, I tried zero-waste living again. Johnson said it was important to start small things, and the changes should be sustainable. She also said that it is impossible to change your way of life quickly.

I thought about things that I could do right away. I could shop less at the supermarket and more at the fresh food markets. In the fresh food markets, customers can buy fresh food which is not packaged. Besides, the fresh food markets offer fresher food at better prices, and friendly staff often give something for free.

Will I succeed in reducing my trash? I will try to do my best.

（注） advocate：提唱者　　packaged：包装された　　baking soda：重曹
deprive oneself：自制する　　manage to ～：何とか～する
succeed in ～ ing：～することに成功する

（出典） The Japan Times ST：January 26, 2018 By Tan Ying Zhen（一部改訂）

[3] Kathy : How may I help you?

Bob : I would like to have two hamburgers with French fries, please.

Kathy : Would you like something to drink?

Bob : Yes. I will have a bottle of mineral water, please. Oh, if we eat our food in this restaurant, you give us a discount, don't you?

Kathy : Yes. We can give you a 10 percent discount if you pay more than thirty dollars.

Bob : OK. We'll eat here. How much is our total?

Kathy : It will be thirty six dollars.

[4], [5]

Good afternoon. May I have your attention, please? This is the announcement for American Air Flight 306 to Alabama. I would like to tell all passengers that our schedule is now changed. The boarding time was originally 1:15 pm. The new schedule will be 2:15 pm due to the weather in New York. We will arrive in Alabama at 4:00 pm. In addition, the gate is now changed from Gate A16 to Gate A23. Passengers on Flight 306 go to the gate before 2:00 pm. If you need any help, please contact our staff. Thank you so much for your attention.

※100点満点

国語解答用紙

問題	1	2	3	4	5	6	7	8	9	10	11	12	13	14	15
配点	4	4	5	4	4	5	4	6	5	6	4	3	3	3	4

問題	16	17	18	19	20	21	22	23	24	25
配点	3	4	3	4	4	3	3	3	3	6

上の注意

り汚したりしないこと。
きは、消しゴムで完全に消すこと。
、数字で記入してから間違いないようマークすること。
◯ を鉛筆（HB）で黒くぬりつぶすこと。

マークの例

良い例	悪い例

解答番号	解答欄			
21	ア	イ	ウ	エ
22	ア	イ	ウ	エ
23	ア	イ	ウ	エ
24	ア	イ	ウ	エ
25	ア	イ	ウ	エ

※100点満点

数　学　解　答　用　紙

問題	ア	イ	ウ	エ	オ	カ	キ	ク	ケ	コ	サ	シ	ス	セ
配点	5	1	2	2	3	2	5	6	5		6		5	

問題	ソ	タ	チ	ツ	テ	ト	ナ	ニ	ヌ	ネ	ノ	ハ	ヒ	フ
配点	3	3	3	3	4		4			5		5		3

問題	ヘ	ホ	マ	ミ	ム	メ	モ	ヤ	ユ	ヨ	ラ	リ
配点	1	1	5		3		3		4		4	4

上の注意

り汚したりしないこと。
きは、消しゴムで完全に消すこと。
、数字で記入してから間違いないようマークすること。
を鉛筆（ＨＢ）で黒くぬりつぶすこと。

マークの例

良い例	悪い例

解答番号	解答欄	解答番号	解答欄
ナ	− ± 0 1 2 3 4 5 6 7 8 9	マ	− ± 0 1 2 3 4 5 6 7 8 9
ニ	− ± 0 1 2 3 4 5 6 7 8 9	ミ	− ± 0 1 2 3 4 5 6 7 8 9
ヌ	− ± 0 1 2 3 4 5 6 7 8 9	ム	− ± 0 1 2 3 4 5 6 7 8 9
ネ	− ± 0 1 2 3 4 5 6 7 8 9	メ	− ± 0 1 2 3 4 5 6 7 8 9
ノ	− ± 0 1 2 3 4 5 6 7 8 9	モ	− ± 0 1 2 3 4 5 6 7 8 9
ハ	− ± 0 1 2 3 4 5 6 7 8 9	ヤ	− ± 0 1 2 3 4 5 6 7 8 9
ヒ	− ± 0 1 2 3 4 5 6 7 8 9	ユ	− ± 0 1 2 3 4 5 6 7 8 9
フ	− ± 0 1 2 3 4 5 6 7 8 9	ヨ	− ± 0 1 2 3 4 5 6 7 8 9
ヘ	− ± 0 1 2 3 4 5 6 7 8 9	ラ	− ± 0 1 2 3 4 5 6 7 8 9
ホ	− ± 0 1 2 3 4 5 6 7 8 9	リ	− ± 0 1 2 3 4 5 6 7 8 9

※100点満点

英語解答用紙

問題	1	2	3	4	5	6	7	8	9	10	11	12	13	14	15
配点	3	3	3	3	3	4	4	4	4	4	4	4	4	4	4

問題	16	17	18	19	20	21	22	23	24	25	26	27	28	29	30
配点	3	3	3	3	3	3	3	3	3	3	3	3	3	3	3

上の注意

たり汚したりしないこと。

ときは、消しゴムで完全に消すこと。

は、数字で記入してから間違いないようマークすること。

◯ を鉛筆（ＨＢ）で黒くぬりつぶすこと。

マークの例

良い例	悪い例

欄	解答番号	解答欄			
㋓	21	㋐	㋑	㋒	㋓
㋓	22	㋐	㋑	㋒	㋓
㋓	23	㋐	㋑	㋒	㋓
㋓	24	㋐	㋑	㋒	㋓
㋓	25	㋐	㋑	㋒	㋓
㋓	26	㋐	㋑	㋒	㋓
㋓	27	㋐	㋑	㋒	㋓
㋓	28	㋐	㋑	㋒	㋓
㋓	29	㋐	㋑	㋒	㋓
㋓	30	㋐	㋑	㋒	㋓

受験番号					
0	0	0	0	0	0
1	1	1	1	1	1
2	2	2	2	2	2
3	3	3	3	3	3
4	4	4	4	4	4
5	5	5	5	5	5
6	6	6	6	6	6
7	7	7	7	7	7
8	8	8	8	8	8
9	9	9	9	9	9

フリガナ	
氏名	

この欄には記入するな

★マー

解答番号	解答欄				解答番号	解答	
1	ア	イ	ウ	エ	11	ア	イ
2	ア	イ	ウ	エ	12	ア	イ
3	ア	イ	ウ	エ	13	ア	イ
4	ア	イ	ウ	エ	14	ア	イ
5	ア	イ	ウ	エ	15	ア	イ
6	ア	イ	ウ	エ	16	ア	イ
7	ア	イ	ウ	エ	17	ア	イ
8	ア	イ	ウ	エ	18	ア	イ
9	ア	イ	ウ	エ	19	ア	イ
10	ア	イ	ウ	エ	20	ア	イ

受験番号					
0	0	0	0	0	0
1	1	1	1	1	1
2	2	2	2	2	2
3	3	3	3	3	3
4	4	4	4	4	4
5	5	5	5	5	5
6	6	6	6	6	6
7	7	7	7	7	7
8	8	8	8	8	8
9	9	9	9	9	9

フリガナ	
氏名	

この欄には記入するな
● ●

★マー

解答番号	解答欄	解答番号	解答欄
ア	− ± 0 1 2 3 4 5 6 7 8 9	サ	− ± 0 1 2 3 4 5 6 7
イ	− ± 0 1 2 3 4 5 6 7 8 9	シ	− ± 0 1 2 3 4 5 6 7
ウ	− ± 0 1 2 3 4 5 6 7 8 9	ス	− ± 0 1 2 3 4 5 6 7
エ	− ± 0 1 2 3 4 5 6 7 8 9	セ	− ± 0 1 2 3 4 5 6 7
オ	− ± 0 1 2 3 4 5 6 7 8 9	ソ	− ± 0 1 2 3 4 5 6 7
カ	− ± 0 1 2 3 4 5 6 7 8 9	タ	− ± 0 1 2 3 4 5 6 7
キ	− ± 0 1 2 3 4 5 6 7 8 9	チ	− ± 0 1 2 3 4 5 6 7
ク	− ± 0 1 2 3 4 5 6 7 8 9	ツ	− ± 0 1 2 3 4 5 6 7
ケ	− ± 0 1 2 3 4 5 6 7 8 9	テ	− ± 0 1 2 3 4 5 6 7
コ	− ± 0 1 2 3 4 5 6 7 8 9	ト	− ± 0 1 2 3 4 5 6 7

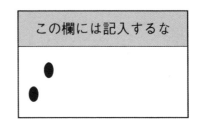

受験番号					
⓪	⓪	⓪	⓪	⓪	⓪
①	①	①	①	①	①
②	②	②	②	②	②
③	③	③	③	③	③
④	④	④	④	④	④
⑤	⑤	⑤	⑤	⑤	⑤
⑥	⑥	⑥	⑥	⑥	⑥
⑦	⑦	⑦	⑦	⑦	⑦
⑧	⑧	⑧	⑧	⑧	⑧
⑨	⑨	⑨	⑨	⑨	⑨

フリガナ	
氏名	

この欄には記入するな

★マー

解答番号	解答欄				解答番号	解答	
1	㋐	㋑	㋒	㋓	11	㋐	㋑
2	㋐	㋑	㋒	㋓	12	㋐	㋑
3	㋐	㋑	㋒	㋓	13	㋐	㋑
4	㋐	㋑	㋒	㋓	14	㋐	㋑
5	㋐	㋑	㋒	㋓	15	㋐	㋑
6	㋐	㋑	㋒	㋓	16	㋐	㋑
7	㋐	㋑	㋒	㋓	17	㋐	㋑
8	㋐	㋑	㋒	㋓	18	㋐	㋑
9	㋐	㋑	㋒	㋓	19	㋐	㋑
10	㋐	㋑	㋒	㋓	20	㋐	㋑

〈スクリプト〉

※音声は収録しておりません

1

Tom : Hi, Jane. How are you doing?

Jane : I'm good, thank you, Tom. And you?

Tom : I'm great, thanks. Have you finished your homework?

Jane : What? Which homework are you talking about?

Tom : I am talking about the homework our teacher gave us last Wednesday.

Jane : Oh, I forgot! What do we have to do?

Tom : Well, we need to write about our future dreams in English.

Jane : I got that, but how many words?

Tom : He said we have to write about 500 words.

Jane : 500 words? That is too long! I've never written such a long essay.

Tom : Don't worry. You have a dream, so you can write it very quickly.

Jane : O.K. I will try it. Thank you for letting me know.

Tom : You are welcome.

2

Lucy : Hello. This is Lucy. Can I speak to Fred?

Fred : Speaking.

Lucy : Hi, Fred. Guess what? I am planning to go to Japan with my family this summer. Would you like to come with me?

Fred : What! That's amazing. Which date?

Lucy : I am going to go to Japan on August 7th and come back here on September 2nd. I am planning to visit Kyoto, Osaka, Kobe and of course, Tokyo. Do you want to go together?

Fred : Wow. I'd like to, but I already have a plan to go to a concert with Judy on August 12th.

Lucy : That's too bad. I'm sorry you can't visit Japan with us, but next time, let's go together!

Fred : Yes. Please buy some souvenirs for me.

Lucy : I will. See you soon!

Fred : See you.

11 What do Bea Johnson's family do to reduce trash?

ア They often make a speech about their life.
イ They buy only a few things.
ウ They use things in different ways.
エ They have only fifteen pieces of clothing.

12 Why does Bea Johnson talk about a zero-waste life?

ア Because she wants her family to reduce waste.
イ Because she thinks that people can live a better life in this way.
ウ Because she wants to improve the environment.
エ Because she thinks that people will buy her book.

13 Why does the writer talk about the fresh food market?

ア Because the writer is trying to change her way of living.
イ Because there are no good points about Bea Johnson's way of living.
ウ Because things sold at the supermarket are too expensive.
エ Because people often can be friends with some staff.

14 Which is true about the story?

ア Bea Johnson's family do nothing to change their lives.
イ Bea Johnson's way of living is always easy to follow.
ウ Bea Johnson said that we can change our lives little by little.
エ Bea Johnson usually goes to the fresh food market.

15 What is the best title for this story?

ア The Important Thing in Our Life
イ Fresh Food Markets
ウ How to Protect the Environment
エ A Simpler Life

〔４〕 次の文には，それぞれ明らかに文法的・語法的な誤りが１か所ある。その誤りをア～エの中から１つずつ選びなさい。

16 I'm sure that many people enjoy the school trip next month.
ア I'm　イ that　ウ enjoy　エ school trip

17 The present you are going to give your brother may make his happy.
ア you are going　イ to give your brother　ウ make　エ his

18 One of the most popular parks have been the park near my house since the camping area opened there.
ア most　イ parks　ウ have　エ since

19 It is really cold this morning, but my father has be working outside.
ア It　イ this morning　ウ be　エ outside

20 The dog in this photo was taken care of my mother until it died.
ア in　イ was　ウ taken care of　エ until

〔5〕 次の各文の(　　)に入る最も適当な語(句)をそれぞれア～エの中から1つ選びなさい。

21 I didn't know (　　) to tell him this, so I didn't.

ア how　イ which　ウ what　エ why

22 If I had my own computer, I (　　) some information on the Internet.

ア could get　イ can't get　ウ can get　エ get

23 This desk is made (　　) wood.

ア in　イ of　ウ on　エ by

24 The mountain (　　) from this room is very beautiful.

ア to see　イ seen　ウ seeing　エ saw

25 (　　) of these four students belongs to the basketball club.

ア Many　イ Both　ウ Much　エ Each

〔6〕 日本語に合うように〔　　〕内の語(句)を並べ替えて正しい英文にするとき，＿（1）＿と＿（2）＿に入る最も適当な語(句)の組み合わせをそれぞれア～エの中から1つ選びなさい。ただし，＿＿＿＿は与えられた語(句)を示します。文頭に来る語も小文字で表してあります。

26 彼女がどこの出身か知っていますか。

＿＿＿ ＿＿＿ ＿（1）＿ ＿＿＿ ＿（2）＿ ＿＿＿ ＿＿＿?

〔 you / is / know / do / where / she / from 〕

ア (1) you　(2) do　　イ (1) know　(2) she

ウ (1) you　(2) she　　エ (1) know　(2) is

27 このロボットは魚と同じぐらい速く泳ぐことができる。

＿＿＿ ＿＿＿ ＿（1）＿ ＿＿＿ ＿（2）＿ ＿＿＿ ＿＿＿.

〔 swim / as / can / this robot / fast / a fish / as 〕

ア (1) swim　(2) as　　イ (1) as　(2) as

ウ (1) swim　(2) fast　　エ (1) as　(2) fast

28 家族と一緒に，週末に旅行に行く時間があればよいのにと思う。

＿＿＿ ＿＿＿ ＿（1）＿ ＿＿＿ ＿＿＿ ＿＿＿ ＿（2）＿ ＿＿＿

＿＿＿ ＿＿＿.

〔 had / to / with / my family / on / I wish / travel / the weekend / I / time 〕

ア (1) travel　(2) with　　イ (1) had　(2) with

ウ (1) travel　(2) time　　エ (1) had　(2) time

29 公園で走っている3人の少年がいます。

＿＿＿ ＿＿＿ ＿（1）＿ ＿＿＿ ＿（2）＿ ＿＿＿ ＿＿＿.

〔 are / boys / the park / running / there / three / in 〕

ア (1) three　(2) running　　イ (1) are　(2) running

ウ (1) three　(2) in　　エ (1) are　(2) in

30 この映画はとても見事だったので次回作が楽しみだ。

______ ______ __(1)__ ______ ______ ______ __(2)__ ______

______ ______ one.

〔 looking / so / this movie / that / was / to / amazing / forward / the next / I'm 〕

ア (1) forward (2) that
イ (1) so (2) this movie
ウ (1) forward (2) so
エ (1) so (2) looking

（問題はこれで終わりです。）

中部大学春日丘高等学校

令和５年度　理　　　科　(30分)

1　試験開始の合図があるまで，この問題冊子を開いてはいけません。 2　問題は全部で 17 ページあります。解答用紙は 1 枚です。 3　受験番号と氏名を，この表紙と解答用紙に必ず記入しなさい。 4　試験終了後，問題冊子と解答用紙を回収します。

解答用紙は，コンピュータで処理される
マークシートです。
特に，次の注意をよく守りなさい。

1　ＨＢの黒鉛筆で記入しなさい。
（とがっている鉛筆は避けなさい）

2　受験番号は，□内に横１字ずつ記入し，
下のそれぞれの数字をマークしなさい。
(記入例)　受験番号が２００４２３の場合

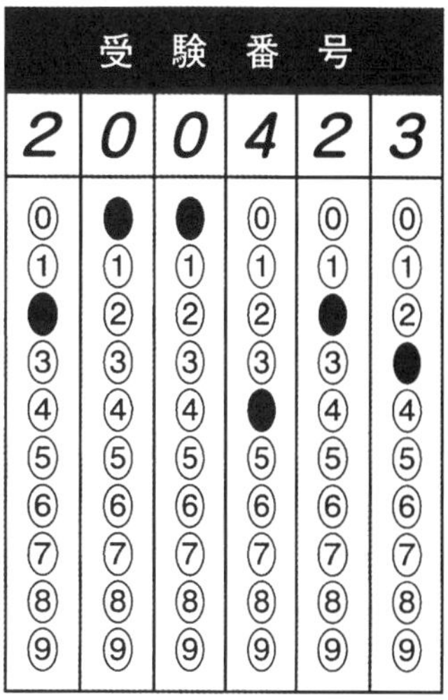

3　解答の記入方法は，たとえば，1と表示のある問いに対してイと解答する場合には，次のように解答番号１の解答欄にマークしなさい。

(例)

解答番号	解　答　欄
1	㋐　●　㋒　㋓　㋔

4　マークする場合は，次に示す良い例のように黒く塗りつぶしなさい。

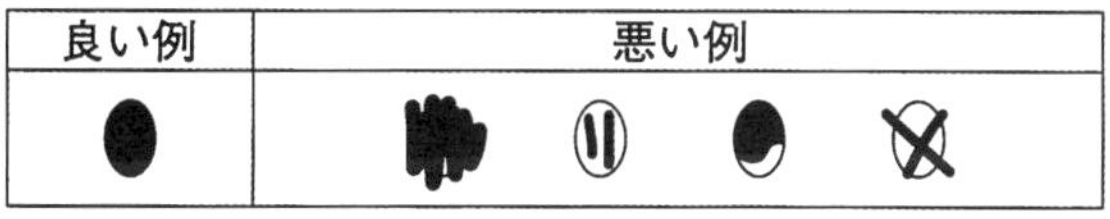

5　マークの訂正は，上質の消しゴム（プラスチック製が良い）で跡を残さないように完全に消し，消し屑をきれいに取り除きなさい。

6　解答用紙を汚したり，折りまげたりしないこと。

受験番号							氏　名	

理　　　　科

（解答番号[1]～[20]）

〔1〕 仕事に関して様々な実験を行った。[1] ～ [5] に答えなさい。ただし，この問題では摩擦や空気抵抗の影響は考えないものとし，実験で用いる糸は質量が無視できるほど軽く，伸び縮みしないものとする。

実験1

図1～図3のような動滑車や定滑車などを組み合わせた装置を用いて，質量 3.0 [kg] の物体を一定の速さでゆっくりと 20 [cm] 持ち上げたときの糸を引く力の大きさと糸を引いた距離を調べた。図2の動滑車は質量が無視できるくらい軽いものを用いたが，図3の動滑車は重く質量が無視できない。

図1

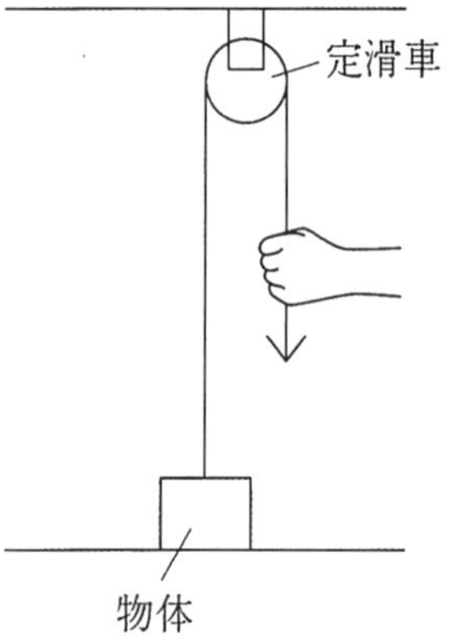

図2

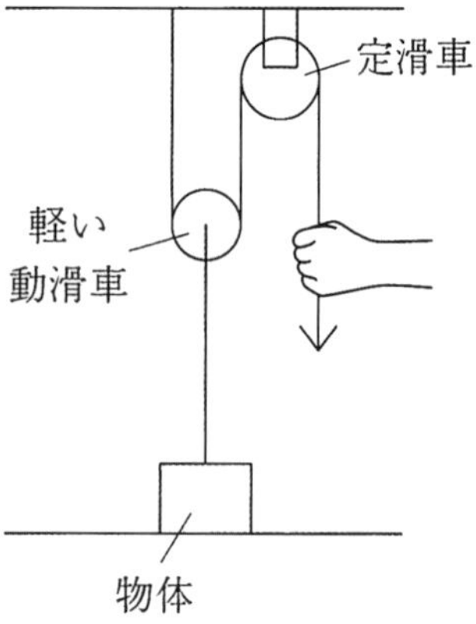

図3

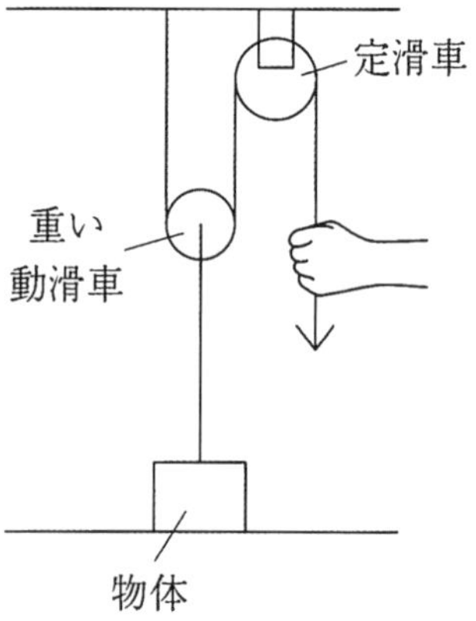

1　この実験の結果について述べた文章として正しいものを下の(ア)～(オ)の中から１つ選び，記号で答えなさい。

（ア）図２，図３の装置はともに糸を引く力の大きさは同じだが，図１の装置を使うと糸を引く力の大きさは図２，図３と比べて２倍になる。

（イ）図２，図３の装置はともに糸を引く距離は同じだが，図１の装置を使うと糸を引く距離は図２，図３と比べて$\frac{1}{2}$倍になる。

（ウ）図１，図２の装置はともに糸を引く力の大きさは同じだが，図３の装置を使うと糸を引く力の大きさは図１，図２と比べて大きくなる。

（エ）糸を引く力の大きさは図１～図３でそれぞれ異なる。最も引く力の大きさが大きいのは図３であり，小さいのは図１である。

（オ）糸を引く距離は図１～図３でそれぞれ異なる。最も引く距離が大きいのは図３であり，小さいのは図１である。

2　図１～図３で物体を20[cm]持ち上げるときに必要な手が糸にする仕事の大きさをそれぞれW_1，W_2，W_3としたとき，それぞれの大小関係を表したものとして正しいものを下の(ア)～(オ)の中から１つ選び，記号で答えなさい。

（ア）$W_1=W_2=W_3$　　（イ）$W_3<W_1=W_2$　　（ウ）$W_1<W_2<W_3$

（エ）$W_1=W_2<W_3$　　（オ）$W_2=W_3<W_1$

実験２

図４のように，定滑車と動滑車を組み合わせた装置を用いて，質量3.0［kg］の物体を一定の速さでゆっくりと30［cm］持ち上げた。ただし，滑車や棒の質量は無視できるほど軽いものとする。

図４

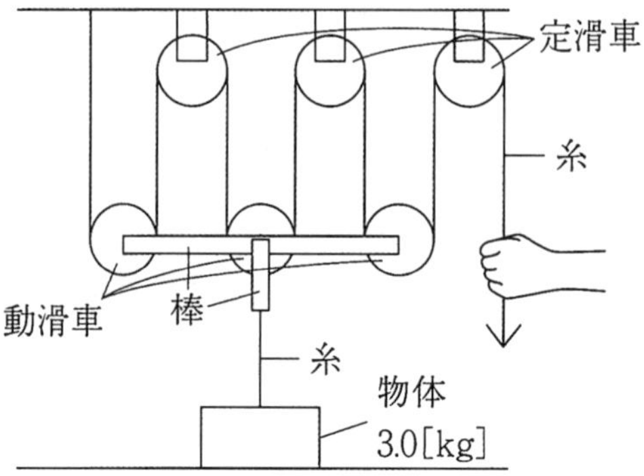

3　このとき，手が糸を引く長さとして正しいものを下の（ア）～（オ）の中から１つ選び，記号で答えなさい。

（ア）5.0［cm］　（イ）15［cm］　（ウ）60［cm］
（エ）90［cm］　（オ）180［cm］

実験３

質量 900 [g] の台車とある質量の物体Ａを糸でつなぎ，その糸を滑車に通したところ，図５のように静止した。図５のときよりも斜面の角度を小さくすると，物体Ａは下がっていき図６のように静止した。

図５

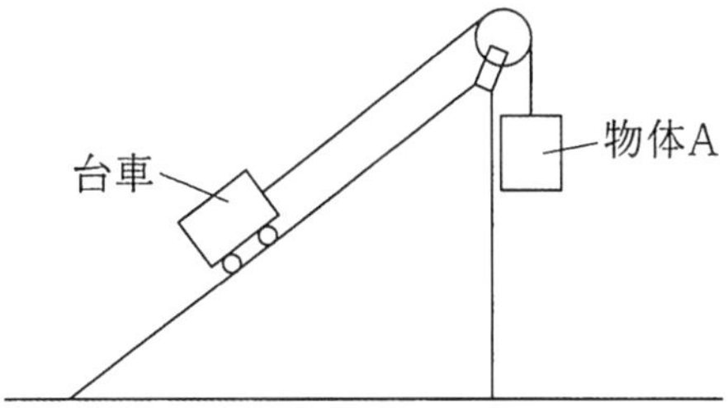

図６

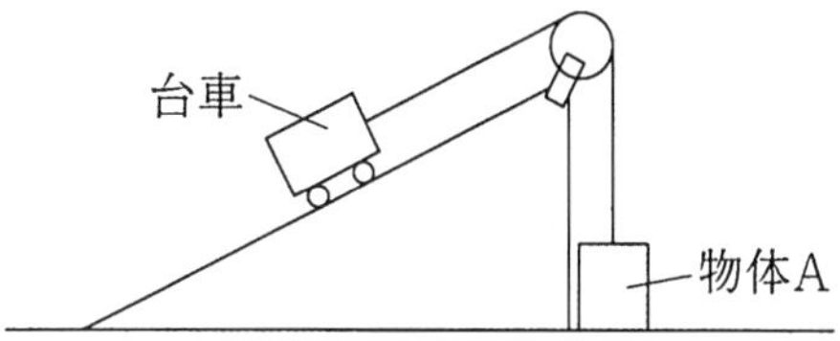

4 図６のときの「台車にはたらく重力」と「台車にはたらく張力」の大きさは，図５のときと比べてそれぞれどうなるか。正しいものを下の(ア)～(オ)の中から１つ選び，記号で答えなさい。

	台車にはたらく重力	台車にはたらく張力
(ア)	変わらない	変わらない
(イ)	変わらない	大きくなる
(ウ)	変わらない	小さくなる
(エ)	大きくなる	変わらない
(オ)	小さくなる	変わらない

実験4

質量 900 [g] の台車を図7のように水平面に固定された斜面の上に乗せ，軽い動滑車と定滑車を用いてゆっくりと一定の速さで引き上げるためにどれだけの大きさの力が必要か調べた。

図7

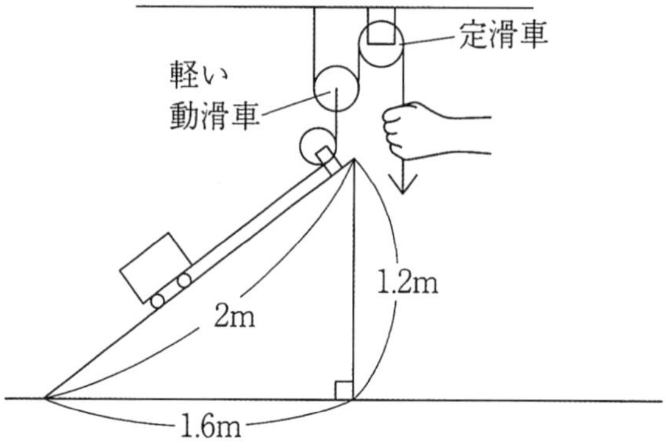

5　このとき台車を引き上げるために必要な最小の力は何[N]か。正しいものを下の（ア）～（オ）の中から１つ選び，記号で答えなさい。ただし，100 [g] の物体にはたらく重力の大きさを１ [N] とする。また，滑車は質量が無視できるくらい軽いものとする。

（ア）2.7[N]　（イ）3.6[N]　（ウ）4.5[N]　（エ）5.4[N]　（オ）7.2[N]

〔２〕 物質の状態に関する以下の文章を読み，6 ～ 10 に答えなさい。

6 ビンに水をこぼれるギリギリまで入れて冷凍庫で凍らせると，ビンから氷がはみ出す現象がみられる。これは水が液体から固体に状態変化するとき，体積が大きくなるという特別な性質を持っている。よって，水と氷は，氷の方が密度が小さい。

実験室で－4［℃］の氷を加熱していくと，0［℃］までは体積は少しずつ増加するが，0［℃］で氷が溶けると体積が減少する。0［℃］を過ぎると，4［℃］まで，体積は減少していく。その後，体積は増加していく。

下の図の中で，実験室における水(氷)の温度と密度の関係を簡単に表した図として正しいものを，次の(ア)～(オ)の中から１つ選び，記号で答えなさい。

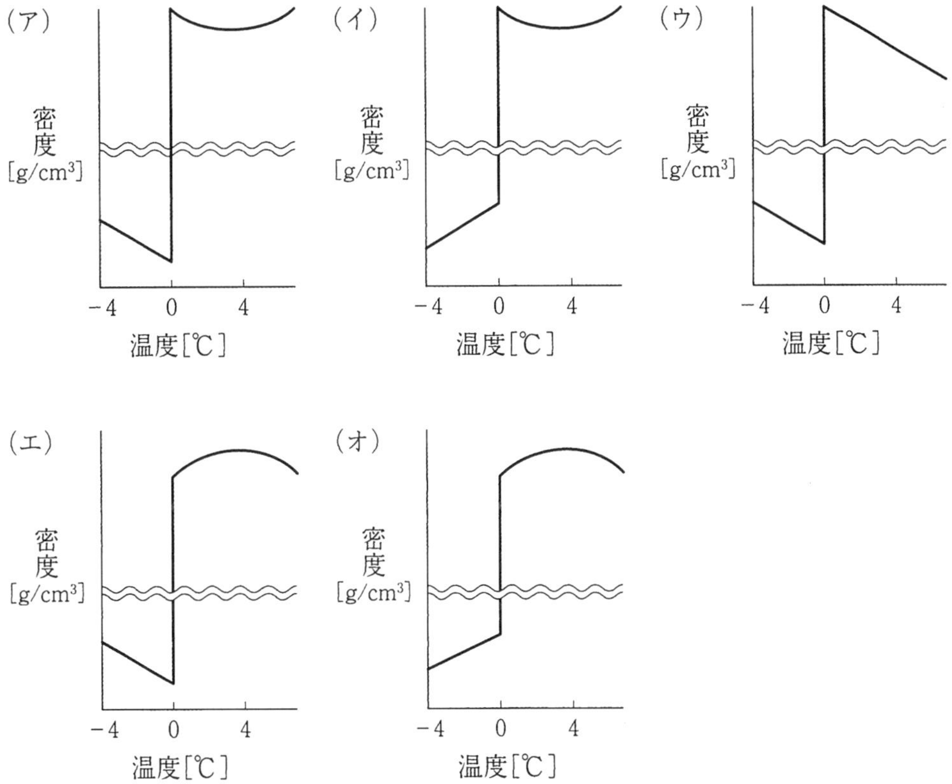

7 以下の薬品等を用いて，CO_2，O_2，NH_3，H_2 の４種類の気体を発生させた。それぞれの気体を発生させる装置の図の組み合わせで正しいものを下の表の(ア)～(オ)の中から１つ選び，記号で答えなさい。

[薬品等] うすい塩酸，二酸化マンガン，亜鉛，アンモニア水，塩化アンモニウム，水酸化カルシウム，オキシドール，石灰石，沸騰石

①

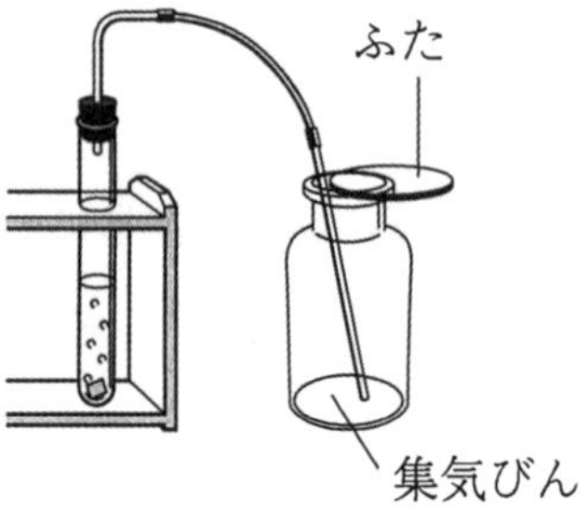

②

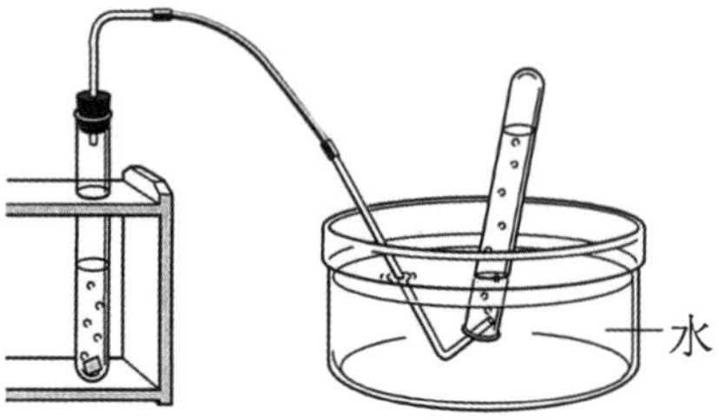

③

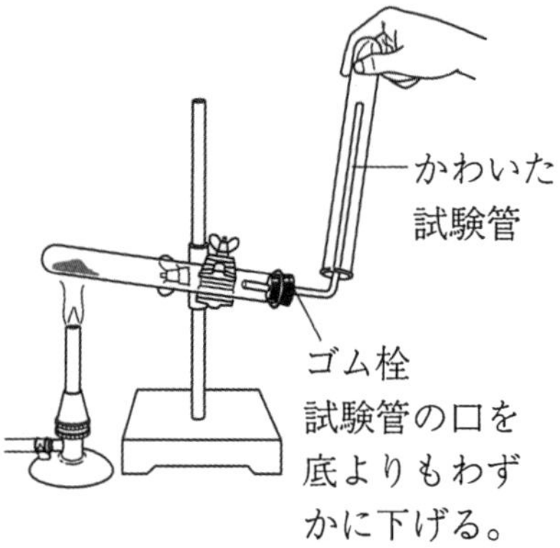

④

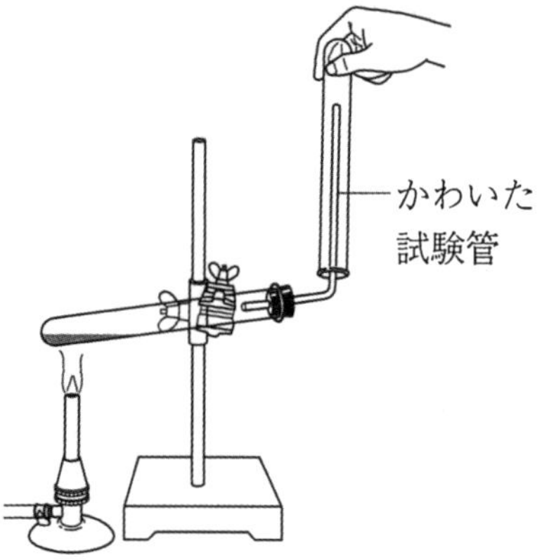

	CO_2	O_2	NH_3	H_2
(ア)	①	④	③	②
(イ)	②	③	④	①
(ウ)	①と②	②	③と④	②
(エ)	②	③と④	①	②
(オ)	①と②	②	④	①

8 次の７つの実験を行った。どの気体が発生する実験が一番多いか。正しいものを下の(ア)～(オ)の中から１つ選び，記号で答えなさい。

＊湯の中に発泡入浴剤を入れる

＊湯の中に酸素系漂白剤を入れる

＊レバーにオキシドールをかける

＊貝殻にうすい塩酸を加える

＊鉄にうすい塩酸を加える

＊ベーキングパウダーに食酢を加える

＊塩化アンモニウムと水酸化カルシウムを混ぜ合わせて熱する

(ア) 酸素　　(イ) アンモニア　　(ウ) 二酸化炭素

(エ) 水素　　(オ) 窒素

下の表は，硝酸カリウムと塩化ナトリウムの溶解度[g/ 水 100g] を表している。
ここで２つの実験１，２を行った。あとの各問いに答えなさい。

水の温度[℃]	硝酸カリウム[g/ 水 100g]	塩化ナトリウム[g/ 水 100g]
0	13.3	37.6
10	22.0	37.7
20	31.6	37.8
40	63.9	38.3
60	109.2	39.0
80	168.8	40.0

〔実験１〕

60[℃]の水 200[g]に硝酸カリウム 100[g]を溶かした後，この水溶液を 10[℃]まで冷やした。

〔実験２〕

60[℃]の水 40[g]に塩化ナトリウムを 14[g]を溶かした後，この水溶液を 10[℃]まで冷やした。

9 この２つの実験で析出した，物質の質量の合計は何[g]か。正しいものを下の(ア)～(オ)の中から１つ選び，記号で答えなさい。

（ア）1.3[g]　（イ）56[g]　（ウ）62.3[g]　（エ）78[g]　（オ）112[g]

10 10[℃]で硝酸カリウムの飽和水溶液 366[g]を作るために必要な硝酸カリウムは何[g]か。正しいものを下の(ア)～(オ)の中から１つ選び，記号で答えなさい。

（ア）22[g]　（イ）33[g]　（ウ）44[g]　（エ）55[g]　（オ）66[g]

〔３〕 次のＡさんと先生の会話と以下の文章を読み，11 ～ 15 に答えなさい。

Ａさん：学校からもらったジャガイモの種いもを畑に植えたら，たくさんのジャガイモが取れました。

先　生：ジャガイモの種いもは種子ではないけど，成長して新しいジャガイモをたくさん作ることができるね。こういう増え方を【　1　】というんだよ。

Ａさん：ジャガイモは種子は作らないのですか？

先　生：ジャガイモも種子はできます。ジャガイモは体細胞分裂によって新しい個体を作る【　2　】と，生殖細胞の合体によって新しい個体を作る【　3　】の両方ができるんです。

Ａさん：ではどのような時にジャガイモを種子から育てるのですか？

先　生：①新しい品種を作る時には，種子を使って新しいジャガイモを育てますね。

11　【　1　】から【　3　】に適する語句の組み合わせとして，正しいものを下の（ア）～（オ）の中から１つ選び，記号で答えなさい。

	【　1　】	【　2　】	【　3　】
（ア）	有性生殖	栄養生殖	無性生殖
（イ）	有性生殖	無性生殖	栄養生殖
（ウ）	無性生殖	有性生殖	栄養生殖
（エ）	栄養生殖	有性生殖	無性生殖
（オ）	栄養生殖	無性生殖	有性生殖

12 　下線部①について，収穫量の多いジャガイモと病気に強いジャガイモを使って，収穫量が多くて病気に強いジャガイモを作りたい。どのようにしたら良いか，正しいものを下の(ア)～(オ)の中から１つ選び，記号で答えなさい。

（ア）収穫量が多いジャガイモの花粉を病気に強いジャガイモに受粉させて，病気に強いジャガイモから得られた種子を育てて，収穫量が多く病気に強いジャガイモを選び出す。

（イ）収穫量が多いジャガイモの花粉を病気に強いジャガイモに受粉させて，収穫量が多いジャガイモから得られた種子を育てて，収穫量が多く病気に強いジャガイモを選び出す。

（ウ）収穫量が多いジャガイモの花粉を病気に強いジャガイモに受粉させて，病気に強いジャガイモから得られた種いもを育てて，収穫量が多く病気に強いジャガイモを選び出す。

（エ）病気に強いジャガイモの花粉を収穫量が多いジャガイモに受粉させて，収穫量が多いジャガイモから得られた種いもを育てて，収穫量が多く病気に強いジャガイモを選び出す。

（オ）病気に強いジャガイモの花粉を収穫量が多いジャガイモに受粉させて，病気に強いジャガイモから得られた種いもを育てて，収穫量が多く病気に強いジャガイモを選び出す。

②しわのある種子を作る純系のエンドウの花粉を，丸い種子を作る純系のエンドウに受粉させた。この時用いた丸い種子を作る純系のエンドウからは，すべて丸い種子ができた。次に，得られた多数の丸い種子をまいて育てたところ全体で，③500 個の丸い種子ができた。

＜考察＞

親の細胞では１つの形質についての遺伝子が対になっていて，生殖細胞ができるときにはその遺伝子が１つずつ分かれてはいる。受精によって１つずつに分かれた遺伝子は合わさって対になる。実験において，丸い種子を作る遺伝子をＡ，しわのある種子を作る遺伝子をａとすると，丸い種子を作る純系の親の遺伝子の組み合わせは【　4　】となり，しわのある種子を作る純系の親の遺伝子の組み合わせは【　5　】となる。また，子の遺伝子の組み合わせはすべて【　6　】となる。

13　【　4　】～【　6　】に当てはまる遺伝子の組み合わせにおいて，正しいものを下の(ア)～(オ)の中から１つ選び，記号で答えなさい。

	【　4　】	【　5　】	【　6　】
(ア)	A	a	Aa
(イ)	AA	Aa	AA
(ウ)	Aa	aa	AA
(エ)	AA	aa	Aa
(オ)	Aa	Aa	aa

14　下線部②のように，形質の異なる純系を交雑した時，子に現れる形質を何というか。下の(ア)～(オ)の中から１つ選び，記号で答えなさい。

(ア) 顕性形質　　(イ) 潜性形質　　(ウ) 中間形質

(エ) 優先形質　　(オ) 劣後形質

15 下線部③について，500 個の丸い種子ができた畑と同じ畑でできたしわの種子は，理論上何個得られると考えられるか。最も近い数を下の(ア)～(オ)の中から1つ選び，記号で答えなさい。

（ア）130〔個〕　（イ）170〔個〕　（ウ）250〔個〕
（エ）500〔個〕　（オ）1500〔個〕

〔４〕 ある日の学校帰りに，池田くんと松原さんは天体について話をした。

２人の会話を読み，16 ～ 20 に答えなさい。

松原さん：今日は満月がきれいね。

池田くん：太陽や月は，この宇宙の中の天体の１つなんだ。天体には恒星や惑星，衛星があって・・・。

16 池田くんが恒星，惑星，衛星について正しく説明したものを下の(ア)～(オ)の中から１つ選び，記号で答えなさい。

（ア）太陽のような惑星の周りを，地球のような恒星がまわっているんだ。また，恒星の周りを月のような衛星がまわっているんだよ。太陽，地球，月で考えて大きさを比較すると，惑星が一番大きくて，衛星が一番小さいよね。

（イ）太陽のような恒星の周りを，地球のような惑星がまわっているんだ。また，惑星の周りを月のような衛星がまわっているんだよ。太陽，地球，月で考えて大きさを比較すると，惑星が一番大きくて，衛星が一番小さいよね。

（ウ） 地球のような惑星の周りを，太陽のような恒星がまわっているんだ。また，惑星の周りを月のような衛星がまわっているんだよ。太陽，地球，月で考えて大きさを比較すると，恒星が一番大きくて，衛星が一番小さいよね。

（エ） 太陽のような恒星の周りを，地球のような惑星がまわっているんだ。また，惑星の周りを月のような衛星がまわっているんだよ。太陽，地球，月で考えて大きさを比較すると，恒星が一番大きくて，衛星が一番小さいよね。

（オ） 地球のような惑星の周りを，太陽のような恒星がまわっているんだ。また，惑星の周りを月のような衛星がまわっているんだよ。太陽，地球，月で考えて大きさを比較すると，恒星が一番大きくて，惑星が一番小さいよね。

松原さん：そうなんだ。でも，私には東にある満月と西にある夕日はほとんど同じ大きさに見えるよ。

池田くん：そうだね。地球にいる我々から見て，太陽と月がほとんど同じ大きさに見えることは，本当に奇跡的なことなんだよ。本当の太陽の半径はすごく大きくて，月の半径は3500[km]ぐらいなんだ。地球から見て同じ大きさに見えるのは，太陽までの距離は15000万[km]（1億5000万）であるのに対して，月までは375000[km]ぐらいなんだね。数字は，計算しやすいように少しだけ変えてあるよ。太陽の半径を考えてみてよ。

17　太陽の半径は何万[km]か。下の（ア）～（オ）の中から１つ選び，記号で答えなさい。

（ア）100万[km]　（イ）120万[km]　（ウ）140万[km]
（エ）160万[km]　（オ）180万[km]

松原さん：やっぱり太陽は遠いし，大きいよね。

池田くん：そうなんだ。１秒間で地球を７周半するスピードで伝わる光ですら，太陽から地球までに500秒もかかるんだ。太陽までの距離は15000万[km]であったことから光の速さを考えてみてよ。

18　光の速さは１秒間に何[km]か。下の（ア）～（オ）の中から１つ選び，記号で答えなさい。

（ア）10万[km]　（イ）20万[km]　（ウ）30万[km]
（エ）40万[km]　（オ）50万[km]

松原さん：光は速いし，太陽は遠いよね。でも，数字ばかりでなく，日食や月食などの天体ショーは面白いよね。

池田くん：そうだね。（そう言って，地面に図８の図を描いた。）これは，日食と月食の様子を表しているんだ。日食は・・・。

図８

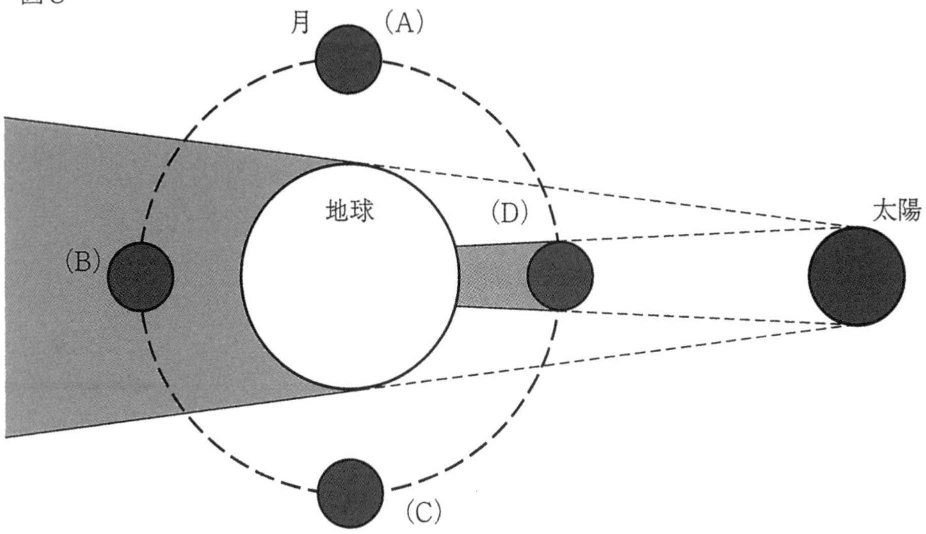

19　池田くんが行う，日食と月食についての正しい説明を下の（ア）～（オ）の中から１つ選び，答えなさい。

（ア）日食は図８の(B)の位置で，月食は図８の(D)の位置なんだ。影の部分から日食は１時間以上続いて，月食の約６分よりも長い時間になるんだ。

（イ）日食は図８の(B)の位置で，月食は図８の(D)の位置なんだ。影の部分から月食は１時間以上続いて，日食の約６分よりも長い時間になるんだ。

（ウ）日食は図８の(D)の位置で，月食は図８の(B)の位置なんだ。影の部分から日食は１時間以上続いて，月食の約６分よりも長い時間になるんだ。

（エ）日食は図８の(D)の位置で，月食は図８の(B)の位置なんだ。影の部分から月食は１時間以上続いて，日食の約６分よりも長い時間になるんだ。

（オ）日食は図８の(A)の位置で，月食は図８の(B)の位置なんだ。影の部分から日食は１時間以上続いて，月食の約６分よりも長い時間になるんだ。

松原さん：池田くんの図(図８)だと，地球がすごく大きく見えるよね。

池田くん：当然，太陽はすごく遠くにあるので，本当は太陽の方が巨大なのは明らかなんだ。でも太陽光線を使って，地球の大きさを測ることができるんだよ。今度はこんな図（図９）を書くね。北海道は北緯 45 度ぐらいなんだ。ということは，春分の日のお昼の 12 時であれば，赤道では太陽光線は真上から，北海道では，45 度の方向から日光が差し込むことになる。この図はその時の様子なんだ。赤道と北海道は 5000［km］ぐらい離れているから，地球１周分の長さがわかるよね。

図９

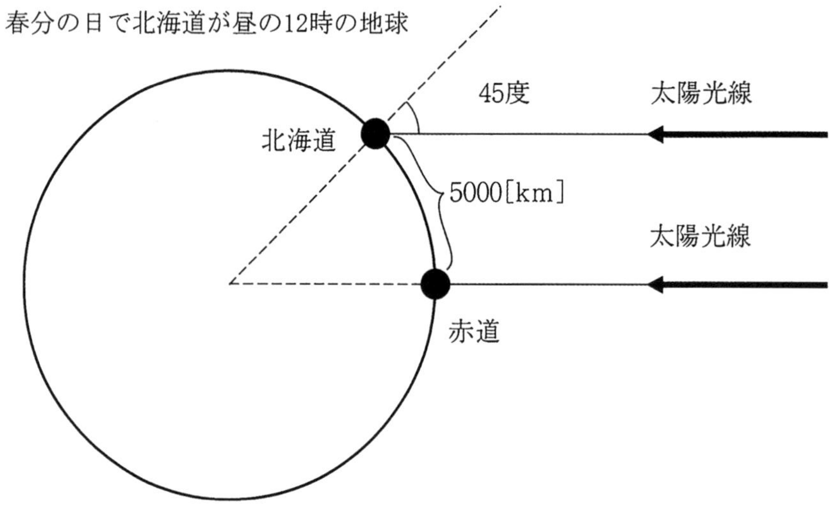

20　地球１周分の長さは何万[km]か。下の(ア)～(オ)の中から１つ選び，記号で答えなさい。

（ア） ２万[km]　　（イ） ４万[km]　　（ウ）10 万[km]

（エ）20 万[km]　　（オ）40 万[km]

松原さん：あとは円周率を考えれば，地球の半径もわかるね。

池田くん：そうなんだ。

（問題はこれで終わりです。）

令和５年度　　社　　会　(30分)

1　試験開始の合図があるまで，この問題冊子を開いてはいけません。
2　問題は全部で 20 ページあります。解答用紙は１枚です。
3　受験番号と氏名を，この表紙と解答用紙に必ず記入しなさい。
4　試験終了後，問題冊子と解答用紙を回収します。

解答用紙は，コンピュータで処理される
マークシートです。
特に，次の注意をよく守りなさい。

1　ＨＢの黒鉛筆で記入しなさい。
（とがっている鉛筆は避けなさい）

2　受験番号は，□内に横１字ずつ記入し，
下のそれぞれの数字をマークしなさい。
（記入例）　受験番号が２００４２３の場合

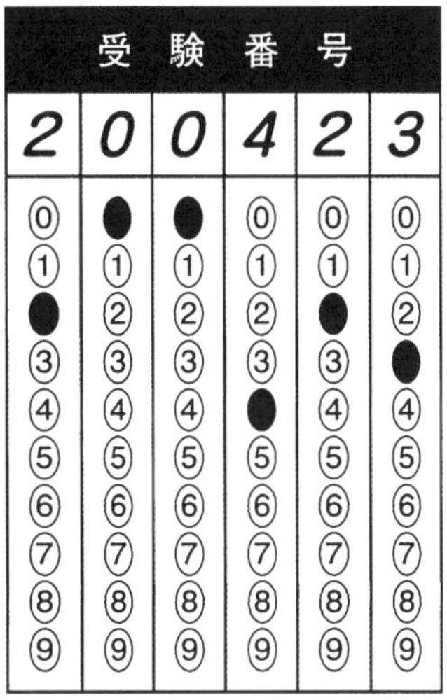

3　解答の記入方法は，たとえば，1と表示のある問いに対してイと解答する場合には，次のように
解答番号１の解答欄にマークしなさい。

（例）

解答番号	解　答　欄
1	ア　●　ウ　エ

4　マークする場合は，次に示す良い例のように黒く塗りつぶしなさい。

良い例	悪い例

5　マークの訂正は，上質の消しゴム（プラスチック製が良い）で跡を残さないように完全に消し，
消し屑をきれいに取り除きなさい。

6　解答用紙を汚したり，折りまげたりしないこと。

受験番号							氏　名	

社　　　会

（解答番号 1 ～ 25 ）

〔１〕　サオリさんは，夏休みにクラブの研修でアメリカ合衆国へ行った。以下の問題は，それらに関するものである。あとの 1 ～ 3 に答えなさい。

1 　サオリさんが乗った飛行機は，関西国際空港を日本時間８月８日の午後３時に出発し，ロサンゼルスの国際空港に現地時間の８月８日の午前９時に到着した。時差を17時間と考えて飛行時間を求めたとき，正しいものを，次の(ア)～(エ)のうちから一つ選びなさい。

(ア)　9時間　　(イ)　11時間　　(ウ)　13時間　　(エ)　15時間

2 サオリさんがアメリカに滞在している時に，ニュースでハリケーンによる被害の報道を目にした。北アメリカ大陸に上陸するハリケーンの動きを示した矢印として正しいものを，あとの地図1の(ア)～(エ)のうちから一つ選びなさい。

3 次の文章は，あとの地図1のAで示した地域の農業についてのものである。地域Aに関する記述として正しいものを，次の(ア)～(エ)のうちから一つ選びなさい。

(ア) この地域は，全体的に温暖な気候であり，それを利用した大規模な綿花の栽培が行われている。

(イ) この地域は，広大な平原地帯で肥よくな土地に恵まれていて，小麦の大規模栽培が行われている。

(ウ) この地域は，飼料作物を栽培して乳牛を飼育する酪農が盛んであり，牛乳やチーズの生産が多い。

(エ) この地域は，牛を肥育するための飼料栽培が行われており，大豆やトウモロコシの栽培が盛んである。

地図１

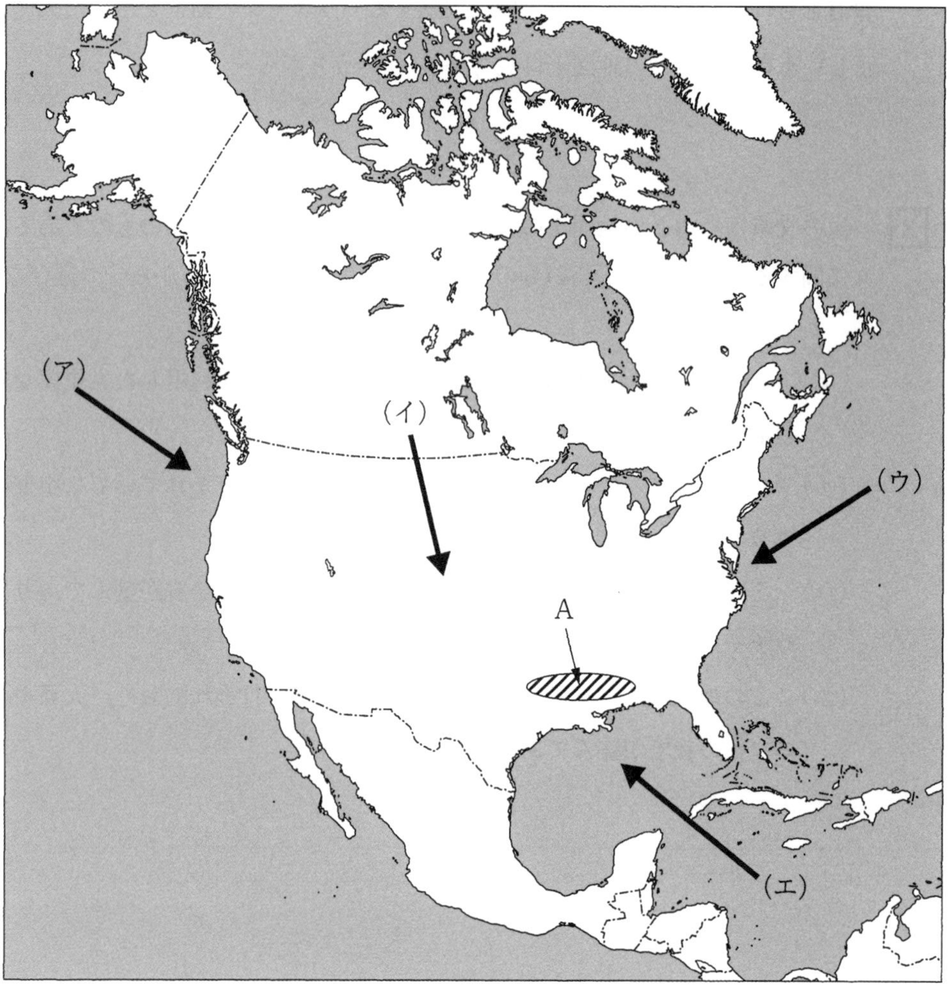

〔2〕 マヨさんは，秋に休暇をとって関東地方に出かけた。以下の問題は，それに関するものである。地図2を参考に，あとの 4 ～ 6 に答えなさい。

地図2

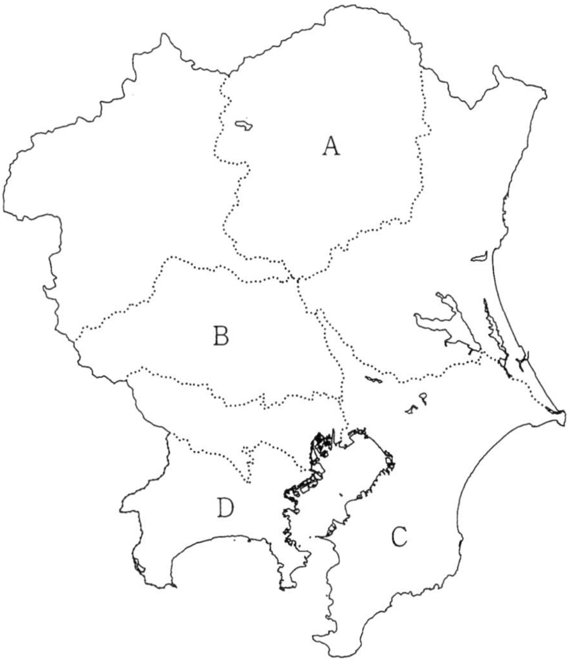

4 次の表は，地図2に示したA～Dの都道府県における，政令指定都市の数，農業産出額，持ち家住宅率を表したものである。地図2のCの県に該当するものを，次の(ア)～(エ)のうちから一つ選びなさい。

	政令指定都市	農業産出額(億円)	持ち家住宅率(%)
(ア)	0	2859	69.1
(イ)	1	1678	65.7
(ウ)	1	3859	65.4
(エ)	3	655	59.1

『データブックオブザワールド2022』より作成

5 次の表は，三大都市圏における，都庁や市役所を中心とした半径50kmの範囲にある地域を，中心から10kmごとに分けたときの人口構成比を示したものである。ａ～ｃは，三大都市圏のいずれかである。ａ～ｃの組み合わせとして正しいものを，下の(ア)～(エ)のうちから一つ選びなさい。

半径	a	b	c
	構成比(%)	構成比(%)	構成比(%)
0～10km	24.9	11.9	25.8
10～20km	25.7	28.2	23.6
20～30km	19.7	23.7	16.6
30～40km	23.7	21.7	18.6
40～50km	6.1	14.6	15.3
計	100.0	100.0	100.0

『日本国勢図会 2018/19』より作成

	東京圏	名古屋圏	大阪圏
(ア)	a	b	c
(イ)	a	c	b
(ウ)	b	a	c
(エ)	b	c	a

6　マヨさんが旅行した関東地方には，成田国際空港，東京港，横浜港など，日本有数の貿易港が存在する。次の表は，この３港に名古屋港を加えた４港の，輸出品・輸入品の上位３品目とその構成比を示したものである。成田国際空港に該当するものを，次の(ア)～(エ)のうちから一つ選びなさい。なお，上段が輸出品で，下段が輸入品である。

	1位		2位		3位	
	品目	構成比(%)	品目	構成比(%)	品目	構成比(%)
(ア)	自動車	24.6	自動車部品	16.6	内燃機関	4.1
	液化ガス	7.5	衣類	6.9	石油	5.8
(イ)	半導体など	8.4	金(非貨幣用)	7.6	科学光学機器	5.5
	通信機	14.1	医薬品	13.3	コンピュータ	9.8
(ウ)	自動車	15.9	プラスチック	4.7	内燃機関	4.4
	石油	6.3	有機化合物	3.4	液化ガス	3.4
(エ)	自動車部品	5.8	半導体など	5.2	コンピュータ部品	5.1
	衣類	8.9	コンピュータ	6.2	肉類	4.5

『データブックオブザワールド2022』より作成

〔３〕 ハルヒさんは，戦国時代までの歴史上の人物が暗殺されたり，襲撃されたりした事件について調べた。次の年表は，ハルヒさんが調べた情報をもとに作成したものである。これを見て，あとの 7 ～ 9 に答えなさい。

西暦	事 件	備 考
592	当時の天皇が蘇我馬子に暗殺された	蘇我氏の権力が増した
645	蘇我氏が中大兄皇子と中臣鎌足に滅ぼされた ①	大化の改新が始まった
785	平城京から長岡京へ都を移す途中に責任者が暗殺された ①	桓武天皇は都を移す先を平安京へ変更した
1204	②鎌倉幕府の２代将軍が暗殺された	執権の北条氏の権力が増した
1219	鎌倉幕府の３代将軍が暗殺された	
1441	室町幕府６代将軍の③足利義教《のり》が暗殺された	幕府の権威が落ち，応仁の乱につながった
1582	織田信長が家臣の明智光秀に襲撃された	本能寺の変

7 年表の①の期間について，この期間のできごとについて書かれている史料として誤っているものを，次の(ア)～(エ)のうちから一つ選びなさい。

(ア)

…墾田は期限が終われば，ほかの土地と同様に国に収められることになっている。しかし，このために農民は意欲を失い，せっかく土地を開墾しても，またあれてしまう。今後は私有することを認め，三世一身といわず，永久に国に収めなくてもよい。

（現代語に要約）

(イ)

一に曰く，和を以て貴しとなし，争うことなきを宗とせよ。

二に曰く，あつく三宝を敬え。三宝とは，仏・法・僧なり。

三に曰く，詔をうけたまわりては必ずつつしめ。…

(ウ)

天平十五年十月，聖武天皇の詔が出された。「…さて天平十五年十月十五日，一切衆生《いっさいしゅじょう》と万物を救おうという大願を立て，大仏の金剛像を一体お造りする。…もし人々のなかで，一本の草や一にぎりの土を持って協力しようと願う者があれば，許可せよ…」

（現代語に要約）

(エ)

大王は　神にしませば　水鳥の
すだく水沼を　都と成しつ

（大王は神でいらっしゃるので，水鳥が群れ集まる沼地を，都に変えられました。）

（現代語に要約）

8　年表の下線部②について，鎌倉幕府が開かれていた時代の文化を表すものとして正しいものを，次の(ア)～(エ)のうちから一つ選びなさい。

(ア)

(イ)

(ウ)

(エ)

9 年表の下線部③について，この人物が将軍に就任する際に正長の土一揆が発生した。ハルヒさんは，正長の土一揆について以下のレポートにまとめた。（　a　）～（　c　）に当てはまる単語の組み合わせとして正しいものを，次の(ア)～(エ)のうちから一つ選びなさい。ただし，レポート内の同じ記号の空欄には同じ単語が入る。

正長の土一揆について

3年8組14番　中部ハルヒ

正長の土一揆は，（　a　）国の坂本の人々が徳政を求めて起こしたものである。徳政とは借金の帳消しのことで，ききんや疫病，過大な税金に苦しんだ農民や，（　b　）が中心となった。

彼らは京都に入ると，高利貸しを営んでいた（　c　）や寺社などをおそい，借金証書を破ったり，質入れした品物を勝手に奪い返したりした。室町時代の僧の日記である『大乗院日記目録』を見ると，当時の知識人が正長の土一揆をどう見ていたかがわかる。

正長の土一揆に対して，幕府は徳政令を出さなかった。しかし，一揆は近畿地方一帯に広がり，一揆を抑えられず徳政が行われた地域も存在した。

〈地図と資料〉

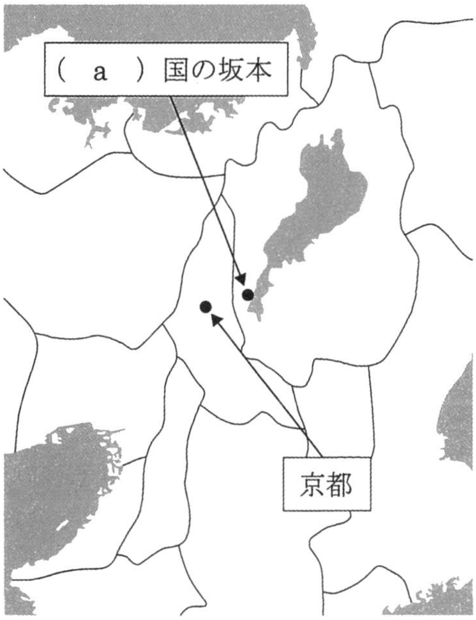

正長の土一揆

正長元年の九月，天下の土民が蜂起《ほうき》した。徳政と言って，（　c　），寺社などを破壊し，質入れした品物を勝手に取り，借金証書をすべて破り捨てた。管領がこれを鎮めた。国をほろぼすものとしてこれ以上のものはない。日本が始まって以来，土民が蜂起したのはこれが初めてである。

『大乗院日記目録』（現代語に要約）

（ア）　a－近江　　b－馬借，車借　　c－土倉，酒屋

（イ）　a－近江　　b－土倉，酒屋　　c－馬借，車借

（ウ）　a－山城　　b－馬借，車借　　c－土倉，酒屋

（エ）　a－山城　　b－土倉，酒屋　　c－馬借，車借

〔4〕 次のマンガの歴史に関する文章を読み，あとの 10 ～ 13 に答えなさい。

日本のマンガの歴史は，平安時代末期の絵巻物までさかのぼる。絵巻物は絵と言葉を織り交ぜて物語を表現する。また，『鳥獣戯画』『信貴山縁起絵巻』などには，擬人化や異時同図法，フキダシなどの技法が用いられている。これらの特徴を持つ絵巻物は，マンガの原点と考えられる。

江戸時代になると，挿絵《さしえ》入りの本である黄表紙や，浮世絵が流行した。これらにもマンガに通じる表現が見られる。政治を風刺した黄表紙は，①寛政の改革で発行禁止となった。また，浮世絵師の②葛飾北斎は，『北斎漫画』と呼ばれる作品も描いている。

明治・大正時代になると，西洋の影響を受け，政治の風刺画や，コマ割りを使った作品が描かれた。当時の風刺画家としてはフランス人のビゴーが有名である。これらは，③1920年代には「漫画」と呼ばれるようになった。

このようにしてマンガの原型が完成した。しかし，昭和になり日中戦争が始まると，マンガは国民の戦意を高める手段として使われるようになる。例えば，主人公が軍隊で出世していく様を描いた『のらくろ軍事探偵』などが人気を得ていた。

太平洋戦争の直後に，マンガ界に革命を起こしたのが手塚治虫である。彼は映画の手法をマンガに取り入れ，人気を集めた。同時期に新聞掲載《けいさい》の4コママンガとして始まったのが，長谷川町子の『サザエさん』である。『サザエさん』は，日本の政治や経済，アメリカと④ソ連の対立である冷戦などの社会情勢を風刺し，人気作品となった。

現代では，多種多様なマンガが出版されている。なかには社会現象といえるほど人気となったマンガも存在する。『鬼滅の刃』や『呪術廻戦』はその例といえるだろう。もはやマンガは単なる娯楽ではなく，日本の文化の一つなのである。

※100点満点

理　科　解　答　用　紙

問題	1	2	3	4	5	6	7	8	9	10
配点	5	5	5	5	5	5	5	5	5	5

問題	11	12	13	14	15	16	17	18	19	20
配点	5	5	5	5	5	5	5	5	5	5

の注意
り汚したりしないこと。
きは、消しゴムで完全に消すこと。
、数字で記入してから間違いないようマークすること。
) を鉛筆（ＨＢ）で黒くぬりつぶすこと。

マークの例

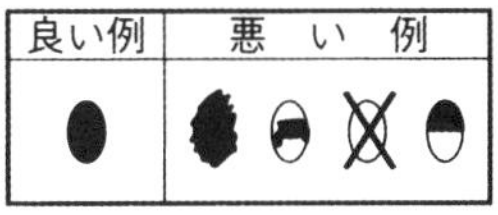

答		欄
ウ	エ	オ
ウ	エ	オ
ウ	エ	オ
ウ	エ	オ
ウ	エ	オ
ウ	エ	オ
ウ	エ	オ
ウ	エ	オ
ウ	エ	オ
ウ	エ	オ

※100点満点

社　会　解　答　用　紙

問　題	1	2	3	4	5	6	7	8	9	10	11	12	13	14	15
配　点	4	4	4	4	4	4	4	4	4	4	4	4	4	4	4

問　題	16	17	18	19	20	21	22	23	24	25
配　点	4	4	4	4	4	4	4	4	4	4

上の注意

り汚したりしないこと。

きは、消しゴムで完全に消すこと。

、数字で記入してから間違いないようマークすること。

◯ を鉛筆（ＨＢ）で黒くぬりつぶすこと。

マークの例

良い例	悪　い　例

解答番号	解　答　欄			
21	㋐	㋑	㋒	㋓
22	㋐	㋑	㋒	㋓
23	㋐	㋑	㋒	㋓
24	㋐	㋑	㋒	㋓
25	㋐	㋑	㋒	㋓

受験番号					
0	0	0	0	0	0
1	1	1	1	1	1
2	2	2	2	2	2
3	3	3	3	3	3
4	4	4	4	4	4
5	5	5	5	5	5
6	6	6	6	6	6
7	7	7	7	7	7
8	8	8	8	8	8
9	9	9	9	9	9

フリガナ	
氏　名	

この欄には記入するな

★マー

解答番号	解　答　欄			
1	ア	イ	ウ	エ
2	ア	イ	ウ	エ
3	ア	イ	ウ	エ
4	ア	イ	ウ	エ
5	ア	イ	ウ	エ
6	ア	イ	ウ	エ
7	ア	イ	ウ	エ
8	ア	イ	ウ	エ
9	ア	イ	ウ	エ
10	ア	イ	ウ	エ

解答番号	解　答	
11	ア	イ
12	ア	イ
13	ア	イ
14	ア	イ
15	ア	イ
16	ア	イ
17	ア	イ
18	ア	イ
19	ア	イ
20	ア	イ

受験番号					
⓪	⓪	⓪	⓪	⓪	⓪
①	①	①	①	①	①
②	②	②	②	②	②
③	③	③	③	③	③
④	④	④	④	④	④
⑤	⑤	⑤	⑤	⑤	⑤
⑥	⑥	⑥	⑥	⑥	⑥
⑦	⑦	⑦	⑦	⑦	⑦
⑧	⑧	⑧	⑧	⑧	⑧
⑨	⑨	⑨	⑨	⑨	⑨

フリガナ	
氏　名	

この欄には記入するな

★マー

解答番号	解答欄					解答番号	解
1	㋐	㋑	㋒	㋓	㋔	11	㋐
2	㋐	㋑	㋒	㋓	㋔	12	㋐
3	㋐	㋑	㋒	㋓	㋔	13	㋐
4	㋐	㋑	㋒	㋓	㋔	14	㋐
5	㋐	㋑	㋒	㋓	㋔	15	㋐
6	㋐	㋑	㋒	㋓	㋔	16	㋐
7	㋐	㋑	㋒	㋓	㋔	17	㋐
8	㋐	㋑	㋒	㋓	㋔	18	㋐
9	㋐	㋑	㋒	㋓	㋔	19	㋐
10	㋐	㋑	㋒	㋓	㋔	20	㋐

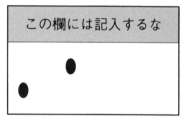

10 下線部①について，次の文章XとYの正誤の組み合わせとして正しいものを，下の(ア)～(エ)のうちから一つ選びなさい。

X　この改革では，旗本・御家人の借金を帳消しにさせたり，江戸に出てきた農民を故郷に帰らせたりした。この改革は，倹約によって幕府の支出を減らそうとした。

Y　この改革では，学問に対する統制も行われた。寛政異学の禁が出され，湯島聖堂では『万葉集』や『古事記』の研究を通じて，日本古来の道を説く国学が教えられた。

(ア) X 正　Y 正　　(イ) X 正　Y 誤
(ウ) X 誤　Y 正　　(エ) X 誤　Y 誤

11 下線部②について，この人物と同じ時代に活躍した人物とその代表作の組み合わせとして正しいものを，次の(ア)～(エ)のうちから一つ選びなさい。

(ア) 人物：滝沢(曲亭)馬琴　　代表作：『南総里見八犬伝』
(イ) 人物：歌川広重　　代表作：『富嶽三十六景』
(ウ) 人物：近松門左衛門　　代表作：『曽根崎心中』
(エ) 人物：菱川師宣　　代表作：『東海道五十三次』

12 下線部③について，1920年代に起こったできごととして誤っているものを，次の(ア)～(エ)のうちから一つ選びなさい。

(ア) ニューヨークのウォール街で株価が大暴落した。
(イ) 日本で，満25歳以上のすべての男子が選挙権を得る法律が成立した。
(ウ) 日本軍が南満州鉄道を爆破し，中国軍のしわざとして軍事行動を開始した。
(エ) 日本で，天皇制や私有財産制を否定する活動を禁止する法律が成立した。

13 下線部④について，次のａ～ｄの文章はソ連の歴史について述べたものである。ａ～ｄを古いものから順に並べたものとして正しいものを，下の(ア)～(エ)のうちから一つ選びなさい。

ａ　レーニンの死後に最高指導者となったスターリンは，農業の集団化と重工業化を目指す五か年計画を開始した。

ｂ　ソ連が日ソ中立条約を破り満州・南樺太・千島列島などに侵攻したことで，日本から移住していた人々が捕《とら》われた。

ｃ　ソ連が日本と日ソ共同宣言を調印したことで日本は国際連合への加盟を果たしたが，北方領土問題の交渉は難航し，問題は先送りにされた。

ｄ　ソ連共産党の書記長となったゴルバチョフは，アメリカのブッシュ大統領とマルタ島で会談した。

(ア)　ａ→ｂ→ｃ→ｄ　　(イ)　ｄ→ａ→ｂ→ｃ
(ウ)　ｄ→ｃ→ａ→ｂ　　(エ)　ａ→ｄ→ｃ→ｂ

〔５〕 次の 14 ～ 19 に答えなさい。

14 タカシさんが，ある公害病についてまとめた。この公害病の名称として正しいものを，次の(ア)～(エ)のうちから一つ選びなさい。

> 神通川流域にカドミウムが流出したことにより，甚大な健康被害をもたらしました。患者はカドミウムの中毒により，骨折しやすくなりました。患者とその家族は，未処理廃水を流した企業を訴え，裁判では原告の主張が全面的に認められました。

(ア) 新潟水俣病　　(イ) 水俣病
(ウ) イタイイタイ病　　(エ) 四日市ぜんそく

15 タカシさんが，財政政策と金融政策について調べ，好景気(好況)のときと不景気(不況)のときに，どんな政策が行われるのかを，４枚のパネルにまとめた。この４枚のパネルのうち正しいものを，次の(ア)～(エ)のうちから一つ選びなさい。

	好景気(好況)のとき	不景気(不況)のとき
日本銀行の金融政策	パネルA 国債などを銀行に売り，銀行から企業への資金の貸し出しを減らそうとする。	パネルB 減税をして企業や家計の消費を増やそうとする。
政府の財政政策	パネルC 公共投資を増やして企業の仕事を増やす。	パネルD 公共投資を減らして企業の仕事を減らす。

(ア) パネルA　(イ) パネルB　(ウ) パネルC　(エ) パネルD

16 日本の選挙制度について述べた文として正しいものを，次の(ア)～(エ)のうちから一つ選びなさい。

(ア) 国会議員を選ぶ選挙については，国民が外国にいても投票できる仕組みが整っている。

(イ) 国会議員を選ぶ選挙権は満20歳以上のすべての国民に認められるが，2016年の法改正により，地方議会の議員，地方公共団体の首長を選ぶ選挙権は，満18歳以上のすべての国民に認められるようになった。

(ウ) 日本に居住する外国人は，日本国籍をもっていなくても，地方議会の議員，地方公共団体の首長を選ぶ選挙権を有する。

(エ) 参議院議員選挙の際，最高裁判所裁判官の国民審査が行われる。

17　日本国憲法第96条に規定されている，憲法改正の手続きについて示した次の表の(　a　)と(　b　)に入る語句の組み合わせとして正しいものを，下の(ア)～(エ)のうちから一つ選びなさい。

衆議院（もしくは参議院）総議員の３分の２以上の賛成

↓

参議院（もしくは衆議院）総議員の３分の２以上の賛成

↓

憲法改正の（　a　）

↓

国民投票　有効投票の過半数の賛成

↓

（　b　）が国民の名において公布

(ア)　a－発表　　b－内閣総理大臣

(イ)　a－発表　　b－天皇

(ウ)　a－発議　　b－内閣総理大臣

(エ)　a－発議　　b－天皇

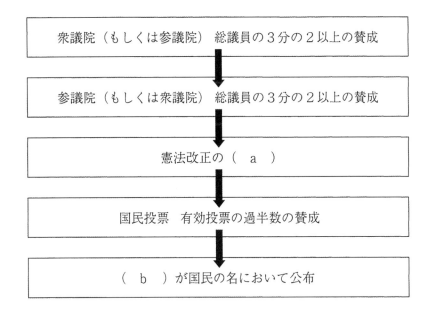

18 次の資料が示す条文の名称として正しいものを，下の(ア)～(エ)のうちから一つ選びなさい。

第151条①	経済生活の秩序は，すべての者に人間たるに値する生活を保障する目的をもつ正義の原則に適合しなければならない。この限界内で，個人の経済的自由は，確保されなければならない。
第153条①	所有権は，憲法によって保障される。その内容およびその限界は，法律によって明らかにされる。
③	所有権は義務を伴う。その行使は，同時に公共の福祉に役立つべきである。

(ア) 日本国憲法　　(イ) フランス人権宣言

(ウ) ワイマール憲法　　(エ) 大日本帝国憲法

19 次の資料は，あるファミリーレストランの求人広告の例である。この広告にある下線部の内容には，1985年に制定された日本のある法律に違反する項目がある。その項目として正しいものを，資料中の(ア)～(エ)のうちから一つ選びなさい。

フロアスタッフ(アルバイト)募集！！	
資格★	年齢不問
	(ア)高校生もＯＫ！
	(イ)女性のみ募集
給与★	時給1200円以上
	(ウ)20時から22時までは時給1500円以上
待遇★	(エ)交通費全額支給
	食事補助あり
	社会保険加入制度あり
応募★	まずはお気軽にお電話ください。
ファミリーレストラン桃園	

〔６〕 次の文章を読み，あとの 20 ～ 25 に答えなさい。

18世紀の後半から高度な技術を背景におこった①産業革命以降，ヨーロッパでは，②イギリスをはじめとしてドイツなどの国々で産業が発達しました。また，市民革命も早くから起こり，民主政治を目指す形は日本にも影響を与えました。

現在では，イギリス南部からイタリア北部にかけて，大都市とそれを結ぶ発達した交通網があり，ヨーロッパの国々の中でも高い経済水準にあります。この地域は，バナナのような形に見えることから，③ＥＵのシンボル色にちなんで「（　Ａ　）バナナ」と呼ばれています。

その周辺には比較的新しい工業都市もあります。なかでもフランスのトゥールーズは航空産業の拠点です。1970年，イギリス・フランス・ドイツ・スペインの４か国によって航空機メーカーのエアバス社が設立されました。これより前は，世界の空はアメリカ製の航空機にほぼ独占されていました。それに危機感を強めたヨーロッパの４か国が，エアバス社を立ち上げたのです。現在１万機以上が運航中で，世界のシェアを④アメリカのボーイング社と二分しています。

エアバス社の大きな特徴は，ＥＵならではの生産方法です。ＥＵに加盟する国家間の結びつきを生かし，⑤４つの国で機体の製造を行う体制を取りました。ＥＵのメリットを生かしたこの体制によって生まれたエアバス社の航空機が世界の航空会社で使われています。

20 下線部①について述べた文として正しいものを，次の（ア）～（エ）のうちから一つ選びなさい。

（ア） 19世紀になると，この革命によって多くの社会主義国が誕生した。
（イ） この革命をきっかけに，資本家と労働者の階級が生まれ，労働問題が発生した。
（ウ） この革命の前までは，石炭を利用した蒸気機関を主な動力としていた。
（エ） この革命は，製鉄業などの重工業から始まった。

21 下線部①が起こったころの日本のできごととして正しいものを，次の(ア)～(エ)のうちから一つ選びなさい。

(ア) 五箇条の御誓文が出された。

(イ) 平戸にあったオランダ商館が出島に移された。

(ウ) 版籍奉還が行われた。

(エ) 田沼意次により，幕府財政の立て直しが図られた。

22 下線部②の国の気候は，高緯度のわりには比較的温暖である。この気候を生む影響の組み合わせとして正しいものを，次の(ア)～(エ)のうちから一つ選びなさい。

(ア) 北大西洋海流・季節風

(イ) 北大西洋海流・偏西風

(ウ) リマン海流・季節風

(エ) リマン海流・偏西風

23 下線部③について，(　A　)にあてはまる言葉として正しいものを，次の(ア)～(エ)のうちから一つ選びなさい。

(ア) 黄色い

(イ) 緑の

(ウ) 白い

(エ) 青い

24　下線部④の国には，シリコンバレーと呼ばれる地域があります。シリコンバレーについて述べた文として正しいものを，次の(ア)～(エ)のうちから一つ選びなさい。

（ア）　大規模な牧場を利用した，牧畜が行われている地域。
（イ）　自動車産業などの機械工業が集中している地域。
（ウ）　コンピュータなどの先端技術産業が集中している地域。
（エ）　機械を利用して大規模に穀物を栽培している地域。

25　エアバス社の航空機は，下の図のように，エンジンや主翼はイギリス，垂直尾翼と胴体の前部はドイツ，水平尾翼と胴体の後部はスペイン，残りの胴体とコックピットはフランスが担当している。そして，完成したパーツをフランスのトゥールーズに運び，組み立てている。下線部⑤を表現する言葉として正しいものを，次の(ア)～(エ)のうちから一つ選びなさい。

（ア）　ワーク・ライフ・バランス
（イ）　一貫生産
（ウ）　モーダルシフト
（エ）　国際分業

＜図：部品の生産国＞

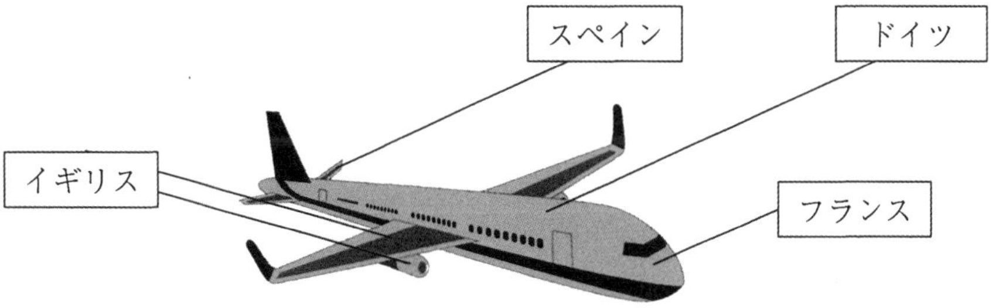

（問題はこれで終わりです。）

中部大学春日丘高等学校

令和４年度　国　語　(40分)

1　試験開始の合図があるまで，この問題冊子を開いてはいけません。
2　問題は全部で 18 ページあります。解答用紙は１枚です。
3　受験番号と氏名を，この表紙と解答用紙に必ず記入しなさい。
4　試験終了後，問題冊子と解答用紙を回収します。

解答用紙は，コンピュータで処理される
マークシートです。
特に，次の注意をよく守りなさい。

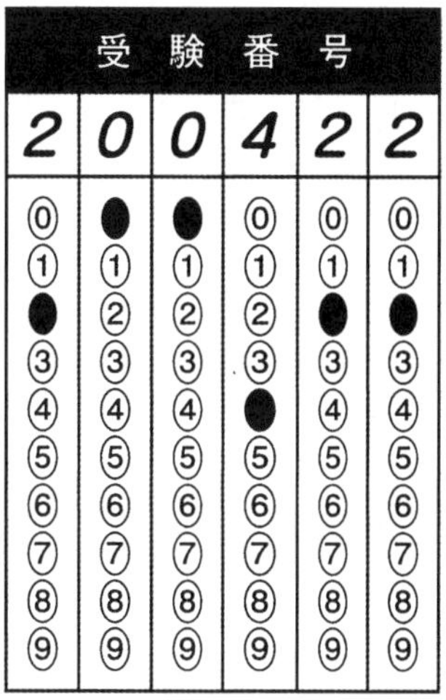

1　ＨＢの黒鉛筆で記入しなさい。
（とがっている鉛筆は避けなさい）

2　受験番号は，□内に横１字ずつ記入し，
下のそれぞれの数字をマークしなさい。
（記入例）　受験番号が２００４２２の場合

3　解答の記入方法は，たとえば，1と表示のある問いに対してイと解答する場合には，次のように解答番号１の解答欄にマークしなさい。

（例）

解答番号	解　答　欄
1	㋐　●　㋒　㋓

4　マークする場合は，次に示す良い例のように黒く塗りつぶしなさい。

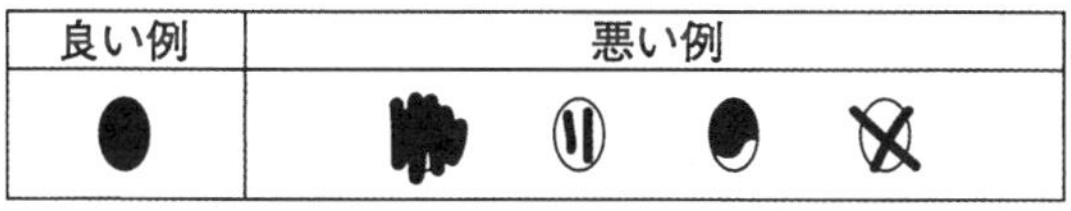

5　マークの訂正は，上質の消しゴム（プラスチック製が良い）で跡を残さないように完全に消し，消し屑をきれいに取り除きなさい。

6　解答用紙を汚したり，折りまげたりしないこと。

受験番号							氏　名	

国語

（解答番号 1 ～ 25 ）

一　次の文章を読んで、後の問いに答えなさい。

英語の会話をしなくてはならないという日の朝、英語のレコードを聴いておくと、そうしないときより確実に言葉が出やすくなる。これは多くの人がひそかに実行していることらしい。外国語で文章を綴《つづ》るときも、その直前に、お手本になる文章をしばらく読んでから①シッピツにかかると、たしかに書きやすくなるように思われる。

こういう場合のレコードも読書も翌日になれば効果を失ってしまう。ほんのひとときのご利益でしかないわけだが、とにかく、そういう学習効果がしばらくは残存するというのがおもしろい。われわれは知らず知らずのうちに、②こういう作用をうまく使って、いろいろなことをしているのだ。

これをたとえていえばグライダーのようなものである。お手本になるものに引っ張ってもらうと、飛び上がって空を滑る。しかし、自分の力で飛んでいるわけではないから、やがて力を失って地上へ降りてこなくてはならない。ただ、飛んでいるときは、あくまで優雅で、どうして飛んでいるかなどは問題にならない。そればかりではなく、むしろ、音もなく滑空しているところなど、本当の飛行機よりもましであると思う人があるかもしれない。飛んでいれば、グライダーか飛行機かは分からない。すくなくともグライダーはグライダーであることを忘れることができる。

ただ、グライダーの泣きどころはたちまち落ちてくることである。真似は身につかないで、すぐはげる。もっとも、落ちてくる前にまた引っ張ってもらえば滑空を続けられるから、それを繰り返している限りグライダーは③自らの悲哀を味わわなくて済む。そういうグライダーがいかにも飛行機みたいに大きい顔をするということはありうることである。

〔　④　〕、グライダーはやがて落ちるところにその本領？がある。ほかの力に引かれて飛ぶが、その原動力がなくなると、やがて動きをとめる。しばしの虚の運動である。考えてみると、教育というのもいくらかはこのグライダー効果をねらっているように思われる。自分では飛べないものを引っ張って飛び上らせる。落ちそうになったらまた引っ張り上げる。こうして落ちてくるひまのないグライダーは、永久に飛び続けられるような錯覚をもつかもしれない。

〔　④　〕、それはあくまで錯覚である。

学校の成績の優秀な学生が、卒業論文を書く段になって思いがけない混乱に陥ることがすくなくない。小学校以来、試験といえば、教わったことをそのまま紙に書きつける。それがうまくいくと満点をもらってきた。引っ張られるままにおとなしく飛べば〝優秀〟なのである。それはグライダーとしての性能である。そういうグライダーに向って、さあ、自由に好きな方へ飛んでみよ、いつものように、引っ張ってはやらない、自分の力で飛ぶんだ、といったらどうであろう。⑤〝優秀〟なグライダーほど途方に暮れる。

下手に自前のエンジンなどつけていると、グライダーの効率は悪くなる。グライダーはグライダーに徹しなくてはならない。そう思っているときに急に自力飛翔《ひしょう》を求められる。混乱するのは当たり前である。独創的な論文など何のことか見当もつかない。

⑥学校はグライダー訓練所である。そこで飛ぶことができるようになる、と見るのはあくまで外見の上だけにすぎない。何年滑空してもエンジンのついていないのははっきりしている。自力で飛び立つことはできない。これは教育に限ったことではない。読書も一種のグライダー効果を与える。本を読むと、その当座はいかにも知識が豊かになったように感じられる。人間が高尚になったと思うこともあろう。ただし、本から離れると、やがてまた⑦もとのモクアミに帰る。

それがグライダー効果であることに気付かず、読書によって簡便に自己改造ができるように思い込む読者にとって、⑧読書はしばしばきわめて有害なものになりうる。それは、古来、先人が警告している通りである。

世の中がグライダー効果の習得にのみ目を奪われているとき、エンジンを搭載して、自分で空を飛ぶにはどうしたらよいかについては、ほんのすこししか考えられないとしてもすこしも不思議ではあるまい。エンジンさえあればいいというものでもない。爆発するかもしれないし、飛び上ることもできるかわり、ひょっとすれば墜落しかねない。グライダーは滑りながら着陸できるが、飛行機が墜落すれば木端みじんになる。それにもかかわらず、われわれはエンジンを積んだ飛行機の方がグライダーよりも決定的に優れていると判断せざるをえない。⑨学校教育がグライダー訓練だけしか考えないのは奇怪である。

もっとも、グライダーにも独創の余地がまったくないわけではない。引っ張る力がなくなってグライダーが緩慢《かんまん》に墜落するとき、予期されている方向へ向わずにおもしろい降り方を試みることは可能である。学説の修正や批判がある程度の創造的な仕事となるのは、グライダー効果消滅時におこる個性の発揮によるのである。それはしかし、飛行機が飛びたいところへ自由に飛んでいくのとはおのずから別である。

（外山滋比古「知的創造のヒント」ちくま学芸文庫より）

問一　傍線部①を漢字に直した時、含まれる漢字として正しいものを、次のア～エの中から一つ選び、記号で答えなさい。　1

ア　摂　　イ　採　　ウ　取　　エ　執

問二　傍線部②の例として最も適切なものを、次のア～エの中から一つ選び、記号で答えなさい。　2

ア　社会見学に行き、実際の資料を見ることで、知識を深めることができた。

イ　勉強が得意な人の学習方法を真似してみると、成績がみるみる上昇した。

ウ　テスト前日に徹夜でテスト範囲の内容を暗記すると、いい点数を取ることができた。

エ　作文を書く前に、書きたい内容をまとめてから文章を書くと、上手に書くことができた。

問三　傍線部③とはどのようなことか。最も適切なものを、次のア～エの中から一つ選び、記号で答えなさい。　3

ア　飛行機にはなれないこと。

イ　いずれ落ちてしまうこと。

ウ　グライダーであることを忘れること。

エ　お手本になるものが見つからないこと。

問四　空欄〔　④　〕に共通して入る接続詞として最も適切なものを、次のア～エの中から一つ選び、記号で答えなさい。　4

ア　しかし　　イ　だから　　ウ　つまり　　エ　また

問五　傍線部⑤とあるが、それはなぜか。その理由として最も適切なものを、次のア～エの中から一つ選び、記号で答えなさい。　5

ア　発想は豊かだが、教わったことをそのまま書きつけるように教育されているため、自分の思い通りに書くことができないから。

イ　今まで教わったことが多すぎるため、教わったどの部分を使って論文を書けばいいか決めることが難しいから。

ウ　日頃から手本を活用しているため、より優れた手本を求めるようになり、平凡な手本では満足できなくなっているから。

エ　教わったことを書きつけることは得意だが、お手本となる文章がないと書き方が分からなくなってしまうから。

問六　傍線部⑥とあるが、本文では学校はどういう場所だと説明されているか。その説明として最も適切なものを、次のア～エの中から一つ選び、記号で答えなさい。　6

ア　何度も飛び上がらせることで、自分の力で飛んでいるかのような錯覚をさせる場所。

イ　教わったことをそのまま行うだけでなく、自力で考える力をつけさせる場所。

ウ　自分の力で飛ぶ方法を教育し、新たなグライダー効果を生み出す場所。

エ　有害なものを除去し、お手本となるものを見分ける力を養成する場所。

問七　傍線部⑦とは「いったんよくなったものが、再びもとの状態に戻ること」という意味であるが、なぜそうなってしまうのか。その理由として最も適切なものを、次のア～エの中から一つ選び、記号で答えなさい。　7

ア　本の作者の言っていることが必ずしも正しいとは限らないから。

イ　本に書いてあることを、すべて完全に理解することはできないから。

ウ　読書で得た知識は、自分で考えたものではなく、実際には身についていないから。

エ　本が出された時代や状況によって、内容の受け取られ方が異なるから。

問八　傍線部⑧とあるが、それはなぜか。その理由として最も適切なものを、次のア～エの中から一つ選び、記号で答えなさい。　8

ア　読書によって知識が身につき、自分がよりよく成長できたと錯覚してしまうことがあるから。

イ　読書によって得られる知識は良いものだけではないので、有害な知識を蓄えてしまうこともあるから。

ウ　読書の知識によって、自分が実際よりも有能な人間だと思い込み、周りを見下すようになるから。

エ　読書の知識は、自分の体験から得た知識ではないため、実際の生活に役立たない場合も多くあるから。

問九　傍線部⑨とあるが、筆者がそのように考える理由として**適切ではないもの**を、次のア～エの中から一つ選び、記号で答えなさい。　9

ア　学校教育でグライダー訓練をすることによって、長期的に学習活動を持続する力を養うことができないから。

イ　学校教育でグライダー訓練をすることによって、個性を発揮するなどの創造の余地をなくしてしまうから。

ウ　学校教育ではグライダー訓練にのみ目を奪われるのではなく、飛行機のように自力で飛ぶための教育をするべきだと考えているから。

エ　学校教育でグライダー訓練しかしていないと、引っ張られるままにおとなしく従う主体性のない人間しか育たないから。

問十　「グライダー」と「飛行機」の違いについての説明として最も適切なものを、次のア～エの中から一つ選び、記号で答えなさい。　10

ア　「グライダー」は、自分以外のものが持っている知識や教養を利用することに優れていることの例えで、「飛行機」は、他者よりも自分自身の知識や教養を優先することの例え。

イ　「グライダー」は、自分自身よりも他者の知識や能力を絶対と考えることの例えで、「飛行機」は、他者よりも自分自身の知識や能力を絶対と考えることの例え。

ウ　「グライダー」は、他者の知識や教養を利用して物事を行うことの例えで、「飛行機」は、自分自身の知識や教養を生かし独創的な思考や行動ができることの例え。

エ　「グライダー」は、何の知識や技術も持たず、ただ他者の指示に従うことの例えで、「飛行機」は、自分自身の力で新しいものを創り出そうとすることの例え。

二　次の『更級日記』の原文と現代語訳とを読んで、後の問いに答えなさい。（設問の都合上、現代語訳には原文のままの箇所があります。）

〔原文〕

親となりなば、いみじうやむごとなくわが身もなりなむなど、ただゆくへなきことをうち思ひすぐすに、親からうじて、はるかに遠きあづまになりて、「年ごろは、いつしか思ふやうに近き所になりたらば、まづ胸あくばかりかしづきたてて、率《ゐ》て下りて、海山のけしきも見せ、それをばさるものにて、わが身よりもたかうもてなしかしづきてみむとこそ思ひつれ。われも人も宿世《すくせ》のつたなかりければ、①ありありてかくはるかなる国になりにたり。幼かりし時、あづまの国に率て下りてだに、心地もいささかあしければ、これをや、この国に見すてて、まどはむとすらむと思ふ。②ひとの国のおそろしきにつけても、わが身ひとつならば、安らかならましを、ところせうひき具して、いはまほしきこともえいはず、せまほしきこともえせずなどあるが、わびしうもあるかなと心をくだきしに、今はまいておとなになりにたるを、率て下りて、わが命も知らず、京のうちにてさすらへむは例のこと、あづまの国、田舎人になりてまどはむ、いみじかるべし。京とても、たのもしう迎へとりてむと思ふ類、親族もなし。さりとて、わづかになりたる国を辞し申すべきにもあらねば、京にとどめて、③永き別れにてやみぬべきなり。京にも、さるべきさまにもてなして、とどめむとは思ひよることにもあらず」と、④夜昼嘆かるるを聞く心地、花紅葉の思ひもみな忘れて悲しく、いみじく思ひ嘆かるれど、いかがはせむ。

七月十三日に下る。五日かねては、見むもなかなかなべければ、内にも入らず。まいて、その日は立ち騒ぎて、時なりぬれば、今はとて簾《すだれ》を引き上げて、うち見あはせて涙をほろほろと落として、やがて出でぬるを見送る心地、目もくれまどひてやがて臥《ふ》されぬるに、とまるをのこの、送りして帰るに、懐紙《ふところがみ》に、

《Ⅰ》思ふこと心にかなふ身なりせば［A］のわかれをふかく知らまし

とばかり書かれたるをも、⑤え見やられず。事よろしきときこそ腰折れかかりたることも思ひつづけけれ、ともかくもいふべきかたもおぼえぬままに、

《Ⅱ》かけてこそ思はざりしかこの世にてしばしも君にわかるべしとは

⑥とや書かれにけむ。いとど人めも見えず、さびしく心ぼそくうちながめつつ、いづこばかりと、明け暮れ思ひやる。道のほども知りにしかば、はるかに恋しく心ぼそきことかぎりなし。明くるより暮るるまで、⑦東の山ぎはをながめて過ぐす。

〔現代語訳〕

父がなんとか立派な官職についたなら、ずいぶんと私自身も結構な身分になるだろうなどと、ただあてにもならぬことを考えているうちに、やっとのことで父ははるかに遠い常陸《ひたち》（現在の茨城県の大部分）の国司に任官し、その父が、「長いこと、一日も早く希望どおり都の近国の国司になったら何よりもまず、思う存分あなたをかしづきあげて、任地にも連れていき、その国の海山の景色も見せることはもちろん、国司たる私以上にあなたを立派にもてなし、かしづきてみたいと思ってきた。ところが私もあなたも前世での縁がつたなかったので、とうとうこんな『はるかな国』になってしまった。あなたの幼少のころ、上総《かずさ》（現在の千葉県北部と茨城県の南部）に連れて下ったときでさえ、私の具合が多少でも悪いときは、あなたをこの国に残して先立ち、路頭に迷うようなことにでもなりはしないかと思うのだった。地方暮らしの恐ろしさにつけ、私一人なら気も楽だが、大勢の家族を引き連れていては言いたいことも言えず、したいこともできず、気苦労ばかり多いのがつらいことと心を砕いていたのだが、今度はまして、大人になっているあなたを連れて下っても、年老いた私の命はおぼつかないし、親を亡くし、都の内で頼る者もなくさまようのは世間にもよくあることだが、東国の田舎人になって路頭に迷うのは大変なことだろう。都に残しておこうにも、頼もしくあなたを迎えとってくれそうな親戚縁者もいない。といって、やっと手に入れた国司の職をご辞退申すわけにもいかないので、結局、あなたを都に残してそれを長い別れと覚悟してあきらめるより道はあるまい。都に残すにしても、相応な身のふり方をきめて残しておこうとは思いもよらぬことだ」と、日夜、嘆いておられるのを聞く心地は、花や紅葉にあこがれた思いもすっかり忘れて、ただ悲しくせつない思いに打ちひしがれるけれど、なんとしよう。

父は七月十三日に下ることになった。出発も五日後に迫ると、対面するのもかえってつらいだろうから、私の部屋にも入ってこない。まして、出発の日はたいそう取り込んで、時刻がきてしまうと、「いよいよお別れです」と言って、簾を引き上げて、ちらりと顔を合わせたきり、涙をほろほろと落として、すぐに出ていってしまったのを見送る私は目の前が真っ暗になって、そのまま突っ伏してしまったが、しばらくすると、こちらに残る下僕で、父を途中まで送ってから京に帰る者に託して、便りが届いたところ、懐紙(懐に入れておいて和歌などを書きつけるのに用いた紙)に、

《Ⅰ》　何事も思うことが望みどおりになる身であったなら、しみじみとした A の折から、人に別れるあわれを
　　深く味わい知ることもあったでしょうに。

とばかり書いてあるのも、涙に曇って見ることができない。普通のときこそ、腰折れめいた下手な歌も心に浮かぶものだが、今はなんとも、言うべき言葉も思い当らぬままに、

《Ⅱ》　この世において、ほんのしばらくでもあなたにお別れしようなどとは、まるで思ってもみなかったことです。

とでも、書いたものであろうか。

　今までにも増して人の訪れもなく、寂しく心細くぼんやりと思いながら、今ごろはどこあたりかしらと、明けても暮れても父に思いをはせる。道中の様子も覚えているので、はるかに恋しく、また心細いことはこのうえもない。夜が明けてから暮れるまで私は東の山際を眺めて過ごしていた。

問一　本文中に二か所出てくる二重傍線部「かしづき」（かしづく）という動詞の意味を文脈より解釈し、最も適切なものを、次のア～エの中から一つ選び、記号で答えなさい。　11

ア　旅行に連れて行く
イ　大切に育てる
ウ　学問をし、立派になる
エ　感謝し、親孝行をする

問二　傍線部①とあるが、結果的にこうなった理由として父が考えているものは何か。最も適切なものを、次のア～エの中から一つ選び、記号で答えなさい。　12

ア　父の作者に対する行いが良くないのではるか遠い任国となってしまった。
イ　父の作者に対する行いが良いので以前よりはるかにすばらしい任国となった。
ウ　父と作者の前世からの縁が良くないのではるか遠い任国となってしまった。
エ　父と作者の前世からの縁が良いので以前よりはるかにすばらしい任国となった。

問三　傍線部②とあるが、それはどういうおそろしさか。最も適切なものを、次のア～エの中から一つ選び、記号で答えなさい。　13

ア　「ただゆくへなきことをうち思ひすぐす」ことに対するおそろしさ。
イ　「おとなになりにたるを、率て下りて、わが命も知ら」ないことに対するおそろしさ。
ウ　「田舎人になりてまどはむ、いみじかる」ことに対するおそろしさ。
エ　「たのもしう迎へとりてむと思ふ類、親族も」ないことに対するおそろしさ。

問四　傍線部③はどのようなことを意味しているか。最も適切なものを、次のア～エの中から一つ選び、記号で答えなさい。　14

ア　父が作者を残して死ぬこと。
イ　作者が結婚して疎遠になること。
ウ　父が遠い東国に旅立ってしまうこと。
エ　作者が父の任国に行き、京に戻れなくなること。

問五　傍線部④とあるが、何について「嘆」いているのか。**適切でないもの**を、次のア～エの中から一つ選び、記号で答えなさい。　15

ア　娘を上総に残していかねばならない可能性があること。
イ　娘と二度と会えないかもしれないこと。
ウ　娘を引き取ってくれるような頼りになる縁者がいないこと。
エ　不満の残る人事だが、断るわけにもいかないこと。

問六　和歌《Ⅰ》の空欄部 A に補うのに最も適切な語を、次のア～エの中から一つ選び、記号で答えなさい。　16

ア　後　　イ　京　　ウ　秋　　エ　世

問七　和歌《Ⅰ》における父の心情として最も適切なものを、次のア～エの中から一つ選び、記号で答えなさい。　17

ア　自分が遠国に行くことになったので、京の風流をいとおしむことはできそうにないことに憤りを感じている。

イ　娘と今生の別れを強いられることが、決して飽きることのない切ない景色と重なって感極まっている。

ウ　七月に先だって出立することになってしまったせいで、二度と娘に会えないかもしれないとつらく思っている。

エ　娘と別れなければならない今、せわしなく支度をし、悲しみを味わう余裕もないことを悔やんでいる。

問八　傍線部⑤とはどういうことか。最も適切なものを、次のア～エの中から一つ選び、記号で答えなさい。　18

ア　別れのつらさに寝込んでしまい、泣きながら出発する父を見送ることもできない。

イ　老齢の父を一人で行かせることになってしまい、情けなさに見送りもできない。

ウ　別れに際して顔を見せなかったことを非難され、後悔の涙で曇って文字が読めない。

エ　別れの悲しみが父の言葉で大きくなり、涙のせいで文字がまともに読めない。

問九　傍線部⑥とあるが、この表現についての説明として最も適切なものを、次のア～エの中から一つ選び、記号で答えなさい。　19

ア　あまり出来のよくない「腰折れ」の歌になってしまったので、自分のものと認めたくない心情からこのような表現になっている。

イ　父の悲しみが胸に迫って平静でいられなくなった状況下で詠んだため、自分の和歌だが当時の気持ちを推察するような表現になっている。

ウ　引っ越しの準備に追われ、焦っていたせいであまりよい歌を詠むことができなかったのだろうと、後から振り返るような表現になっている。

エ　悲しみに暮れるあまり、作者の心の痛みを理解することが困難であった父だが、今は理解に至っていると想像できるような表現になっている。

問十　傍線部⑦にある作者の気持ちとして最も適切なものを、次のア～エの中から一つ選び、記号で答えなさい。　20

ア　これから二度と会えないかも知れない父が東国へと向かっていくのだろうと思うと、追いかけずにはいられないという思い詰めた気持ち。

イ　京であてもなく暮らしていくにつれ、父を頼りにすることはできない絶望感に打ちひしがれ、外の風情を眺める気にもなれない気持ち。

ウ　かつて自分も通ったつらい東国への道のりを、父はどのような思いで再び歩んでいるのだろうと心配している気持ち。

エ　父が出て行ってしまったせいで、誰もいない屋敷にただ一人取り残されてしまったことによる、どうしようもなく人恋しい気持ち。

三　次のそれぞれの問いに答えなさい。

問一　次の傍線部の表現を正しく改めた場合、最も適切なものを、次のア～エの中から一つ選び、記号で答えなさい。　21

（観光案内所にて、道を尋ねられ、一通り説明したあと）もし、道に迷われましたら、バス停の近くに交番がありますので、もう一度聞いてください。

ア　うかがって
イ　うかがいなさって
ウ　お聞きになって
エ　お聞きして

問二　次の傍線部と同じ品詞の語を、次のア～エの中から一つ選び、記号で答えなさい。　22

たとえば僕が君だったら、そうはしない。

ア　あんなに静かなところはない。
イ　右に曲がると公園がある。その前にバス停がある。
ウ　こんなに売れるのも、つまり品質がよいからだ。
エ　まさか雨はふらないだろう。

問三　外来語とその意味の組み合わせとして**適切でないもの**を、次のア～エの中から一つ選び、記号で答えなさい。　23

ア　イノベーション――技術革新

イ　パンデミック――感染爆発

ウ　アイデンティティ――同一性

エ　グローバリゼーション――画一化

問四　次のⅠ～Ⅳの表現における空欄部分に**一度も用いない漢字**を、次のア～エから一つ選び、記号で答えなさい。　24

Ⅰ　（　）里霧中

Ⅱ　（　）寸の虫にも（　）分の魂

Ⅲ　（　）足のわらじ

Ⅳ　（　）兎追う者（　）兎も得ず

ア　百　　イ　五　　ウ　二　　エ　一

四　次の文章を読んで、後の問に答えなさい。

お詫び
著作権上の都合により、文章は掲載しておりません。
ご不便をおかけし、誠に申し訳ございません。
教英出版

お詫び

著作権上の都合により、文章は掲載しておりません。
ご不便をおかけし、誠に申し訳ございません。

教英出版

（ケリー・マクゴニガル『スタンフォードの自分を変える教室』より）

問　右の本文をもとにAさんからDさんまでの四人が、それぞれ瞑想の実践について感想を述べました。本文をマニュアルとして照らし合わせた時に、最も逸脱《いつだつ》した実践を行っているものを、次のア〜エの中から一つ選び、記号で答えなさい。

ア　Aさん「瞑想を実践しなさいなんて言われると、怪しい宗教的なものと勘違いして、ちょっと引いたけど、目を閉じて、ゆっくり息を吸い、ゆっくり息を吐き、呼吸に意識を向けているだけで、ほんと気分が落ち着くというか、ストレスが少し和らぐような感覚があるから、しばらく続けてみようかな」

イ　Bさん「私は毎日３分間の瞑想を続けるのがやっとという感じです。５分なんてあっという間のような気がしましたが、じっと目をつむり身体を動かさず座っていると、たった５分でもものすごく長い時間に感じられて大変でした。効果はまだ実感できませんが、これから５分に挑戦してみたいです」

ウ　Cさん「僕のおすすめのやり方は、朝起きた時でも夜寝る前でも柔らかい布団の上であぐらをかいてやることかな。そうすると足も痺《しび》れなくて、長時間できるようになるんだよ。瞑想を始めてから気が散りにくくなったし、この次は思いきって一時間やってみるよ。毎日はできないかもしれないけど」

エ　Dさん「瞑想の効果には半信半疑でしたが、いざ一点を見つめて呼吸に意識を集中していると、自分でも気づかないうちにあれやこれやと考えていたり、脳の中で勝手にイメージが湧《わ》いてきたりして驚きでした。それに気づいて呼吸に意識を戻すだけでも自己認識力が高まるような気がしています」

（問題はこれで終わりです。）

25

【練習】

（記入例）

アイ の答えが『36』のとき，アの解答欄に③，イの解答欄に⑥をそれぞれマークしなさい。

$\frac{\text{ウエ}}{\text{オ}}$の答えが『$-\frac{1}{2}$』のとき，『$-\frac{2}{4}$』や『$-\frac{3}{6}$』などをマークしてはいけません。

ウの解答欄に㊀，エの解答欄に①，オの解答欄に②をそれぞれマークしなさい。

（練　習）

$\frac{\text{カキ}}{\text{ク}}$ の答えが『$-\frac{2}{3}$』のとき，解答欄にマークしなさい。

解答番号	解 答 欄											
ア	㊀	±	⓪	①	②	●	④	⑤	⑥	⑦	⑧	⑨
イ	㊀	±	⓪	①	②	③	④	⑤	●	⑦	⑧	⑨
ウ	●	±	⓪	①	②	③	④	⑤	⑥	⑦	⑧	⑨
エ	㊀	±	⓪	●	②	③	④	⑤	⑥	⑦	⑧	⑨
オ	㊀	±	⓪	①	●	③	④	⑤	⑥	⑦	⑧	⑨
カ	㊀	±	⓪	①	②	③	④	⑤	⑥	⑦	⑧	⑨
キ	㊀	±	⓪	①	②	③	④	⑤	⑥	⑦	⑧	⑨
ク	㊀	±	⓪	①	②	③	④	⑤	⑥	⑦	⑧	⑨

令和４年度　　　　# 数　　　　学　(40分)

1　試験開始の合図があるまで，この問題冊子を開いてはいけません。 2　問題は全部で 11 ページあります。解答用紙は１枚です。 3　受験番号と氏名を，この表紙と解答用紙に必ず記入しなさい。 4　試験終了後，問題冊子と解答用紙を回収します。

解答用紙は，コンピュータで処理される
マークシートです。
特に，次の注意をよく守りなさい。

1　ＨＢの黒鉛筆で記入しなさい。
　(とがっている鉛筆は避けなさい)

2　受験番号は，□内に横１字ずつ記入し，
　下のそれぞれの数字をマークしなさい。
　(記入例)　受験番号が２００４２２の場合

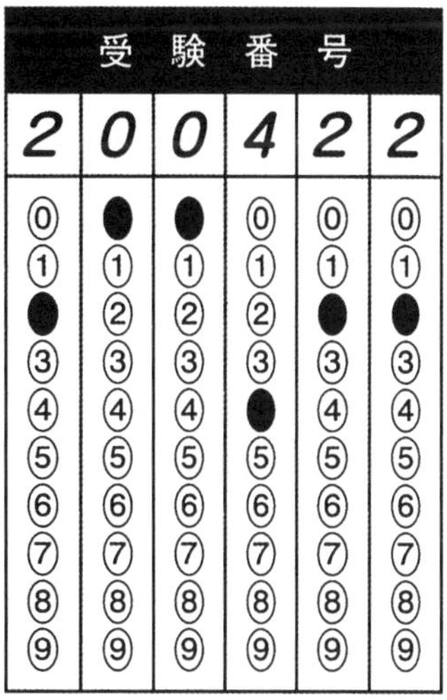

3　解答の記入方法は，たとえば，ア と表示のある問いに対して３と解答する場合には，次のように解答番号アの解答欄にマークしなさい。また，計算結果が分数になる場合はこれ以上約分できない形にして答えなさい。(裏表紙：例にならって練習しなさい)

(例)

解答番号	解　　答　　欄
ア	㊀　㊉　⓪　①　②　●　④　⑤　⑥　⑦　⑧　⑨

4　マークする場合は，次に示す良い例のように黒く塗りつぶしなさい。

5　マークの訂正は，上質の消しゴム（プラスチック製が良い）で跡を残さないように完全に消し，消し屑をきれいに取り除きなさい。

6　解答用紙を汚したり，折りまげたりしないこと。

受験番号							氏　名	

数　　　学

次の $\boxed{\text{ア}}$ ～ $\boxed{\text{リ}}$ の中に適する数，符号を１つずつ入れなさい。

〔1〕

（1）$-3^2 \div 4 + \dfrac{7}{4} \times \left(-\dfrac{1}{6} + \dfrac{1}{2}\right) + \dfrac{8}{3} = \boxed{\text{ア}}$

（2）$\dfrac{3x+2y}{2} - \dfrac{2x+y}{3} = \dfrac{\boxed{\text{イ}}\,x + \boxed{\text{ウ}}\,y}{6}$

（3）$\dfrac{1}{4}x^2y^2 \times \dfrac{3x^2}{2y} \div \left(\dfrac{x}{2y}\right)^3 = \boxed{\text{エ}}\,xy^{\boxed{\text{オ}}}$

（4）１枚の硬貨を３回続けて投げたとき，表が１回だけ出る確率は $\boxed{\text{カ}}$ である。
ただし，硬貨の表と裏が出ることは同様に確からしいものとする。
$\boxed{\text{カ}}$ にあてはまるものを下記の＜語群＞の中から選び，番号で答えよ。

＜語群＞

⓪ $\dfrac{1}{8}$　① $\dfrac{1}{4}$　② $\dfrac{3}{8}$　③ $\dfrac{1}{2}$　④ $\dfrac{5}{8}$　⑤ $\dfrac{1}{3}$　⑥ $\dfrac{2}{3}$

（5） 右の図は，生徒35人の数学の小テストの得点と人数を度数分布表に表したものである。

生徒一人ひとりのデータから箱ひげ図を作ったときの第3四分位数が含まれる階級は キ であり，また階級が4以上6未満の相対度数を小数第3位を四捨五入して計算すると ク である。

キ ，ク にあてはまるものを下記の＜語群＞の中から選び，番号で答えよ。

階級	度数
0 以上　2 未満	0
2 ～ 4	4
4 ～ 6	11
6 ～ 8	14
8 ～ 10	6
10 ～ 12	0
計	35

＜ キ の語群＞

⓪ 0 以上 2 未満　① 2 以上 4 未満　② 4 以上 6 未満
③ 6 以上 8 未満　④ 8 以上 10 未満　⑤ 10 以上 12 未満

＜ ク の語群＞

⓪ 0.21　① 0.24　② 0.27　③ 0.31　④ 0.32
⑤ 0.35　⑥ 0.41　⑦ 0.42　⑧ 0.43

〔2〕

（1） 連立方程式 $\begin{cases} x:y=3:1 \\ 2x+y=14 \end{cases}$ を解くと，$x=\boxed{\text{ケ}}$，$y=\boxed{\text{コ}}$ である。

（2） 2 次方程式 $x^2+2ax-(5a+2)=0$ の 1 つの解が $x=2$ であるとき，

$a=\boxed{\text{サ}}$ であり，他の解は $\boxed{\text{シ}}\boxed{\text{ス}}$ である。

（3） 原価が 1200 円の商品がある。定価の 20％引きで売っても原価に対して 8％の利益が出るようにするには定価を $\boxed{\text{セ}}$ 円にすればよい。

$\boxed{\text{セ}}$ にあてはまるものを下記の＜語群＞の中から選び，番号で答えよ。

＜語群＞

⓪ 1320	① 1340	② 1420	③ 1460
④ 1520	⑤ 1560	⑥ 1620	⑦ 1640

（4） 図のように，段と列を決め，規則に従ってカードを並べる。

	第1列	第2列	第3列	第4列	第5列	……
第1段	[2]	[4]	[6]	[8]	[10]	
第2段		[5]	[7]	[9]	[11]	
第3段			[8]	[10]	[12]	
第4段				[11]	[13]	
第5段					[14]	
⋮						
⋮						

（規則）

第1段目に，第1列目から順番に偶数のカード（[2]，[4]，[6]，[8]，……）を並べていく。

第2段目は，第2列目から順番に，1つ上の段のカードの数より1大きい数のカードを並べる。

第3段目は，第3列目から順番に，1つ上の段のカードの数より1大きい数のカードを並べる。

以下，同様にカードを規則的に並べていく。

このとき，[14]のカードは [ソ] 枚置かれることになる。また，[29]のカードは [タ] 枚置かれることになる。

〔3〕 図のように，OA＝OB＝3，OD＝2の直方体OACB － DEGFがある。

点Pは点Oを出発し，正方形OACBの辺上を反時計回りで点A，点Cを通過して点Bまで移動する。

点Qは点Oを出発し，正方形OACBの辺上を時計回りで点Bまで移動する。

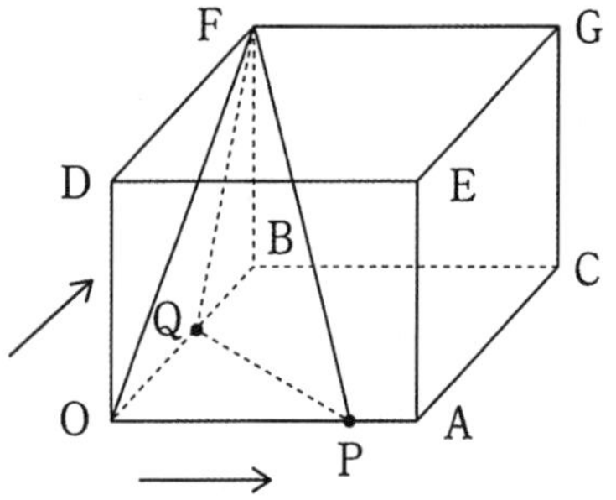

点Pも点Qも秒速3で移動し，点Bに到達すると止まる。

x秒後の三角すいOPQFの体積をyとする。

(1) $x=\frac{1}{2}$のとき，$y=\dfrac{\boxed{\text{チ}}}{\boxed{\text{ツ}}}$である。

(2) xとyの関係を表したグラフとして適当なものは$\boxed{\text{テ}}$である。$\boxed{\text{テ}}$にあてはまるものを下記の⓪～⑤のグラフの中から1つ選び，番号で答えよ。

⓪
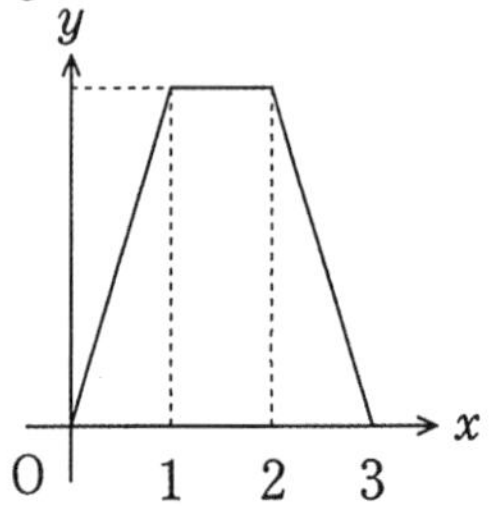

①
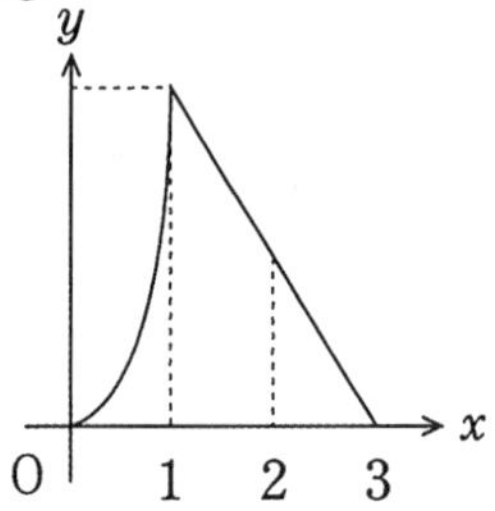

②
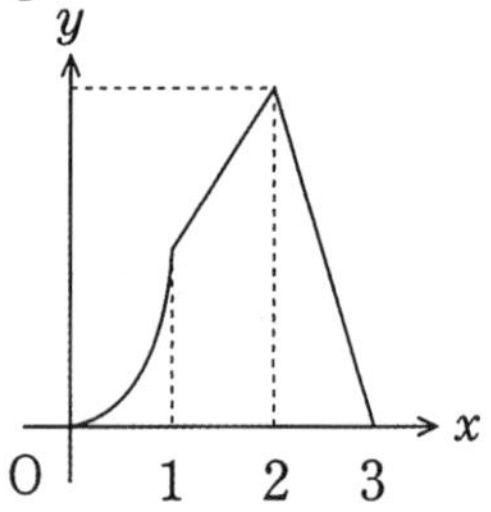

③
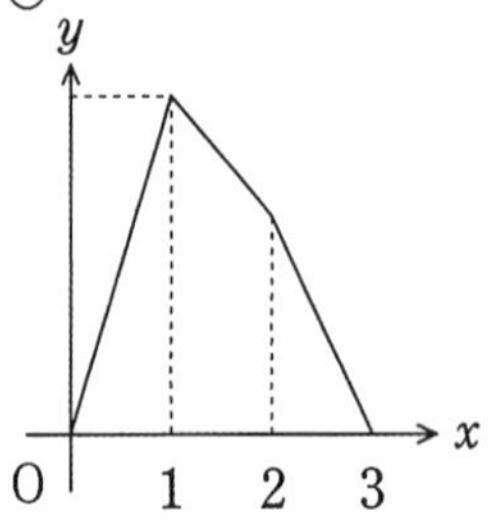

④
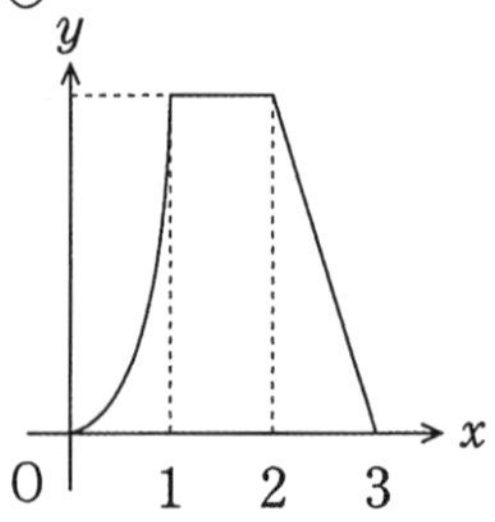

⑤
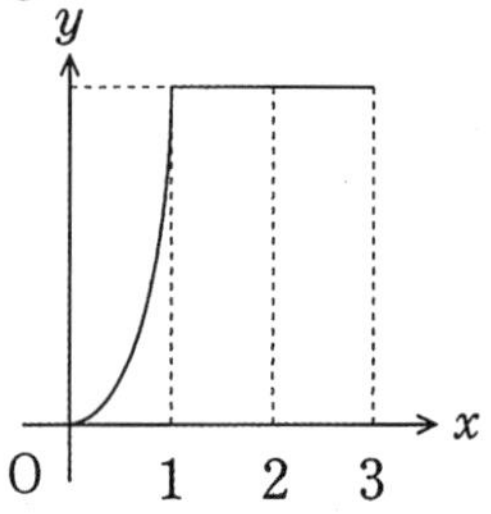

（3）　$y=2$ となる x の値は2つある。2回目に $y=2$ となる x の値は，$\dfrac{\boxed{\text{ト}}}{\boxed{\text{ナ}}}$ である。

〔4〕 図のように，放物線 $y=2x^2$ 上に x 座標が -2 である点Aと，x 座標が1である点Bがある。

また，点Aを通り，直線OBと平行な直線を l とし，直線 l と放物線 $y=2x^2$ の交点のうち，点Aでない点をCとする。

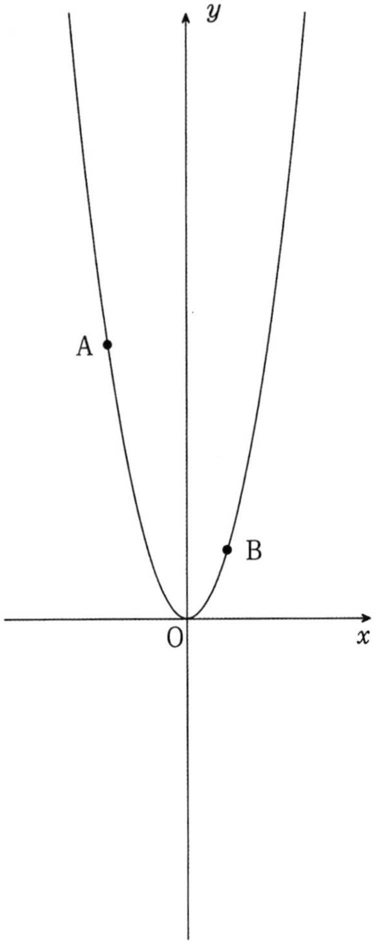

(1) 直線 l の式は $y=$ [ニ] $x+$ [ヌネ] である。

(2) 点Cの y 座標は [ノハ] である。

(3) 台形OACBの面積は [ヒフ] である。

(4) 原点を通る直線が台形OACBの面積を2等分するとき，この直線の式は $y=$ [ヘホ] x である。

(下書き用紙)

数学の試験問題は次に続く。

〔5〕 (1) 図のように，円Oがある。

円Oの2つの弦AB，CDの交点をEとする。

AE = 5 cm，CE = 4 cm，AC = 6 cm，BD = 10 cm であるとき，

DE = $\dfrac{\boxed{マ}\boxed{ミ}}{\boxed{ム}}$ cm である。

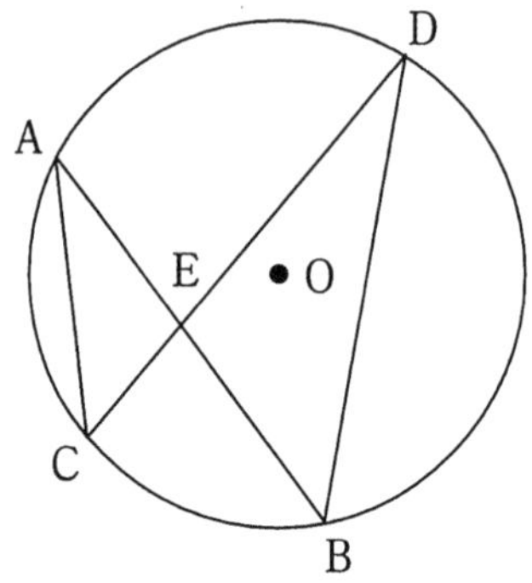

(2) 図のように，平行な2直線 l，m がある。

このとき，$\angle x = \boxed{メ}\boxed{モ}$ °である。

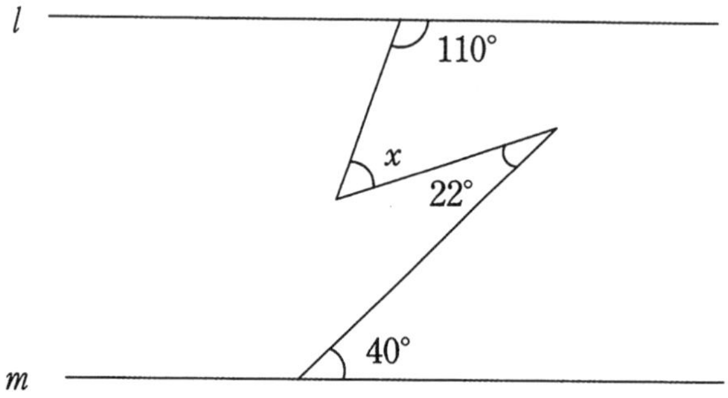

(下書き用紙)

数学の試験問題は次に続く。

〔６〕 図のように，立方体がある。辺 AB，AD の中点をそれぞれ P，Q とする。

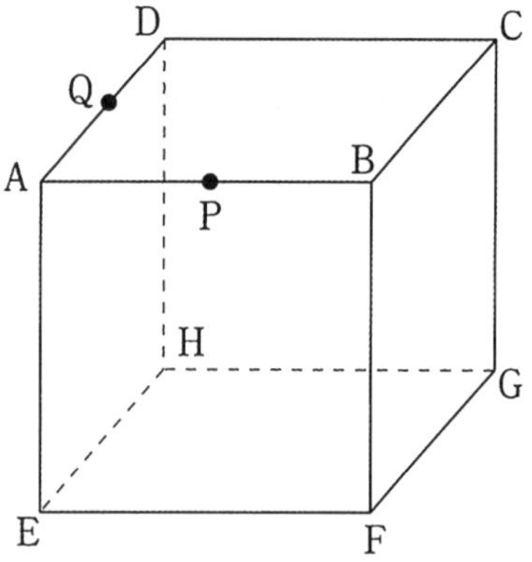

（1） この立方体を 3 点 P，Q，G を通る平面で切るとき，切り口の図形は [ヤ] である。

[ヤ] にあてはまるものを下記の＜語群＞の中から選び，番号で答えよ。

＜語群＞

⓪ 三角形　① 四角形　② 五角形　③ 六角形　④ 七角形

（2） この立方体を 3 点 P，Q，E を通る平面で切り，2 つの立体に分ける。

頂点 G を含む立体の体積は，頂点 A を含む立体の体積の [ユ][ヨ] 倍である。

また，この立方体の一辺の長さが 3 cm であるとき，頂点Aを含む立体の体積は

$\dfrac{\boxed{ラ}}{\boxed{リ}}$ cm^3 である。

（問題はこれで終わりです。）

（下書き用紙）

令和４年度　英　語　(40分)

1　試験開始の合図があるまで，この問題冊子を開いてはいけません。
2　問題は全部で10ページあります。解答用紙は1枚です。
3　受験番号と氏名を，この表紙と解答用紙に必ず記入しなさい。
4　英語は放送によるリスニングテストから始めます。 リスニングテストが終了し，放送による指示があるまで次のページ（３ページ）を開いてはいけません。
5　試験終了後，問題冊子と解答用紙を回収します。

解答用紙は，コンピュータで処理されるマークシートです。特に，次の注意をよく守りなさい。

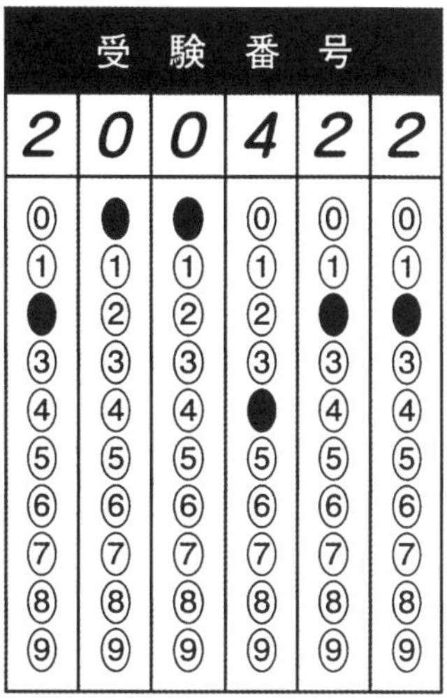

1　ＨＢの黒鉛筆で記入しなさい。
（とがっている鉛筆は避けなさい）

2　受験番号は，□内に横１字ずつ記入し，下のそれぞれの数字をマークしなさい。
（記入例）　受験番号が２００４２２の場合

3　解答の記入方法は，たとえば，1と表示のある問いに対してイと解答する場合には，次のように解答番号１の解答欄にマークしなさい。

（例）

解答番号	解　答　欄
1	㋐　●　㋒　㋓

4　マークする場合は，次に示す良い例のように黒く塗りつぶしなさい。

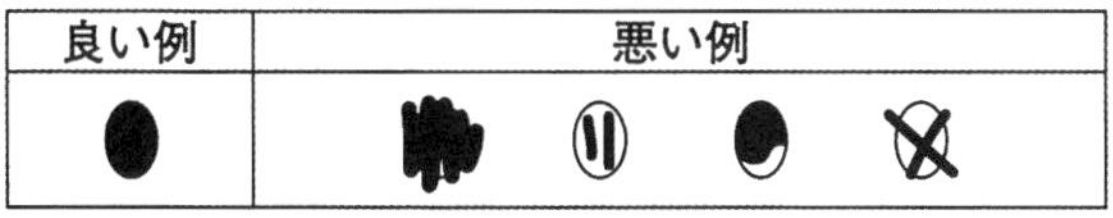

5　マークの訂正は，上質の消しゴム（プラスチック製が良い）で跡を残さないように完全に消し，消し屑をきれいに取り除きなさい。

6　解答用紙を汚したり，折りまげたりしないこと。

受験番号							氏　名	

英　　　　語

（解答番号 1 ～ 30 ）

〔1〕 リスニングテスト

※音声は収録しておりません

A. それぞれの対話についての問いを聞き，答えとして最も適当なものを４つの選択肢ア～エの中からそれぞれ１つずつ選びなさい。対話と質問文はそれぞれ２回ずつ読まれます。

1 What is Bob going to do?

ア He is going to write an e-mail to Kyoko's grandmother.

イ He is going to read an e-mail from Kyoko's grandmother.

ウ He is going to send a picture to Kyoko by e-mail.

エ He is going to take a picture for Kyoko's e-mail.

2 Who is the tallest in Kota's family?

ア Kota.

イ Yuta.

ウ Shota.

エ Kota's father.

3 What will Jane buy at this shop?

ア A blue notebook, a yellow notebook, and a pencil.

イ Two blue notebooks and a pencil.

ウ Two yellow notebooks and a pencil.

エ Only two yellow notebooks.

B. これから流れる英語は，ケンが友人のシンジと公園を散歩していたときの出来事に関する内容です。内容をよく聞き，質問文の答えとして最も適当なものを4つの選択肢ア～エの中からそれぞれ1つずつ選びなさい。質問は2つあります。出来事に関する内容と質問文はそれぞれ2回ずつ読まれます。

4 How did Shinji tell the man how to get to his hotel?

ア By talking about the park on Sunday.

イ By using easy English words and some gestures.

ウ By going to the man's hotel with the man.

エ By speaking slowly in Japanese at the hotel.

5 What did Ken learn through the experience?

ア He learned how he made the man happy.

イ He learned how he could get to the park with the man.

ウ He learned he shouldn't be afraid of making mistakes when he speaks English.

エ He learned he should know about the man's hotel.

〔2〕 次の英文を読んで，設問に答えなさい。

One cold rainy day when Tom was a little boy, he met an old alley cat on his street. The cat looked very cold so Tom said, "Wouldn't you like to come home with me?" (A) The cat was surprised — it was the first time for her to meet anyone who cared about old alley cats — but she said, "I'll be very happy if I can sit in a warm place, and have a saucer of milk." "We have a very warm room," Tom said, "and I'm sure my mother has a saucer of milk."

Tom and the cat became good friends but Tom's mother was very upset about the cat. She hated cats, in particular old alley cats. "Tom," she said to him, "if you think I'm going to give that cat a saucer of milk, you're very wrong. If you start feeding alley cats, you will feed all the alley cats in town in the end, and I am *not* going to do it!"

(B) This made Tom very sad, and he apologized to the cat because his mother was so strict. He told the cat to stay, and he brought her a saucer of milk every day. Tom fed the cat for three weeks, but one day his mother found the cat's saucer in the basement and she was very angry. She threw the cat out. (C) Tom was very angry and went out and found the cat. Together they went for a walk in the park and tried to think of nice things to talk about. Tom said, "When I grow up, I'm going to have an airplane. It must be wonderful to fly!"

"Would you like to fly very, very much?" asked the cat.

"Yes! I want to do anything to be able to fly."

"Well," said the cat, "If you'd *really* like to fly, I think I know a kind of way you can fly."

"You mean you know where I could get an airplane?"

"Well, not exactly an airplane, but (D) something better. I'm an old cat now, but in my younger days I was a traveler. My traveling days ended, but last spring I took just one more trip and sailed to the Island of Tangerina. And then, I missed the boat, and while I was waiting for the next boat, I thought I'd look around a bit. I was very interested in a place called Wild Island, and we passed it on our way to Tangerina. Wild Island and Tangerina are joined together by a lot of rocks, but people never go to Wild Island because it's jungle and there are a lot of dangerous animals. So, I decided to go across the rocks and explore it. It is an interesting place, but I saw something very dangerous. It was a big green dragon! I was so scared, but I thought I would like to ride it and fly all over the world!"

(注) alley cat：野良猫　saucer：皿　hate：ひどく嫌う
feed：(えさ等)を与える　apologize：謝罪する　fed：feed の過去形
basement：地下室　sail：航海する　Tangerina：タンジェリナ(地名)

(出典) *My Father's Dragon*；written by Ruth Stiles Gannett (一部改訂)

6 下線部(A) The cat was surprised の理由として最も適当なものをア～エの中から1つ選びなさい。

ア 今まで自分のような年老いた野良猫を気遣う人と出会ったことがなかったから。
イ こんなに寒い日は経験がなかったから。
ウ 暖かい家がこんなに居心地のいいものだとは思わなかったから。
エ Tom が自分にミルクをくれるほどやさしい人物だと知らなかったから。

7 下線部(B) This は何を表しているか。最も適当なものをア～エの中から1つ選びなさい。

ア 野良猫と友達になれたと思っていたが，何も言わずに出て行ってしまったこと。
イ Tom の母親が Tom に野良猫にミルクをあげるつもりはないと言ったこと。
ウ Tom の母親が Tom にその野良猫だけでなく町中の野良猫にミルクをあげるよう強要したこと。
エ その野良猫が Tom の母親に厳しいことを言ったこと。

8 下線部(C) Tom was very angry の理由として最も適当なものをア～エの中から1つ選びなさい。

ア 野良猫が言葉を話していたから。
イ Tom の母親が野良猫を飼ってはいけないと言ったから。
ウ Tom の母親が Tom の友達である野良猫を外に放り出したから。
エ 野良猫がミルクをこぼし地下室を汚していたから。

9 下線部(D) something better は何を表しているか。最も適当なものをア～エの中から1つ選びなさい。

ア An airplane.
イ Wild island.
ウ Dangerous animals.
エ A big green dragon.

10 本文の内容と一致する文をア～エの中から1つ選びなさい。

ア Tom's mother didn't like cats, so she didn't want him to have the cat.
イ The cat knew how Tom could get an airplane.
ウ Tom and the cat tried to go on a trip to Tangerina, but they missed the boat.
エ Wild island was so dangerous that the cat couldn't go there.

〔3〕 次の英文を読んで，設問に答えなさい。

One day last fall, I visited my friend, Mr. Sherlock Holmes. He was talking with a short, heavy, older man who had red hair.
"Ah, you have come at a perfect time, my dear Watson," Holmes said with a smile.
"But you are busy," I said. "I am sorry to interrupt."
"Not at all. Mr. Wilson, this is my friend, Mr. Watson. (A) <u>He</u> helps me in all my work. I think he will help me on your case, too."

(B) <u>We</u> shook hands and I sat down to join the two men.
"I know that you are interested in my cases, because you have turned so many of them into stories," Holmes said.
"Your cases have always been interesting to me, it is true," I said.
"You say you are interested in these cases because they are so different from normal, everyday life," Holmes said. "But I often tell you that the strangest things happen in the smallest crimes."
"And I still don't believe you," I said.
"Well, I think we have a case. If you help me, you will know how I solve it," my friend said with a smile. He turned to the older man.

"Mr. Wilson, please begin your story again," Holmes said. "Please do this not only for Mr. Watson, but also for myself. Your story is very unusual. So, I would like to hear all the details again. Usually, when I study a case, I think of thousands of other cases like it. But in this case, I cannot think of a single similar one. Your story is very unique."

The heavy man pulled a piece of newspaper from his pocket. He showed us the advertisement page.

（注） interrupt : じゃまする　case : 事件　normal : 普通の　crime : 犯罪
detail : 詳細　pull : ～を取り出す　advertisement : 広告

（出典） *Adventures of Sherlock Holmes* : IBC Publishing (2021) 一部改訂

3 Tom : There are a lot of things in this shop, Jane. This blue notebook is one hundred yen and that yellow one is two hundred yen. I use a yellow one.

Jane : Maybe I could buy two yellow ones, Tom. Oh, look! This pencil is very cute. I want it. It's one hundred yen.

Tom : Well, do you really need a pencil?

Jane : Yes. But I have only four hundred yen.

Tom : You can't buy all the things you want.

Jane : I really need the pencil. I'll buy it and a blue notebook and a yellow one.

Tom : OK. Then you can buy all of them.

4 , 5

When I was walking in the park with my friend, Shinji, last Sunday, a man talked to us in English. He spoke slowly to us and wanted to know how to get to his hotel. We wanted to tell him how to get there in English, but I couldn't talk to him because I was nervous and I didn't want to make mistakes. Then Shinji began to talk to him in English. Shinji's English wasn't very good, but Shinji used easy words and some gestures to tell him the way to the hotel. I thought he wasn't afraid of making mistakes. The man looked very happy when he understood where the hotel was. Shinji also looked happy.

I was always nervous when I spoke English. But I learned I shouldn't be afraid of making mistakes through this experience. I'll try to speak English like Shinji next time.

国　語　解　答　用　紙

※100点満点

問　題	1	2	3	4	5	6	7	8	9	10	11	12	13	14	15
配　点	4	4	4	4	5	5	5	5	5	6	3	3	4	3	3

問　題	16	17	18	19	20	21	22	23	24	25
配　点	3	4	4	4	4	3	3	3	3	6

る上の注意
げたり汚したりしないこと。
ときは、消しゴムで完全に消すこと。
号は、数字で記入してから間違いないようマークすること。
は ( ) を鉛筆（ＨＢ）で黒くぬりつぶすこと。

マークの例

良い例	悪　い　例

欄
㋓
㋓
㋓
㋓
㋓
㋓
㋓
㋓
㋓
㋓

解答番号	解　答　欄			
21	㋐	㋑	㋒	㋓
22	㋐	㋑	㋒	㋓
23	㋐	㋑	㋒	㋓
24	㋐	㋑	㋒	㋓
25	㋐	㋑	㋒	㋓

数 学 解 答 用 紙

※100点満点

問　題	ア	イ	ウ	エ	オ	カ	キ	ク	ケ	コ	サ	シ	ス
配　点	5	5		3	2	5	3	2	5		2	3	

問　題	セ	ソ	タ	チ	ツ	テ	ト	ナ	ニ	ヌ	ネ	ノ	ハ
配　点	5	2	3	5		5	5		2	2		4	

問　題	ヒ	フ	ヘ	ホ	マ	ミ	ム	メ	モ	ヤ	ユ	ヨ	ラ	リ
配　点	4		3		5			5		5	5		5	

上の注意
たり汚したりしないこと。
ときは、消しゴムで完全に消すこと。
は、数字で記入してから間違いないようマークすること。
◯ を鉛筆（ＨＢ）で黒くぬりつぶすこと。

マークの例

良い例	悪　い　例

解答番号	解　答　欄	解答番号	解　答　欄
ナ	⊖ ± ⓪ ① ② ③ ④ ⑤ ⑥ ⑦ ⑧ ⑨	マ	⊖ ± ⓪ ① ② ③ ④ ⑤ ⑥ ⑦ ⑧ ⑨
ニ	⊖ ± ⓪ ① ② ③ ④ ⑤ ⑥ ⑦ ⑧ ⑨	ミ	⊖ ± ⓪ ① ② ③ ④ ⑤ ⑥ ⑦ ⑧ ⑨
ヌ	⊖ ± ⓪ ① ② ③ ④ ⑤ ⑥ ⑦ ⑧ ⑨	ム	⊖ ± ⓪ ① ② ③ ④ ⑤ ⑥ ⑦ ⑧ ⑨
ネ	⊖ ± ⓪ ① ② ③ ④ ⑤ ⑥ ⑦ ⑧ ⑨	メ	⊖ ± ⓪ ① ② ③ ④ ⑤ ⑥ ⑦ ⑧ ⑨
ノ	⊖ ± ⓪ ① ② ③ ④ ⑤ ⑥ ⑦ ⑧ ⑨	モ	⊖ ± ⓪ ① ② ③ ④ ⑤ ⑥ ⑦ ⑧ ⑨
ハ	⊖ ± ⓪ ① ② ③ ④ ⑤ ⑥ ⑦ ⑧ ⑨	ヤ	⊖ ± ⓪ ① ② ③ ④ ⑤ ⑥ ⑦ ⑧ ⑨
ヒ	⊖ ± ⓪ ① ② ③ ④ ⑤ ⑥ ⑦ ⑧ ⑨	ユ	⊖ ± ⓪ ① ② ③ ④ ⑤ ⑥ ⑦ ⑧ ⑨
フ	⊖ ± ⓪ ① ② ③ ④ ⑤ ⑥ ⑦ ⑧ ⑨	ヨ	⊖ ± ⓪ ① ② ③ ④ ⑤ ⑥ ⑦ ⑧ ⑨
ヘ	⊖ ± ⓪ ① ② ③ ④ ⑤ ⑥ ⑦ ⑧ ⑨	ラ	⊖ ± ⓪ ① ② ③ ④ ⑤ ⑥ ⑦ ⑧ ⑨
ホ	⊖ ± ⓪ ① ② ③ ④ ⑤ ⑥ ⑦ ⑧ ⑨	リ	⊖ ± ⓪ ① ② ③ ④ ⑤ ⑥ ⑦ ⑧ ⑨

英　語　解　答　用　紙

※100点満点

問　題	1	2	3	4	5	6	7	8	9	10	11	12	13	14	15
配　点	3	3	3	3	3	4	4	4	4	4	4	4	4	4	4

問　題	16	17	18	19	20	21	22	23	24	25	26	27	28	29	30
配　点	3	3	3	3	3	3	3	3	3	3	3	3	3	3	3

上の注意
たり汚したりしないこと。
ときは、消しゴムで完全に消すこと。
は、数字で記入してから間違いないようマークすること。
( ) を鉛筆（ＨＢ）で黒くぬりつぶすこと。

マークの例

良い例	悪　い　例

欄	解答番号	解　答　欄			
㊁	21	㋐	㋑	㋒	㊁
㊁	22	㋐	㋑	㋒	㊁
㊁	23	㋐	㋑	㋒	㊁
㊁	24	㋐	㋑	㋒	㊁
㊁	25	㋐	㋑	㋒	㊁
㊁	26	㋐	㋑	㋒	㊁
㊁	27	㋐	㋑	㋒	㊁
㊁	28	㋐	㋑	㋒	㊁
㊁	29	㋐	㋑	㋒	㊁
㊁	30	㋐	㋑	㋒	㊁

受験番号					
⓪	⓪	⓪	⓪	⓪	⓪
①	①	①	①	①	①
②	②	②	②	②	②
③	③	③	③	③	③
④	④	④	④	④	④
⑤	⑤	⑤	⑤	⑤	⑤
⑥	⑥	⑥	⑥	⑥	⑥
⑦	⑦	⑦	⑦	⑦	⑦
⑧	⑧	⑧	⑧	⑧	⑧
⑨	⑨	⑨	⑨	⑨	⑨

フリガナ	
氏名	

この欄には記入するな

★マ

解答番号	解答欄				解答番号	解答	
1	㋐	㋑	㋒	㋓	11	㋐	㋑
2	㋐	㋑	㋒	㋓	12	㋐	㋑
3	㋐	㋑	㋒	㋓	13	㋐	㋑
4	㋐	㋑	㋒	㋓	14	㋐	㋑
5	㋐	㋑	㋒	㋓	15	㋐	㋑
6	㋐	㋑	㋒	㋓	16	㋐	㋑
7	㋐	㋑	㋒	㋓	17	㋐	㋑
8	㋐	㋑	㋒	㋓	18	㋐	㋑
9	㋐	㋑	㋒	㋓	19	㋐	㋑
10	㋐	㋑	㋒	㋓	20	㋐	㋑

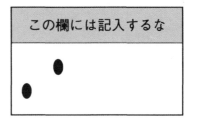

受　験　番　号					
⓪①②③④⑤⑥⑦⑧⑨	⓪①②③④⑤⑥⑦⑧⑨	⓪①②③④⑤⑥⑦⑧⑨	⓪①②③④⑤⑥⑦⑧⑨	⓪①②③④⑤⑥⑦⑧⑨	⓪①②③④⑤⑥⑦⑧⑨

フリガナ	
氏　名	

この欄には記入するな

★マ

解答番号	解　答　欄	解答番号	解　答　欄
ア	⊖ ± ⓪ ① ② ③ ④ ⑤ ⑥ ⑦ ⑧ ⑨	サ	⊖ ± ⓪ ① ② ③ ④ ⑤ ⑥ ⑦
イ	⊖ ± ⓪ ① ② ③ ④ ⑤ ⑥ ⑦ ⑧ ⑨	シ	⊖ ± ⓪ ① ② ③ ④ ⑤ ⑥ ⑦
ウ	⊖ ± ⓪ ① ② ③ ④ ⑤ ⑥ ⑦ ⑧ ⑨	ス	⊖ ± ⓪ ① ② ③ ④ ⑤ ⑥ ⑦
エ	⊖ ± ⓪ ① ② ③ ④ ⑤ ⑥ ⑦ ⑧ ⑨	セ	⊖ ± ⓪ ① ② ③ ④ ⑤ ⑥ ⑦
オ	⊖ ± ⓪ ① ② ③ ④ ⑤ ⑥ ⑦ ⑧ ⑨	ソ	⊖ ± ⓪ ① ② ③ ④ ⑤ ⑥ ⑦
カ	⊖ ± ⓪ ① ② ③ ④ ⑤ ⑥ ⑦ ⑧ ⑨	タ	⊖ ± ⓪ ① ② ③ ④ ⑤ ⑥ ⑦
キ	⊖ ± ⓪ ① ② ③ ④ ⑤ ⑥ ⑦ ⑧ ⑨	チ	⊖ ± ⓪ ① ② ③ ④ ⑤ ⑥ ⑦
ク	⊖ ± ⓪ ① ② ③ ④ ⑤ ⑥ ⑦ ⑧ ⑨	ツ	⊖ ± ⓪ ① ② ③ ④ ⑤ ⑥ ⑦
ケ	⊖ ± ⓪ ① ② ③ ④ ⑤ ⑥ ⑦ ⑧ ⑨	テ	⊖ ± ⓪ ① ② ③ ④ ⑤ ⑥ ⑦
コ	⊖ ± ⓪ ① ② ③ ④ ⑤ ⑥ ⑦ ⑧ ⑨	ト	⊖ ± ⓪ ① ② ③ ④ ⑤ ⑥ ⑦

受験番号					
⓪	⓪	⓪	⓪	⓪	⓪
①	①	①	①	①	①
②	②	②	②	②	②
③	③	③	③	③	③
④	④	④	④	④	④
⑤	⑤	⑤	⑤	⑤	⑤
⑥	⑥	⑥	⑥	⑥	⑥
⑦	⑦	⑦	⑦	⑦	⑦
⑧	⑧	⑧	⑧	⑧	⑧
⑨	⑨	⑨	⑨	⑨	⑨

フリガナ	
氏　名	

この欄には記入するな
●
●

★マ

解答番号	解答欄				解答番号	解答	
1	㋐	㋑	㋒	㋓	11	㋐	㋑
2	㋐	㋑	㋒	㋓	12	㋐	㋑
3	㋐	㋑	㋒	㋓	13	㋐	㋑
4	㋐	㋑	㋒	㋓	14	㋐	㋑
5	㋐	㋑	㋒	㋓	15	㋐	㋑
6	㋐	㋑	㋒	㋓	16	㋐	㋑
7	㋐	㋑	㋒	㋓	17	㋐	㋑
8	㋐	㋑	㋒	㋓	18	㋐	㋑
9	㋐	㋑	㋒	㋓	19	㋐	㋑
10	㋐	㋑	㋒	㋓	20	㋐	㋑

〈リスニング〉

※音声は収録しておりません

1 Bob : What are you reading, Kyoko?

Kyoko : I am reading an e-mail from my grandmother living in Nagoya city, Bob.

Bob : Are you going to write her back ?

Kyoko : Yes, I am.

Bob : Why don't you also send the picture I took in Ochiai park yesterday? Your grandmother will enjoy seeing you and your cats.

Kyoko : That's a good idea.

Bob : I'll send it to you by e-mail. Then you can send it to your grandmother.

Kyoko : Thank you very much. You are so kind.

Bob : You're welcome.

2 Kota : Look at this picture, Nancy. This is my family. I live with my father, my mother, and two brothers.

Nancy : It's a nice picture, Kota.

Kota : Thank you. This is my younger brother, Yuta. He plays soccer.

Nancy : You play soccer, too, and you are the tallest in our class, Kota. Is Yuta as tall as you?

Kota : He is taller than I.

Nancy : I see.

Kota : This is my older brother, Shota. He is the best baseball player in his school and taller than Yuta.

Nancy : All of you are very tall. How about your father?

Kota : He is shorter than I but taller than my mother.

11 Who is the person marked (A)?

ア Mr. Sherlock Holmes.
イ Mr. Watson.
ウ Mr. Wilson.
エ An older man who had red hair.

12 Who are the persons marked (B)?

ア Mr. Sherlock Holmes and Mr. Wilson.
イ Mr. Sherlock Holmes and Mr. Watson.
ウ Mr. Wilson and a heavy man.
エ Mr. Wilson and Mr. Watson.

13 Why is Mr. Watson interested in the cases of Mr. Sherlock Holmes?

ア Because Sherlock helps him in all his work.
イ Because Sherlock has written so many stories.
ウ Because the cases are so different from normal.
エ Because the cases happen in the smallest crimes.

14 Why did Mr. Sherlock Holmes ask Mr. Wilson to begin his story again?

ア Because Mr. Wilson's story was very unique.
イ Because Mr. Wilson's story was not so unusual.
ウ Because he didn't understand Mr. Wilson's story.
エ Because he didn't want Mr. Watson to listen to Mr. Wilson's story.

15 What was the heavy man's purpose to take out a piece of newspaper?

ア To think of other cases.
イ To tell his story to Mr. Watson and Mr. Holmes.
ウ To read an article about Mr. Holmes's case.
エ To show Mr. Watson and Mr. Holmes that his story is usual.

〔４〕 次の文には，それぞれ明らかに文法的・語法的な誤りが１か所ある。その誤りをア～エの中から１つ選びなさい。

16 The world is full with beautiful places. I want to go to some places in the
ア イ ウ エ
future.

17 I want something cold to drink. Are there a little water in the bottle?
ア イ ウ エ

18 I asked a salesperson which desk to buy. He showed me the desk which
ア イ
is made into wood.
ウ エ

19 It is dangerous for me to ride this broken bike. I wish I can buy
ア イ ウ
a new one.
エ

20 The man driving that car is my father. He lets me to use his car every
ア イ ウ エ
weekend.

〔５〕 次の各文の(　　　)に入る最も適当な語(句)をそれぞれア～エの中から１つ選びなさい。

21 We left Nagoya (　　　) the morning of July 21.

ア for　　イ by　　ウ at　　エ on

22 If I (　　　), I could buy that computer.

ア have much money　　イ had much money

ウ have many money　　エ had many money

23 Let's play baseball (　　　) you are free tomorrow.

ア if　　イ during　　ウ later　　エ before

24 Kyoto is one of (　　　) in Japan.

ア the oldest city　　イ the older city

ウ the oldest cities　　エ as old cities as

25 You can't pass the exam (　　　).

ア with do your best　　イ with to do your best

ウ without to do your best　　エ without doing your best

〔6〕 日本語に合うように〔　　〕内の語(句)を並べ替えて正しい英文にするとき，＿（1）＿と＿（2）＿に入る最も適当な語(句)の組み合わせをそれぞれア～エの中から1つ選びなさい。ただし，＿＿＿＿は与えられた語(句)を示します。文頭にくる語も小文字で表してあります。

26 彼女が話している女性は私のおばさんです。

＿＿ ＿＿ ＿（1）＿ ＿＿ ＿（2）＿ ＿＿ ＿＿ .

〔 she / with / the woman / my / is talking / is /aunt 〕

ア (1) she (2) is　　イ (1) is talking (2) she

ウ (1) is talking (2) is　　エ (1) with (2) my

27 大きな声で歌うといつも楽しくなります。

＿＿ ＿＿ ＿＿ ＿（1）＿ ＿＿ ＿（2）＿ ＿＿ .

〔 happy / a loud voice / me / singing / always / makes / in 〕

ア (1) makes (2) always　　イ (1) always (2) me

ウ (1) always (2) happy　　エ (1) makes (2) happy

28 彼女は親切にも駅への道を教えてくれた。

＿＿ ＿＿ ＿（1）＿ ＿＿ ＿＿ ＿＿ ＿（2）＿ ＿＿

＿＿ the station.

〔 kind / enough / she / the way / me / to / to / tell / was 〕

ア (1) enough (2) tell　　イ (1) kind (2) the way

ウ (1) enough (2) me　　エ (1) kind (2) me

29 看板にはここでサッカーをしてはいけませんと書いてあります。

＿＿ ＿＿ ＿（1）＿ ＿＿ ＿（2）＿ ＿＿ ＿＿ here.

〔 you / must / play / says / the sign / not / soccer 〕

ア (1) you (2) play　　イ (1) not (2) soccer

ウ (1) you (2) not　　エ (1) not (2) play

30 あなたはどれくらいの間，英語を勉強していますか。

______ ______ ___(1)___ ______ ___(2)___ ______ ______?

〔 you / been / how / have / long / English / studying 〕

ア (1) have　(2) studying　イ (1) been　(2) studying

ウ (1) been　(2) English　エ (1) have　(2) been

（問題はこれで終わりです。）

中部大学春日丘高等学校

令和４年度　　理　　　　科　（30分）

1　試験開始の合図があるまで，この問題冊子を開いてはいけません。
2　問題は全部で 15 ページあります。解答用紙は１枚です。
3　受験番号と氏名を，この表紙と解答用紙に必ず記入しなさい。
4　試験終了後，問題冊子と解答用紙を回収します。

解答用紙は，コンピュータで処理される
マークシートです。
特に，次の注意をよく守りなさい。

1　ＨＢの黒鉛筆で記入しなさい。
（とがっている鉛筆は避けなさい）

2　受験番号は，□内に横１字ずつ記入し，
下のそれぞれの数字をマークしなさい。
（記入例）　受験番号が２００４２２の場合

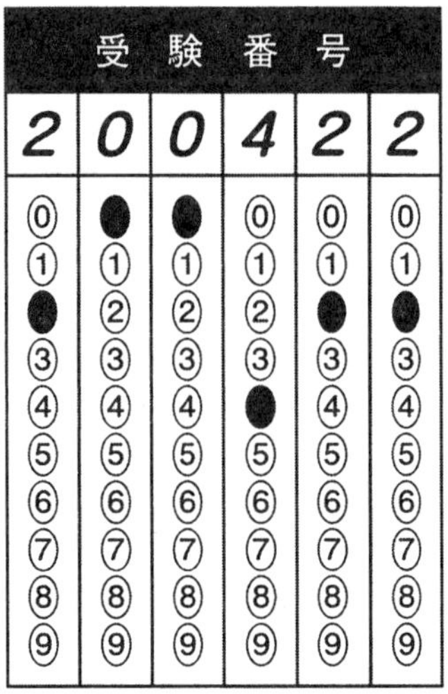

3　解答の記入方法は，たとえば，[1]と表示のある問いに対してイと解答する場合には，次のように
解答番号１の解答欄にマークしなさい。

（例）

解答番号	解　　答　　欄
1	㋐　●　㋒　㋓　㋔

4　マークする場合は，次に示す良い例のように黒く塗りつぶしなさい。

5　マークの訂正は，上質の消しゴム（プラスチック製が良い）で跡を残さないように完全に消し，
消し屑をきれいに取り除きなさい。

6　解答用紙を汚したり，折りまげたりしないこと。

受験番号							氏　名	

理　　　　科

（解答番号[1]～[20]）

〔1〕　ばねの性質に関する以下の文章を読み，[1] ～ [5] に答えなさい。

実験1

自然の長さが等しい2種類のばねA，Bを用意する。図1のように，ばねにおもりをつり下げ，おもりの質量とばねの伸びの関係を調べたところ，図2のようになった。

図1

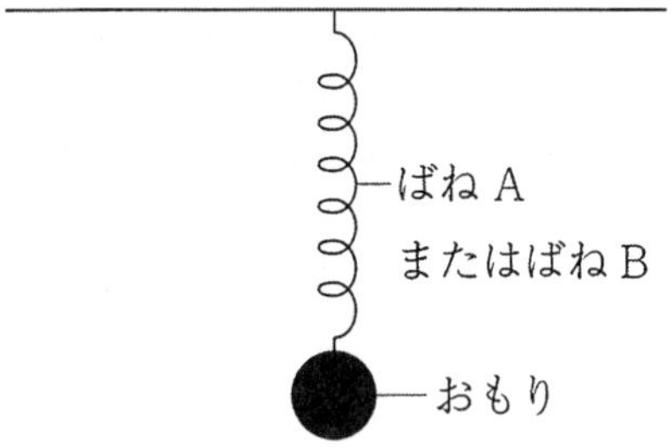

図2

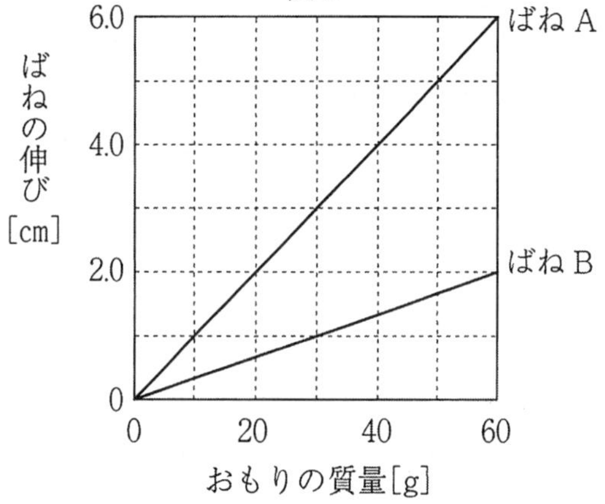

1 ばねA，Bの性質を述べた文章として正しいものを下の(ア)～(オ)の中から1つ選び，記号で答えなさい。

(ア) ばねAはばねBより伸びにくく，ばねAとばねBの伸びが等しいときにばねに加えた力が大きいのはばねAである。

(イ) ばねAはばねBより伸びにくく，ばねAとばねBの伸びが等しいときにばねに加えた力が大きいのはばねBである。

(ウ) ばねAはばねBより伸びやすく，ばねAとばねBの伸びが等しいときにばねに加えた力が大きいのはばねAである。

(エ) ばねAはばねBより伸びやすく，ばねAとばねBの伸びが等しいときにばねに加えた力が大きいのはばねBである。

(オ) ばねAはばねBより伸びやすく，ばねAとばねBの伸びが等しいときにばねに加えた力はばねAとばねBともに同じである。

2 ばねAにある質量のおもりをつるしたところ，ばねAが8.0[cm]伸びた。このときばねAにつるしたおもりの質量として正しいものを下の(ア)～(オ)の中から1つ選び，記号で答えなさい。

(ア) 40[g]　(イ) 60[g]　(ウ) 80[g]　(エ) 100[g]　(オ) 120[g]

実験2

図3のようにばねAとばねBをつなぎ，その下にある質量のおもりをつるしたところ，ばねは合計で12.0［cm］伸びた。

図3

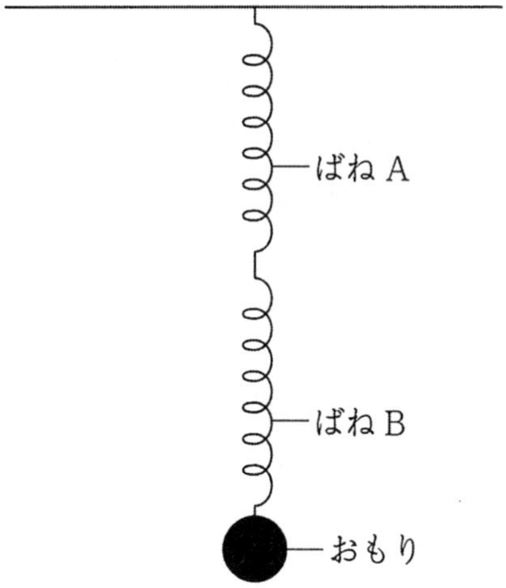

3　実験2において用いたおもりの質量は何[g]か。正しいものを下の(ア)～(オ)の中から1つ選び，記号で答えなさい。

（ア）30[g]　（イ）60[g]　（ウ）80[g]　（エ）90[g]　（オ）120[g]

実験３

図４のように，ばねＡの両端に定滑車をもちいて質量30[g]のおもりを取り付けた。

図４

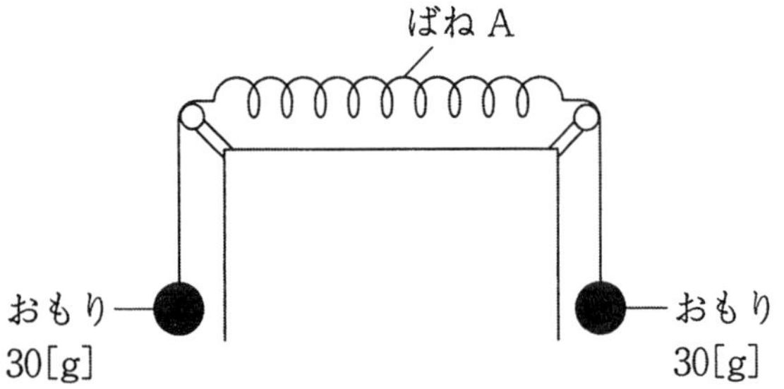

4 このとき，ばねＡの伸びは何[cm]か。正しいものを下の(ア)～(オ)の中から１つ選び，記号で答えなさい。

(ア) 0[cm]　(イ) 1.5[cm]　(ウ) 2.0[cm]　(エ) 3.0[cm]　(オ) 6.0[cm]

実験４

２種類の質量が異なるおもりC，Ｄを用意する。おもりＣの質量は分からないが，おもりＤの質量は100［g］であることが分かっている。図５のように定滑車とばねＡをもちいて２つのおもりを静止させたところ，ばねＡは自然の長さより8.0［cm］伸びた。このとき，おもりＤは完全に水中に沈んでいた。ただし，質量100［g］の物体にはたらく重力の大きさを１［N］とする。

図５

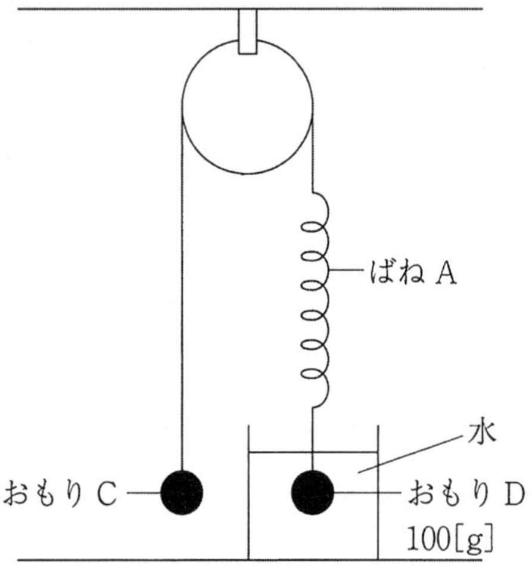

5　このとき，おもりＤにはたらく浮力の大きさは何［N］か。正しいものを下の（ア）～（オ）の中から１つ選び，記号で答えなさい。

（ア）0.10［N］　（イ）0.20［N］　（ウ）0.50［N］　（エ）0.80［N］　（オ）1.0［N］

〔2〕 次の実験1，2を読み，6 ～ 10 に答えなさい。

実験1

水酸化ナトリウム水溶液，塩化ナトリウム水溶液，塩化銅水溶液，塩酸のいずれかが入ったビーカーA，B，C，Dがある。ビーカーAに入った水溶液は青色であり，その他は無色であった。B，C，Dの無色の液体が入ったビーカーにBTB液を加えると，Bは黄色，Cは青色，Dは緑色になった。

6 塩酸に関する記述として，**適当でないもの**を下の(ア)～(オ)の中から1つ選び，記号で答えなさい。

(ア) 電気を導く。
(イ) 塩化水素の水溶液である。
(ウ) 赤色リトマス紙を青色にする。
(エ) マグネシウムリボンを溶かし，水素を発生させる。
(オ) 水酸化ナトリウム水溶液でちょうど中和した混合溶液は，塩化ナトリウム水溶液である。

7 各ビーカーの水溶液を電気分解した際に，陽極に塩素が発生するものをすべて含んでいる組み合わせはどれか。正しい組み合わせを下の(ア)～(オ)の中から1つ選び，記号で答えなさい。

(ア) AとB　　(イ) CとD　　(ウ) BとD
(エ) AとBとC　　(オ) AとBとD

実験２

　ある濃度の塩酸を20［mL］用意した。水溶液中の水素イオンの数はＸ個であった。この塩酸を水酸化ナトリウム水溶液で中和したところ，水溶液中の水素イオンの数と水酸化ナトリウム水溶液を加えた量は図６のような関係となった。また，図７～９は水溶液中のナトリウムイオン，塩化物イオン，水酸化物イオンのいずれかの数と水酸化ナトリウム水溶液を加えた量の関係を表した図である。

図６

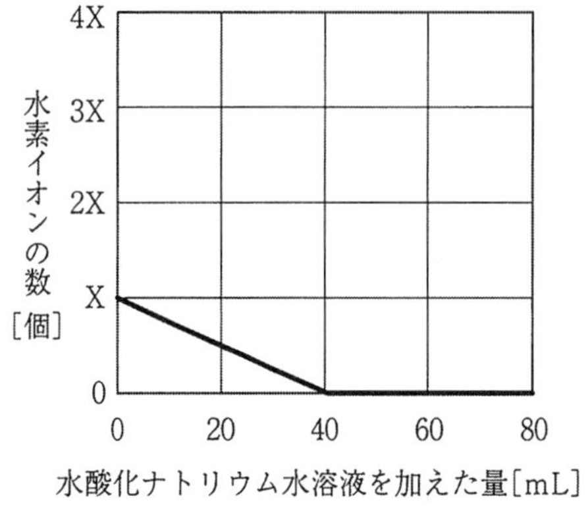

図７

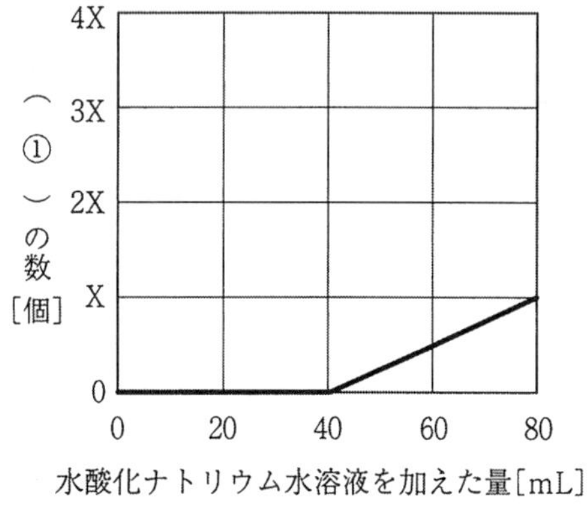

図８

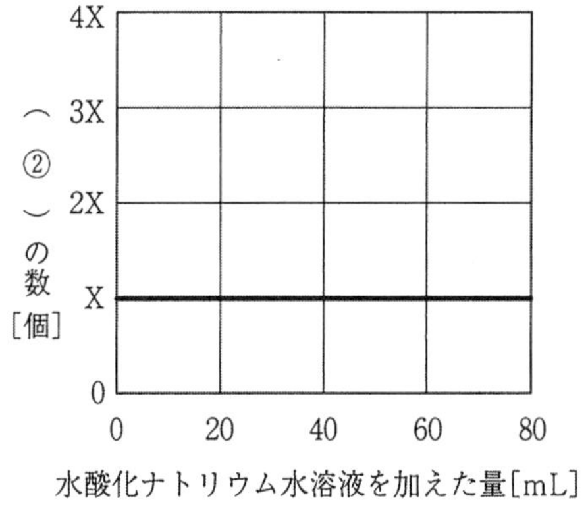

図９

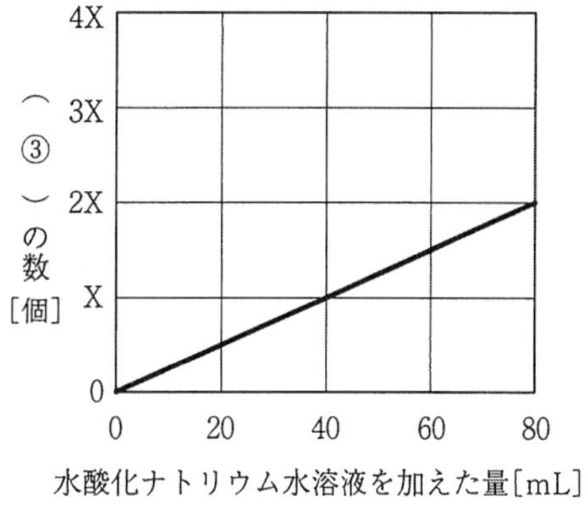

8　図7～9の①～③に当てはまる語句として正しい組み合わせになっているものはどれか。正しい組み合わせを下の(ア)～(オ)の中から１つ選び，記号で答えなさい。

(ア)	①	水酸化物イオン	②	ナトリウムイオン	③	塩化物イオン
(イ)	①	水酸化物イオン	②	塩化物イオン	③	ナトリウムイオン
(ウ)	①	ナトリウムイオン	②	水酸化物イオン	③	塩化物イオン
(エ)	①	ナトリウムイオン	②	塩化物イオン	③	水酸化物イオン
(オ)	①	塩化物イオン	②	ナトリウムイオン	③	塩化物イオン

9　水溶液中のイオンの総数の変化を表したグラフとして正しいものを下の(ア)～(オ)の中から1つ選び，記号で答えなさい。

(ア)

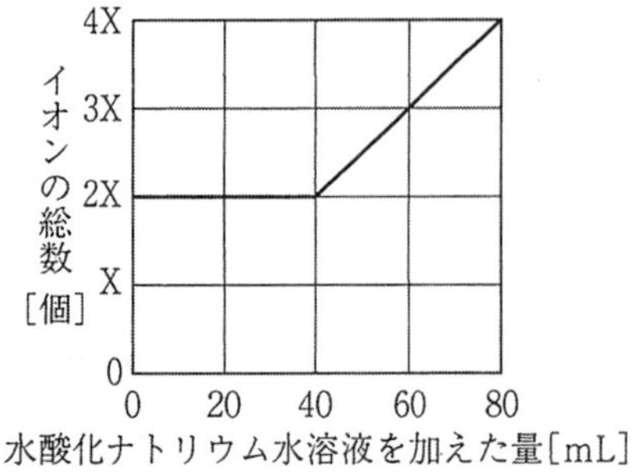

(イ)

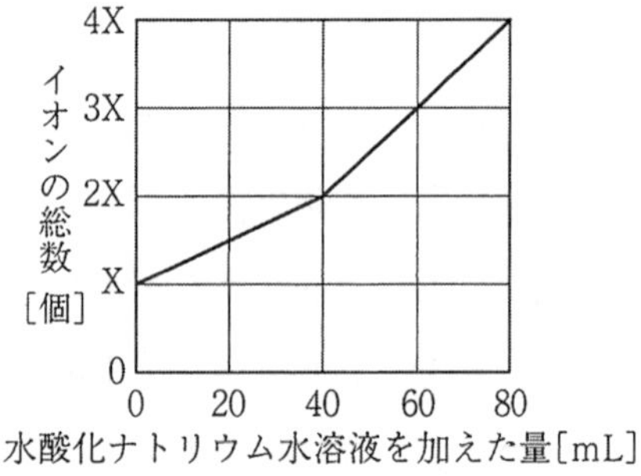

(ウ)

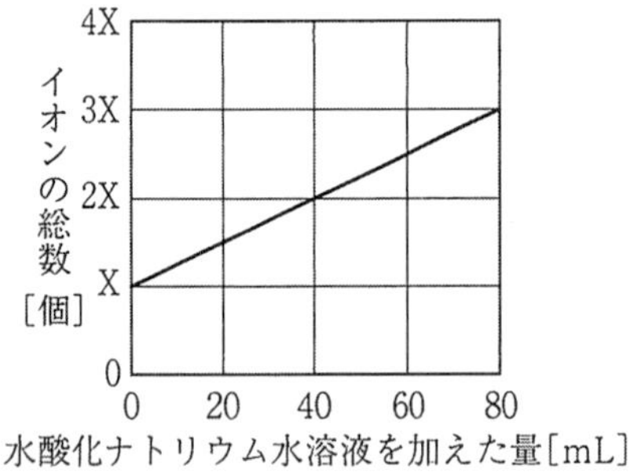

(エ)

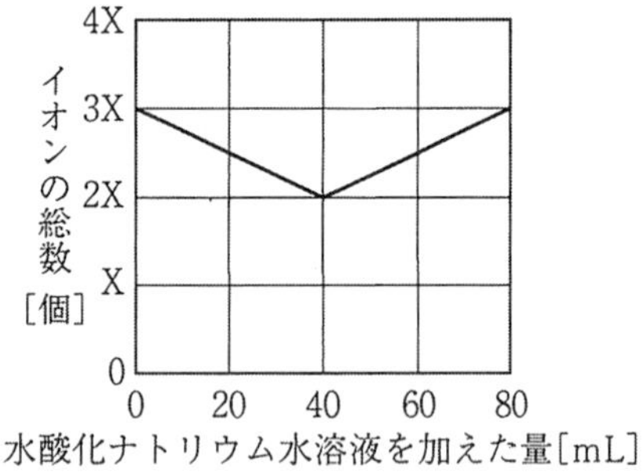

(オ)

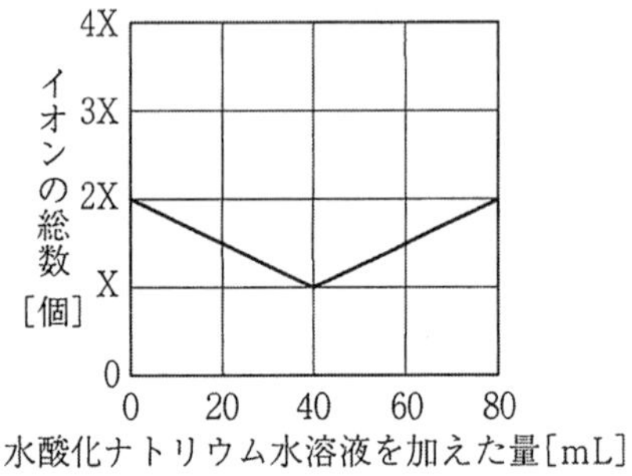

10　実験2と同じ塩酸50[mL]に水を混ぜて100[mL]にした。この水溶液10[mL]をちょうど中和するのに，実験2でもちいた水酸化ナトリウム水溶液は何[mL]必要か。正しいものを下の(ア)～(オ)の中から1つ選び，記号で答えなさい。

(ア) 5.0[mL]　(イ) 10[mL]　(ウ) 15[mL]　(エ) 20[mL]　(オ) 80[mL]

〔3〕 図10はそれぞれの動物をある特徴をもとにグループ分けしたものである。次の [11] ～ [15] に答えなさい。

図10

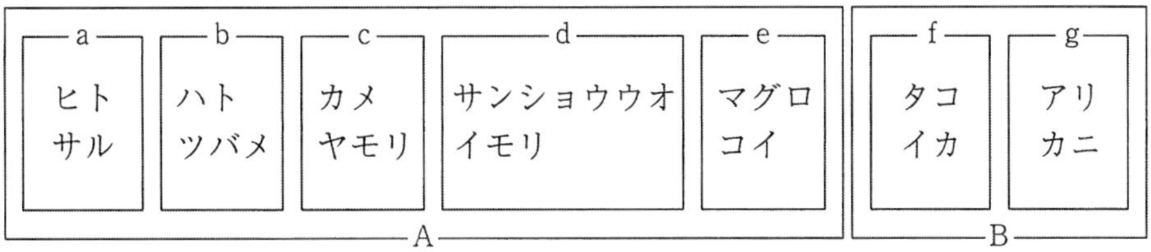

[11] 図10のグループAが共通して持つ特徴は何か。正しいものを下の(ア)～(オ)の中から1つ選び，記号で答えなさい。

（ア）内骨格である。

（イ）外骨格である。

（ウ）内骨格も外骨格も持たない。

（エ）体内受精である。

（オ）体外受精である。

12 図10のグループAの仲間をまとめて何というか。正しいものを下の(ア)～(オ)の中から1つ選び，記号で答えなさい。

(ア) 恒温動物
(イ) 軟体動物
(ウ) 節足動物
(エ) 無セキツイ動物
(オ) セキツイ動物

13 図10のa～eのグループの中で，変温動物で周囲の温度が下がると冬眠することが多いグループをすべて含んでいるのはどれか。正しい組み合わせを下の(ア)～(オ)の中から1つ選び，記号で答えなさい。

(ア) a・d　(イ) b・c　(ウ) c・d
(エ) a・e　(オ) b・e

14 図10のfとgのグループと同じ分類の動物の組み合わせはどれか。正しい組み合わせを下の(ア)～(オ)の中から1つ選び，記号で答えなさい。

	f	g
(ア)	アサリ・カタツムリ	クモ・ミジンコ
(イ)	ナマコ・クラゲ	エビ・ゾウリムシ
(ウ)	イソギンチャク・カタツムリ	ミミズ・クモ
(エ)	サメ・クラゲ	ウニ・エビ
(オ)	アサリ・ナマコ	ゾウリムシ・ミジンコ

15 次の①～⑤の文章の中で，図10のa～dのグループに含まれる，すべての動物に当てはまるものはどれか。正しい組み合わせを下の(ア)～(オ)の中から1つ選び，記号で答えなさい。

① 目から受け取った感覚刺激は，せきずいと呼ばれる神経を通って大脳へ伝えられる。

② 大脳から四肢への意識的な命令は，せきずいと呼ばれる神経を通って筋肉へ伝えられる。

③ 成体の呼吸器官は主に肺である。

④ 乾燥と体温の保持のため，体が羽毛または体毛で覆われている。

⑤ 乾燥と外部からの衝撃を防ぐため，固いからを持った卵を産む。

(ア) ①・②　　(イ) ①・④　　(ウ) ②・③

(エ) ④・⑤　　(オ) ③・⑤

〔4〕 次の地震に関連する文を読み，16 ～ 20 に答えなさい。

地球の表面は，厚さ100[km]ぐらいのいくつかのプレートでできている。とくに日本列島は，a 4つのプレートの境界線に位置している。それぞれのプレートは，b マントル対流にのって，決まった方向にゆっくりと動いている。プレートの境界線は，大きな力が働いているため，その力がエネルギーとして蓄えられ，日本列島付近は，地震や活火山が多い。とくに地震は大きく c 2つの原因に分けられる。

16 下線部aの4つのプレートの正しい組み合わせはどれか。下の(ア)～(オ)の中から正しい組み合わせを1つ選び，記号で答えなさい。

（ア）北アメリカプレート，中国プレート，太平洋プレート，台湾プレート
（イ）ロシアプレート，ユーラシアプレート，ハワイプレート，フィリピン海プレート
（ウ）北アメリカプレート，ユーラシアプレート，太平洋プレート，フィリピン海プレート
（エ）北アメリカプレート，中国プレート，太平洋プレート，フィリピン海プレート
（オ）ロシアプレート，中国プレート，ハワイプレート，台湾プレート

17 下線部bのマントル対流がおこる原因の中で，正しいものを下の(ア)～(オ)の中から1つ選び，記号で答えなさい。

（ア）液体であるマントルは太陽の熱で熱せられ，ゆっくりと対流している。
（イ）岩石でできているマントルは地球の自転の力で，ゆっくりと対流している。
（ウ）液体であるマントルは地球の自転の力で，ゆっくりと対流している。
（エ）岩石でできているマントルは地球内部の熱で熱せられ，ゆっくりと対流している。
（オ）岩石でできているマントルは太陽の熱で熱せられ，ゆっくりと対流している。

18 下線部ｃの地震の原因について記した次の文の(１)～(５)に入る語句は何か。正しい組み合わせを下の(ア)～(オ)の中から１つ選び，記号で答えなさい。

日本列島は，大陸のプレートの下に海洋のプレートがもぐりこむことによって盛り上がってできた。現在も海洋のプレートが年間10[cm]ほどもぐりこむ。したがって，日本列島の地殻には常に力がかかっている。そして(１)。これによって発生する地震を(２)という。また，海洋のプレートがもぐりこむ過程で引きずりこまれた大陸のプレートが，すべって逆もどりすることがある。このとき発生する地震を(３)という。(２)は，1995年に発生した兵庫県南部地震のように震源の浅い(４)が被害を大きくし，(３)は，2011年に発生した東北地方太平洋沖地震がマグニチュード(５)を記録したように巨大になりやすい。

	(1)	(2)	(3)	(4)	(5)
(ア)	断層が生じる	断層型地震	海溝型地震	深層型	7.0
(イ)	噴火がおこる	海溝型地震	断層型地震	直下型	9.0
(ウ)	噴火がおこる	断層型地震	海溝型地震	深層型	7.0
(エ)	噴火がおこる	海溝型地震	断層型地震	深層型	7.0
(オ)	断層が生じる	断層型地震	海溝型地震	直下型	9.0

19　マグマ由来の岩石の正しい組み合わせはどれか。正しい組み合わせを下の(ア)～(オ)の中から１つ選び，記号で答えなさい。

（ア）チャート，れき岩，花こう岩，安山岩
（イ）流紋岩，花こう岩，チャート，玄武岩
（ウ）砂岩，石灰岩，はんれい岩，玄武岩
（エ）石灰岩，れき岩，カンラン岩，安山岩
（オ）はんれい岩，花こう岩，安山岩，流紋岩

20　地震では震源からＰ波とＳ波の２種類の波が伝わる。Ｐ波とＳ波は同時に震源をスタートするがＰ波の方が先に到着し(初期微動)，Ｓ波の方が遅れて到着する(主要動)。ある地震で，Ｐ波が到着してからＳ波が到着するまでの初期微動継続時間が5.0秒であった。観測地点から震源までの距離は何[km]か，正しいものを下の(ア)～(オ)の中から１つ選び，記号で答えなさい。ただし，Ｐ波の速度を6.0[km/s]，Ｓ波の速度を3.0[km/s]とする。

（ア）35[km]　（イ）30[km]　（ウ）25[km]　（エ）20[km]　（オ）15[km]

(問題はこれで終わりです。)

令和４年度　　　社　　　　会　(30分)

1　試験開始の合図があるまで，この問題冊子を開いてはいけません。
2　問題は全部で 25 ページあります。解答用紙は１枚です。
3　受験番号と氏名を，この表紙と解答用紙に必ず記入しなさい。
4　試験終了後，問題冊子と解答用紙を回収します。

解答用紙は，コンピュータで処理される
マークシートです。
特に，次の注意をよく守りなさい。

1　ＨＢの黒鉛筆で記入しなさい。
（とがっている鉛筆は避けなさい）

2　受験番号は，[　　]内に横１字ずつ記入し，
下のそれぞれの数字をマークしなさい。
（記入例）　受験番号が２００４２２の場合

受験番号					
2	0	0	4	2	2
⓪	●	●	⓪	⓪	⓪
①	①	①	①	①	①
●	②	②	②	●	●
③	③	③	③	③	③
④	④	④	●	④	④
⑤	⑤	⑤	⑤	⑤	⑤
⑥	⑥	⑥	⑥	⑥	⑥
⑦	⑦	⑦	⑦	⑦	⑦
⑧	⑧	⑧	⑧	⑧	⑧
⑨	⑨	⑨	⑨	⑨	⑨

3　解答の記入方法は，たとえば，[1]と表示のある問いに対してイと解答する場合には，次のように解答番号１の解答欄にマークしなさい。

（例）

解答番号	解　答　欄
1	㋐　●　㋒　㋓

4　マークする場合は，次に示す良い例のように黒く塗りつぶしなさい。

良い例	悪い例
●	

5　マークの訂正は，上質の消しゴム（プラスチック製が良い）で跡を残さないように完全に消し，消し屑をきれいに取り除きなさい。

6　解答用紙を汚したり，折りまげたりしないこと。

受験番号							氏　名	

社　　　会

（解答番号 1 ～ 25 ）

〔1〕 イチロウさんは，春の研修でオーストラリアに関するセミナーに参加してきた。それに関する 1 ～ 4 に答えなさい。

1 図1のA・Bはオーストラリアの州（準州を含む）を示したものであり，次のC・Dの写真と文章E・Fは，A・Bのいずれかの特徴を述べたものである。図1のA・B，写真C・D，文章E・Fの組み合わせとして正しいものを，下の（ア）～（エ）のうちから一つ選びなさい。

図1

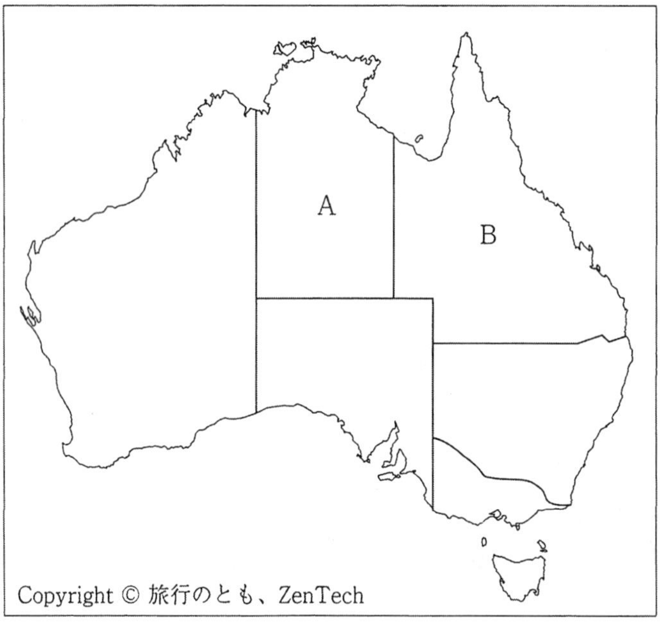

C

D

文章E

この州の内陸部の乾燥地域では，掘り抜き井戸が分布し，そこから飲料水や農業用水が取水されている。また，ウルル周辺は先住民のアボリジニーの聖地として知られている。

文章F

この州の沿岸部は，気候が温暖であり，サンゴ礁の発達した観光資源が存在する。それらを背景としてリゾート地が発達しており，人口も増加している。

	A	B
(ア)	写真C・文章E	写真D・文章F
(イ)	写真C・文章F	写真D・文章E
(ウ)	写真D・文章E	写真C・文章F
(エ)	写真D・文章F	写真C・文章E

2　次の表1は，オーストラリアの国別輸出額の上位5カ国とそれぞれの輸出総額に占める割合を1960年，1990年，2019年について示したものであり，G～Iは，アメリカ合衆国，中国，日本のいずれかである。G～Iにあてはまる国名の組み合わせとして正しいものを，下の(ア)～(エ)のうちから一つ選びなさい。

表1

順位	1960年		1990年		2019年	
	国名	割合(%)	国名	割合(%)	国名	割合(%)
1位	イギリス	23.9	G	27.4	I	38.7
2位	G	16.7	H	11.0	G	14.8
3位	H	7.5	韓国	6.2	韓国	6.6
4位	ニュージーランド	6.4	シンガポール	5.3	イギリス	4.0
5位	フランス	5.3	ニュージーランド	4.9	H	3.8

(2021データブック二宮書店より作成)

	G	H	I
(ア)	アメリカ合衆国	日本	中国
(イ)	日本	アメリカ合衆国	中国
(ウ)	アメリカ合衆国	中国	日本
(エ)	中国	アメリカ合衆国	日本

3 次の表２は，アメリカ合衆国，オーストラリア，タイ，ブラジルの４カ国における，都市人口率，百万都市，産業別人口構成の数を示している。このうち，オーストラリアに該当するものを表２中の(ア)～(エ)のうちから一つ選びなさい。

表２

国	都市人口率(%)	百万都市の数	産業別人口構成(%)		
			第１次産業	第２次産業	第３次産業
(ア)	47.7	11	32.1	22.8	45.1
(イ)	81.7	10	1.4	19.9	78.8
(ウ)	85.8	16	9.3	20.1	70.6
(エ)	85.7	5	2.6	19.9	77.5

(2021 データブック二宮書店より作成)

4 オーストラリア大陸には先住民のアボリジニーが暮らしており，次の写真１は，アボリジニーが使用してきたブーメランのレプリカである。写真１から読み取れることがらとその背景について説明した下の文章中の下線部(ア)～(エ)のうちから適当でないものを，一つ選びなさい。

写真１

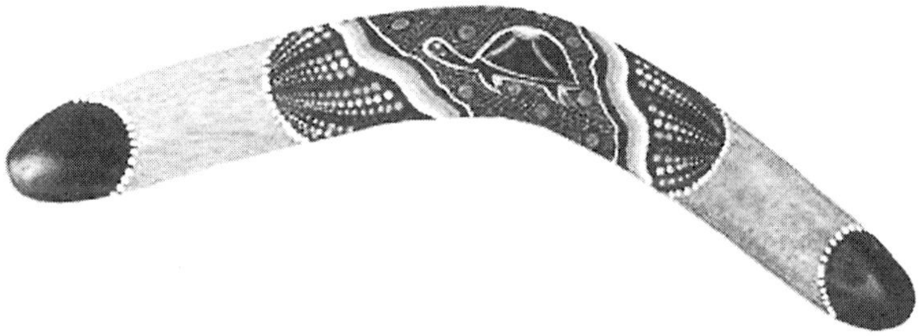

アボリジニーは，ブーメランなどの道具を利用した(ア)狩猟採集を生業としてきた。写真１のブーメランには，(イ)オーストラリアでみられる動物の絵や抽象的な模様が描かれている。現在，これらの絵や模様に象徴されるアボリジニーの文化は，(ウ)オーストラリアにおける多様な文化の一つとして尊重されるようになっている。(エ)アボリジニーの多くは農村地域で生活している。

〔２〕 シンイチさんは，大学1年生で，研究レポートに中国・四国地方の地理を選択した。それに関する 5 ～ 7 に答えなさい。

図２

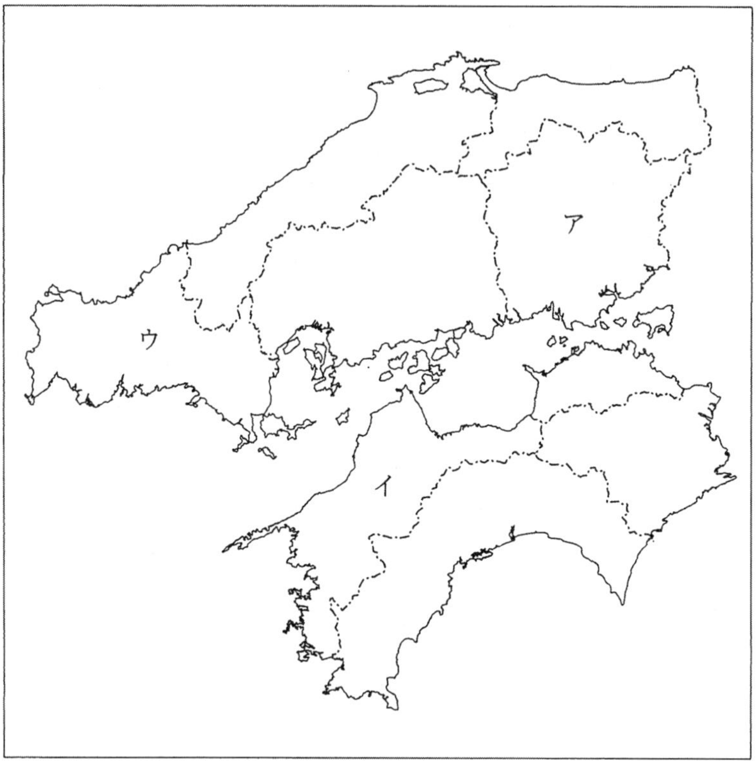

5 次の表3は，図2のア～ウの都道府県の業種別製造品出荷額を示している。アとウの都道府県の組み合わせとして正しいものを，下の(ア)～(エ)のうちから一つ選びなさい。

表3

都道府県	パルプ紙・紙加工品	石油製品	輸送用機械
a	574	570	401
b	112	1201	916
c	103	911	980

(単位：十億円)　(2021 データブック二宮書店より作成)

	ア	ウ
(ア)	a	b
(イ)	a	c
(ウ)	b	a
(エ)	b	c

6 本州と四国を結ぶルート(連絡橋)は三つあるが，図２には，そのうちの一つのルートの本州側にかかる都道府県が示されていない。そのルートに関する写真ｄ・ｅとその区間の組み合わせとして正しいものを，下の(ア)～(エ)のうちから一つ選びなさい。

写真ｄ

写真ｅ

	写真	区間
(ア)	写真ｄ	兵庫県～徳島県
(イ)	写真ｄ	岡山県～香川県
(ウ)	写真ｅ	兵庫県～徳島県
(エ)	写真ｅ	岡山県～香川県

7 中国地方の中心都市である広島市の紹介文として，誤っているものを，次の(ア)～(エ)のうちから一つ選びなさい。

(ア) 広島市は，札幌市，仙台市，福岡市と同じく，その地方の政治や経済，文化の中心的な役割を果たしている。このような都市を環境モデル都市という。

(イ) 戦国時代以来，この地方で有名な戦国大名の城下町として発展してきた。明治時代以降は，軍の基地がおかれ軍事都市として発展した。

(ウ) 第二次世界大戦では，世界で最初の核兵器による被爆都市になり，戦後は，平和記念都市として，世界に平和の尊さを発信している。

(エ) 人口集中による諸問題に直面しているため，内陸に向けての住宅開発が進み，郊外と都心を結ぶ交通機関が整備され，隣接都市では人口が大幅に増加する傾向もみられる。

〔３〕 次の年表はハルカさんが夏季オリンピックの歴史についてまとめたものである。これを見て 8 ～ 11 に答えなさい。

年代	開催場所	備考
1896 年	第 1 回大会が①ギリシアのアテネで開催される	男性のみの参加
1900 年	第 2 回大会がフランスのパリで開催される	②女性が参加
1904 年	第 3 回大会がアメリカ合衆国のセントルイスで開催される	初の北米開催
1916 年	第 6 回大会がドイツのベルリンで開催予定だったが第一次世界大戦のため中止	
1936 年	第 11 回大会がドイツのベルリンで開催される	初の聖火リレー
1940 年	第 12 回大会が日本の東京で開催予定だったが第二次世界大戦のため中止 ③（1916 年～1944 年）	
1944 年	第 13 回大会がイギリスのロンドンで開催予定だったが第二次世界大戦のため中止	
1956 年	第 16 回大会がオーストラリアのメルボルンで開催される	初の南半球開催
1964 年	第 18 回大会が日本の東京で開催される	実質的に初のアジア開催
1980 年	第 22 回大会が④ソ連のモスクワで開催される	アメリカ合衆国をはじめ日本などの国が不参加
2016 年	第 31 回大会がブラジルのリオデジャネイロで開催される	初の南米開催
2021 年	第 32 回大会が日本の東京で開催される	新型コロナウイルス感染症により 1 年延期 男女混合種目が増加

8　年表中の下線部①の国の歴史的建造物として正しいものを，次の（ア）～（エ）のうちから一つ選びなさい。

（ア）

（イ）

（ウ）

（エ）

9 年表中の下線部②について，次のⅠ～Ⅲの史料はいずれも女性にまつわるものである。これらを古い順に並べ替えたとき正しい順番になるものを，下の(ア)～(エ)のうちから一つ選びなさい。なお，史料は全て現代語に訳したものである。

Ⅰ

> 原始、女性は実に太陽であった。真正の人であった。今、女性は月である。他によって生き、他の光によってかがやく、病人のような青白い顔の月である。・・・私たちはかくされてしまった我が太陽を今や取りもどさなくてはならない。

Ⅱ

> 南に進むと邪馬台国に着く。ここは女王が都をおいている所である。・・・倭にはもともと男の王がいたが、その後国内が乱れたので一人の女子を王とした。

Ⅲ

> みなの者、よく聞きなさい。これが最後の言葉です。頼朝公が朝廷の敵をたおし、幕府を開いてこのかた、官職といい、土地といい、その恩は山より高く、海より深いものでした。その恩に報いたいという志が浅いはずはないでしょう。・・・名誉を重んじる者は、逆臣を討ち取り、幕府を守りなさい。

(ア)　Ⅰ→Ⅱ→Ⅲ　　(イ)　Ⅱ→Ⅰ→Ⅲ

(ウ)　Ⅱ→Ⅲ→Ⅰ　　(エ)　Ⅲ→Ⅱ→Ⅰ

10 年表中の③の期間のできごととして誤っているものを，次の(ア)～(エ)のうちから一つ選びなさい。

(ア) 中国では孫文が三民主義を唱えて革命運動をおこし，中華民国が建国された。

(イ) ロシアではレーニンの指導の下に革命が起こり，社会主義の政府が誕生した。

(ウ) 日本では原敬総理大臣が，日本で初の本格的な政党内閣を組織した。

(エ) アメリカではF・ローズヴェルト大統領の下で経済の立て直しを図った。

11 下線部④のソ連が，ロシア帝国であった時代のできごとについて述べた次の文X･Yと，その場所を示した下の図３のａ～ｄとの組み合わせとして正しいものを，次の(ア)～(エ)のうちから一つ選びなさい。(図３の中の国境線は現代のものである。)

X　1792年にロシア使節のラクスマンがこの地に来航し，漂流民を送り届けて江戸幕府に通商を求めた。

Y　日清戦争後，三国干渉により日本はこの地を清に返還した。

図３

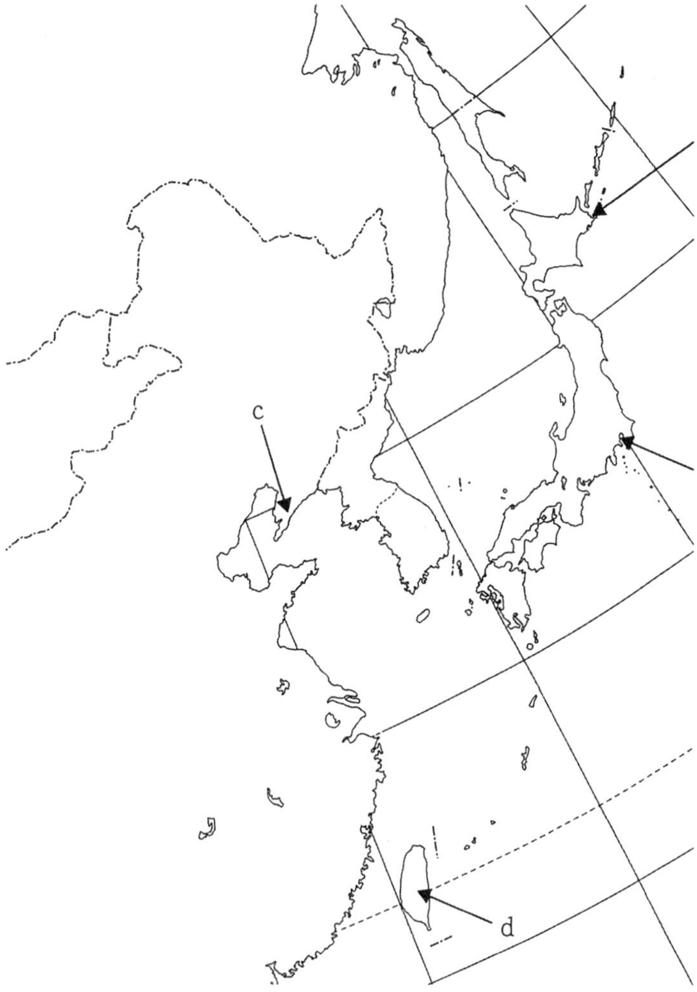

(ア)　X－ａ　Y－ｃ　　(イ)　X－ａ　Y－ｄ

(ウ)　X－ｂ　Y－ｃ　　(エ)　X－ｂ　Y－ｄ

理　科　解　答　用　紙

※100点満点

る上の注意

げたり汚したりしないこと。

るときは、消しゴムで完全に消すこと。

号は、数字で記入してから間違いないようマークすること。

は ◯ を鉛筆（ＨＢ）で黒くぬりつぶすこと。

マークの例

良い例	悪　い　例

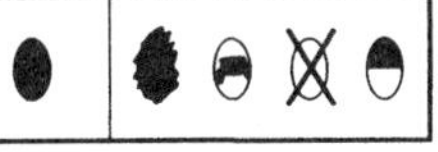

５点×20

答	欄	
ウ	エ	オ
ウ	エ	オ
ウ	エ	オ
ウ	エ	オ
ウ	エ	オ
ウ	エ	オ
ウ	エ	オ
ウ	エ	オ
ウ	エ	オ
ウ	エ	オ

社　会　解　答　用　紙

※100点満点

る上の注意
ずたり汚したりしないこと。
るときは、消しゴムで完全に消すこと。
号は、数字で記入してから間違いないようマークすること。
は ◯ を鉛筆（ＨＢ）で黒くぬりつぶすこと。

マークの例

良い例	悪い例
●	

4点×25

欄	解答番号	解答欄			
㋓	21	㋐	㋑	㋒	㋓
㋓	22	㋐	㋑	㋒	㋓
㋓	23	㋐	㋑	㋒	㋓
㋓	24	㋐	㋑	㋒	㋓
㋓	25	㋐	㋑	㋒	㋓
㋓					
㋓					
㋓					
㋓					
㋓					

受験番号					
⓪	⓪	⓪	⓪	⓪	⓪
①	①	①	①	①	①
②	②	②	②	②	②
③	③	③	③	③	③
④	④	④	④	④	④
⑤	⑤	⑤	⑤	⑤	⑤
⑥	⑥	⑥	⑥	⑥	⑥
⑦	⑦	⑦	⑦	⑦	⑦
⑧	⑧	⑧	⑧	⑧	⑧
⑨	⑨	⑨	⑨	⑨	⑨

フリガナ	
氏名	

この欄には記入するな

★マ

解答番号	解答欄				解答番号	解答	
1	㋐	㋑	㋒	㋓	11	㋐	㋑
2	㋐	㋑	㋒	㋓	12	㋐	㋑
3	㋐	㋑	㋒	㋓	13	㋐	㋑
4	㋐	㋑	㋒	㋓	14	㋐	㋑
5	㋐	㋑	㋒	㋓	15	㋐	㋑
6	㋐	㋑	㋒	㋓	16	㋐	㋑
7	㋐	㋑	㋒	㋓	17	㋐	㋑
8	㋐	㋑	㋒	㋓	18	㋐	㋑
9	㋐	㋑	㋒	㋓	19	㋐	㋑
10	㋐	㋑	㋒	㋓	20	㋐	㋑

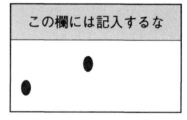

受験番号					
⓪	⓪	⓪	⓪	⓪	⓪
①	①	①	①	①	①
②	②	②	②	②	②
③	③	③	③	③	③
④	④	④	④	④	④
⑤	⑤	⑤	⑤	⑤	⑤
⑥	⑥	⑥	⑥	⑥	⑥
⑦	⑦	⑦	⑦	⑦	⑦
⑧	⑧	⑧	⑧	⑧	⑧
⑨	⑨	⑨	⑨	⑨	⑨

フリガナ	
氏　名	

この欄には記入するな

★マ

解答番号	解答欄					解答番号	解
1	ア	イ	ウ	エ	オ	11	ア
2	ア	イ	ウ	エ	オ	12	ア
3	ア	イ	ウ	エ	オ	13	ア
4	ア	イ	ウ	エ	オ	14	ア
5	ア	イ	ウ	エ	オ	15	ア
6	ア	イ	ウ	エ	オ	16	ア
7	ア	イ	ウ	エ	オ	17	ア
8	ア	イ	ウ	エ	オ	18	ア
9	ア	イ	ウ	エ	オ	19	ア
10	ア	イ	ウ	エ	オ	20	ア

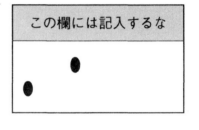

〔４〕 次のⅠ～Ⅲを見て **12** ～ **14** に答えなさい。

Ⅰ　平城京の復元図

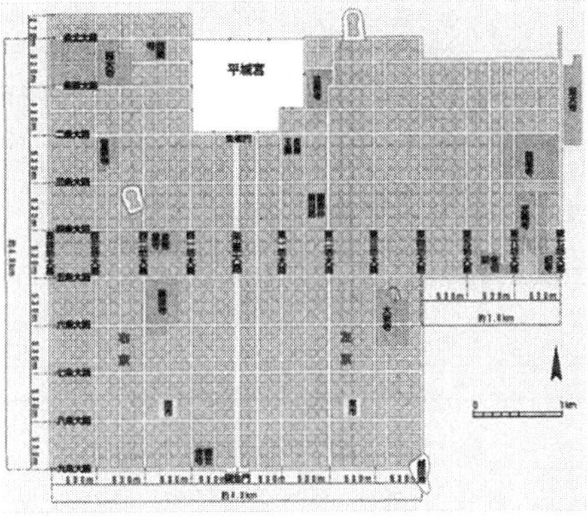

Ⅱ　鎌倉幕府跡地の復元模型

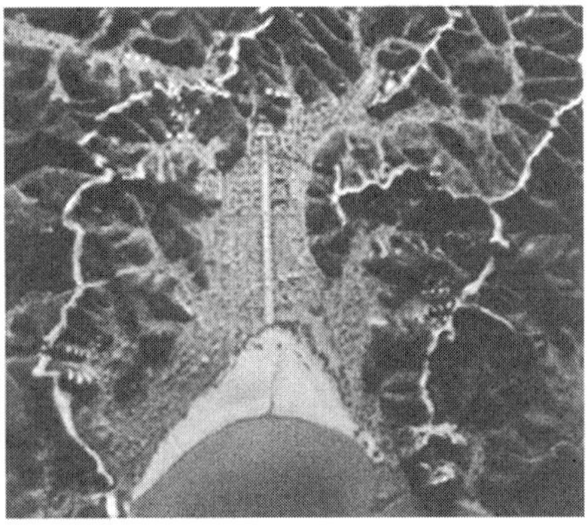

Ⅲ　江戸城の様子を描いた屏風絵

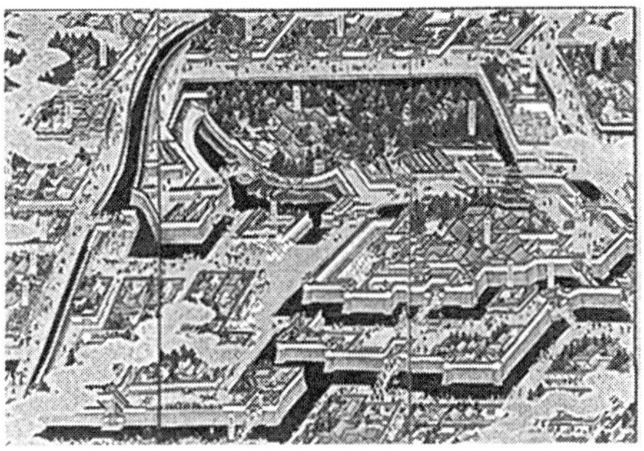

12　Ⅰに関連して，次の文章は，平城京が都であった頃の日本の様子を説明したものである。文章中の（　①　）と（　②　）にあてはまる語句や文の組み合わせとして正しいものを，下の(ア)～(エ)のうちから一つ選びなさい。

> 710年に遷都された平城京は，唐の長安をモデルとした本格的な都である。当時の日本は遣唐使を通じて唐と交流していた。唐からやってきた（　①　）もその１人である。また，この時代は（　②　）を中心に政治が進められていた。

(ア)　(①)　行基　(②)　冠位十二階によって登用された役人
(イ)　(①)　行基　(②)　律令をもとに天皇から位を与えられた貴族
(ウ)　(①)　鑑真　(②)　冠位十二階によって登用された役人
(エ)　(①)　鑑真　(②)　律令をもとに天皇から位を与えられた貴族

13　Ⅱに関連して，鎌倉に幕府が置かれた時代の文化を説明した文章として誤っているものを，次の(ア)～(エ)のうちから一つ選びなさい。

(ア)　『平家物語』は，源平の争乱での武士の活躍を描いた軍記物であり，琵琶法師によって語り伝えられた。
(イ)　『新古今和歌集』は，上皇や貴族，僧などの和歌が収められた歌集である。
(ウ)　中国に渡って絵画技法を学んだ雪舟は，帰国後に水墨画を大成させた。
(エ)　法然が開いた浄土宗や栄西の臨済宗などの新しい仏教宗派が開かれた。

14 Ⅲに関連して，江戸に幕府が置かれた時代の社会を説明した文章として正しいものを，次の(ア)～(エ)のうちから一つ選びなさい。

(ア) この時代は，備中ぐわや千歯こきなどにより農業技術が発展した。

(イ) 幕府は，七道によって江戸と地方の街道交通を整備した。

(ウ) この時代は，江戸・大阪・尾張の三都市が大きく発展し，三都と呼ばれた。

(エ) この時代は，村ごとに座という自治組織を形成し，名主などの村方三役を中心に村の自治が行われていた。

〔５〕 次の資料は，日本国憲法の目次である。この目次を見て，下の 15 ～ 17 に答えなさい。

＜目次＞

第１章　天皇

第２章　戦争の放棄

第３章　①国民の権利及び義務

第４章　国会

第５章　内閣

第６章　司法

第７章　財政

第８章　②地方自治

第９章　③改正

第10章　最高法規

第11章　補則

15 目次中の下線部①に関連して，次の条文Ａ～Ｅのうち，身体の自由について述べられた文の数として正しいものを，下の(ア)～(エ)のうちから一つ選びなさい。

A　何人も，その住居，書類及び所持品について，侵入，捜索及び押収を受けることのない権利は，第33条の場合を除いては，正当な理由に基づいて発せられ，且つ捜索する場所及び押収するものを明示する令状がなければ，侵されない。

B　何人も，実行の時に適法であつた行為又は既に無罪とされた行為については，刑事上の責任を問はれない。又，同一の犯罪について，重ねて刑事上の責任を問はれない。

C　何人も，損害の救済，公務員の罷免，法律，命令又は規則の制定，廃止または改正その他の事項に関し，平穏に請願する権利を有し，何人も，かかる請願をしたためにいかなる差別待遇も受けない。

D　何人も，いかなる奴隷的拘束も受けない。又，犯罪に因る処罰の場合を除いては，その意に反する苦役に服させられない。

E　何人も，抑留又は拘禁された後，無罪の裁判を受けたときは，法律の定めるところにより，国にその補償を求めることができる。

（ア）　1つ　　（イ）　2つ　　（ウ）　3つ　　（エ）　4つ

16　目次中の下線部②に関連して，地方自治に関する説明として正しいものを，次の(ア)～(エ)のうちから一つ選びなさい。

(ア)　2000年に，地方分権一括法が施行され，地方公共団体への国の関与が減少し，地方分権が進んだ。
(イ)　首長や議員を辞めさせたり議会を解散させる場合は，住民投票において３分の１以上の同意があれば可能である。
(ウ)　地方財政において，地方交付税を自主財源としており，まかなえない分を国庫支出金や地方債を依存財源として使用している。
(エ)　地方自治の運営において中心となるのが地方公共団体であり，都道府県や市町村は地方公共団体であるが，東京23区は地方公共団体ではない。

17　目次中の下線部③に関連して，日本国憲法改正の手続きに関する説明として正しいものを，次の(ア)～(エ)のうちから一つ選びなさい。

(ア)　各議院の出席議員数の３分の２以上の賛成で国会が発議し，国民投票で過半数の賛成で承認される。
(イ)　各議院の総議員数の過半数以上の賛成で国会が発議し，国民投票で３分の２以上の賛成で承認される。
(ウ)　各議院の総議員数の３分の２以上の賛成で国会が発議し，国民投票で過半数の賛成で承認される。
(エ)　各議院の出席議員数の過半数以上の賛成で国会が発議し，国民投票で３分の２以上の賛成で承認される。

〔6〕 次の文章を読み，18 ～ 20 の問いに答えなさい。

市場経済では，価格が上下することによって人々が欲しがっている商品は多めに，あまり必要としていない商品は少なめに生産されるようになっている。①価格の上下は労働力や土地，資金などの生産資源の流れを調節し，それぞれの商品の生産に適量だけ使用することで，生産資源が無駄なく効率的に利用される。

図4

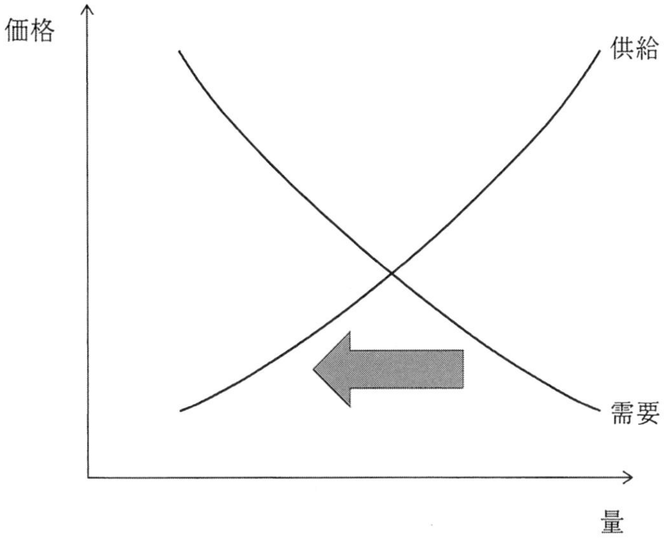

18 図4の需要曲線が図中の矢印の方向に進む条件として正しいものを，次の(ア)～(エ)のうちから一つ選びなさい。

(ア) 技術革新によって大量生産が可能となった場合。

(イ) その商品自体の流行がすたれてしまった場合。

(ウ) 原材料費が下がり，同じ費用で多くの製品が作れるようになった場合。

(エ) 経済状況が好景気となり，賃上げなどで所得が増大した場合。

19　下線部①に関連して述べた次の文(X)・(Y)の正誤の組み合わせとして正しいものを，下の(ア)～(エ)のうちから一つ選びなさい。

(X)　物価が持続的に上昇することをインフレーションという。

(Y)　公共料金については国や地方公共団体が決定したり，認可を受けなくてはならない。

(ア)　(X)－　正　(Y)－　正　　(イ)　(X)－　正　(Y)－　誤

(ウ)　(X)－　誤　(Y)－　正　　(エ)　(X)－　誤　(Y)－　誤

20　下線部①に関連して，価格の働きが弱まらないようにするための法律や制度を説明したものとして正しいものを，次の(ア)～(エ)のうちから一つ選びなさい。

(ア)　商品の欠陥によって被害を受けた場合，その商品を製造した企業に対する責任について定めた製造物責任法が制定された。

(イ)　事業者の一定の行為によって消費者が誤認したり，戸惑《とまど》っている状態で契約を行った場合に，その契約を取り消すことができる消費者基本法が制定された。

(ウ)　消費者の権利を明記して，国や地方公共団体に対して法律や仕組みの整備，情報開示を行うことで自立した消費生活を送ることができるよう支援する消費者契約法が制定された。

(エ)　事業者が単独または他の事業者と示し合わせて他の事業者の排除や取引の制限をしてはならないとする独占禁止法が制定された。

〔７〕 下の文章を読み，あとの 21 ～ 25 に答えなさい。

主要７カ国首脳会議(G7サミット)が2021年６月11日～13日，①イギリス南西部コーンウォール地方で開催された。今回のサミットは２年ぶりに対面式で行われ，各国首脳ら代表団や報道関係者の多くが現地入りした。周辺では，サミットへの抗議デモも行われた。

サミットとは，英語で「山の頂上」を意味する。７カ国とは，産業化が進み，民主主義国家である日本，②アメリカ合衆国，イギリス，フランス，ドイツ，イタリア，カナダである。サミットが始まったのは1975年である。これは，第一次石油危機によって，経済，資源，エネルギーについて，緊急に首脳レベルでの話し合いの必要性が出てきたためである。

③世界は様々な課題に直面している。④政治や経済において，国の発展もそれぞれ異なっている。それらの課題について，主要７カ国の首脳がテーブルを囲んで話し合い，文書をまとめていくことで，より早く，現実的に，世界の進むべき道を考えていこうというのがサミットの目的である。

21 下線部①について説明した文として正しいものを，次の(ア)～(エ)のうちから一つ選びなさい。

(ア) どこの国とも軍事同盟を結ばない永世中立国である。そのため，国際機関の本部も多く存在している。

(イ) 国土の多くが海面より低く，江戸時代の鎖国下において，ヨーロッパ諸国で唯一関係を維持した国である。

(ウ) EU最大の工業国であり，鉄鋼業・化学工業・自動車工業が発達している。

(エ) 18世紀に産業革命がおこり，「世界の工場」と呼ばれるようになり，世界各地に植民地支配を展開した。

22 下の図5は，下線部②の国のある緯線の東西断面図である。A・Cは山脈，Bは河川を示している。その組み合わせとして正しいものを，下の(ア)～(エ)のうちから一つ選びなさい。

図5

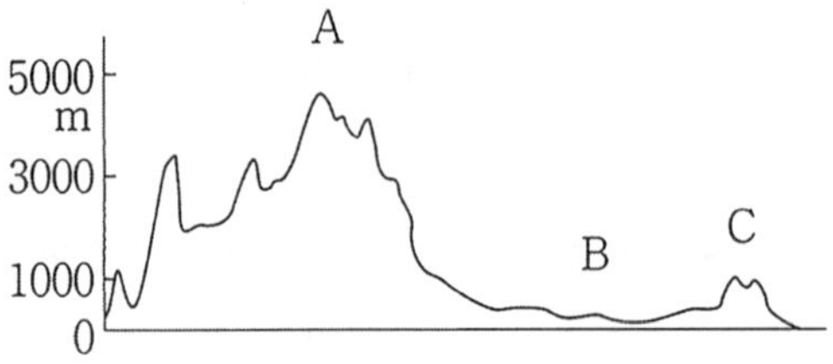

(ア) A－ロッキー　B－アマゾン　C－アパラチア

(イ) A－ロッキー　B－ミシシッピ　C－アパラチア

(ウ) A－アンデス　B－アマゾン　C－ウラル

(エ) A－アンデス　B－ミシシッピ　C－ウラル

23 下線部③について，世界の環境問題について述べた文として誤っているものを，次の(ア)～(エ)のうちから一つ選びなさい。

(ア) 世界最大の砂漠であるサハラ砂漠の周辺では，砂漠化が進み，人々の生活にも大きな影響を与えている。

(イ) 世界最大の流域面積を持つ大河の周辺では，森林の伐採が進行し，貴重な森林資源が失われている。

(ウ) 地球の気温はこの100年で上昇を見せ，太平洋上の国の中には水没の危機におかれている国もある。

(エ) ヨーロッパでは，酸性雨の被害が激しく，この原因となる物質が季節風に流され，ヨーロッパの各地へ広がりを見せている。

24　下線部④について，下のグラフは，主な国の自動車生産をあらわしたものである。下のグラフのＡにあてはまる国として正しいものを，下の(ア)～(エ)のうちから一つ選びなさい。

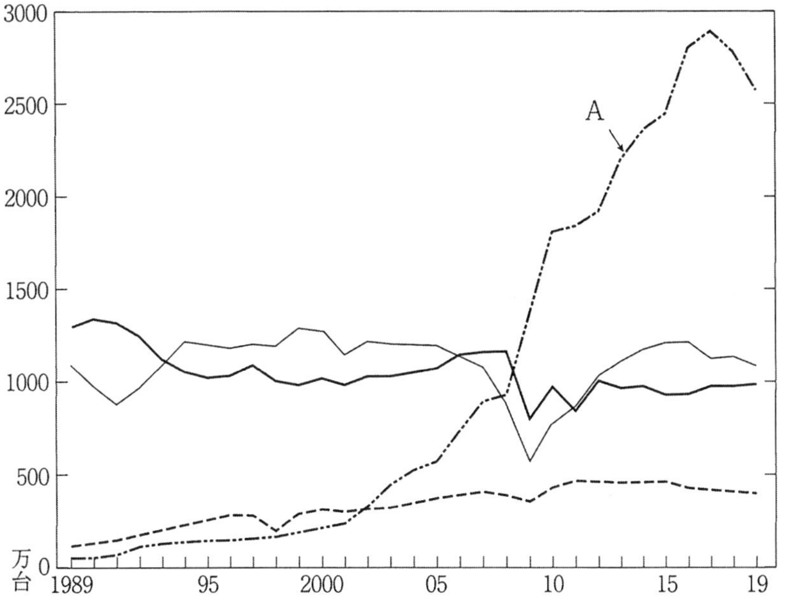

(世界国勢図会 2020/21 より)

(ア)　日本　　(イ)　アメリカ合衆国　　(ウ)　ロシア　　(エ)　中国

25　日本では，2024 年に，紙幣のデザインが新しく変更される。新しい 10000 円札の肖像として用いられる次の写真の人物を表す表現として正しいものを，次の(ア)～(エ)のうちから一つ選びなさい。

(ア)　近代の日本郵便制度の父

(イ)　近代の日本資本主義の父

(ウ)　近代の日本議会制度の父

(エ)　近代の日本社会主義の父

(問題はこれで終わりです。)

中部大学春日丘高等学校

令和３年度　　国　　語　　(40分)

1　試験開始の合図があるまで，この問題冊子を開いてはいけません。
2　問題は全部で17ページあります。解答用紙は１枚です。
3　受験番号と氏名を，この表紙と解答用紙に必ず記入しなさい。
4　試験終了後，問題冊子と解答用紙を回収します。

解答用紙は，コンピュータで処理される
マークシートです。
特に，次の注意をよく守りなさい。

1　ＨＢの黒鉛筆で記入しなさい。
(とがっている鉛筆は避けなさい)

2　受験番号は，□内に横１字ずつ記入し，
下のそれぞれの数字をマークしなさい。
(記入例)　受験番号が２００４２１の場合

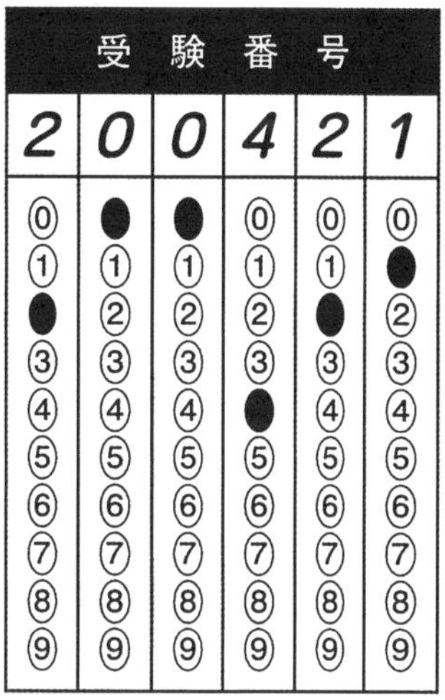

3　解答の記入方法は，たとえば，1と表示のある問いに対してイと解答する場合には，次のように解答番号１の解答欄にマークしなさい。

(例)

解答番号	解　答　欄
1	㋐　●　㋒　㋓

4　マークする場合は，次に示す良い例のように黒く塗りつぶしなさい。

5　マークの訂正は，上質の消しゴム（プラスチック製が良い）で跡を残さないように完全に消し，消し屑をきれいに取り除きなさい。

6　解答用紙を汚したり，折りまげたりしないこと。

受験番号							氏　名	

国語

（解答番号 1 ～ 25 ）

一　次の文章を読んで、後の問いに答えなさい。

小学校へ入ってからこのかた、われわれはものを覚えることにあけくれて来た——ある友人がしみじみそう述【　A　】した。多少とも知識と関わりのある職業についている人なら同じような感【　B　】をもつ人がすくなくないだろう。

【　I　】、というのは、ほとんど本能的な怖れになっている。学校とは、放って置けば忘れることをいかにして忘れないようにするか、の努力を競い合う場所である。記憶のよいものが優秀な成績をあげるのは当然である。試験というのは、われわれの記憶装置をテストするために案出されたものとしかいいようがない。教えたことを忘れたであろう頃を見はからって、思い出してみよと命じるのが試験である。なるべく原形に近い再生をする必要があるから、直前に記憶しなおす①一夜漬がもっとも有効な準備になる。

思えば、これは人間の頭のずいぶん無駄な使い方である。昔はコンピューターがなかったから、いまならコンピューターに任される仕事でも人間がしなければならなかった。教育はそういう機能をもった人間コンピューターを養成する目的をもっていた。コンピューターが忘れたりしては台なしになる。絶えずテストして忘れないように見張っている必要があるというわけである。

ものを覚えるだけが能ではなく、それを基本にして考えるのが大切なはずなのに、天は二物を与えずではなく、二兎を追うのは賢明でないと考えたためであろうか、記憶第一主義が確立してしまった。機械が情報や知識を記憶、再生することなど夢にも考えられなかった時代なら、それでもいい。現代のような状況では、当然のことながら、②人間頭脳の訓練は違った目標に向けられるべきである。それなのに、相も変らず、記憶一点張りがつづいている。それがおかしいとも思われないのだから、不思議である。

③記憶は完全な原形の再生ではないはずだが、一般には、そう思われている。ものを食べてしばらくすると、食べたものは胃の中で消化が始まる。それをもどして見れば、おそらくもとの形はとどめていまい。原形そっくりが出てくるようだったら、その人間の胃は消化力がゼロという証拠である。知識についても似たことがいえよう。頭に入れたことがいつまでも変化しないでそのまま残っているようであったら、記憶力の優秀さを評価するよりも、消化力、理解力の微弱さを歎《なげ》かなくてはならない。

④しかるに、世の中は、そういう微弱な消化力しかもたない頭を指して、頭がいい、などともてはやす。それで、【 Ⅱ 】、忘れるな、記憶せよ、が合言葉になる。

過ぎたるは及ばざるがごとし。ことごとに記憶を尊重するものだから、忘れたいことまで忘れられなくなる。われわれの日常はじつに雑多な情報を受け入れて、その中から必要なものだけを選択し、残余はなるべく早くすてる、つまり、忘れる要がある。多くは忘れるという意識もなく忘れる。忘却《ぼうきゃく》はいわば下水道みたいなもので、詰まったらことだ。忘れてはいけないと怖れている優等生のパイプは多少とも詰まっている。

その詰まり方がすこしひどくなると、いろいろおもしろくない現象があらわれる。小さなことばかり覚えていて、かんじんな大局を見失う。精神が倦怠《けんたい》、不活発を訴える。はてはノイローゼ症状を呈《てい》する。そこではじめてあわて出すのだが、原因に忘却恐怖のあるのがよくわかっていないのはまことに困ったことだ。

自然の状態では下水道のパイプはそんなにしばしば詰まったりしないようになっている。詰まっては大変だから、そういう予防の措置を神様がちゃんとつくっておいてくれてある。

睡眠である。眠りは肉体の疲れを休めるのはもちろんだが、頭の中の整理をする時間でもある。目をさましている間に入ってきたおびただしい情報、刺戟《しげき》が仕分けされて、当面不要なものは忘れるルートへ載せられる。

朝、目をさますと、頭がすっきりして爽【　C　】なのは整理すべきものがとりのぞかれているからで、つまり、⑤本当に頭がよくなっているためである。睡眠は自然忘却の装置であるのに、忘却を怖れるあまり、知らず知らずのうちに、その装置を働かないようにしてしまっていることがすくなくない。

　健康な人間なら、横になればいつしか眠りにつくものなのに、寝つきの悪い人間が多くなってくるのも、⑥どこか不自然な力が頭に加わっているのではないかと思わせる。長寿者が申し合わせたように、くよくよしないことを長生きの秘訣にあげている。忘れることは本当に健康の条件なのである。

　これまでの学校教育が記憶だけを教えて、忘却を教えなかったのは、たいへんな片手落ちである。上水道をつくって、下水道をつくらず、たれ流しにまかせておくようなものである。知識の異常な詰め込みが行われているといわれる現代である。正常な自然の忘却機能だけに頼っているのが危険なことはわかりきっている。それに気付かないでいるとは、いったいどうしたことであろうか。

（外山滋比古「知的創造のヒント」ちくま学芸文庫より）

問一　空欄【　A　】～【　C　】には「カイ」もしくは「ガイ」と読む漢字が入る。その組み合わせとして最も適切なものを、次のア～エの中から一つ選び、記号で答えなさい。 1

ア　【A】懐　【B】慨　【C】快　　イ　【A】懐　【B】該　【C】界

ウ　【A】解　【B】慨　【C】介　　エ　【A】界　【B】該　【C】快

問二　空欄【　Ⅰ　】に入る文として最も適切なものを、次のア～エの中から一つ選び、記号で答えなさい。　2

ア　ものは忘れてしまった方がいい

イ　ものは忘れてしまうものだ

ウ　ものを忘れてはいけない

エ　ものを思い出せない

問三　傍線部①「一夜漬がもっとも有効」と考えられるのはなぜか。その説明として最も適切なものを、次のア～エの中から一つ選び、記号で答えなさい。　3

ア　人間の記憶能力には限界があるので、試験を受けるときはできるだけ最近の記憶で臨むのが有効だから。

イ　試験は、我々の記憶能力をテストするものなので、以前の記憶をなるべく原形で答える必要があるから。

ウ　試験に必要な記憶は、短期間だけ記憶しておけばいいものなので、時間をかけて覚える必要がないから。

エ　我々の記憶装置をテストするための試験は、新しい記憶を効率よく短い時間で覚えることが必要だから。

問四　傍線部②「人間頭脳の訓練は違った目標に向けられるべきである」とあるが、どういうことか。その説明として最も適切なものを、次のア～エの中から一つ選び、記号で答えなさい。　4

ア　記憶第一主義から考えることを大切にして、消化力・理解力を伸ばす方向性が重要であるということ。

イ　情報や知識を記憶、再生するという記憶第一主義を当たり前と思うことが大切であるということ。

ウ　頭に入れたことをいつまでも変化させず、記憶力の優秀さを評価することが重要であるということ。

エ　記憶を尊重しながらも、記憶第一主義から忘却することを日常にすることが大切であるということ。

問五　傍線部③「記憶は完全な原形の再生ではない」とあるが、それを表した例文として最も適切なものを、次のア～エの中から一つ選び、記号で答えなさい。

ア　社会のテストで歴史上の人物を一文字間違えて記憶したため、不正解になってしまった。

イ　英単語の試験で必死に覚えたが、百点満点中九十点しかとることができなかった。

ウ　試験勉強を一夜漬けで行ったため、一ヶ月後には内容をほとんど覚えていなかった。

エ　面接試験で話す内容を覚えたが、予想外の質問にもしっかりと対応することができた。

[5]

問六　傍線部④を言い換えた語として最も適切なものを、次のア～エの中から一つ選び、記号で答えなさい。

ア　けれども　　イ　そうであるから　　ウ　また　　エ　同時に

[6]

問七　空欄【　Ⅱ　】に入ることばとして最も適切なものを、次のア～エの中から一つ選び、記号で答えなさい。

ア　猫にも小判で　　イ　猫も杓子も　　ウ　猫を被るで　　エ　猫に鰹節で

[7]

問八　傍線部⑤「本当に頭がよくなっている」とはどのような状態を言っているのか。その説明として最も適切なものを、次のア～エの中から一つ選び、記号で答えなさい。

ア　睡眠によってあらゆる記憶が一度忘却されて、あらためて必要な記憶だけが再生された状態。

イ　睡眠によって必要のない雑多な情報の記憶が忘れられて、必要な記憶だけが残されている状態。

ウ　起きている間のおびただしい情報、刺戟が睡眠によって仕分けされて、すべて記憶された状態。

エ　起きている間の情報や刺戟が睡眠中に整理されて、記憶が新たなものに作りかえられた状態。

[8]

問九　傍線部⑥「どこか不自然な力が頭に加わっているのではないかと思わせる」とあるが、「不自然な力」とはどのようなものか。その説明として最も適切なものを、次のア～エの中から一つ選び、記号で答えなさい。　9

ア　睡眠中は必要な記憶が定着する大切な時であるのに、全ての記憶を忘却しようとする力。

イ　睡眠は自然忘却の装置であるはずなのに、睡眠中であっても意識的に記憶を行わせる力。

ウ　睡眠中に行われるはずの記憶を区別する機能を、外からの刺戟によって停止させる力。

エ　睡眠中には必要のない記憶は忘却されるのが自然なのにそれを邪魔する忘却を妨げる力。

問十　筆者の主張として最も適切なものを、次のア～エの中から一つ選び、記号で答えなさい。　10

ア　記憶だけの片寄った学校教育から、忘却第一主義を教育の要に据えることが人の生き方としてもっとも自然なことであるし、長生きに繋がることである。

イ　記憶の完全な再生ではなく、消化力・理解力を高める頭脳の訓練として詰まったパイプをきれいにするにはどうしたらよいかを真剣に考えなくてはいけない。

ウ　記憶第一主義を評価する学校教育から、睡眠を大切にして頭の整理をすると共に、考えることを大切にしてコンピューターに出来ない頭脳を鍛えなくてはいけない。

エ　くよくよしないことが長生きの秘訣なので、とにかくしっかり睡眠をとって頭をすっきりさせることが人として大切であり、教育の礎となるものである。

二　次の『更級日記』の原文と現代語訳とを読んで、後の問いに答えなさい。

〔原文〕

三月つごもりがた、土忌《つちい》(注1)みに人のもとに渡りたるに、桜さかりにおもしろく、今まで散らぬもあり。かへりてまたの日、

《A》あかざりし宿の桜を春くれて散りがたにしも一目みしかな

といひにやる。

花の咲き散るをりごとに、乳母《めのと》(注2)亡くなりしをりぞかし、とのみ(a)あはれなるに、同じをり亡くなりたまひし侍従《じじゅう》の大納言の御むすめの①手を見つつ、すずろにあはれなるに、五月ばかり、夜ふくるまで物語をよみて起きゐたれば、来つらむ方も見えぬに、猫のいとなごう鳴いたるを、おどろきて見れば、いみじうをかしげなる猫あり。いづくより来つる猫ぞと見るに、姉なる人、「あなかま、人に聞かすな。いとをかしげなる猫なり。飼はむ」とあるに、いみじう人なれつつ、かたはらにうち臥《ふ》したり。尋ぬる人やあると、これを②隠して飼ふに、すべて下衆《げす》のあたりにも寄らず、つと前にのみありて、物もきたなげなるは、ほかざまに顔をむけて食はず。

姉おととの中につとまとはれて、をかしがりらうたがるほどに、姉のなやむことあるに、もの騒がしくて、この猫を北面《きたおもて》にのみあらせて呼ばねば、かしがましく鳴きののしれども、なほさるにてこそはと思ひてあるに、わづらふ姉おどろきて「いづら、猫は。こち率《ゐ》て来《こ》」とあるを、「など」と問へば、「夢にこの猫のかたはらに来て、③おのれは侍従の大納言殿の御むすめの、④かくなりたるなり。さるべき縁のいささかありて、この⑤中の君のすずろにあはれと思ひ出でたまへば、ただしばしここにあるを、このごろ下衆の中にありて、いみじうわびしきことといひて、いみじう泣くさまは、あてにをかしげなる人と見えて、うちおどろきたれば、この猫の声にてありつるが、いみじく(b)あはれなるなり」と語りたまふを聞くに、いみじくあはれなり。

その後はこの猫を北面にも出ださず思ひかしづく。ただ一人ゐたる所に、この猫がむかひゐたれば、かいなでつつ、「侍従の大納言の姫君のおはするな。大納言殿に知らせたてまつらばや」といひかくれば、顔をうちまもりつつなごう鳴くも、心のなし、目のうちつけに、例の猫にはあらず、聞き知り顔に(c)あはれなり。

（注1） ○ 土忌み＝陰陽道で、地の神のいる方角を忌み避けること。やむを得ずその方角を犯して家の手入れなどをするときには、一時的に他の地に宿泊をするのが一般である。

（注2） ○ 乳母＝母親の代わりに子供に乳を飲ませて育てる女性。

〔現代語訳〕

三月の月末ごろ、土忌みのため、ある人の家に移ったところ、桜が満開で趣深く春も終わりというのにまだ散らない木々もある。帰ってきてその翌日、

和歌《A》

と、使いに持たせて言い送った。

毎年、桜が咲いては散るころにはいつも、乳母の亡くなった頃だなあと、それぱかりが思い出されて (a) あはれなるに 、同じころ亡くなった侍従の大納言の姫君の ① 手 を取り出して眺めながら、何とはなしに物悲しくなっていると、それは五月ごろのこと、夜の更《ふ》けるまで物語を読んで起きていると、どこからやって来たのか見当もつかないが、猫がたいへん穏やかな声で鳴いているのをはっとして、よく見るとたいそうかわいげな猫がそこにいる。どなたのもとから迷ってやってきた猫だろうと見ていると、姉が、「しっ、静かに。人にこのことを聞かせてはなりませんよ。たいそうかわいい猫だこと。私たちで飼いましょう」と言うと、非常に人なつっこい様子で、私たちのそばにやって来て、寄り添って寝るのだった。尋ねる人はいるだろうかと、隠れて飼っていると、この猫は身分の低い者のところになどまるで寄りつかず、じっと私たちのそばにばかりいて、食物についても、汚らしいものには顔をそむけて食べない。

私たち姉妹の間にぴったりまとわりついているので、私たちもそれをおもしろがりかわいがっていたが、そのうち姉が病気になり、何かと家の中が取り込んでいたので、この猫を北向きの部屋にばかり置いて、こちらの部屋には呼んでやらないでいると、やかましく鳴き騒ぐけれども、やはり何かわけがあって鳴くのだろうと気にもとめないでいると、病気の姉がふと目をさまして、「どうしたの猫は。こちらへ連れていらっしゃい」と言うので、「どうして」と聞くと、「いま夢にあの猫が現れて、私のそばで私は侍従の大納言の姫君で、かりにこのようになっているのです。こう

なるべき因縁が少々あって、こちらの中の君が私のことをしきりに、いとおしんで思い出してくださるので、ほんのしばらくの間と思ってここにいるのですが、このごろ身分の低い者の中にいて、ほんとうに寂しいことですよと言って、ひどく泣く様子が、いかにも高貴な美しい人のように見えて、はっと目をさましたところ、この猫の声だったので、それがたいそう (b)あはれなるなり」とお話しになるのを聞くと、私もまたひどく胸をうたれたのだった。

それからというもの、私たちはこの猫を北向きの部屋には出さず、大切にお世話した。私が一人ぼっちでいるところにこの猫が向かいあっていたので、なでながら、「侍従の大納言の姫君がおいでなのね。お父上の大納言殿にお知らせしたいわ」と言葉をかけると、私の顔をじっと見つめて穏やかに鳴くのも、気のせいか、一見したところ普通の猫ではなく、よく聞き理解しているようで、 (c)あはれなり 。

問一　二重傍線部(a)「あはれなるに」(b)「あはれなるなり」(c)「あはれなり」について、それぞれの意味の組み合わせとして最も適切なものを、次のア〜エの中から一つ選び、記号で答えなさい。 11

ア　(a) もの悲しいのだが　(b) うれしかったのです　(c) 気の毒なのです

イ　(a) いとおしいのだが　(b) 心が痛むのです　(c) もの悲しいのです

ウ　(a) 気の毒なのだが　(b) いとおしいのです　(c) 心が痛むのです

エ　(a) 心が痛むのだが　(b) 悲しかったのです　(c) いとおしいのです

問二　和歌《A》の内容として最も適切なものを、次のア～エの中から一つ選び、記号で答えなさい。　12

ア　我が家の桜は春の終わりにまだ残っていましたが、あなたのお宅に咲く桜はひと目見たいと思っていたにもかかわらず、もう散ってしまいましたね。

イ　我が家の桜は春が終わるというのに咲いたままでしたが、思いがけなくあなたのお宅で、庭一面に落ちた桜の花びらをひと目見ることができてうれしいことです。

ウ　我が家の桜はもう散ってしまいましたが、あなたのお宅ではまだ春が始まってさえいないのに、満開の桜をひと目見ることができてうれしく思います。

エ　我が家の桜は心残りのまま散ってしまいましたが、その桜に思いがけなくあなたのお宅で、それも春の終わりの散る寸前に、ひと目お目にかかったことです。

問三　①手　の意味として最も適切なものを、次のア～エの中から一つ選び、記号で答えなさい。　13

ア　手のひら　　イ　筆跡　　ウ　指先　　エ　従者

問四　傍線部②「隠して飼ふ」とあるが、隠して飼い始めたのはなぜか。最も適切なものを、次のア～エの中から一つ選び、記号で答えなさい。　14

ア　人に慣れているので誰にでもなつくだろうから、身分の低い者に拾われると悔しいと思ったから。

イ　人に慣れているので誰にでもなつくだろうから、病気の姉に近づいてしまうと両親にしかられると思ったから。

ウ　人に慣れているので飼い猫であるだろうから、飼い主から返却を求められると嫌だと思ったから。

エ　人に慣れているので飼い猫であるだろうから、飼い主を恋しがって出て行ってしまうと寂しいと思ったから。

問五　傍線部③「おのれは」で始まる部分は話中の会話文であるが、この会話文はどこまでか。最も適切なものを、次のア〜エの中から一つ選び、記号で答えなさい。 15

ア　なりたるなり　　イ　ここにある　　ウ　わびしきこと　　エ　あはれなるなり

問六　傍線部④「かくなりたるなり」とあるが、これは誰がどのようになったと言っているのか。最も適切なものを、次のア〜エの中から一つ選び、記号で答えなさい。 16

ア　大納言の娘が死の間際に猫の姿に変貌をとげたということ。

イ　作者の姉がずいぶんとかわいらしく聞き分けの良い猫を見つけたということ。

ウ　作者の姉がかつて夢の中で見たことのある猫を発見したということ。

エ　大納言の娘が死後猫の姿となって現世にとどまっているということ。

問七　傍線部⑤「中の君」とは誰のことか。最も適切なものを、次のア〜エの中から一つ選び、記号で答えなさい。 17

ア　作者　　イ　作者の姉　　ウ　侍従の大納言　　エ　侍従の大納言の娘

問八　本文の内容を説明したものとして最も適切なものを、次のア～エの中から一つ選び、記号で答えなさい。 18

ア　作者の乳母と侍従の大納言の姫君は同じ季節に亡くなっており、その季節になると作者は悲しみに包まれ、姫君の好きだった猫のことを思い出すのだった。

イ　五月にどこからともなく猫がやってきて、作者の姉の提案により飼うことになり、姉にはよくなついていたが、作者にはなかなかなついてくれなかった。

ウ　作者が飼うようになった猫は、えさについて選り好みをし、いつも作者たちのそばにいたが、姉が病気になってからは北面の部屋で世話をされていた。

エ　姉が見た夢により、作者の飼っている猫の真の姿がわかると、その後は身分の低いものにもなつくようになり、話しかけると人の言葉を理解するようだった。

問九　『更級日記』を含む古典作品を成立の古い順に並べたとき最も適切なものを、次のア～エの中から一つ選び、記号で答えなさい。 19

ア　『更級日記』→『平家物語』→『源氏物語』→『奥の細道』→『徒然草』

イ　『源氏物語』→『更級日記』→『徒然草』→『平家物語』→『奥の細道』

ウ　『源氏物語』→『更級日記』→『平家物語』→『徒然草』→『奥の細道』

エ　『更級日記』→『源氏物語』→『平家物語』→『奥の細道』→『徒然草』

三　次のそれぞれの問いに答えなさい。

問一　次の傍線部と文法的に同じものを、ア～エの中から一つ選び、記号で答えなさい。　20

ぼくが庭に出ると愛犬がとんできた。

ア　はっきり言うと、それを実現するのは不可能だ。

イ　ドアの前に立った。するとひとりでに開いた。

ウ　あらかじめルートを調べていてよかったと感じた。

エ　そんな話なら世の中にごまんとあるよ。

問二　次の熟語の関係と同じ関係になっているものを、次のア～エの中から一つ選び、記号で答えなさい。　21

供給―需要

ア　自立―依存　　イ　失望―落胆　　ウ　創造―破壊　　エ　小説―書籍

問三　次の熟語のうち、湯桶読みになるものを、次のア～エの中から一つ選び、記号で答えなさい。　22

ア　本棚　　イ　道端　　ウ　雪崩　　エ　手本

問四　A群のことばの意味をB群から選んだとき、使用しないものが二つある。その組み合わせとして正しいものを、次のア～エの中から一つ選び、記号で答えなさい。　23

［A群］　①　泣き面に蜂　②　濡れ手で粟　③　さじをなげる　④　薄氷を踏む　⑤　水をさす

［B群］　Ⅰ　方法がなくてあきらめること。　Ⅱ　邪魔をすること。　Ⅲ　試してみること。

Ⅳ　苦労せずに大きな利益を得ること。　Ⅴ　努力が無駄になること。

Ⅵ　非常に危険なこと。　Ⅶ　災難が重なること。

ア　ⅠとⅥ　イ　ⅡとⅢ　ウ　ⅢとⅤ　エ　ⅤとⅥ

問五　次のA～Cの語の意味を順番に選んだ組み合わせとして正しいものを、次のア～エの中から一つ選び、記号で答えなさい。　24

A　オリジナル　①　本質的　②　独創的　③　根本的　④　正統的

B　プロフィール　①　個人　②　一覧　③　横顔　④　自己紹介

C　キャラクター　①　人物　②　人形　③　仮面　④　性格

ア　A①―B④―C②　イ　A②―B③―C④

ウ　A③―B②―C①　エ　A④―B①―C③

四　次の文章を読んで、後の問いに答えなさい。

リモートの対話というものに慣れていないからかもしれないが、なにかとても不気味で、未だに背筋が寒くなることがある。

距離感が歪《ゆが》み、うろたえてしまうのである。

コロナ禍による在宅勤務が続き、長く顔をつき合わせていない仕事仲間とZOOM会議で久しぶりに打ち合わせをしたりするときは、手を振ったり、「どうしてた?」と画面に張りつくようにしゃべる。つい声も大きくなる。が、あるとき、オンラインで人さまが対談している動画を見たとき、その不気味に襲われた。著名人どうしがオンラインで言葉を交わしているのだが、それぞれがまるでわたしに向かって話しているように見える。二人ともこちら（じっさいには備え付けのカメラ）に向かってしゃべっているのだから。彼らとの距離が仲間のそれと変わらない感覚にとまどった。なじんだ顔と、何のつながりもない顔が、同じ次元で、同じように語りかけてくる感覚にうろたえた。顔なじみが向こうへ遠ざかってゆくような怖さもあった。

ZOOMでの対談では、職業柄、つい相手の人の背景に映っている書棚の本の並びや仕事場の設《しつら》えに眼がいく。面と向かって話していながらひそかに視線がそちらへ逸《そ》れると、何かやましいことをしている気分になる。フリーランスの異性の編集者から、それもその私室からインタビューを受けたときなど、ふだんそんな場所に立ち入ることはおよそないから、まるで〝のぞき見〟しているかのような気分になり、心中穏やかでなかった。

これを「窃視症《せっししょう》」と呼ぶとすれば、それはじつはずっと以前からあった。テレビの出現と同時にそれは始まった。相手はわたしに向かってしゃべっている。だが見られているはずのわたしの姿はその人からは見えない。逆にわたしは相手に気づかれることなく、その人の表情から指先の動きや服装まで、なめるように見ることができる。まるでマジックミラー越しに見るように、遠慮なく観察することができる。これがわたしたちの日常となってから、電車のなかでも知らない人をじっと眺めるという、まともとはいえない視線を向けられるようになった。

が、これは関係の発端《ほったん》としては異例である。そんな出会いを、いま、大学に入ったばかりの人たちが強いられているかと思うと、なんとも気の毒になる。せっかく入学したのに、キャンパスに足を踏み入れたことがなく、「先生」といわれる人のなまの風情にふれたこともない。

大学での学びとは、知識を教わることではない。何かが不明なとき、何かを疑問に思うとき、そういう方向喪失から抜け出すには何をどんなふうに知ることが肝心か。それを体得するのが学びである、そのためにこそ「先生」といわれる先達の、その問い方、資料の集め方、分析のやり方に体でふれる。いや、盗みと言ったほうがいいかもしれない。先にそれを身につけた仲間から盗むのも、場合によっては手っ取り早い。

なかでも大事なのは、じぶんのこれまでのやり方の狭さと偏りに気づかされることだ。世界をもっと開くこと。そのために学びはある。オンラインという、ごく狭い空間ではそれがかなわない。見るだけ、聞くだけの受け身の授業では、学びに不可欠の体感のシグナルがはたらきださない。手足を縛られた学びに意味はない。

それに彼らは学籍番号で確認されても、未だその名で呼びだされていない。こんな不幸な学びがあろうか。オンラインは一つの方法ではありえても、学びの中核をなすものではない。

（鷲田清一「時のおもり」中日新聞より）

問　本文をもとにＡさんからＤさんまでの四人が感想を述べました。本文の主張を最もよく反映して発言している人物を、次のア～エの中から一つ選び、記号で答えなさい。　25

Ａさん「たしかにパソコン画面に向かって話すことには、まだまだ違和感があります。でも、これは災害などがあった時にも使える便利な技術なので、これを機会に私たち学生も体験して、オンラインでの授業にも慣れていくべきだと思います。」

Ｂさん「コロナ禍によって、オンライン授業が導入されたことで、家にいても勉強する機会が増えると思います。学校に行きたくない時にも授業を受けることができるので、これからも積極的にオンライン授業を取り入れるべきだと思います。」

Ｃさん「ネットを通じて学ぶ機会が、コロナ禍のもとで増えています。しかし、先生や他の生徒と直接対面して学ぶことには、相手と直接関わることでしか得られないものがたくさんあると思います。やはり何かを学ぶには、人と人とが同じ空間にいることが必要だと思います。」

Ｄさん「ＺＯＯＭ会議やオンライン授業など、コロナ禍のもとで新しい取り組みが始まっています。しかしこれらの技術だけでは、本当の学びにはつながりにくいと思うので、ノートの郵送などオンラインに頼らないやりとりを加えていかないといけないと思います。」

ア　Ａさん　　イ　Ｂさん　　ウ　Ｃさん　　エ　Ｄさん

（問題はこれで終わりです。）

2021(R3) 中部大学春日丘高
教英出版

令和３年度　　　　# 英　　語　　(40分)

> 1　試験開始の合図があるまで，この問題冊子を開いてはいけません。
> 2　問題は全部で 10 ページあります。解答用紙は１枚です。
> 3　受験番号と氏名を，この表紙と解答用紙に必ず記入しなさい。
> 4　英語は放送によるリスニングテストから始めます。
> 　リスニングテストが終了し，放送による指示があるまで次のページ（３ページ）を開いてはいけません。
> 5　試験終了後，問題冊子と解答用紙を回収します。

解答用紙は，コンピュータで処理されるマークシートです。
特に，次の注意をよく守りなさい。

1　ＨＢの黒鉛筆で記入しなさい。
（とがっている鉛筆は避けなさい）

2　受験番号は，□内に横１字ずつ記入し，下のそれぞれの数字をマークしなさい。
（記入例）　受験番号が２００４２１の場合

受験番号					
2	0	0	4	2	1
⓪	●	●	⓪	⓪	⓪
①	①	①	①	①	●
●	②	②	②	●	②
③	③	③	③	③	③
④	④	④	●	④	④
⑤	⑤	⑤	⑤	⑤	⑤
⑥	⑥	⑥	⑥	⑥	⑥
⑦	⑦	⑦	⑦	⑦	⑦
⑧	⑧	⑧	⑧	⑧	⑧
⑨	⑨	⑨	⑨	⑨	⑨

3　解答の記入方法は，たとえば，1と表示のある問いに対してイと解答する場合には，次のように解答番号１の解答欄にマークしなさい。

（例）

解答番号	解　答　欄
1	㋐　●　㋒　㋓

4　マークする場合は，次に示す良い例のように黒く塗りつぶしなさい。

良い例	悪い例
●	

5　マークの訂正は，上質の消しゴム（プラスチック製が良い）で跡を残さないように完全に消し，消し屑をきれいに取り除きなさい。

6　解答用紙を汚したり，折りまげたりしないこと。

受験番号							氏　名	

英　　語

（解答番号 1 ～ 30 ）

〔1〕 リスニングテスト　　※音声は収録しておりません

A. それぞれの対話についての問いを聞き，答えとして最も適当なものを４つの選択肢ア～エの中からそれぞれ１つずつ選びなさい。対話と質問文はそれぞれ２回ずつ読まれます。

1 Who is Kate?

ア She was Takashi's friend.

イ She is their school teacher.

ウ She was their Spanish teacher.

エ She is Olivia's friend.

2 Where was the man first?

ア In front of the convenience store.

イ At the entrance of Kasugai Zoo.

ウ At the first corner of the road.

エ In front of Kasugai Station.

3 Where didn't Bob go?

ア Hiroshima.

イ Wakayama.

ウ Ehime.

エ Osaka.

B. これから流れる英語は，プレゼンテーションの授業で，生徒が発表した内容です。内容をよく聞き，質問文の答えとして最も適当なものを４つの選択肢ア～エの中からそれぞれ１つずつ選びなさい。質問は２つあります。生徒の発表内容と質問文はそれぞれ２回ずつ読まれます。

4 Why can we find a “Galah” soon?

ア Because it flies for a long time.

イ Because it makes big holes in the ground.

ウ Because it has red and pink colors.

エ Because it runs very fast.

5 What can the bird do?

ア Eat flowers on the trees.

イ Run on the trees on rainy days.

ウ Change the size of its body.

エ Learn some human words.

〔２〕 次の英文を読んで，設問に答えなさい。

Many people have to stay home because the coronavirus is around us. It is like the flu. It began in 2019 and has spread around the world. In Japan, we closed many places, for example, schools, companies, shops and so on. Leaders have said to people "Please stay home," so a lot of people (A) did so. This will help the illness spread more slowly.

Some people are trying new things at home to enjoy themselves. They start new hobbies or exercise. Some people in foreign countries think it may be a good time to watch movies from Japan or it may also be a good time to draw. People could try drawing characters from Japanese movies.

Toshio Suzuki in Studio Ghibli makes movies in Japan. He showed how to draw the character, Totoro, in a video. Totoro is one of the famous characters and is from the 1988 movie, "*My Neighbor Totoro.*"

Mr. Suzuki said, "Totoro's eyes are important. Part of (B) draw Totoro is doing his wide eyes." He gave a quick lesson in the video.

"(C) This is something you can do at home. Everyone, please draw pictures," he said.

"*My Neighbor Totoro*" is about two sisters. They move to a house in the country with their father. They are hoping that their mother will get well in hospital. The girls find a big flying animal called Totoro. Its appearance is like a cat or a rabbit.

Studio Ghibli was started in 1985. It got very good at anime. Anime is a kind of Japanese animation. It can be connected to comic book animation, TV and movie animation.

Hayao Miyazaki helped to start the studio. Studio Ghibli has made over 20 movies. They are often about nature and friendship. Mr. Miyazaki made a movie called "*Spirited Away.*" It came out in 2001 and made a lot of money in Japan.

（注） the coronavirus : コロナウイルス　　flu : インフルエンザ
hobby : 趣味　　Studio Ghibli : スタジオジブリ
Spirited Away : 千と千尋の神隠し

（出典） https://newsela.com/read/studio-ghibli-teaches-drawing/id/2001009161/
（一部改訂）

6 下線部(A)が表している内容として最も適当なものをア～エの中から１つ選びなさい。

ア どこにも行かずに家にいたこと。
イ 店や学校を休業したこと。
ウ 世界中に広がったこと。
エ 新たなことに挑戦したこと。

7 下線部(　B　)の draw を適切な形にするとき，最も適当なものをア～エの中から１つ選びなさい。

ア to draw　　イ drawn　　ウ drew　　エ drawing

8 下線部(C)が表している内容として最も適当なものをア～エの中から１つ選びなさい。

ア ビデオを見て絵を描くこと。
イ 鈴木氏のビデオを作成すること。
ウ スタジオジブリの映画を見ること。
エ 新しい趣味を始めること。

9 トトロの説明として本文の内容と一致する文をア～エの中から１つ選びなさい。

ア It is the most famous character in Japan.
イ It has a friend who came to the country with her father.
ウ It is like a cat or rabbit which has big eyes.
エ It can fly and was made in 1985.

10 次の英文の中で本文の内容と一致する文をア～エの中から１つ選びなさい。

ア Many foreign people started many new things to make a lot of friends in Japan.
イ Mr. Suzuki made a video, so many people could learn how to draw a picture of Totoro.
ウ One of the characters in "*My Neighbor Totoro*" was made by Mr. Miyazaki and was interested in a big flying rabbit.
エ "*Spirited Away*" became famous in 2001 but it made a little money.

〔3〕 次の英文を読んで，設問に答えなさい。

Mr. Yamada has many hobbies. He likes reading, listening to music, watching movies and so on, but his favorite hobby is baking bread. Every day, he bakes bread for his family at home.

You may think that baking bread is very difficult, but in fact, it is not so. Everyone can do it easily if they have a domestic baking machine. Of course, Mr. Yamada has one.

Mr. Yamada believes that baking bread is the greatest hobby in the world because we can enjoy not only good taste but also the aroma that bread gives off when it is baked. He is sure that both of those make us happy.

In English, there are some interesting expressions about bread. One of them is “company.” In English, this word has some meanings such as “a firm,” or “a group of people,” but the original meaning was “a person to eat bread with” in Latin.

Latin was the language used in ancient Rome and many words of this language have come into English. “Company” has its origin in this ancient language, too.

Another interesting expression about bread is “baker’s dozen.” Normally a dozen means twelve, but a baker’s dozen means thirteen. So, why is a baker’s dozen thirteen?

In the 13th century, in England, a rumor spread. The rumor said that bakers were selling short-weighted bread. Then Henry Ⅲ made a law and the bakers who broke it were fined heavily. So bakers gave one more loaf of bread to the customers who bought a dozen. They did not want to be fined.

In Japan, almost nobody knows this interesting expression, so if you buy a dozen at bakeries in your town, you can get only twelve.

In Mr. Yamada’s home, his family can get as much bread as they like, much more than a baker’s dozen, because they have Mr. Yamada at home as “the best domestic baker” in the world. Mr. Yamada is happy to see the smiles of his family.

（注） domestic : 家庭用の　not only A but also B : A だけでなく B もまた
give off : 匂いなどを出す　expression(s) : 表現　firm : 会社
ancient : 古代の　century : 世紀　rumor : うわさ
short-weighted : 重さが足りない　law : 法律
be fined heavily : 重い罰金が科せられる　a loaf of ～ : 一塊の～

〈リスニング原稿〉

3

Teacher : Hello, Bob. How was your vacation?

Student : Hi, Ms. Takeshita. I quite enjoyed my vacation.

Teacher : Great! What did you do?

Student : Well, I went to the beach in Wakayama and visited my grandmother in Ehime.

Teacher : Did you go to Universal Studios Japan?

Student : No, I was planning to go there, but I couldn't.

Teacher : You didn't, but I did. I went there for the first time in my life. It was an exciting experience.

Student : Oh, good. I also went to Hiroshima to see my brother.

Teacher : You went to many places! The vacation is finished, so let's study!

4 , 5

Ok, let's start. Good afternoon, everyone. My name is Sarah. Today, I will talk about my favorite bird in Australia. It is called a "Galah." Do you know this bird? The bird has really beautiful colors, red and pink, so we can find it easily, and the size of its body is bigger than that of owls. On rainy days, it dances on the trees. It has a beautiful voice and big eyes. It eats fruits of plants on the ground, not on the trees. It lives in small groups, and can also learn some words we use. I hope you can go to the country and see the bird someday. Thank you for listening.

〈リスニング原稿〉

※音声は収録しておりません

1 Takashi : We finished the class today! Let's go home, Olivia. We need to leave here now.

Olivia : Why do you want to leave school early, Takashi?

Takashi : What?! Don't you remember what we do today?

Olivia : Well, no. I don't remember...

Takashi : Today, we will go to Nagoya to have dinner with Kate.

Olivia : Who is Kate? Our friend?

Takashi : Come on! She is the person who taught us Spanish at our school two years ago.

Olivia : Oh, I see. I still don't remember her face. What does she look like ?

2 Man : Excuse me. May I ask a question now?

Woman : I need to go to see my friend. He is waiting for me in front of the convenience store over there. But I can help you.

Man : Really? Thank you very much. Could you tell me how to go to Kasugai Zoo from here?

Woman : OK, we are at Kasugai Station now. Go straight and turn left at the first corner, and then you can see the entrance on the right.

Man : I see. I will do my best. Have you ever been there? This is my first time to go there. I'm looking forward to seeing the cool chimpanzees.

Woman : Actually, I have never been to the zoo, but I want to see pandas and big elephants. Someday, I want to go there.

11 Why is baking bread not so difficult for Mr. Yamada?

ア Because he has so many hobbies.
イ Because he has a domestic baking machine at home.
ウ Because he has the best domestic baker in the world.
エ Because he has a family who like bread.

12 Why does Mr. Yamada believe that baking bread is the best hobby?

ア Because we can enjoy both taste and aroma.
イ Because baking bread is very difficult.
ウ Because there are many interesting expressions about baking bread.
エ The reason is not written.

13 In this story, what did the English word "company" originally mean in the ancient language?

ア It meant a firm.
イ It meant a person to eat bread with.
ウ It meant a group of people.
エ It meant a friend.

14 What did not happen in England in the 13th century?

ア A rumor about bad bakers spread.
イ Henry Ⅲ made a law to fine the bad bakers.
ウ A new meaning was added to the expression "dozen."
エ The word "bread" came into English from Latin.

15 What is the best title for the story?

ア Baking Bread Makes People Happy
イ Bakers in Ancient Rome
ウ Some Interesting Stories about Bread
エ Baker's Dozen as the Magic Number

〔４〕 次の文には，それぞれ明らかに文法的な誤りが１か所ある。その誤りをア～エの中から１つずつ選びなさい。

16 It is a really hot day, isn't it? I want to something cold to drink.
ア　イ　ウ　エ

17 Anne's father has been to foreign countries many times, so she has hoped
ア　イ
to travel with him when she was a little girl.
ウ　エ

18 Everyone has to answer three questions in the math exam today.
ア　イ
The second question is the most easy of the three.
ウ　エ

19 We enjoyed an exciting movie after lunch and went to shopping.
ア　イ
We bought some pictures which were painted by a famous artist.
ウ　エ

20 Butter is made of milk, so you can make it if you have some.
ア　イ　ウ　エ

〔5〕 次の各文の(　　　)に入る最も適当な語(句)をそれぞれア～エの中から1つずつ選びなさい。

21 He kept running (　　　) he got really tired.

ア to　　イ until　　ウ by　　エ still

22 It is important for Emily (　　　) new friends in high school.

ア to come into with　　イ coming into with

ウ to get along with　　エ getting along with

23 Jane doesn't know (　　　) to do.

ア what does she have　　イ what has she

ウ what she have　　エ what she has

24 I have (　　　) as my sister does.

ア as much money　　イ as much moneys

ウ as many money　　エ as many moneys

25 She finished (　　　) and watched TV.

ア to do her homework　　イ do her homework

ウ doing her homework　　エ done her homework

〔６〕 日本語に合うように〔　〕内の語を並べ替えて正しい英文にするとき，＿（１）＿と＿（２）＿に入る最も適当な語の組み合わせをそれぞれア～エの中から１つずつ選びなさい。ただし，＿＿＿＿は単語１語を示します。

26 あなたは暗闇を怖がらなくてもいいです。

You ＿＿＿ ＿（１）＿ ＿＿＿ ＿＿＿ ＿＿＿ ＿（２）＿ ＿＿＿ ＿＿＿ .

〔 dark / be / need / of / don't / to / afraid/ the〕

ア (1) afraid　(2) need　イ (1) need　(2) of
ウ (1) need　(2) to　エ (1) afraid　(2) to

27 この本はあの本よりも役に立つと思います。

I ＿＿＿ ＿（１）＿ ＿＿＿ ＿＿＿ ＿＿＿ ＿（２）＿ ＿＿＿ ＿＿＿ ＿＿＿ .

〔 is / than / more / think / book / useful / that / this / one〕

ア (1) that　(2) useful　イ (1) this　(2) more
ウ (1) that　(2) more　エ (1) this　(2) useful

28 私の友達は，私に犬を動物病院に連れていくよう頼んだ。

My friend ＿＿＿ ＿（１）＿ ＿＿＿ ＿＿＿ ＿＿＿ ＿＿＿ ＿（２）＿ ＿＿＿ ＿＿＿ ＿＿＿ .

〔 hospital / dog / to / to / an / animal / the / me / take / asked 〕

ア (1) to　(2) me　イ (1) me　(2) take
ウ (1) to　(2) take　エ (1) me　(2) to

29 あなたのお父さんが何時に帰宅するかを私に教えてもらえますか。

Could you ＿＿＿ ＿（１）＿ ＿＿＿ ＿＿＿ ＿＿＿ ＿＿＿ ＿（２）＿ ＿＿＿ ＿＿＿ ?

〔 will / what / father / tell / come / me / your / home / time 〕

ア (1) me　(2) will　イ (1) me　(2) father
ウ (1) what　(2) will　エ (1) what　(2) come

30 あなたが釣った魚を食べている大きな猫はライオンのように見える。

The big cat （１） ＿＿ ＿＿ ＿＿ （２） ＿＿ ＿＿ ＿＿ ＿＿.

〔 looks / a / the / like / eating / caught / lion / you / fish 〕

ア (1) caught　(2) eating　イ (1) caught　(2) looks

ウ (1) eating　(2) caught　エ (1) eating　(2) like

（問題はこれで終わりです。）

令和３年度　　理　　科　(30分)

1　試験開始の合図があるまで，この問題冊子を開いてはいけません。
2　問題は全部で 15 ページあります。解答用紙は１枚です。
3　受験番号と氏名を，この表紙と解答用紙に必ず記入しなさい。
4　試験終了後，問題冊子と解答用紙を回収します。

解答用紙は，コンピュータで処理される
マークシートです。
特に，次の注意をよく守りなさい。

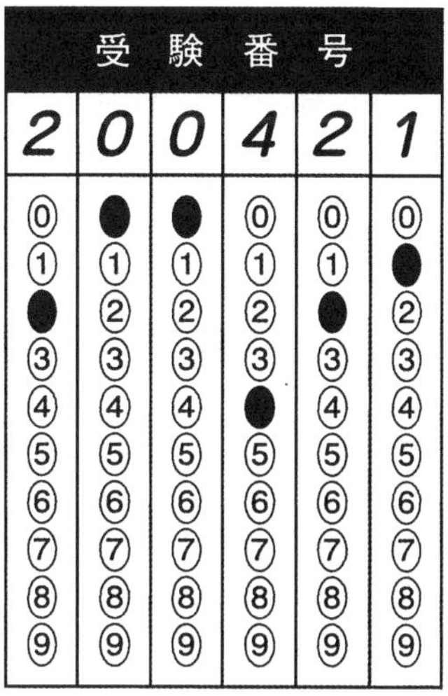

1　ＨＢの黒鉛筆で記入しなさい。
（とがっている鉛筆は避けなさい）

2　受験番号は，□内に横１字ずつ記入し，
下のそれぞれの数字をマークしなさい。
（記入例）　受験番号が２００４２１の場合

3　解答の記入方法は，たとえば，[1]と表示のある問いに対してイと解答する場合には，次のように
解答番号１の解答欄にマークしなさい。

（例）

解答番号	解　答　欄
1	㋐　●　㋒　㋓　㋔

4　マークする場合は，次に示す良い例のように黒く塗りつぶしなさい。

5　マークの訂正は，上質の消しゴム（プラスチック製が良い）で跡を残さないように完全に消し，
消し屑をきれいに取り除きなさい。

6　解答用紙を汚したり，折りまげたりしないこと。

受験番号							氏　名	

理　　　科

（解答番号 1 ～ 20 ）

〔1〕　豆電球と抵抗Ａと抵抗Ｂを用意して流れる電流について実験をしました。次の 1 ～ 5 に答えなさい。

今回使っている抵抗Ａと豆電球に流れる電流Ｉ[A] と電圧Ｖ[V] の関係を調べたところ図1の2つのグラフのようになりました。

図１

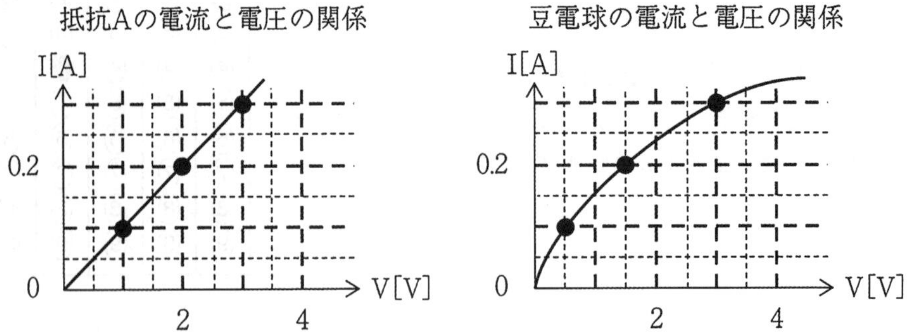

1 　抵抗Ａの抵抗値は何[Ω]か。正しいものを下の（ア）～（オ）の中から１つ選び，記号で答えなさい。

（ア） 2.0[Ω]　　（イ） 5.0[Ω]　　（ウ） 8.0[Ω]　　（エ） 10[Ω]　　（オ） 12[Ω]

2　電圧 1.5［V］の電池１個を図２のようにつないだ。電流計を流れる電流の強さＩ［A］と豆電球の電力Ｐ［W］について正しい組み合わせを下の（ア）～（オ）の中から１つ選び，記号で答えなさい。

図２

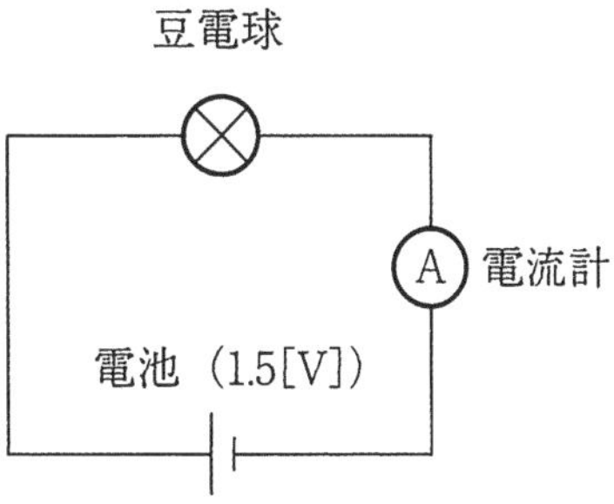

	I[A]	P[W]
（ア）	0.10	0.20
（イ）	0.10	0.30
（ウ）	0.20	0.10
（エ）	0.20	0.20
（オ）	0.20	0.30

3 同じ種類の豆電球と電池をいくつか使って以下のような回路を作った。1個の豆電球が最も明るいものと最も暗いものの正しい組み合わせを下の(ア)～(オ)の中から1つ選び，記号で答えなさい。

回路1

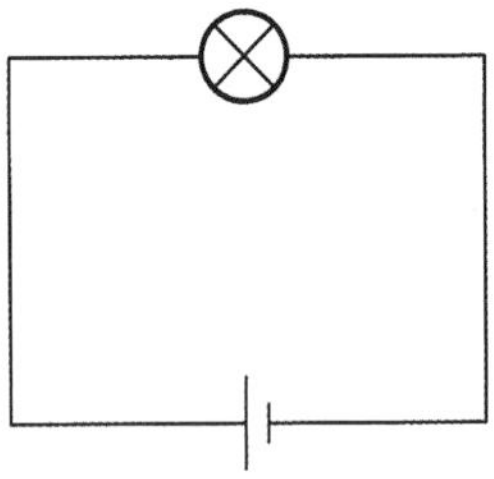

回路2

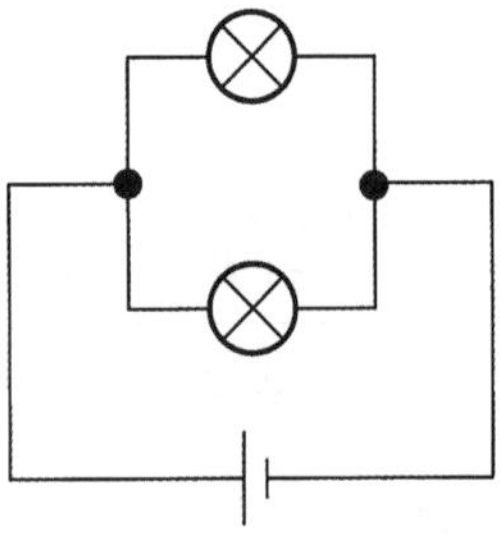

回路3

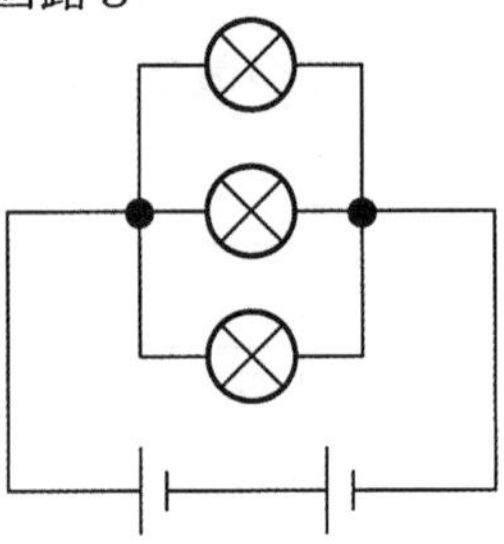

回路4

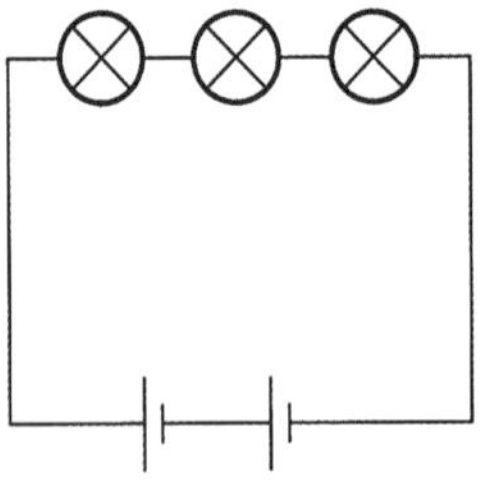

回路5

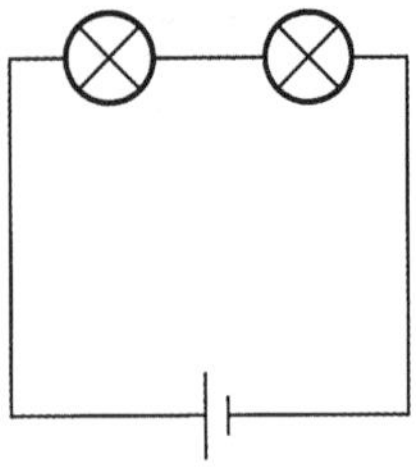

	明るい	暗い
(ア)	回路3	回路2
(イ)	回路3	回路5
(ウ)	回路4	回路2
(エ)	回路4	回路3
(オ)	回路4	回路5

4 抵抗Ａと１個の豆電球を電圧 1.5［V］の電池２個(3.0［V］)とつないで図３のような回路を作った。電流計の値は何［A］か。正しいものを下の(ア)～(オ)の中から１つ選び，記号で答えなさい。

図３

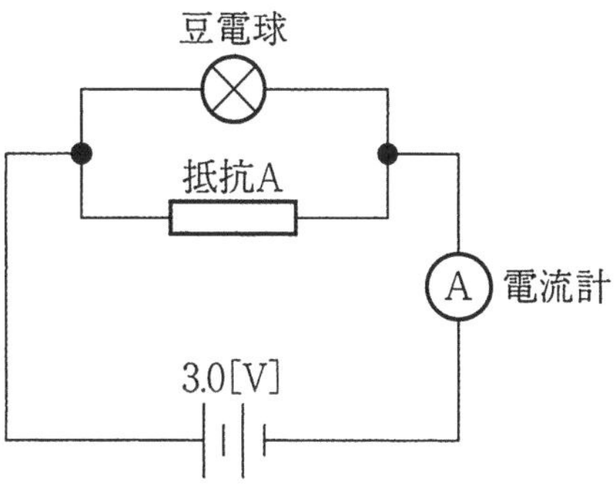

（ア）0.10［A］　（イ）0.20［A］　（ウ）0.40［A］　（エ）0.60［A］　（オ）0.80［A］

5 抵抗Ｂと並列の豆電球２個を電圧 1.5［V］の電池３個(4.5［V］)とつないで図４のような回路を作った。電流計の値を読むと 0.20［A］だった。抵抗Ｂの抵抗値は何［Ω］か。正しいものを下の(ア)～(オ)の中から１つ選び，記号で答えなさい。

図４

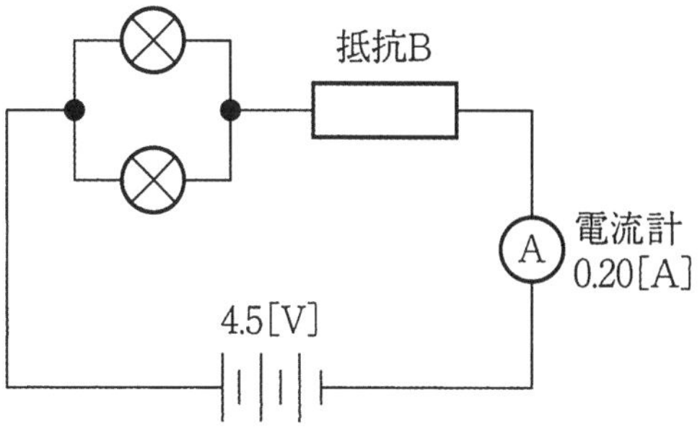

（ア）0.50［Ω］　（イ）1.5［Ω］　（ウ）2.0［Ω］　（エ）15［Ω］　（オ）20［Ω］

〔２〕 ものの溶け方について調べるために，次の実験を行いました。これについて，次の **6** ～ **10** に答えなさい。下の表1は，各温度における硝酸カリウムと塩化ナトリウムの溶解度を表しています。ただし，溶解度とは水 100［g］に最大限溶ける物質の質量［g］のことです。

表1

温度[℃]	20	40	60	80
硝酸カリウム[g]	31.6	63.9	109.2	168.8
塩化ナトリウム[g]	35.8	36.3	37.1	38.0

＜実験１＞

60[℃]の水 100[g]を入れたビーカーに，硝酸カリウム 60[g]を加え，すべてを溶かした。この水溶液をある温度まで徐々に下げると，硝酸カリウムの結晶ができはじめた。20[℃]まで温度を下げていくと，硝酸カリウムの結晶ができた。

＜実験２＞

60[℃]の水 200[g]を入れたビーカーに，硝酸カリウム 90[g]を加え，すべてを溶かした。この水溶液をある温度まで徐々に下げると，硝酸カリウムの結晶ができはじめた。20[℃]まで温度を下げていくと，硝酸カリウムの結晶ができた。

6 塩化ナトリウム水溶液の溶質の様子をモデルで表したとき，正しいものを下の(ア)～(オ)の中から１つ選び，記号で答えなさい。ただし，●と○はそれぞれナトリウムイオンと塩化物イオンを表している。

(ア)　(イ)　(ウ)　(エ)　(オ)

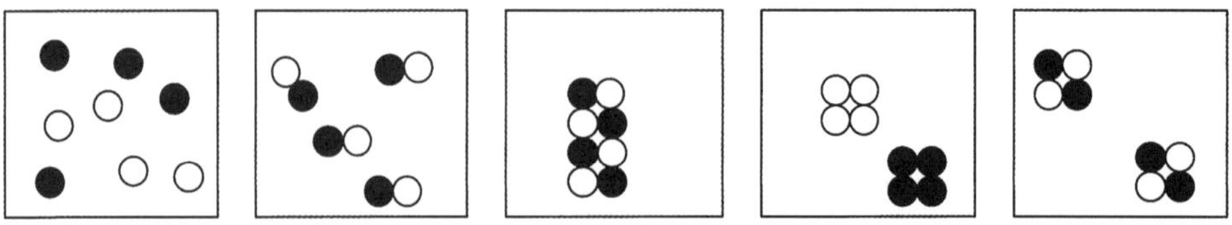

7　実験１において，水溶液を60[℃]から20[℃]までゆっくりと冷やしたときの時間と，水溶液に溶けている硝酸カリウムの質量の関係を表したグラフとして，正しいものを下の(ア)～(オ)の中から１つ選び，記号で答えなさい。ただし，グラフの縦軸は溶けている溶質の質量を，横軸は冷却時間を表している。

(ア)

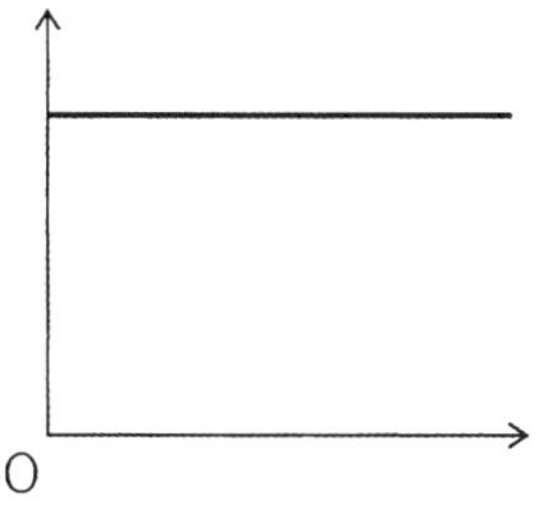

(イ)

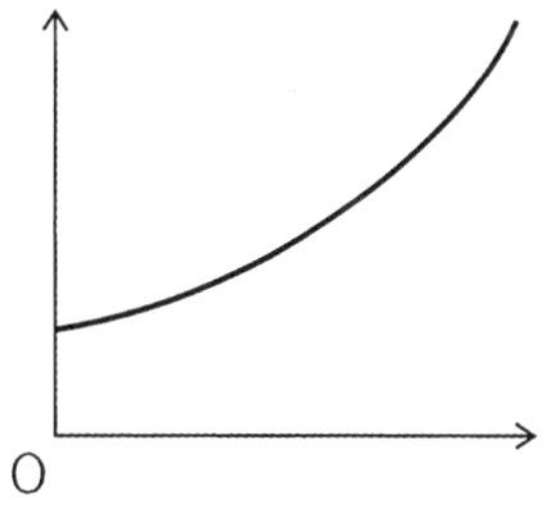

(ウ)

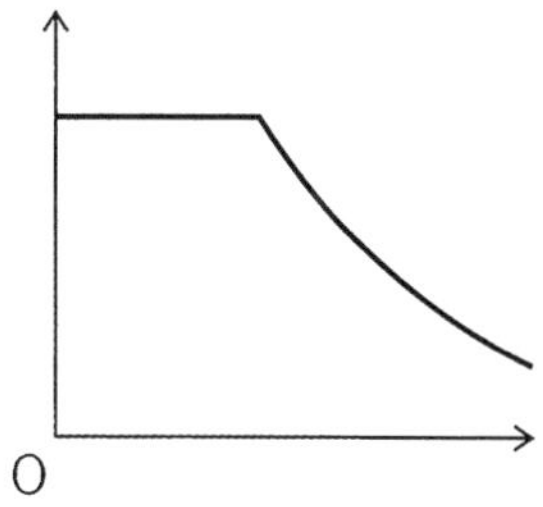

(エ)

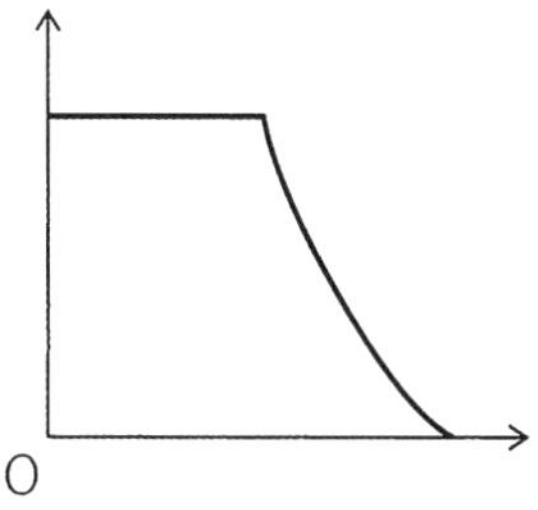

(オ)

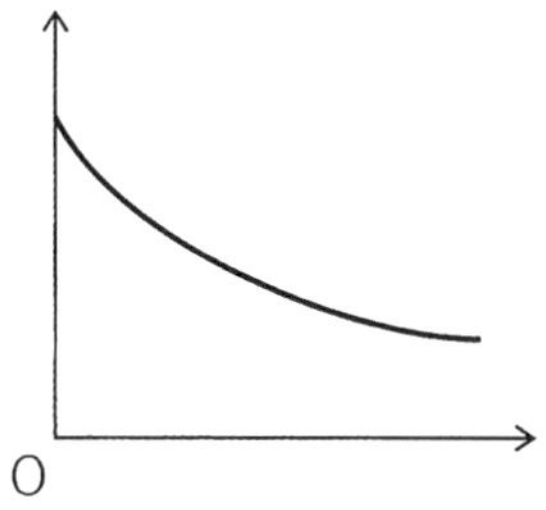

8　実験１について，下線部で示した水溶液の濃度は何[%]か。最も近いものを下の(ア)～(オ)の中から１つ選び，記号で答えなさい。

(ア) 16[%]　(イ) 27[%]　(ウ) 38[%]　(エ) 49[%]　(オ) 60[%]

9　実験２について，20[℃]まで冷やしたときに生じる硝酸カリウムの結晶の質量は何[g]か。最も近いものを下の(ア)～(オ)の中から１つ選び，記号で答えなさい。

(ア) 9[g]　(イ) 13[g]　(ウ) 18[g]　(エ) 27[g]　(オ) 34[g]

10 60[℃]の水50[g]に，硝酸カリウム35[g]と塩化ナトリウム18[g]を完全に溶かした。この水溶液の説明として正しいものを下の(ア)～(オ)の中から1つ選び，記号で答えなさい。ただし，加熱による水の蒸発は考えないものとする。

(ア) この水溶液を40[℃]に冷却すると結晶が生じるが，この結晶は塩化ナトリウムと硝酸カリウムの混合物である。

(イ) この水溶液を20[℃]まで冷却したとき生じる結晶は塩化ナトリウムと硝酸カリウムの混合物であるが，硝酸カリウムの方が塩化ナトリウムより多量の結晶が生じる。

(ウ) この水溶液は，塩化ナトリウムが飽和している。

(エ) この水溶液は，60[℃]のままの状態で硝酸カリウムをさらに60[g]以上溶かすことが出来る。

(オ) この水溶液を加熱して水を完全に蒸発させると，結晶は残らない。

〔３〕 地球上にはさまざまな種類の植物が生息しています。陸上で生活する植物には，コケ植物・シダ植物・裸子植物・被子植物があります。次の 11 ～ 15 に答えなさい。

11 図５は，コスギゴケの増え方を示している。

図５

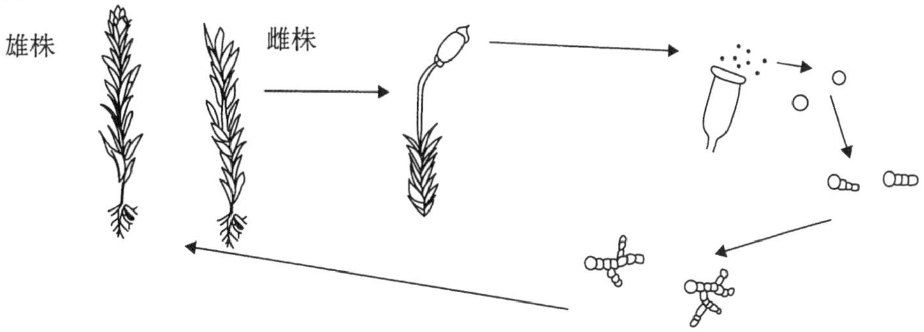

下の（ア）～（オ）の各文から正しいものを１つ選び，記号で答えなさい。

（ア） 雄株の先端部では胞子がつくられ，これが天気の良い日に雌株に付着し受精が起こる。

（イ） 雄株では精子がつくられ，雨の日などに雌株まで泳いでいき，受精が行われると種子ができる。

（ウ） 雌株にある胞子のう内では，細胞分裂によって卵ができ，これが地面に落ちると発芽する。

（エ） 胞子が発芽したのちそれぞれ成長し，細胞の合体なしで雄株や雌株がつくられる。

（オ） 雄株･雌株では，仮根で吸収した水分は維管束を通って植物体全体へ運ばれる。

12　シダ植物の体は種子植物のように維管束があり，葉・茎・根の区別がある。イヌワラビには長い柄があり，多くの切り込みの入った大きな葉がある。葉の裏側には図6のように胞子のうがある。

図6

葉の裏側

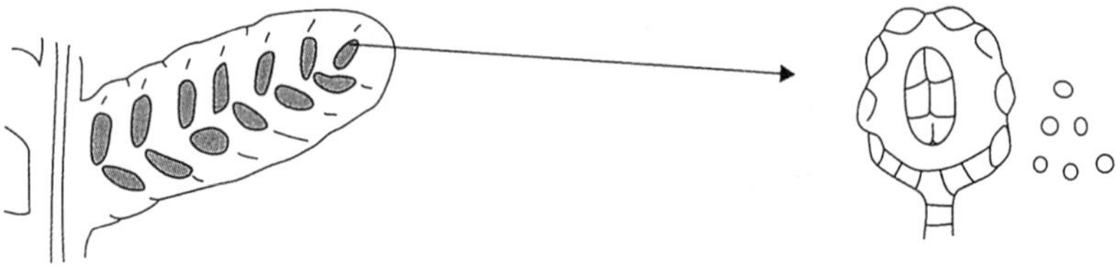

下の(ア)～(オ)の各文から正しいものを1つ選び，記号で答えなさい。

(ア) シダ植物は光合成を行うが，コケ植物は光合成を行わず，体全体から養分を吸収して成長する。

(イ) 胞子のうから出た胞子は互いに集合し，多細胞の前葉体に変化する。

(ウ) 胞子の中に精子になるものと卵になるものがあり，精子と卵が合体して発芽が始まる。

(エ) 胞子が発芽して前葉体ができ，ここで精子と卵の合体が起こる。

(オ) 前葉体にできた胞子のうの中に，多くの小さな植物体が入っている。

13　アブラナやサクラのように，子房の中に胚珠がある植物を被子植物という。被子植物は果実をつくるものも多い。裸子植物と被子植物の特徴を述べた文の組み合わせとして正しいものを下の(ア)～(オ)の中から１つ選び，記号で答えなさい。

① 裸子植物は，胚珠がなく子房がむき出しになっている。
② 裸子植物は，子房がなく胚珠がむき出しになっている。
③ サクラでは裸子植物と同じく花弁の内側に雄しべと雌しべがある。
④ エンドウでは子房はがくの内側にあるが，リンゴでは子房はがくの外側にある。
⑤ サクラの種子は子房が育ったものである。
⑥ 裸子植物は，被子植物と同じように花をつけて種子をつくる。

(ア) ① ③ ⑤　　(イ) ② ④ ⑥　　(ウ) ① ⑥
(エ) ② ⑤ ⑥　　(オ) ① ④ ⑤

14　下の図７は，ヒマワリ・イチョウ・イヌワラビ・ムギ・ゼニゴケをいくつかの観点で分類したものである。また，Ａ～Ｅの四角の中の図はそれぞれの植物の一部をスケッチしたものである。Ｘはどのような観点か。正しいものを下の(ア)～(オ)の中から１つ選び，記号で答えなさい。

図７

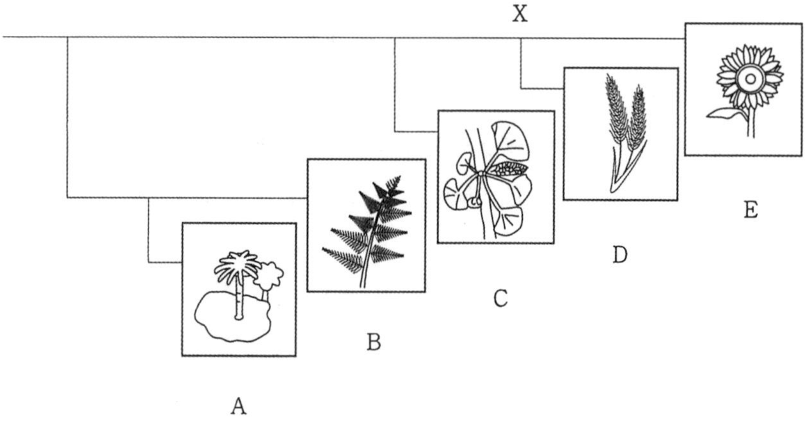

（ア）花が咲くか咲かないか。

（イ）種子をつくるかつくらないか。

（ウ）花弁がくっついているか離れているか。

（エ）維管束があるかないか。

（オ）子葉が１枚か２枚か。

15　14の図のＡ～Ｅと同じ仲間の植物の組み合わせとして正しいものを表の(ア)～(オ)の中から１つ選び，記号で答えなさい。

	A	B	C	D	E
(ア)	スギナ	ゼンマイ	モミジ	アサガオ	アブラナ
(イ)	スギナ	ワカメ	アカマツ	アサガオ	カボチャ
(ウ)	スギゴケ	ゼンマイ	アカマツ	ユリ	タンポポ
(エ)	スギゴケ	シイタケ	ソテツ	イネ	サクラ
(オ)	シイタケ	コンブ	ソテツ	サクラ	ツツジ

〔4〕 天気を考えるために，日本付近のある季節の天気図を調べました。図8は，3日連続の時刻9時の天気図です。次の 16 ～ 20 に答えなさい。

図8

1日目

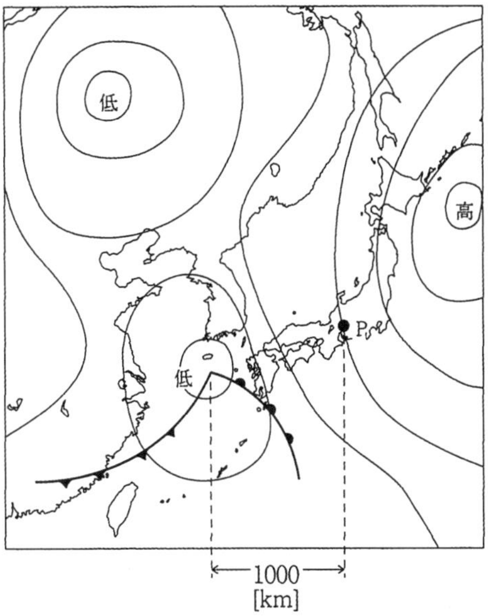

2日目

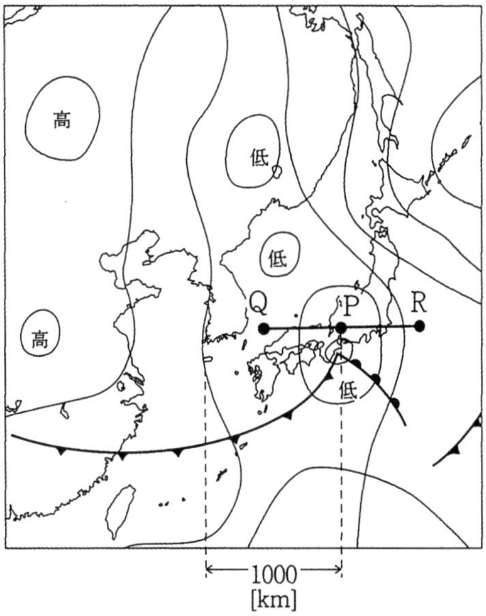

3日目

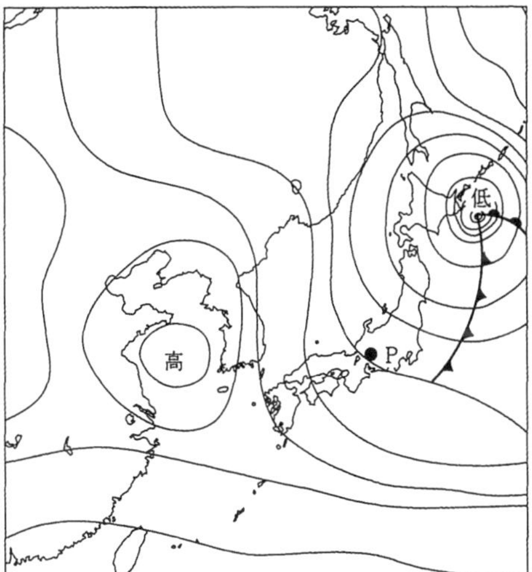

16　1日目の天気図の東シナ海の低気圧が2日目までに移動している速さはおよそ時速何キロメートルか。正しい数値に最も近いものを下の(ア)～(オ)の中から1つ選び，記号で答えなさい。

（ア）10[km/時]　　（イ）20[km/時]　　（ウ）40[km/時]
（エ）80[km/時]　　（オ）100[km/時]

17　1日目のP地点の空にある雲の種類と風向きの組み合わせはどれか。最も正しいものを下の(ア)～(オ)の中から1つ選び，記号で答えなさい。

	雲の種類	風向き
（ア）	高層雲	西風
（イ）	乱層雲	西風
（ウ）	積乱雲	西風
（エ）	巻雲	東風
（オ）	積乱雲	東風

18　２日目の天気図で，Ｑ地点からＲ地点までの気圧の変化を表すグラフはどれか。正しいものを下の(ア)～(オ)の中から１つ選び，記号で答えなさい。

(ア)

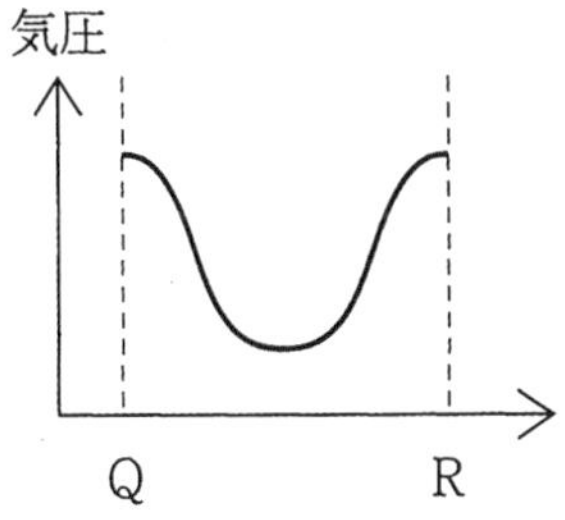

(イ)

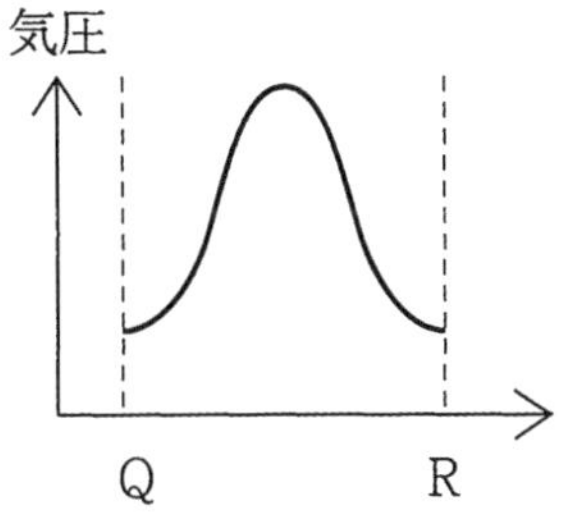

(ウ)

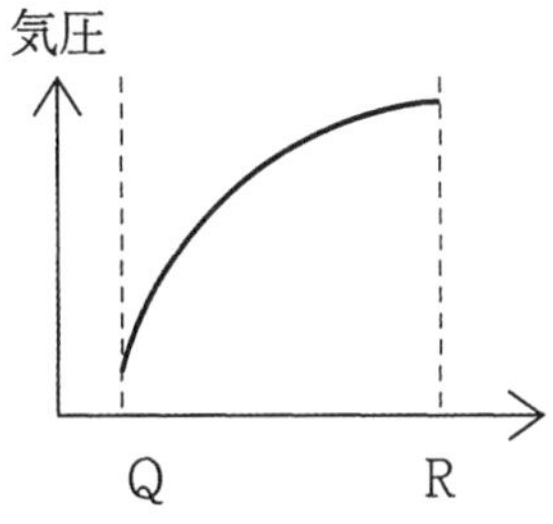

(エ)

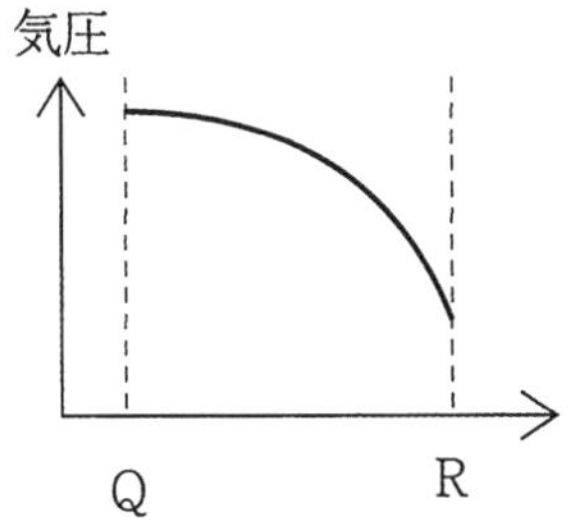

(オ)

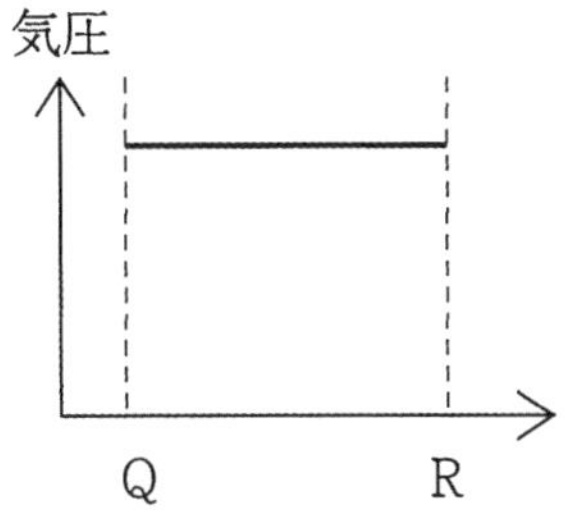

19　図の次の日(４日目)のＰ地点の天気を予想した。正しいものを下の(ア)～(オ)の中から１つ選び，記号で答えなさい。

(ア) 大陸から気圧の谷が近づき，雨になる。
(イ) 大陸から気圧の谷が近づき，曇りになる。
(ウ) 大陸から気圧の谷が近づき，晴れる。
(エ) 大陸から高気圧が近づき，雨になる。
(オ) 大陸から高気圧が近づき，晴れる。

20 今回調べた天気図の季節を代表している正しい文を下の(ア)～(オ)の中から１つ選び，記号で答えなさい。

（ア）日本付近には前線が停滞する日が続き，北海道を除くと雨の日が続く。ときおり，大気が不安定になって，局地的に線状降水帯が発生して水害が発生する。

（イ）日本付近は移動性の高気圧や低気圧が次々と通過していて，北海道付近はまだ寒い日もあるが，太平洋側では暖かい日が続き，晴れの日と雨の日が交互に繰り返される。

（ウ）太平洋高気圧の圏内に広く日本付近が覆われて，気温が上がる日が続く。大気の状態が不安定なときもあって，午後から突然の激しい雨や雷雨になる地域もある。

（エ）北西の季節風が強く吹く日が多い。太平洋側では晴れの日が続き，乾燥する。日本海側では降水量が多くなり，時より雷雨になる。

（オ）台風のシーズンで，高気圧と低気圧は日本付近を次々と通過していく。日本付近は紫外線の量が増加するので，熱中症に注意すべきである。

（問題はこれで終わりです。）

令和３年度　　　　　　# 数　　学　　（40分）

1　試験開始の合図があるまで，この問題冊子を開いてはいけません。
2　問題は全部で#11ページあります。解答用紙は１枚です。
3　受験番号と氏名を，この表紙と解答用紙に必ず記入しなさい。
4　試験終了後，問題冊子と解答用紙を回収します。

解答用紙は，コンピュータで処理される
マークシートです。
特に，次の注意をよく守りなさい。

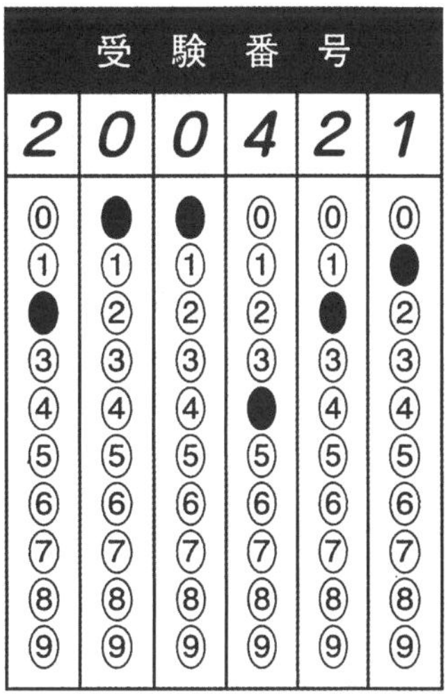

1　ＨＢの黒鉛筆で記入しなさい。
（とがっている鉛筆は避けなさい）

2　受験番号は，□内に横１字ずつ記入し，
下のそれぞれの数字をマークしなさい。
（記入例）　受験番号が２００４２１の場合

3　解答の記入方法は，たとえば，ア と表示のある問いに対して３と解答する場合には，次のように解答番号アの解答欄にマークしなさい。また，計算結果が分数になる場合はこれ以上約分できない形にして答えなさい。（裏表紙：例にならって練習しなさい）

（例）

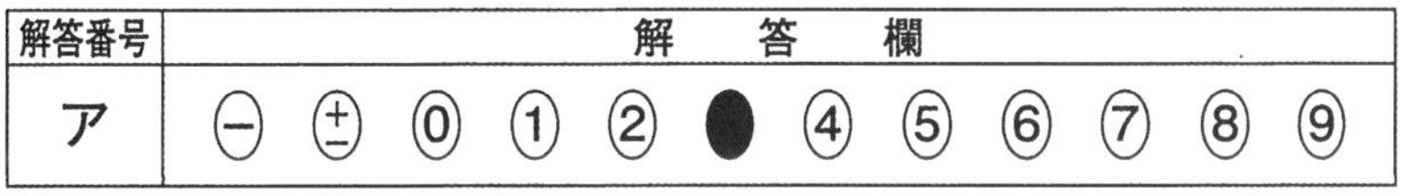

4　マークする場合は，次に示す良い例のように黒く塗りつぶしなさい。

＃教英出版 編集部　注
編集の都合上，下書き用紙を省略し，
７ページになっております。

5　マークの訂正は，上質の消しゴム（プラスチック製が良い）で跡を残さないように完全に消し，消し屑をきれいに取り除きなさい。

6　解答用紙を汚したり，折りまげたりしないこと。

受験番号							氏　名	

数　　学

次の $\boxed{\text{ア}}$～$\boxed{\text{リ}}$ の中に適する数，符号を１つずつ入れなさい。

〔1〕

（1）　$40 \div \{9-(1-7)\} \times 3 = \boxed{\text{ア}}$

（2）　$(x^3y^4)^2 \div xy^2 \times \dfrac{y}{x^2} = x^{\boxed{\text{イ}}}y^{\boxed{\text{ウ}}}$

（3）　$\dfrac{3x+2y}{3} - \dfrac{3x-2y}{6} = \dfrac{x+\boxed{\text{エ}}y}{\boxed{\text{オ}}}$

（4）　3枚の硬貨A，B，Cを同時に投げるとき，1枚が表で2枚が裏の出る確率は $\boxed{\text{カ}}$ である。ただし，硬貨A，B，Cのそれぞれについて，表と裏が出ることは同様に確からしいものとする。

$\boxed{\text{カ}}$ にあてはまるものを下記の＜語群＞の中から選び，番号で答えよ。

＜語群＞　⓪ $\frac{1}{2}$　① $\frac{1}{3}$　② $\frac{2}{3}$　③ $\frac{1}{4}$　④ $\frac{3}{4}$

⑤ $\frac{1}{6}$　⑥ $\frac{5}{6}$　⑦ $\frac{1}{8}$　⑧ $\frac{3}{8}$　⑨ $\frac{5}{8}$

（5）　右の図は，あるクラスの生徒40人の体重をヒストグラムに表したものである。体重の軽い方から数えて，15番目の生徒が属している階級の生徒の相対度数は $\boxed{\text{キ}}$ である。

$\boxed{\text{キ}}$ にあてはまるものを下記の＜語群＞の中から選び，番号で答えよ。

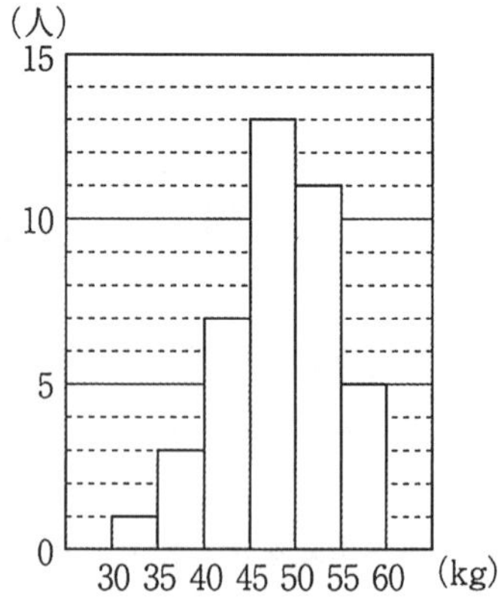

＜語群＞

⓪ 0.125　① 0.175　② 0.225　③ 0.275

④ 0.325　⑤ 0.375　⑥ 0.425　⑦ 0.475

〔2〕

（1） 連立方程式 $\begin{cases} 2x+y=7 \\ \dfrac{x}{2}+\dfrac{y}{3}=1 \end{cases}$ を解くと，$x=$ [ク] である。

（2） 2 次方程式 $x^2+2ax-(a+1)=0$ の 1 つの解が $x=2$ であるとき，
$a=$ [ケ][コ] であり，他の解は [サ] である。

（3） ある日の広報誌から 1 枚を抜き出した。
図のように，抜き出した 1 枚は左側が 16 ページ，右側が 29 ページであり，16 ページの裏面は 15 ページであった。このとき，29 ページの裏面は [シ][ス] ページであり，この広報誌は全部で [セ][ソ] ページである。

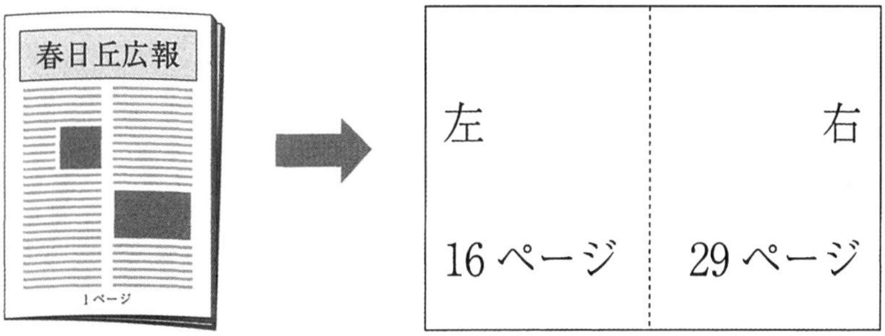

（4） 図のように，円 O の円周を 10 等分する。点 A，B，C，D，E，F，G，H，I，J をとり，正十角形をつくる。線分 CE と線分 DG との交点を K とし，線分 EG を引く。
このとき，∠CKG= [タ][チ][ツ]° である。

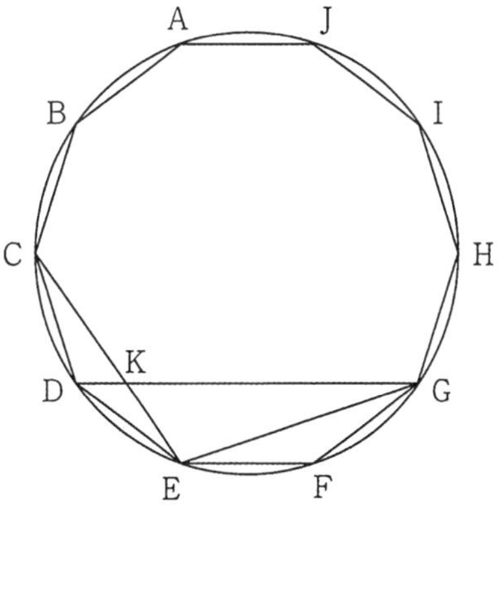

〔３〕 AB=6cm，AD=8cm の長方形 ABCD と，PQ=3cm，PS=4cm の長方形 PQRS があり，それぞれの対角線は AC=10cm，PR=5cm である。長方形 ABCD を固定し，次の【ルール】の方法で，長方形 PQRS を常に AB//SR となるように平行移動するとき，2つの長方形が重なった部分の面積について考える。

【ルール】
ア　はじめに2つの長方形を点Pと点Cが重なるように置く。
イ　点Pは，対角線 AC 上を点Cから点Aへ動き，その後，辺 AD 上を点Aから点Dまで動いて止まる。
ウ　点Pの動く速さは，毎秒 1cm とする。

図のように，点Pが出発してから x 秒後の2つの長方形が重なった部分の面積を y cm^2 とするとき，次の問いに答えなさい。

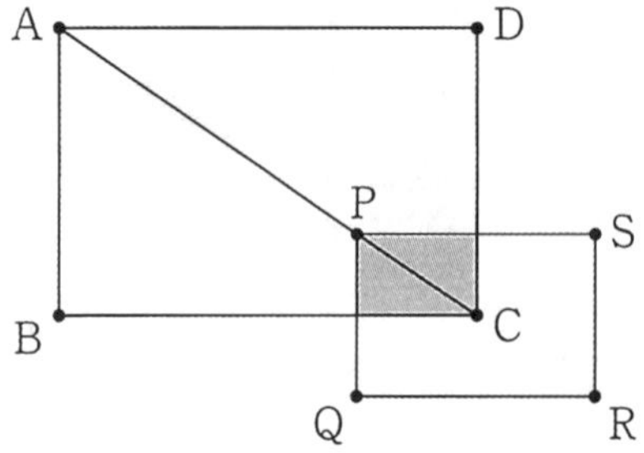

（点Pが線分AC上にあるときの図）

（1） $0 \leqq x \leqq 5$ における x と y の関係を表した式は，$y=\dfrac{\boxed{\text{テ}}\boxed{\text{ト}}}{\boxed{\text{ナ}}\boxed{\text{ニ}}}x^2$ である。

（2） x と y の関係を表したグラフとして適当なものは $\boxed{ヌ}$ である。

$\boxed{ヌ}$ にあてはまるものを下記の⓪～⑤のグラフの中から1つ選び，番号で答えよ。

⓪

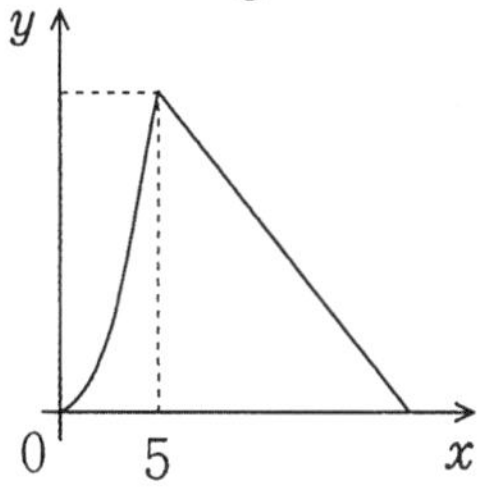

①

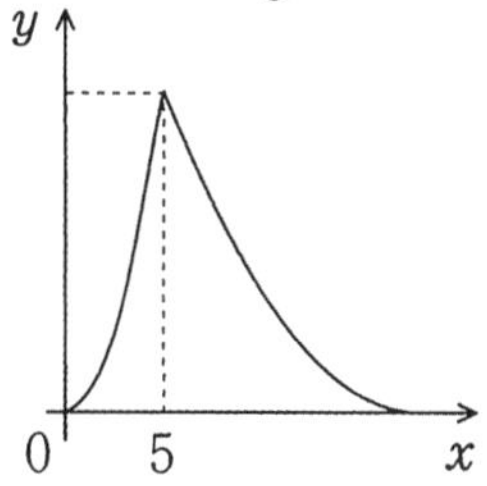

②

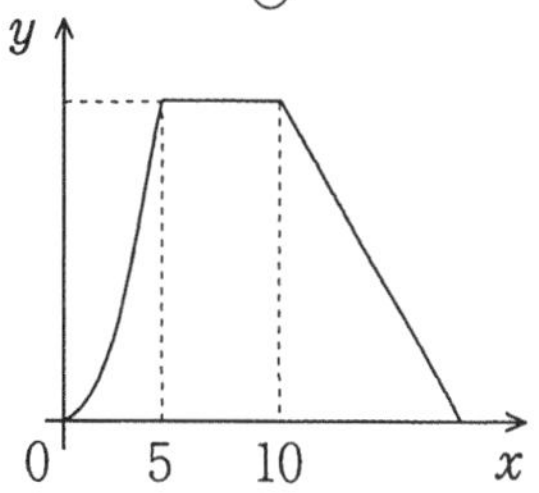

③

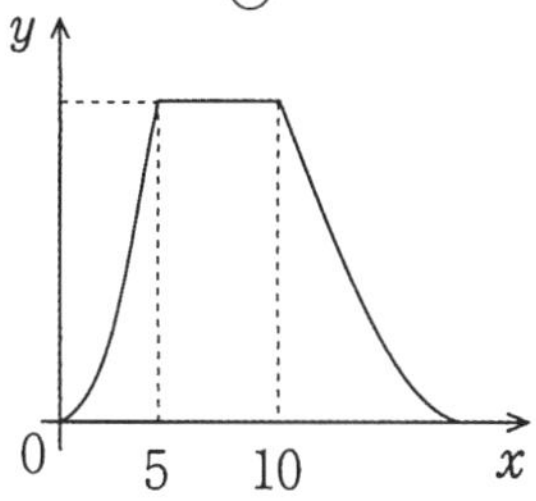

④

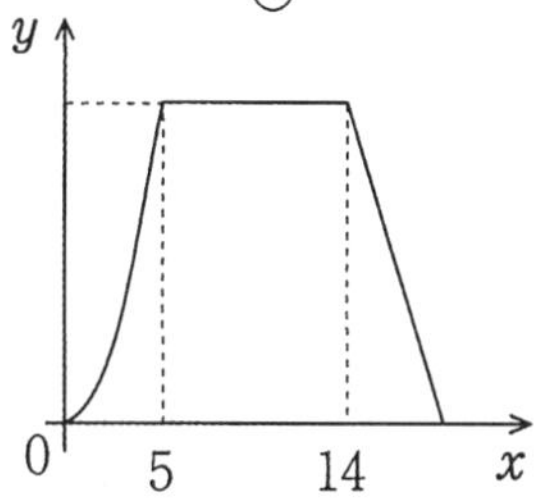

⑤

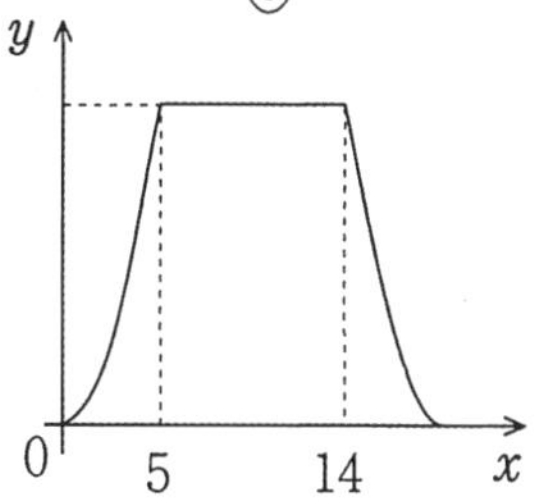

（3） $y=6$ となる x の値は，$x=\dfrac{\boxed{ネ}\sqrt{\boxed{ノ}}}{\boxed{ハ}}$，16 である。

〔４〕 図のように，関数 $y=x^2$ のグラフ上に４点Ａ，Ｂ，Ｃ，Ｄがあり，３点Ａ，Ｂ，Ｃの x 座標はそれぞれ -3，-1，２である。また，線分ADと線分BCは平行であり，その傾きは１である。

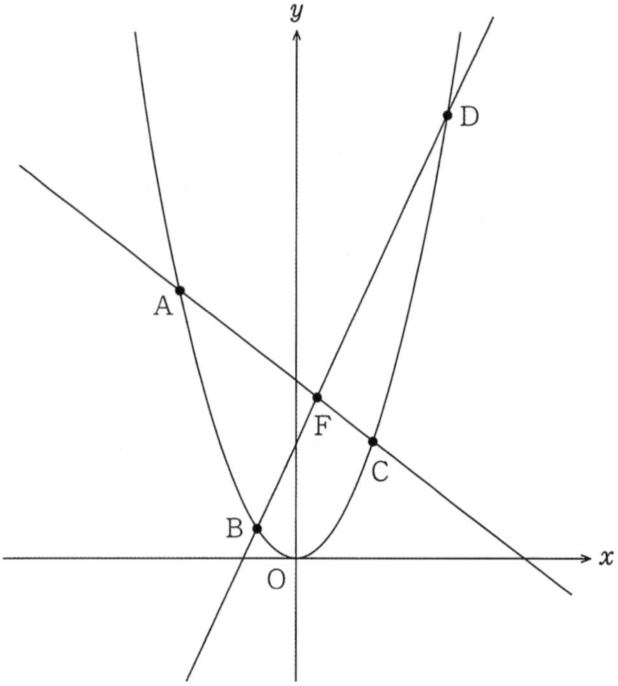

（１） 点Ｄの x 座標の値は $\boxed{ヒ}$ である。

（２） 直線ACと直線BDの交点Ｆの x 座標の値は $\dfrac{\boxed{フ}}{\boxed{ヘ}}$ である。

（３） 三角形ABFの面積は，三角形BCFの面積の $\dfrac{\boxed{ホ}}{\boxed{マ}}$ 倍である。

〔5〕 図のように，1 辺の長さが 2cm の正方形を 6 個組み合わせて作った図形がある。

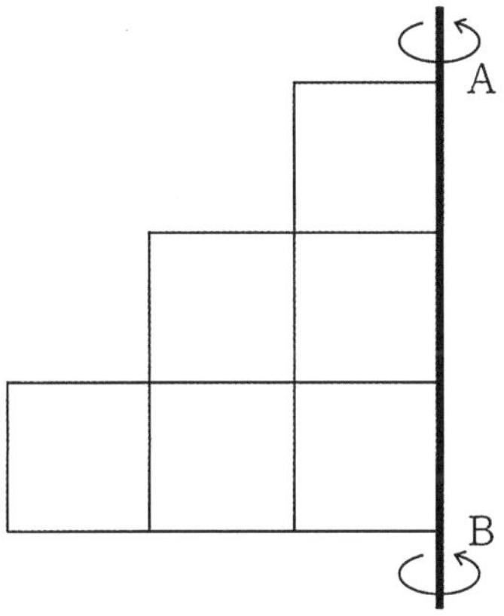

この図形を，直線 AB を軸として 1 回転してできる立体の体積は ミムメ π cm^3 であり，立体の表面積は モヤユ π cm^2 である。

〔6〕 線分ABを直径とし，点Oを中心とする半円がある。図のように，弧AB上に点Cをとり，弧AC上に$\overset{\frown}{AD}=\overset{\frown}{DC}$となるように点Dをとる。また，線分ACと線分ODの交点をE，線分ACと線分BDの交点をFとする。このとき，△DEF∽△ADFであることを次のように証明した。

空欄[ヨ]～[リ]にあてはまるものを下記の＜語群＞の中から選び，番号で答えよ。

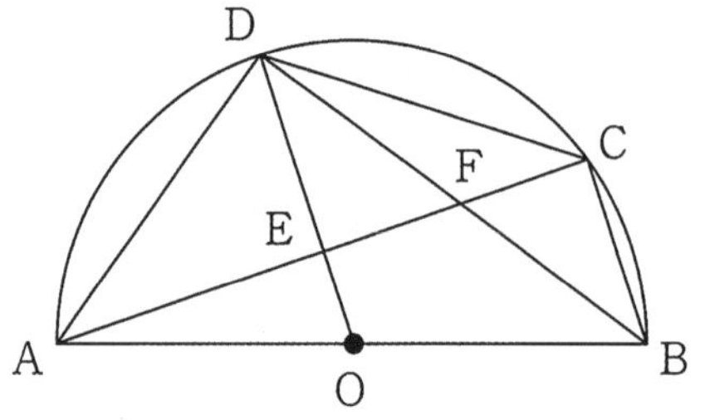

[証明]

△DEFと△ADFにおいて

共通な角であるから，　∠DFE=∠[ヨ]……………… ①

$\overset{\frown}{AD}=\overset{\frown}{DC}$であるから，　∠DCA=∠[ラ]……………… ②

円周角の定理により　∠DCA=∠[リ]……………… ③

△OBDにおいて，　∠ODB=∠[リ]……………… ④

②，③，④より，　∠EDF=∠DAF …………… ⑤

①，⑤より，2組の角がそれぞれ等しいから

△DEF∽△ADF　[終]

＜語群＞ ⓪ OBD　① BOD　② ADF　③ AFD

④ AED　⑤ DEC　⑥ DAB　⑦ DAC

(問題はこれで終わりです。)

令和３年度　　　　# 社　会　(30分)

> 1　試験開始の合図があるまで，この問題冊子を開いてはいけません。
> 2　問題は全部で 22 ページあります。解答用紙は１枚です。
> 3　受験番号と氏名を，この表紙と解答用紙に必ず記入しなさい。
> 4　試験終了後，問題冊子と解答用紙を回収します。

解答用紙は，コンピュータで処理される
マークシートです。
特に，次の注意をよく守りなさい。

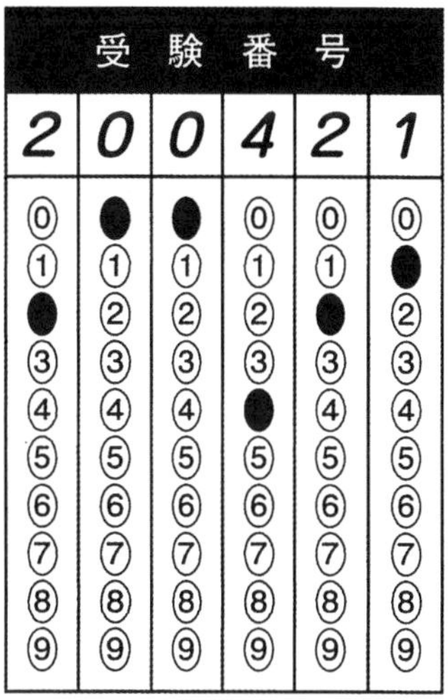

1　ＨＢの黒鉛筆で記入しなさい。
（とがっている鉛筆は避けなさい）

2　受験番号は，□内に横１字ずつ記入し，
下のそれぞれの数字をマークしなさい。
（記入例）　受験番号が２００４２１の場合

3　解答の記入方法は，たとえば，[1]と表示のある問いに対してイと解答する場合には，次のように
解答番号１の解答欄にマークしなさい。

（例）

解答番号	解　答　欄
1	㋐　●　㋒　㋓

4　マークする場合は，次に示す良い例のように黒く塗りつぶしなさい。

5　マークの訂正は，上質の消しゴム（プラスチック製が良い）で跡を残さないように完全に消し，
消し屑をきれいに取り除きなさい。

6　解答用紙を汚したり，折りまげたりしないこと。

受験番号							氏　名	

社　　　会

（解答番号 1 ～ 25 ）

〔1〕　ランさんは，昨年の冬下調べをした上で，ラテン＝アメリカへ旅行にでかけた。下の問題はそれに関するものである。地図1をみて，次の 1 ～ 3 に答えなさい。

地図1

1　次の表1は，アフリカ大陸，北アメリカ大陸，南アメリカ大陸，オーストラリア大陸の，高度別の面積割合（%）を示しています。南アメリカ大陸に該当するものを，次の（ア）～（エ）のうちから一つ選びなさい。

表1

	（ア）	（イ）	（ウ）	（エ）
200m 未満	29.9	9.7	39.3	38.2
200 ～ 500 m	30.7	38.9	41.6	29.8
500m ～ 1,000m	12.0	28.2	16.9	19.2
1,000 ～ 2,000m	16.6	19.5	2.2	5.6
2,000 ～ 3,000m	9.1	2.7	0.0	2.2
3,000 ～ 4,000m	1.7	1.0	0.0	2.8
4,000 ～ 5,000 m	0.0	0.0	0.0	2.2

（%）

データブックオブザワールド 2020 より作成

2　地図1の経線aと緯線bはそれぞれ何度の線ですか，正しい組み合わせを，次の（ア）～（エ）のうちから一つ選びなさい。

	a	b
（ア）	西経 60 度	南緯 30 度
（イ）	西経 60 度	南緯 40 度
（ウ）	西経 90 度	南緯 30 度
（エ）	西経 90 度	南緯 40 度

3 次の写真1の中の(ア)～(エ)は，地図1のⒶ～Ⓓのいずれかの地点で撮影されたものである。Ⓓに該当するものを，写真1の(ア)～(エ)のうちから一つ選びなさい。

写真1

(ア)

砂丘をともなう砂漠

(イ)

密林を流れる川

(ウ)

湖に流れ込む氷河

(エ)

地平線まで続く草原

〔２〕 ヨウ子さんは東北地方の地理に深く関心をもって，今年の夏に研究をした。以下はそれに関する問題である。地図２をみて，次の 4 ～ 7 に答えなさい。

地図２

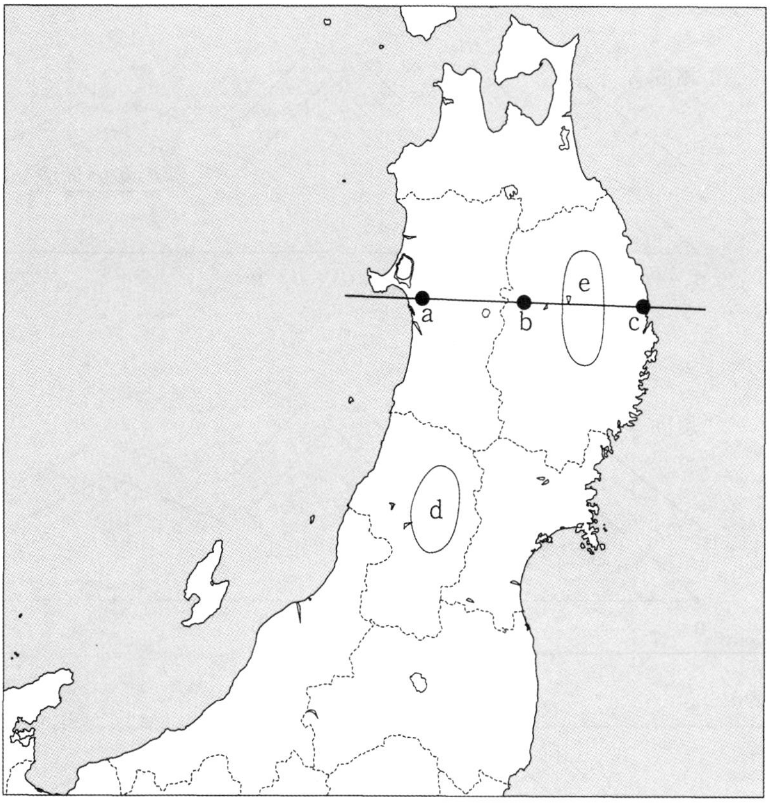

4 下の図(ア)～(エ)は，地図２のａ～ｃの地形断面のモデル図である。１月の季節風の風向きと雪の多い地域を示している図を，次の(ア)～(エ)のうちから一つ選びなさい。

(ア)

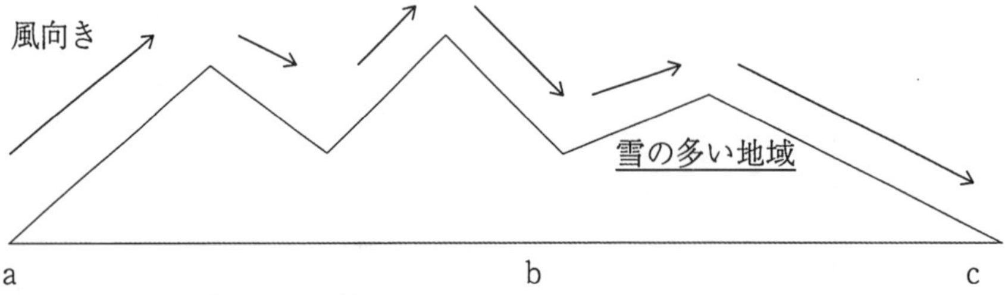

(イ)

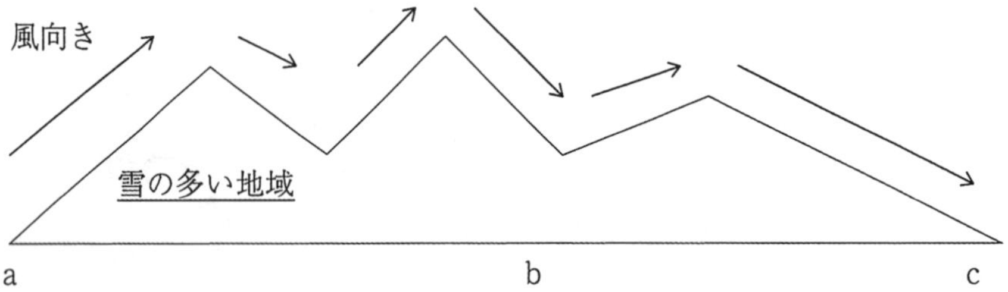

(ウ)

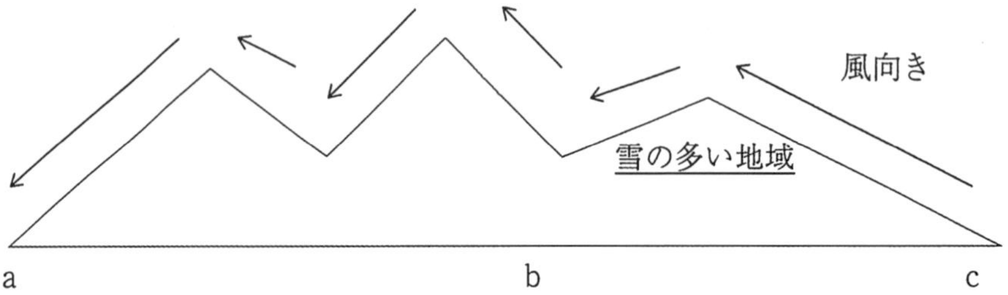

(エ)

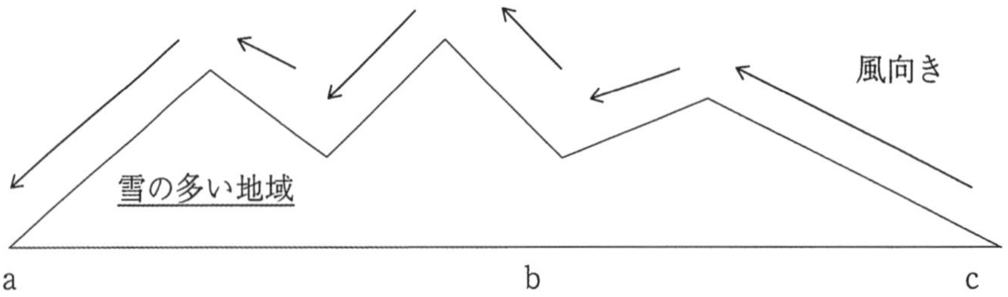

5 次のグラフは，縦軸に田の面積，横軸に耕地面積に占める田の面積の割合を示している。グラフ中の点(ア)～(エ)は，北海道，秋田県，富山県，長野県である。秋田県に該当するものを，グラフ中の(ア)～(エ)のうちから一つ選びなさい。

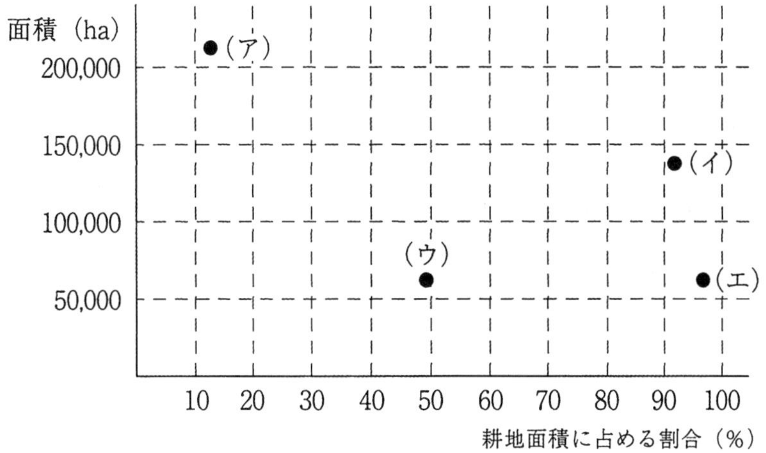

データブックオブザワールド2020から作成

6　次の写真A・Bは，東北地方の伝統工芸品です。この工芸品の説明文に該当する工芸品の写真と地図２上に示した産地（ｄ・ｅ）の組み合わせとして正しいものを，次の(ア)～(エ)のうちから一つ選びなさい。

A

B

説明文

この生産には，原材料になる鉄や木炭，粘土，砂が豊富に得られて，輸送手段に優れた大きい河川が付近を流れていることなどが大きなポイントでありました。アルミニウムの普及にともなって生産量は減少しましたが，重厚な質感や芸術性に関心を寄せる消費者は少なくありません。近年では，生活環境に対応した製品が造られるようになり，国内向けの出荷だけでなく，海外への出荷も増えています。

	工芸品	地図２上の産地
(ア)	写真A	d
(イ)	写真A	e
(ウ)	写真B	d
(エ)	写真B	e

7　ヨウ子さんは研究を進める中で，東北地方の独特な食文化について興味をもった。東北地方の食文化に関して述べた文として最も適切なものを，次の(ア)～(エ)のうちから一つ選びなさい。

(ア)　この地方の気候を背景として，合わせてここで獲れる海産物や飼育されている動物を鍋にする料理が親しまれており，ジンギスカン鍋などは有名である。

(イ)　近隣の自治体で盛んな近郊農業を利用して，産地の名前をつけた伝統野菜である九条ねぎや賀茂なすなどは，全国的にも有名である。

(ウ)　冬の気候に対応するために，地域で収穫される農産物を，保存食としてさまざまな漬け物が作られてきた。

(エ)　人々の生活や年中行事との関わりが強く，産地の特性を示す食文化がみられる。この地域の湾で獲れる寒ブリと大根を煮込んだぶり大根はその典型的な事例である。

〔3〕 次の年表を見て，次の 8 ～ 12 に答えなさい。

年表

年	日本のおもなできごと
239	邪馬台国の卑弥呼が中国(魏)に使いを送る
	↕(あ)
593	聖徳太子が摂政となる
645	①大化の改新
710	都を平城京に移す
794	都を平安京に移す
1016	藤原道長が摂政となる
1192	源頼朝が征夷大将軍となる
1338	足利尊氏が征夷大将軍となる
1467	応仁の乱がおこる
1603	徳川家康が征夷大将軍となる
	↕(い)
1853	ペリーが浦賀に来航
1894	日清戦争
1904	②日露戦争
1914	第一次世界大戦
1931	↕(う)
1941	太平洋戦争
1945	ポツダム宣言を受け入れて降伏する

8 年表中(あ)の時期の日本のようすについて正しいものを，次の(ア)～(エ)のうちから一つ選びなさい。

（ア） 表面に縄目のような文様が付けられている土器が多くつくられた。
（イ） 倭の奴国の王が金印を授かった。
（ウ） 古墳がさかんにつくられるようになった。
（エ） ナウマンゾウなど，大型の動物を追って人々が移り住んできた。

9 年表中の下線部①のできごとの説明として正しいものを，次の(ア)～(エ)のうちから一つ選びなさい。

（ア） 日本で最初の貨幣である和同開珎が造られた。
（イ） 天智天皇の没後，大海人皇子と大友皇子があらそった。
（ウ） 百済を助けるために大軍を送ったが，唐・新羅連合軍に敗北した。
（エ） 中大兄皇子が中臣鎌足とともに蘇我蝦夷・入鹿の親子をたおした。

10 年表中(い)の時期におきたＡ～Ｄのできごとを説明したものとして正しいものを，次の(ア)～(エ)のうちから一つ選びなさい。

Ａ 享保の改革　　Ｂ 株仲間の奨励
Ｃ 寛政の改革　　Ｄ 天保の改革

（ア） Ａは徳川綱吉によって進められ，政治と経済の立て直しを図った。
（イ） Ｂは松平定信によって進められ，農村の復興と政治の引きしめに取り組んだ。
（ウ） Ｃは田沼意次によって進められ，商人の力を利用した産業政策をおこなった。
（エ） Ｄは水野忠邦によって進められ，幕府政治の立て直しが図られた。

11 年表中の下線部②の戦争がおきたころの国際関係について正しいものを，次の(ア)～(エ)のうちから一つ選びなさい。

(ア) 日本とイギリスが日英同盟を結んだ。

(イ) ドイツ・オーストリア・ロシアとの間で三国同盟が成立した。

(ウ) イギリス・フランス・イタリアとの間で三国協商が成立した。

(エ) 世界平和と国際協調を目的とする国際連盟が発足した。

12 年表中(う)の時期におきた下記のできごとを古い順にならべた時，三番目に古いものを，次の(ア)～(エ)のうちから一つ選びなさい。

(ア) 治安維持法が制定された。

(イ) 満州事変が起こった。

(ウ) 日中戦争が始まった。

(エ) 日ソ中立条約が結ばれた。

国 語 解 答 用 紙

※100点満点

問　題	1	2	3	4	5	6	7	8	9	10	11	12	13	14	15
配　点	3	4	5	5	6	4	4	5	5	6	3	4	3	4	3

問　題	16	17	18	19	20	21	22	23	24	25
配　点	4	3	5	3	3	3	3	3	3	6

る上の注意

げたり汚したりしないこと。

るときは、消しゴムで完全に消すこと。

号は、数字で記入してから間違いないようマークすること。

は ◯ を鉛筆（ＨＢ）で黒くぬりつぶすこと。

マークの例

良い例	悪　い　例
●	

欄	解答番号	解	答	欄	
㋓	21	㋐	㋑	㋒	㋓
㋓	22	㋐	㋑	㋒	㋓
㋓	23	㋐	㋑	㋒	㋓
㋓	24	㋐	㋑	㋒	㋓
㋓	25	㋐	㋑	㋒	㋓
㋓	26	㋐	㋑	㋒	㋓
㋓	27	㋐	㋑	㋒	㋓
㋓	28	㋐	㋑	㋒	㋓
㋓	29	㋐	㋑	㋒	㋓
㋓	30	㋐	㋑	㋒	㋓

数 学 解 答 用 紙

※100点満点

問 題	ア	イ	ウ	エ	オ	カ	キ	ク	ケ	コ	サ	シ	ス
配 点	5	3	2	5		5	5	5	3		2	2	

問 題	セ	ソ	タ	チ	ツ	テ	ト	ナ	ニ	ヌ	ネ	ノ	ハ
配 点	3		5			5				5	5		

問 題	ヒ	フ	ヘ	ホ	マ	ミ	ム	メ	モ	ヤ	ユ	ヨ	ラ	リ
配 点	5	5		5		7			6			4	4	4

る上の注意

げたり汚したりしないこと。

るときは、消しゴムで完全に消すこと。

号は、数字で記入してから間違いないようマークすること。

は ⬭ を鉛筆（HB）で黒くぬりつぶすこと。

マークの例

良い例	悪 い 例

解答番号	解 答 欄	解答番号	解 答 欄
ナ	− ± 0 1 2 3 4 5 6 7 8 9	マ	− ± 0 1 2 3 4 5 6 7 8 9
ニ	− ± 0 1 2 3 4 5 6 7 8 9	ミ	− ± 0 1 2 3 4 5 6 7 8 9
ヌ	− ± 0 1 2 3 4 5 6 7 8 9	ム	− ± 0 1 2 3 4 5 6 7 8 9
ネ	− ± 0 1 2 3 4 5 6 7 8 9	メ	− ± 0 1 2 3 4 5 6 7 8 9
ノ	− ± 0 1 2 3 4 5 6 7 8 9	モ	− ± 0 1 2 3 4 5 6 7 8 9
ハ	− ± 0 1 2 3 4 5 6 7 8 9	ヤ	− ± 0 1 2 3 4 5 6 7 8 9
ヒ	− ± 0 1 2 3 4 5 6 7 8 9	ユ	− ± 0 1 2 3 4 5 6 7 8 9
フ	− ± 0 1 2 3 4 5 6 7 8 9	ヨ	− ± 0 1 2 3 4 5 6 7 8 9
ヘ	− ± 0 1 2 3 4 5 6 7 8 9	ラ	− ± 0 1 2 3 4 5 6 7 8 9
ホ	− ± 0 1 2 3 4 5 6 7 8 9	リ	− ± 0 1 2 3 4 5 6 7 8 9

英　語　解　答　用　紙

※100点満点

問　題	1	2	3	4	5	6	7	8	9	10	11	12	13	14	15
配　点	4	4	4	4	4	4	4	4	4	4	3	3	3	3	3

問　題	16	17	18	19	20	21	22	23	24	25	26	27	28	29	30
配　点	3	3	3	3	3	3	3	3	3	3	3	3	3	3	3

る上の注意

げたり汚したりしないこと。

るときは、消しゴムで完全に消すこと。

号は、数字で記入してから間違いないようマークすること。

は ◯ を鉛筆（ＨＢ）で黒くぬりつぶすこと。

マークの例

良い例	悪　い　例

欄	解答番号	解　答　欄			
㋓	21	㋐	㋑	㋒	㋓
㋓	22	㋐	㋑	㋒	㋓
㋓	23	㋐	㋑	㋒	㋓
㋓	24	㋐	㋑	㋒	㋓
㋓	25	㋐	㋑	㋒	㋓
㋓	26	㋐	㋑	㋒	㋓
㋓	27	㋐	㋑	㋒	㋓
㋓	28	㋐	㋑	㋒	㋓
㋓	29	㋐	㋑	㋒	㋓
㋓	30	㋐	㋑	㋒	㋓

理　科　解　答　用　紙

※100点満点

５点×20

る上の注意
げたり汚したりしないこと。
るときは、消しゴムで完全に消すこと。
号は、数字で記入してから間違いないようマークすること。
は ◯ を鉛筆（ＨＢ）で黒くぬりつぶすこと。

マークの例

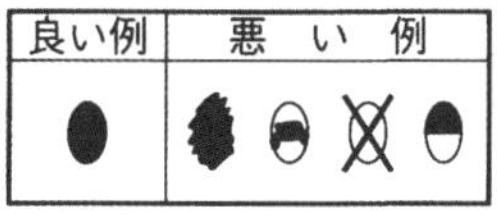

答	欄	
㋒	㋓	㋔
㋒	㋓	㋔
㋒	㋓	㋔
㋒	㋓	㋔
㋒	㋓	㋔
㋒	㋓	㋔
㋒	㋓	㋔
㋒	㋓	㋔
㋒	㋓	㋔
㋒	㋓	㋔

社　会　解　答　用　紙

※100点満点

4点×25

る上の注意
げたり汚したりしないこと。
るときは、消しゴムで完全に消すこと。
号は、数字で記入してから間違いないようマークすること。
は ◯ を鉛筆（ＨＢ）で黒くぬりつぶすこと。

マークの例

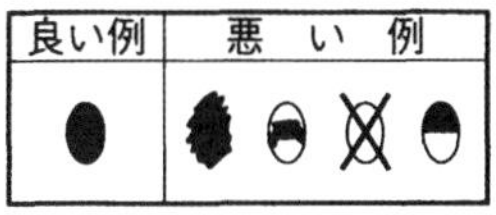

欄
㋓
㋓
㋓
㋓
㋓
㋓
㋓
㋓
㋓
㋓

解答番号	解	答	欄	
21	㋐	㋑	㋒	㋓
22	㋐	㋑	㋒	㋓
23	㋐	㋑	㋒	㋓
24	㋐	㋑	㋒	㋓
25	㋐	㋑	㋒	㋓

受験番号					
⓪	⓪	⓪	⓪	⓪	⓪
①	①	①	①	①	①
②	②	②	②	②	②
③	③	③	③	③	③
④	④	④	④	④	④
⑤	⑤	⑤	⑤	⑤	⑤
⑥	⑥	⑥	⑥	⑥	⑥
⑦	⑦	⑦	⑦	⑦	⑦
⑧	⑧	⑧	⑧	⑧	⑧
⑨	⑨	⑨	⑨	⑨	⑨

フリガナ	
氏名	

この欄には記入するな
● ●

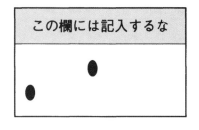

★マ

解答番号	解答欄				解答番号	解答	
1	㋐	㋑	㋒	㋓	11	㋐	㋑
2	㋐	㋑	㋒	㋓	12	㋐	㋑
3	㋐	㋑	㋒	㋓	13	㋐	㋑
4	㋐	㋑	㋒	㋓	14	㋐	㋑
5	㋐	㋑	㋒	㋓	15	㋐	㋑
6	㋐	㋑	㋒	㋓	16	㋐	㋑
7	㋐	㋑	㋒	㋓	17	㋐	㋑
8	㋐	㋑	㋒	㋓	18	㋐	㋑
9	㋐	㋑	㋒	㋓	19	㋐	㋑
10	㋐	㋑	㋒	㋓	20	㋐	㋑

受験番号					
⓪	⓪	⓪	⓪	⓪	⓪
①	①	①	①	①	①
②	②	②	②	②	②
③	③	③	③	③	③
④	④	④	④	④	④
⑤	⑤	⑤	⑤	⑤	⑤
⑥	⑥	⑥	⑥	⑥	⑥
⑦	⑦	⑦	⑦	⑦	⑦
⑧	⑧	⑧	⑧	⑧	⑧
⑨	⑨	⑨	⑨	⑨	⑨

フリガナ	
氏　名	

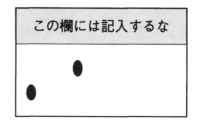

この欄には記入するな

★マ

解答番号	解答欄				
1	㋐	㋑	㋒	㋓	㋔
2	㋐	㋑	㋒	㋓	㋔
3	㋐	㋑	㋒	㋓	㋔
4	㋐	㋑	㋒	㋓	㋔
5	㋐	㋑	㋒	㋓	㋔
6	㋐	㋑	㋒	㋓	㋔
7	㋐	㋑	㋒	㋓	㋔
8	㋐	㋑	㋒	㋓	㋔
9	㋐	㋑	㋒	㋓	㋔
10	㋐	㋑	㋒	㋓	㋔

解答番号	解
11	㋐
12	㋐
13	㋐
14	㋐
15	㋐
16	㋐
17	㋐
18	㋐
19	㋐
20	㋐

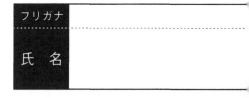

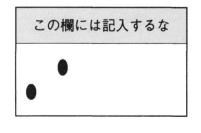

受験番号					
⓪	⓪	⓪	⓪	⓪	⓪
①	①	①	①	①	①
②	②	②	②	②	②
③	③	③	③	③	③
④	④	④	④	④	④
⑤	⑤	⑤	⑤	⑤	⑤
⑥	⑥	⑥	⑥	⑥	⑥
⑦	⑦	⑦	⑦	⑦	⑦
⑧	⑧	⑧	⑧	⑧	⑧
⑨	⑨	⑨	⑨	⑨	⑨

フリガナ	
氏　名	

この欄には記入するな

★マ

解答番号	解	答	欄		解答番号	解	答
1	㋐	㋑	㋒	㋓	11	㋐	㋑
2	㋐	㋑	㋒	㋓	12	㋐	㋑
3	㋐	㋑	㋒	㋓	13	㋐	㋑
4	㋐	㋑	㋒	㋓	14	㋐	㋑
5	㋐	㋑	㋒	㋓	15	㋐	㋑
6	㋐	㋑	㋒	㋓	16	㋐	㋑
7	㋐	㋑	㋒	㋓	17	㋐	㋑
8	㋐	㋑	㋒	㋓	18	㋐	㋑
9	㋐	㋑	㋒	㋓	19	㋐	㋑
10	㋐	㋑	㋒	㋓	20	㋐	㋑

受験番号					
0	0	0	0	0	0
1	1	1	1	1	1
2	2	2	2	2	2
3	3	3	3	3	3
4	4	4	4	4	4
5	5	5	5	5	5
6	6	6	6	6	6
7	7	7	7	7	7
8	8	8	8	8	8
9	9	9	9	9	9

フリガナ	
氏名	

この欄には記入するな

★マ

解答番号	解答欄	解答番号	解答
ア	⊖ ± 0 1 2 3 4 5 6 7 8 9	サ	⊖ ± 0 1 2 3 4 5 6 7
イ	⊖ ± 0 1 2 3 4 5 6 7 8 9	シ	⊖ ± 0 1 2 3 4 5 6 7
ウ	⊖ ± 0 1 2 3 4 5 6 7 8 9	ス	⊖ ± 0 1 2 3 4 5 6 7
エ	⊖ ± 0 1 2 3 4 5 6 7 8 9	セ	⊖ ± 0 1 2 3 4 5 6 7
オ	⊖ ± 0 1 2 3 4 5 6 7 8 9	ソ	⊖ ± 0 1 2 3 4 5 6 7
カ	⊖ ± 0 1 2 3 4 5 6 7 8 9	タ	⊖ ± 0 1 2 3 4 5 6 7
キ	⊖ ± 0 1 2 3 4 5 6 7 8 9	チ	⊖ ± 0 1 2 3 4 5 6 7
ク	⊖ ± 0 1 2 3 4 5 6 7 8 9	ツ	⊖ ± 0 1 2 3 4 5 6 7
ケ	⊖ ± 0 1 2 3 4 5 6 7 8 9	テ	⊖ ± 0 1 2 3 4 5 6 7
コ	⊖ ± 0 1 2 3 4 5 6 7 8 9	ト	⊖ ± 0 1 2 3 4 5 6 7

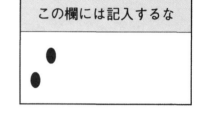

受験番号					
⓪	⓪	⓪	⓪	⓪	⓪
①	①	①	①	①	①
②	②	②	②	②	②
③	③	③	③	③	③
④	④	④	④	④	④
⑤	⑤	⑤	⑤	⑤	⑤
⑥	⑥	⑥	⑥	⑥	⑥
⑦	⑦	⑦	⑦	⑦	⑦
⑧	⑧	⑧	⑧	⑧	⑧
⑨	⑨	⑨	⑨	⑨	⑨

フリガナ	
氏　名	

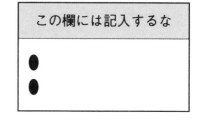

この欄には記入するな
●
●

★マ

解答番号	解	答	欄		解答番号	解	答
1	㋐	㋑	㋒	㋓	11	㋐	㋑
2	㋐	㋑	㋒	㋓	12	㋐	㋑
3	㋐	㋑	㋒	㋓	13	㋐	㋑
4	㋐	㋑	㋒	㋓	14	㋐	㋑
5	㋐	㋑	㋒	㋓	15	㋐	㋑
6	㋐	㋑	㋒	㋓	16	㋐	㋑
7	㋐	㋑	㋒	㋓	17	㋐	㋑
8	㋐	㋑	㋒	㋓	18	㋐	㋑
9	㋐	㋑	㋒	㋓	19	㋐	㋑
10	㋐	㋑	㋒	㋓	20	㋐	㋑

〔4〕 次の資料は，日本国憲法前文である。この資料を見て，次の 13 ～ 16 に答えなさい。

＜資料＞

日本国民は，①正当に選挙された国会における代表者を通じて行動し，われらとわれらの子孫のために，諸国民との協和による成果と，わが国全土にわたつて②自由のもたらす恵沢を確保し，政府の行為によつて再び戦争の惨禍が起ることのないやうにすることを決意し，ここに主権が国民に存することを宣言し，この憲法を確定する。そもそも国政は，国民の厳粛な信託によるものであつて，その権威は国民に由来し，その権力は国民の代表者がこれを行使し，その福利は国民がこれを享受する。これは人類普遍の原理であり，この憲法は，かかる原理に基くものである。われらは，これに反する一切の憲法，法令及び詔勅を排除する。

日本国民は，③恒久の平和を念願し，人間相互の関係を支配する崇高な理想を深く自覚するのであつて，平和を愛する諸国民の公正と信義に信頼して，われらの安全と生存を保持しようと決意した。われらは，平和を維持し，専制と隷従，圧迫と偏狭を地上から永遠に除去しようと努めてゐる国際社会において，名誉ある地位を占めたいと思ふ。われらは，全世界の国民が，ひとしく恐怖と欠乏から免かれ，平和のうちに生存する権利を有することを確認する。

われらは，いづれの国家も，自国のことのみに専念して他国を無視してはならないのであつて，政治道徳の法則は，普遍的なものであり，この法則に従ふことは，自国の主権を維持し，他国と対等関係に立たうとする各国の責務であると信ずる。

日本国民は，国家の名誉にかけ，全力をあげてこの崇高な理想と目的を達成することを誓ふ。

13 資料中の下線部①に関連して，日本の選挙制度について説明した文として正しいものを，次の(ア)～(エ)のうちから一つ選びなさい。

(ア) 衆議院議員の選挙では，全国を11のブロックに分けた比例代表制と，都道府県単位の大選挙区制を組み合わせた選挙制度を採用している。

(イ) 参議院議員の選挙では，3年ごとに半数が改選されており，全国を一つの単位としてすべて比例代表制で選挙が行われる。

(ウ) 近年では，期日前投票や，インターネットによる投票が認められるようになり，2000年以降には投票率が下がったことはない。

(エ) 人口の多い都市部と人口の少ない地方では一票の価値に差があるという問題があり，裁判所では違憲状態であるという判決が出たことがある。

14 資料中の下線部②に関連して，日本国憲法が定める自由権について説明した文として正しいものを，次の(ア)～(エ)のうちから一つ選びなさい。

(ア) 自由に職業を選ぶことができる職業選択の自由が保障されており，これは経済活動の自由に分類される。

(イ) 住む場所を自由に選ぶことができる居住・移転の自由が保障されており，これは身体の自由に分類される。

(ウ) 精神の自由が保障されているが，出版物などを発表前に検閲することが制度として確立されている。

(エ) 警察による不当な捜査や，拷問による取り調べが行われていたことを反省し，検察官が発行する礼状がなければ逮捕されないことが保障されている。

15 資料中の下線部③に関連して，平和に関することを述べたものとして誤っているものを，次の(ア)～(エ)のうちから一つ選びなさい。

（ア） 1945 年，戦争や紛争を防ぎ，世界の平和と安全を維持することを目的として，国際連合が発足した。

（イ） 日本の自衛隊は，国連の PKO 活動として，イラク戦争やソマリア沖での海賊船対策として船舶を護衛するなどしてきた。

（ウ） 国連難民高等弁務官事務所は，民族紛争などにより発生した難民の受け入れを各国に求めたり，難民の生活を支援したりする活動を行っている。

（エ） 核兵器などの大量破壊兵器を削減する努力や，通常兵器である地雷を廃絶する努力として，核拡散防止条約や対人地雷全面禁止条約などが結ばれている。

16 資料文の内容について説明したものとして正しいものを，次の(ア)～(エ)のうちから一つ選びなさい。

（ア） 日本国民は，国民主権の原理により，国民が直接民主制に基づいて国政を運営していくことを決意した。

（イ） 日本国民は，平和を愛する最も崇高な国民であり，平和を破壊しようとする諸外国に対しては敵対してでも対峙していく事を決意した。

（ウ） かつて日本が起こした戦争を反省し，二度と政府によって日本が戦争を引き起こさないよう，強い決意を示している。

（エ） 日本は崇高な理想と目的を掲げており，他国よりも優位な立場にたつことを目指して，日本の発展のために専念する。

〔５〕 次の資料は，日本の小売業販売額の推移を表すものである。これをみて，次の 17 〜 18 に答えなさい。

＜資料＞ 「小売業販売額（名目）【10 億円】」（総務省統計局資料より）

年度	小売業販売額（名目）【10 億円】	年度	小売業販売額（名目）【10 億円】
2006 年度	134,705	2013 年度	141,136
2007 年度	136,174	2014 年度	139,466
2008 年度	134,784	2015 年度	140,565
2009 年度	134,097	2016 年度	140,275
2010 年度	135,564	2017 年度	143,005
2011 年度	136,709	2018 年度	145,226
2012 年度	137,184	2019 年度	145,208

17 現代の経済の仕組みについて述べたものとして正しいものを，次の（ア）〜（エ）のうちから一つ選びなさい。

（ア） 市場経済では，消費者は商品の価格を見て，買おうとする量すなわち供給を決める。

（イ） 市場経済では，生産者は商品の価格を見て，売ろうとする量すなわち需要を決める。

（ウ） 市場では，一般に価格が上がると需要量は減り，供給量は増える。

（エ） 市場では，供給量が需要量を上回っている場合，価格は上昇する。

18 小売業販売額の推移について説明した次の①～④の文のうち，誤っているものはいくつあるか，次の(ア)～(エ)のうちから一つ選びなさい。

① 2006年度から，小売業販売額は一貫して増え続けている。

② 2009年度から比べると，2019年度の小売業販売額は，およそ11兆1千億円増加した。

③ 一番増加額が大きいのは，2012年度から2013年度にかけてである。

④ 2008年度は前年よりも販売額が落ち込んだが，これは東日本大震災の影響である。

（ア） 1つ　（イ） 2つ　（ウ） 3つ　（エ） 4つ

〔６〕 下の年表は2019年に国内でおきた主なできごとである。これを見て，次の **19** ～ **25** に答えなさい。

1月	第198回通常①国会が招集される。
2月	日本とＥＵの経済連携協定が発効する。
4月	②山形市・甲府市・福井市・寝屋川市が中核市となる。
5月	皇太子徳仁親王が③天皇に即位し，年号は令和となる。
7月	日本は国際捕鯨委員会(IWC)を脱退し，商業捕鯨が復活する。 第25回④参議院議員通常選挙が行われる。
8月	あいちトリエンナーレで展示された慰安婦像や映像をめぐって混乱が生じる。
9月	ラグビーワールドカップが開幕する。
10月	⑤消費税率が８％から10％に引き上げられる。 ⑥首里城で火災が発生し，正殿・北殿など主要建造物を焼失する。
11月	安倍晋三首相の⑦首相在任期間が歴代第一位となる。

19 下線部①の国会について述べた文として正しい文を，次の(ア)～(エ)のうちから一つ選びなさい。

(ア) 国会は３種類ある。毎年１月から開かれる通常国会，必要に応じて開かれる特別国会，衆議院議員総選挙の後に開かれる臨時国会である。

(イ) 法律案や予算の議決，条約の承認などについて衆議院の優越が認められている。

(ウ) 国会議員に不正があったと判断された時，それをただすための弾劾裁判所が設置される。

(エ) 国会には国政調査権があり，政治全般に関すること以外にも，内閣の職務や，裁判所の裁判内容について幅広く調査することができる。

20 下線部②がある県は全国有数の果物の産地である。これに関連して，下の表のA・B・Cが表す果物の組み合わせとして正しいものを，次の(ア)～(エ)のうちから一つ選びなさい。

	第１位	第２位	第３位
A	山梨県　43200t	長野県　25900t	山形県　16700t
B	山形県　14500t	北海道　1520t	山梨県　1170t
C	山梨県　46500t	福島県　29300t	長野県　16300t

（『日本国勢図絵』2019/20 などより作成）

(ア)　A：ぶどう　B：さくらんぼ　C：もも
(イ)　A：ぶどう　B：もも　C：さくらんぼ
(ウ)　A：もも　B：さくらんぼ　C：ぶどう
(エ)　A：さくらんぼ　B：ぶどう　C：もも

21 下線部③の天皇に関して述べた文として正しいものを，次の(ア)～(エ)のうちから一つ選びなさい。

(ア)　桓武天皇は仏教によって国家を守ろうとし，国ごとに国分寺・国分尼寺を，都には東大寺を立てた。また東大寺には巨大な大仏を造らせた。
(イ)　後醍醐天皇は，足利義満や楠木正成らを味方につけて鎌倉幕府を倒し，建武の新政と呼ばれる政治を行った。
(ウ)　明治天皇が神に誓うという形をとって五箇条の御誓文が出された。また明治天皇以降は一人の天皇の在位中は年号を変えないこととなり，明治，大正，昭和，平成，令和と続いている。
(エ)　日本国憲法によって天皇は日本国および日本国民統合の象徴とされた。今日の天皇は政治的な権限は持たず，国会の助言と承認によって国事行為を行っている。

22 下線部④の結果，参議院の党派別議席数は下のグラフのようになった。このうち，Ａ党とＣ党の政党名の組み合わせとして正しいものを，次の（ア）～（エ）のうちから一つ選びなさい。

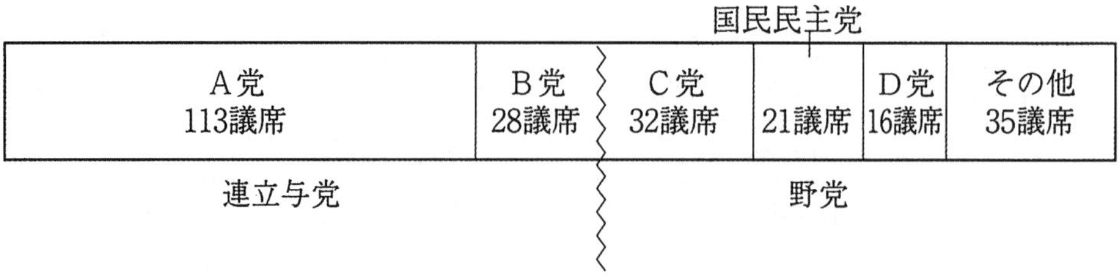

（ア） Ａ党：立憲民主党　　Ｃ党：日本共産党

（イ） Ａ党：立憲民主党　　Ｃ党：公明党

（ウ） Ａ党：自由民主党　　Ｃ党：公明党

（エ） Ａ党：自由民主党　　Ｃ党：立憲民主党

23　下線部⑤に関して，政府は消費税などの租税を集めて財政を運用している。下のグラフは1990年度から2019年度の一般会計予算の内訳の推移をあらわしたものである。これについて正しいものを，次の(ア)～(エ)のうちから一つ選びなさい。

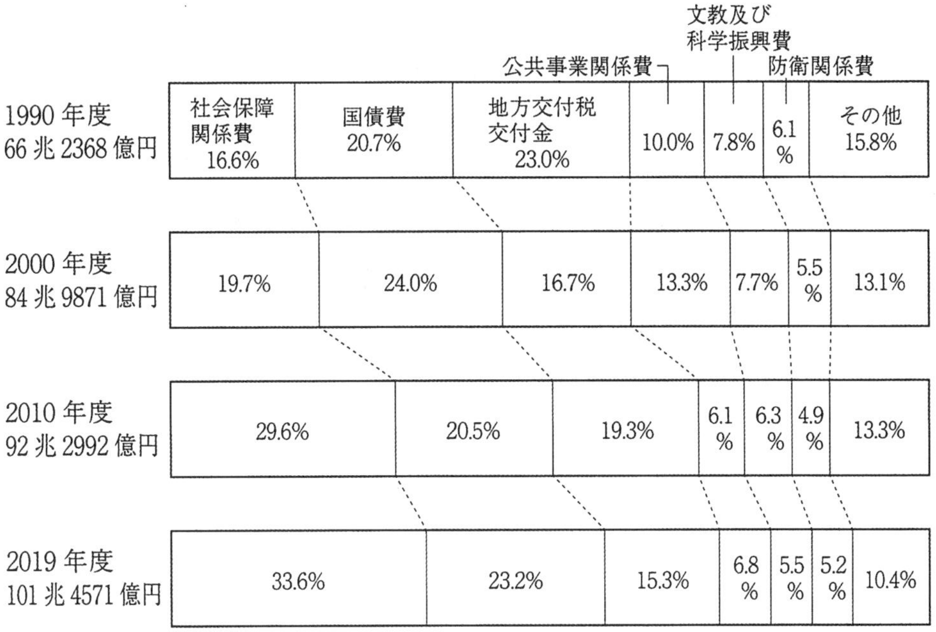

(ア)　社会保障関係費の割合は1990年度から2019年度にかけて一貫して増加しており，日本社会の高齢化を表している。また，その支出金額をみると2019年度は1990年度の約2倍である。

(イ)　国債費の割合を見ると1990年度から2019年度にかけての割合が20%強で推移している。この間の国の借金返済額がほぼ同じであることを示している。

(ウ)　地方交付税交付金の支出金額は，1990年度と比べると2019年度は少し増加しており，依然として地方自治体の財源が苦しいことが分る。

(エ)　公共事業関係費，文教及び科学振興費，防衛関係費の3項目について，1990年度から2019年度にかけての推移で，その途中も含めて割合はすべて減少している。

24 下線部⑥の首里城がある県について述べた文として誤っているものを，次の(ア)～(エ)のうちから一つ選びなさい。

(ア) 日本にある米軍基地面積の約70%がこの県に集中しており，普天間基地の移設問題など，解決すべき事案は多い。

(イ) この地はかつて独立した国であったが，江戸時代のはじめ，島津氏の出兵により占領され，以後は明治はじめまで中国と日本の二重支配を受けるようになった。

(ウ) 太平洋戦争の末期，この地は日本で唯一の戦場となり，兵員だけでなく多くの住民が戦闘に巻き込まれて命を落とした。

(エ) 温暖な気候を利用して野菜の促成栽培がおこなわれており，全国有数のナスやピーマンの生産地である。

25 下線部⑦について，下に挙げる人物のうち内閣総理大臣（首相）に就任したことがない人物を，次の（ア）～（エ）のうちから一つ選びなさい。

（ア） 板垣退助

高知県出身
自由民権運動で活躍する

（イ） 大隈重信

佐賀県出身
立憲改進党を結成する

（ウ） 原敬

岩手県出身
本格的な政党政治を推進する

（エ） 犬養毅

岡山県出身
政党政治や護憲運動で活躍する

（問題はこれで終わりです。）

中部大学春日丘高等学校

2020年度　　国　　語　　(40分)

1　試験開始の合図があるまで，この問題冊子を開いてはいけません。
2　問題は全部で 20 ページあります。解答用紙は 1 枚です。
3　受験番号と氏名を，この表紙と解答用紙に必ず記入しなさい。
4　試験終了後，問題冊子と解答用紙を回収します。

解答用紙は，コンピュータで処理される
マークシートです。
特に，次の注意をよく守りなさい。

1　ＨＢの黒鉛筆で記入しなさい。
(とがっている鉛筆は避けなさい)

2　受験番号は，□内に横１字ずつ記入し，
下のそれぞれの数字をマークしなさい。
(記入例)　受験番号が２００４２０の場合

受験番号					
2	0	0	4	2	0
⓪	●	●	⓪	⓪	●
①	①	①	①	①	①
●	②	②	②	●	②
③	③	③	③	③	③
④	④	④	●	④	④
⑤	⑤	⑤	⑤	⑤	⑤
⑥	⑥	⑥	⑥	⑥	⑥
⑦	⑦	⑦	⑦	⑦	⑦
⑧	⑧	⑧	⑧	⑧	⑧
⑨	⑨	⑨	⑨	⑨	⑨

3　解答の記入方法は，たとえば，1と表示のある問いに対してイと解答する場合には，次のように解答番号１の解答欄にマークしなさい。

(例)

解答番号	解　答　欄
1	㋐　●　㋒　㋓

4　マークする場合は，次に示す良い例のように黒く塗りつぶしなさい。

良い例	悪い例
●	

5　マークの訂正は，上質の消しゴム（プラスチック製が良い）で跡を残さないように完全に消し，消し屑をきれいに取り除きなさい。

6　解答用紙を汚したり，折りまげたりしないこと。

受験番号							氏　名	

K 教英出版

国語

（解答番号 1 ～ 30 ）

一　次の文章を読んで、後の問いに答えなさい。

最後にあらためて考えてみたくなります。そもそも障害とは何でしょうか。

「障害者」というと「障害を持っている人」だと一般には思われています。つまり「目が見えない」とか「足が不自由である」とか「注意が持続しない」とかいった、その人の身体的、知的、精神的特徴が「障害」だと思われている。

しかし、実際に障害を抱えた人と接していると、いまだ根強いこの障害のイメージに対しては、強烈に違和感を覚えます。端的にいって、①こうした意味での障害は、その人個人の「できなさ」「能力の欠如《けつじょ》」を指し示すものです。「できなさ」や「能力の欠如」だから、触れてはいけないものと感じられる。

何人もの研究者が指摘していますが、こうした個人の「できなさ」「能力の欠如」としての②障害のイメージは、産業社会の発展とともに生まれたとされています。現代まで通じる大量生産、大量消費の時代が始まる時期、均一な製品をいかに速くいかに大量に製造できるかが求められるようになりました。その結果、労働の内容も【　③　】されていきます。車を作るのに、Aさんが作ったのとBさんが作ったので出来上がりが違うのでは困る。「誰が作っても同じ」であることが必要であり、それは「交換可能な労働力」を意味します。

こうして労働が【　③　】したことで、障害者は「それができない人」ということになってしまった。それ以前の社会では、障害者には障害者にできる仕事が割り当てられていました。（　1　）「見えないからできること」ではなく「見えないからできないこと」に注目が集まるようになってしまったのです。

こうした障害のイメージに対しては、一九八〇年ころから、世界各国で疑問がつきつけられるようになります。さまざまな論争や事件の詳細な歴史はここでは記しませんが、「個人のできなさ」とは違う形で障害をとらえる考え方が模索されました。こうした運動は「障害学」という新しい学問をも生みだしました。

そして約三十年を経て二〇一一年に公布・施行《しこう》された我が国の改正障害者基本法では、障害者はこう定義されています。「障害及び社会的障壁により継続的に日常生活又は社会生活に相当な制限を受ける状態にあるもの」。（　２　）、社会の側にある壁によって日常生活や社会生活上の不自由さを強いられることが、障害者の定義に盛り込まれるようになったのです。

従来の考え方では、障害は個人に属していました。ところが、新しい考えでは、障害の原因は社会の側にあるとされた。見えないことが障害なのではなく、見えないから何かができなくなる、そのことが障害だと言うわけです。障害学の言葉でいえば、「【　X　】モデル」から「【　Y　】モデル」の転換が起こったのです。「足が不自由である」ことが障害なのではなく、「足が不自由だから【　④　】」ことや「足が不自由なために望んだ職を得られず、経済的に余裕がない」ことが障害なのです。

先に「しょうがいしゃ」の表記は、旧来どおりの「障害者」であるべきだ、と述べました。私がそう考える理由はもうお分かりでしょう。「障がい者」や「障碍者《しょうがいしゃ》」と表記をずらすことは、問題の先送りにすぎません。そうした「配慮」の背後にあるのは、「個人モデル」でとらえられた障害であるように見えるからです。（　３　）「障害」と表記してそのａネガティブさを社会が自覚するほうが大切ではないか、というのが私の考えです。

もっとも、法律の定義が変わったからといって、それはあくまでお題目にすぎません。障害の社会モデルがまだまだ浸透《しんとう》していないのは、障害を受け止めるｂアイディアや実践が不足しているからでしょう。第3章の終わりで述べたように、障害は高齢化と密接な関係があります。高齢になると、誰でも多かれ少なかれ障害を抱えるからです。障害を受け止める方法を開発することは、日本がこれから経験するゼンダイミモンの超高齢化社会を生きるためのヒントを探すためにも必要です。

ただ、注意しなければならないのは、⑤社会の側に障害があるからといって、それを端から全部なくしていけばいいというものではない、ということです。「パスタソースを選べないこと」は社会モデルの定義にしたがえば「障害」です。しかしこの障害をなくすことは、見えない人のcユーモラスな視点やそれが社会に与えたかもしれないメリットを奪うことでもあります。

もちろん味を選べたほうがいいのは当然です。しかし、見えない人と見える人の経験が一〇〇パーセント同じになることはありません。見える人がパックのdビジュアルから想像する「味」と、見えない人がたとえばパックの切り込みで理解する「味」は、決して同じものにはならないでしょう。⑥違いをなくそうとするのではなく、違いを生かしたり楽しんだりする知恵の方が大切である場合もあります。

いずれにせよ、「味が分かるようにするのがいいだろう」と健常者が見えない人の価値観を一方的に決めつけるのが一番よくないことです。言葉による美術鑑賞の実践がそうであったように、⑦「見えないこと」が触媒《しょくばい》となるような、そういうアイディアに満ちた社会を目指す必要があるのではないでしょうか。

（伊藤亜紗「目の見えない人は世界をどう見ているのか」光文社新書より）

問一　空欄【　X　】、【　Y　】の語句の組み合わせとして最も適切なものを、次のア～エの中から一つ選び、記号で答えなさい。

ア　【X】社会　【Y】個人　　イ　【X】個人　【Y】社会

ウ　【X】障害　【Y】高齢　　エ　【X】高齢　【Y】障害

1

問二 （ 1 ）～（ 3 ）に入る言葉の組み合わせとして最も適切なものを、次のア～エの中から一つ選び、記号で答えなさい。 2

ア (1)ところが　(2)したがって　(3)だから
イ (1)ところが　(2)つまり　(3)むしろ
ウ (1)だから　(2)つまり　(3)だから
エ (1)だから　(2)したがって　(3)むしろ

問三 波線部a～dの外来語の意味の組み合わせとして最も適切なものを、次のア～エの中から一つ選び、記号で答えなさい。 3

ア a 消極的　b 着想　c おかしみのある様子　d 視覚的
イ a 積極的　b 着眼　c 笑える様子　d 聴覚的
ウ a 消極的　b 着想　c 風刺の効いた様子　d 聴覚的
エ a 積極的　b 工夫　c おかしみのある様子　d 視覚的

問四 二重傍線部「ゼンダイミモン」の四字熟語の意味として最も適切なものを、次のア～エまでの中から一つ選び、記号で答えなさい。 4

ア 以前にも将来にもないと思われること。
イ いまだかつて誰も足を踏み入れていないこと。
ウ いまだかつて起こったことがないこと。
エ これまでに聞いたことのないこと。

問五　傍線部①「こうした意味」とあるが、どういう意味か。その説明として最も適切なものを、次のア～エの中から一つ選び、記号で答えなさい

ア　見た目の違いはあれども、健常者と大差ないという意味。

イ　身体的、知的、精神的特徴にのみ障害が現れるという意味。

ウ　健常者と比べ、能力的に不足しているところがあるという意味。

エ　障害者は健常者にはない特別な可能性を秘めているという意味。

[5]

問六　傍線部②「障害のイメージは、産業社会の発展とともに生まれた」のは、どうしてか。最も適切なものを次のア～エの中から一つ選び、記号で答えなさい。

ア　産業社会ではさまざまな労働が均一化されていく一方、障害者には障害者にできる仕事が割り当てられるようになったから。

イ　産業社会では均一な製品をいかに速くいかに大量に製造できるかが求められ、優れた商品を生み出す力が必要とされたから。

ウ　産業社会では誰が作っても同じという交換可能な労働力が必要になり、できる人ばかりがもてはやされるようになったから。

エ　産業社会では誰もが同じものを大量に生産する必要があり、周りと比べて「できない」ことが注目されるようになったから。

[6]

問七　2つの空欄【　③　】に共通して当てはまる語句として最も適切なものを、次のア～エの中から一つ選び、記号で答えなさい。　7

ア　画一化　　イ　大衆化　　ウ　多様化　　エ　厳密化

問八　空欄【　④　】に**当てはまらない**文を、次のア～エの中から一つ選び、記号で答えなさい。　8

ア　働き場が限定されてしまう。
イ　早く走ることができない。
ウ　一人で旅行に行けない。
エ　友人を作ることができない。

問九　傍線部⑤「社会の側に障害があるからといって、それを端から全部なくしていけばいいというものではない」とあるが、それはなぜか。その説明として最も適切なものを、次のア～エの中から一つ選び、記号で答えなさい。　9

ア　全てを平等にするにはたくさんの資金が必要となってくるから。
イ　社会の側に障害があっても一方的に障害をなくすことはできないから。
ウ　障害によって得られたかも知れないメリットを奪うことになるから。
エ　超高齢化社会を見越した長期的な計画が練られていないから。

問十　傍線部⑥「違いをなくそうとするのではなく、違いを生かしたり楽しんだりする知恵」とあるが、どのようなことか。最も適切なものを、次のア～エの中から一つ選び、記号で答えなさい。　10

ア　健常者が見えない人の価値観を一方的に決めつけないようにする知恵。

イ　障害者の「見えないこと」を理解し、手助けしてあげられるような知恵。

ウ　健常者が障害を受け止められるようなアイディアや実践を開発する知恵。

エ　健常者にとっても障害者にとっても、平等な価値観を尊重するような知恵。

問十一　傍線部⑦「『見えないこと』が触媒となるような、そういうアイディアに満ちた社会」の具体例として最も適切なものを、次のア～エの中から一つ選び、記号で答えなさい。　11

ア　身をもって知るという意味で、点字を小学校の授業の必須科目として取り入れてみること。

イ　助け合う社会の実現のために、健常者が盲導犬のような役割を果たすボランティアをすること。

ウ　障害者の活動の場を広げるために、学校が主体となって視覚障害者マラソンを企画すること。

エ　健常者がアイマスクをして、視覚障害の人たちと一緒にサッカーの試合をすること。

問十二　筆者の主張として最も適切なものを、次のア〜エの中から一つ選び、記号で答えなさい。

ア　障害という違いをなくそうとするのではなく、その違いを生かしたりするアイディアに満ちた社会を目指すべきである。

イ　超高齢化社会を生きるためには、できないことをできるようにしていくという個人の能力を発展させていくべきである。

ウ　本当のところは個人に配慮するためにも、「しょうがいしゃ」は「障がい者」や「障碍者」のように表記すべきである。

エ　健常者の価値観で一方的に決めつけてはならず、それでも社会にある障壁を一つずつ残さずに解消していくべきである。

12

二　次の『更級日記』の前文と原文と現代語訳とを読んで、後の問いに答えなさい。

〔前文〕

菅原孝標女は『源氏物語』を読みたいと強く願っていたが、なかなか思うようにいかなかった。そんな折、父の仕事の都合で京へ上ることとなり、長旅の末、ついに京へたどりついた。

〔原文〕

その春、世の中いみじう騒がしうて、松里(注1)の渡りの月かげあはれに見し乳母も、三月ついたちに亡くなりぬ。せむかたなく思ひ嘆くに、①物語のゆかしさもおぼえずなりぬ。いみじく泣きくらして見いだしたれば、夕日のいとはなやかにさしたるに、桜の花のこりなく散りみだる。

《A》散る花もまた来む春は見もやせむやがて別れし人ぞこひしき

また聞けば、侍従(注2)の大納言の御むすめ亡くなりたまひぬなり。殿(注3)の中将のおぼし嘆くなるさま、わがものの悲しきをりなれば、いみじくあはれなりと聞く。上り着きたりし時、「これ手本にせよ」とて、②この姫君の御手をとらせたりしを、「さよふけてねざめざりせば」など書きて、「鳥辺山《とりべやま》(注4)たにに煙のもえ立たばはかなく見えしわれと知らなむ」と、いひ知らずをかしげに、めでたく書きたまへるを見て、③いとど涙を添へまさる。

かくのみ思ひくんじたるを、心もなぐさめむと、心苦しがりて、④母、物語などもとめて見せたまふに、げにおのづからなぐさみゆく。紫のゆかり(注5)を見て、続きの見まほしくおぼゆれど、人かたらひなどもえせず、誰もいまだ都なれぬほどにてえ見つけず。いみじく心もとなく、ゆかしくおぼゆるままに、「この⑤源氏の物語、⑥一の巻よりしてみな見せたまへ」と、心のうちにいのる。親の太秦《うずまさ》(注6)にこもりたまへるにも、ことごとなくこのことを申して、出でむままにこの物語見果てむと思へど見えず。いと口惜しく思ひ嘆かるるに、をばなる人の田舎より上りたる所にわたいたれば、「いとうつくしう生ひなりにけり」など、あはれがり、めづらしがりて、帰るに、「何をかたてまつらむ。まめまめしき物は、まさなかりなむ。ゆかしくしたまふなるものをたてまつらむ」とて、源氏の五十余巻、櫃《ひつ》に入りながら、在中将《ざいちゅうじやう》、とほぎみ、せり河、しらら、あさうづなどいふ物語ども、一ふくろとり入れて、得てかへる心地のうれしさぞいみじきや。はしるはしるわづかに見つつ、心も得ず心もとなく思ふ源氏を、一の巻よりして、人もまじらず、几帳《きちやう》の内にうち臥して、引き出でつつ見る心地、⑦后《きさき》の位も何にかはせむ。昼は日ぐらし、夜は目のさめたる限り、灯を近くともして、これを見るよりほかのことなければ、おのづからなどは、そらにおぼえ浮かぶを、いみじきことに思ふに、夢に、いと清げなる僧の、黄なる地の袈裟《けさ》着たるが来て、⑧「法華経五の巻をとく習へ」と言ふと見れど、人にも語らず、習はむとも思ひかけず、物語のことをのみ心にしめて、われはこのごろわろきぞかし、さかりにならば、かたちも限りなくよく、髪もいみじく長くなりなむ。光の源氏の夕顔、宇治の大将の浮舟の女君のやうにこそあらめと思ひける心、まづいとはかなくあさまし。

(注1) ○ 松里の渡り＝千葉県松戸市にあったとされる渡し場。作者一行は上京の際にこの地の船着き場で一泊している。
(注2) ○ 侍従の大納言の御むすめ＝藤原行成(九七二〜一〇二七)の三女を指す。
(注3) ○ 殿の中将＝侍従の大納言の御むすめの夫である、藤原家長のこと。
(注4) ○ 鳥辺山＝京都市東山区の地名。鳥辺野とも称し、平安時代中期ころから火葬場、墓地となった。
(注5) ○ 紫のゆかり＝『源氏物語』の主要な登場人物である紫の上に関連する部分。
(注6) ○ 太秦＝ここでは京都市右京区太秦にある広隆寺のこと。

〔現代語訳〕

その年の春は、疫病《えきびょう》が世間に大流行して、かつて松里の渡し場で月の光に照らされた姿をしみじみと見たあの乳母も、三月一日に死んでしまった。やるせなく嘆き沈んでいると、物語を読みたいという気持ちもおこらなくなってしまった。ひどく泣きくらして、外を眺めていると、夕日がたいそうはなやかにさしているあたりに、桜の花が残りなく散り乱れている。

和歌《A》

また噂によると、侍従の大納言の姫君も亡くなられたとのことだ。夫である殿の中将様のお嘆きになっているご様子も、私自身も悲しみにくれているころなので、たいそう哀れに悲しいことと耳にした。上京した時、父が「これを手本にしなさい」と言って、この姫君の御筆跡をくださったが、それには「もし、夜がふけてから目が覚めないでいたら」などと古歌が書いてあって、また「鳥辺山の谷に煙が燃え立ったならば、日ごろから弱々しく見えた私の身の果てだと知ってほしい」と、なんともいえないほど美しくお書きになっている。それを取り出して見ると、いよいよ涙をそそられるのだった。

　このようにふさぎ込んでばかりいる私を、なんとか慰めてもやろうと気の毒に思って、母が物語などを探し求めて見せてくださったところ、母の考え通り、心も自然と晴れやかになっていく。『源氏物語』の紫の上にまつわるところを読んで、その続きが見たいと思ったが、人に依頼することなどできない。家の者は皆まだ都になじみが浅くて、それを探すことなど、とてもできはしない。たいそうもどかしく、ただもう見たくてたまらないので、「この『源氏物語』を、一の巻から終わりまですべてお見せください」と心の中で祈っていた。親が太秦にお籠りなさるときにも、ほかのことは何も願わず、このことばかりをお願いして、すぐにでもこの物語を全部通読したいとは思うものの、そう簡単に見ることはできなかった。たいそう残念に思い嘆いていたところ、ある日のこと母が、おばにあたる人で地方から上京して来た人の家に私を連れて行ったところ、そのおばが、「たいそうかわいらしく成長されたこと」などと、なつかしがり珍しがって、帰る際に、「何を差し上げましょう。実用的なものはつまらないでしょう。欲しがっておいでとお聞きした物を差し上げましょう」と言って、『源氏物語』の五十余巻を箱に入ったままそっくり、さらに『在中将』『とほざみ』『せり河』『しらら』『あさうづ』などという物語をひと袋に入れてくださった、それをいただいて帰るときのうれしさは天にも昇る心地だった。今までとびとびに読まざるを得ず、話の筋も納得がいかず、じれったく思っていた『源氏物語』を一の巻から読み始めて、ほかの人と交際することなくたった一人で几帳の内に伏せて、箱から一巻ずつ取り出しては読む気持ち、この幸福感の前には后の位も何になろう。昼は明るい限り、夜は目のさめている限り、灯火を近くにともして、この『源氏物語』を読むことのほかは、何もしないので、しぜんとその文章がそらでも浮かんでくるのを、われながらまことにすばらしいことと悦に入っていると、ある夜の夢に、たいへんすっきりと清らかな感じのお坊様で黄色地の袈裟を着た人が立ち現れて、「法華経の五の巻を早く習いなさい」と言ったと見たけれども、人にも話さず、そんなものを習おうなどとは思いもせず、ただ物語のことばかりを思いつめて、私は今のところ器量も良くないけれども、年ごろになったら、顔だちもこのうえなく美しく、髪もずいぶんと長くなるだろう。そして、『源氏物語』に登場する、光源氏によって愛された夕顔、宇治の大将の思い人である浮舟の女君のようになるだろう、と思っていた私の心は、いま考えてみると、実にたわいのない、あきれはてたものだった。

問一　傍線部①「物語のゆかしさもおぼえずなりぬ」とあるが、その原因として最も適切なものを、次のア〜エの中から一つ選び、記号で答えなさい。　13

ア　疫病が大流行し、物語のことよりも世の中の様子のほうが気がかりだから。
イ　物語よりも月の光に照らされた美しい乳母の姿を再び見たいと思うから。
ウ　乳母と姫君が立て続きに亡くなり、自分の身も危ぶまれているから。
エ　乳母が三月一日に死んでしまい、落ち込んでしまっているから。

問二　和歌《A》の解釈として最も適切なものを、次のア〜エの中から一つ選び、記号で答えなさい。　14

ア　散ってしまった花でも、また来年には春が来て見ることもできるはずです。しかし、出会ったのも束の間ですぐに別れがやってきてしまった侍従の大納言の姫君が恋しいことです。
イ　散ってしまった花は、春にはまた美しい姿を見せるでしょうか、いえそれは別の花にすぎません。また松里で会ってすぐさま別れてしまった乳母も、二度と会うことができないと思うと恋しさがつのります。
ウ　散りゆく花は、再びめぐりくる春には見ることもできるでしょう。しかし、再会を望みながら松里で別れたきり、永遠の別れとなってしまった乳母のことは無性に恋しくてならないことです。
エ　散りゆく花は、また春がめぐりこようとも再び見ることはできないものです。人もまた出会っては別れる愛別離苦の定めから逃れることができないことが、しみじみと悲しく思われるのです。

問三　傍線部②「この姫君の御手」とあるが、そこからは姫君のどのような心情が読み取れるか。最も適切なものを、次のア～エの中から一つ選び、記号で答えなさい。 15

ア　自分はもう先が長くないという悲観した気持ち。
イ　自分がいつまでも相手を慕い続けるという決意の気持ち。
ウ　自分のことを忘れてほしいという願望の気持ち。
エ　早く生まれ変わってしまいたいという羨望の気持ち。

問四　傍線部③「いとど涙を添へまさる」について、作者がそのようになった要因として最も適切なものを、次のア～エの中から一つ選び、記号で答えなさい。 16

ア　父から渡された侍従の大納言の姫君の書いた和歌などの内容から、姫君自身が死んでしまうのではないかと思ったから。
イ　侍従の大納言の姫君の死が、姫君から贈られた和歌などの思い出と重なって悲しみをより深いものにしたから。
ウ　乳母を亡くした悲しみと、侍従の大納言の姫君が死んでしまったという知らせとが重なってやるせなく辛く感じたから。
エ　父が習字の手本にくれた亡き侍従の大納言の姫君の和歌の文字があまりに素晴らしいことに悔しさを覚えたから。

問五　傍線部④「母、物語などもとめて見せたまふに、げにおのづからなぐさみゆく」とあるが、本文中に登場する物語はいくつあるか。最も適切なものを、次のア～エの中から一つ選び、記号で答えなさい。 17

ア　五つ　　イ　六つ　　ウ　七つ　　エ　八つ

問六　傍線部⑤「源氏の物語」は『源氏物語』をさすが、その作者を次のア～エの中から一つ選び、記号で答えなさい。 18

ア　小野小町　　イ　紫式部　　ウ　清少納言　　エ　和泉式部

問七　傍線部⑥「『一の巻よりしてみな見せたまへ』」と作者が思ったのはなぜか。その説明として最も適切なものを、次のア～エの中から一つ選び、記号で答えなさい。 19

ア　様々な物語を母が探し求めてくれたが、『源氏物語』だけは手に入らなかったから。

イ　『源氏物語』のうち、紫の上に関する所は読んでもあまり心に響かなかったから。

ウ　かつて父より侍従の大納言の姫君が書いた『源氏物語』の一節を書の手本としてもらったから。

エ　『源氏物語』は一部しか手に入らず、それを読んでも話の筋が理解できなかったから。

問八　傍線部⑦「后の位も何にかはせむ」における筆者の心情を説明したものとして最も適切なものを、次のア～エの中から一つ選び、記号で答えなさい。 20

ア　「源氏物語」を一巻から順に読むことは、后の位に就くことと同じくらい幸せである。

イ　「源氏物語」を一巻から順に読むことは実に幸せなことだが、后の位に就くことには及ばない。

ウ　「源氏物語」を一巻から順に読むことは、后の位に就くことよりもはるかに幸せである。

エ　「源氏物語」を一巻から順に読むことは、将来后の位に就くためには必要なことである。

問九　傍線部⑧「『法華経の五の巻をとく習へ』と言ふを見れど、人にも語らず、習はむとも思ひかけず」について、後年の作者はどのように思っているか。その説明として最も適切なものを、次のア～エの中から一つ選び、記号で答えなさい。　21

ア　夢で「法華経の五の巻を習え」と言われたが、そのお告げには特別な意味などないと判断し、また、多くの女君が登場する『源氏物語』を読みふけったのは子どもであれば当然の行為であったと思っている。

イ　夢のお告げで仏の導きがあったにも関わらず、それを無視して物語ばかり読みふけり、『源氏物語』の登場人物のような美しい女性に成長できると思い込んでいたことを、子どもっぽいあきれた行為だと思っている。

ウ　夢で「法華経の五の巻を習え」と言われたが、子どもが仏教の経典に興味など持てるはずがないため、そのようなお告げを無視し、『源氏物語』に出て来る女君にもっと思いをはせるべきだったとあきれている。

エ　夢のお告げで仏の導きがあったが、自分は将来すばらしく美しい姫君になるだろうから、出家して仏にすがるよりは高い教養を持った人間になるよう努力をしていたものだ、と懐かしく思っている。

問十　文の内容に**合致しないもの**を、次のア～エの中から一つ選び、記号で答えなさい。　22

ア　作者がおばに当たる人を訪問した際、おばは、実用的な物を差し上げてもつまらないから、と言ってたくさんの物語を渡してくれた。

イ　作者は「源氏物語」を一の巻から読みすすめるうちに、自分も光源氏や美しい姫君たちを登場人物にした物語を書きたいと思うようになった。

ウ　母が手に入れてくれた「源氏物語」を読んで続きが見たいと思ったが、葬儀の慌ただしさや疫病の流行で探すことができなかった。

エ　作者は乳母が亡くなったことを思い嘆き、物語を読みたいという気持ちも湧いてこず、日々泣いて過ごした。

問十一　この作品と**同時代でない**作品を、次のア～エの中から一つ選び、記号で答えなさい。

ア『徒然草』　イ『枕草子』　ウ『土佐日記』　エ『竹取物語』

23

三　次のそれぞれの問いに答えなさい。

問一　「植木の手入れや草取りなどをして疲れた。」の「など」と文法的に同じ意味・用法に用いているものを、次のア～エの中から一つ選び、記号で答えなさい。　24

ア　君などの言うことを聞くものか。

イ　試験が近くなってから勉強すればいいなどとのんきなことを言っている。

ウ　委員会などで調査してから報告します。

エ　彼などもよく頑張っているほうだね。

問二　次の各文の中で敬語の使い方が**間違っている**ものを、次のア～エの中から一つ選び、記号で答えなさい。　25

ア　このチケットでは、本日の公演には、ご入場いただけません。

イ　突然で申し訳ございませんが、鈴木部長はいらっしゃいますか。

ウ　はい、確かに当社へのご意見を承りました。

エ　ご主人は、体調が悪く夕食をいただくことがおできにならなかった。

問三　次の①から④の四字熟語の空欄に入れるのに適切な語句の組み合わせとして最も適切なものを、次のア～エからそれぞれ一つずつ選び、記号で答えなさい。

①（　　）直入　②　諸行（　　）　③（　　）雨読　④　傍若（　　）

ア　①　単刀　②　無常　③　晴耕　④　無人
イ　①　単刀　②　無情　③　晴行　④　無人
ウ　①　短答　②　無情　③　晴耕　④　武人
エ　①　短答　②　無常　③　晴行　④　武人

26

問四　次の語句の意味として適切なものを、次のア～エの中から一つ選び、記号で答えなさい。

「グローバル」

ア　物事を分類する範囲・枠組み。　イ　世界的な規模であるさま。
ウ　基本的な概念、考え方。　エ　民族主義、国家主義。

27

問五　次の①②の熟語の中で、他のものと**なりたちの違うもの**を、次のア～エの中からそれぞれ一つずつ選び、記号で答えなさい。

①　ア　投票　イ　投書　ウ　投手　エ　投球
②　ア　休憩　イ　両親　ウ　外観　エ　住宅

28　29

四　次の文章を読んで、後の問いに答えなさい。

　信州での合宿帰りらしい学生の一団が、電車の中でぺちゃくちゃ喋《しゃべ》っていた。ごつい体と話の内容からしてどうやらラグビー部に属しているらしいのだが、やがてかれらはコーチや先輩たちの欠席裁判を始めた。耳を傾けていた私は、あることに気がついた。それは、かれらの人物評価の基準が《優しさ》で一致していることだった。頻繁《ひんぱん》に《優しさ》を口にする。「あの先輩は優しい人だよ」と言い、「あのコーチはちっとも優しくないんだよ」と言う。あたかも優しさがすべてでもあるかのような言い方をする。

　気持ちのわるい連中だ、と私は思った。男のくせに何という恥知らずな言葉をつかうのか、と胸のうちで呟《つぶや》いた。《優しい》という言葉が好きなのは、むかしから女と相場がきまっていたものだ。たとえば、「どんな男と結婚したいのか?」というアンケート的な質問に対して、彼女たちの大半はかならず「優しい人」という条件をつけたがる。ただ問題なのは、彼女たちが考えている優しさの中身で、要約すると、ありとあらゆるわがままを許してくれる男、そんな厚かましい意味がこめられているようだ。自分のことは棚《たな》にあげておいて、相手の優しさの有無にとてもこだわる。虫のいい話だ。

　自分からは与えず、相手からは貪欲に奪う。これこそ《やらずぶったくり》の薄汚い根性のあらわれなのだが、それを優しさといういかにも響きのいい言葉でのべつ表現しているうちに、当人自身もよしとして、大っぴらにばらまくようになった。かくして優しさの大流行となり、学生のみならず、職場の男たちまでが唯一無二の尺度《しゃくど》として、切り札でもあるかのように優しさを連発し始めたのだ。エゴのかたまりみたいな奴に限って、それをさかんにまくしたてる。奪うがための打算的な優しさであるが故に、かれらの人間関係は次第にぎすぎす、がつがつした方向へと傾いてゆき、足の引っ張り合いばかりが目立つようになり、しまいには優しさとまったく無縁の集団となる。

（丸山健二「うさん臭い《優しさ》」『安曇野の強い風』文藝春秋社より）

問　本文をもとにAさんからDさんまでの四人が感想を述べました。筆者が言いたいことに最も近い発言をしている人物を、次のア～エの中から一つ選び、記号で答えなさい。

Aさん　「私は、優しさとは人に対して思いやりの気持ちを持つことだと思います。人を好きか嫌いかで見るのではなく、嫌いだなと思う人でもどこかにいいところはあるのだから、それを見つけ出せるように努力しなければならないと思います。」

Bさん　「私は『優しいという言葉が好きなのは女だ』という主張に賛成できません。現代は男女平等の世の中ですから、このように男だから、女だからという基準で『優しさ』という言葉の使い方を決めるのは、考え方としてよくないと思います。」

Cさん　「私の部活動の先生はとても厳しくて、特に練習以外のこと、あいさつをするとか、落ちているゴミは拾うとか、身だしなみをきちんとするとか、とてもうるさく注意されました。でもそれは、将来社会に出たときに困らないようにするために言われていたことだと、今では思えます。」

Dさん　「私の思う優しさは、どんなに腹が立つ相手にでも、努めて優しくすることです。そうすることで、相手の人も優しさに気づいてくれて、自分に優しさを返してくれるようになると思います。」

ア　Aさん　　イ　Bさん　　ウ　Cさん　　エ　Dさん

（問題はこれで終わりです。）

30

2020年度

数　　　　学 （40分）

1　試験開始の合図があるまで，この問題冊子を開いてはいけません。
2　問題は全部で 6 ページあります。解答用紙は 1 枚です。
3　受験番号と氏名を，この表紙と解答用紙に必ず記入しなさい。
4　試験終了後，問題冊子と解答用紙を回収します。

解答用紙は，コンピュータで処理される
マークシートです。
特に，次の注意をよく守りなさい。

1　HBの黒鉛筆で記入しなさい。
（とがっている鉛筆は避けなさい）

2　受験番号は，□内に横 1 字ずつ記入し，
下のそれぞれの数字をマークしなさい。
（記入例）　受験番号が２００４２０の場合

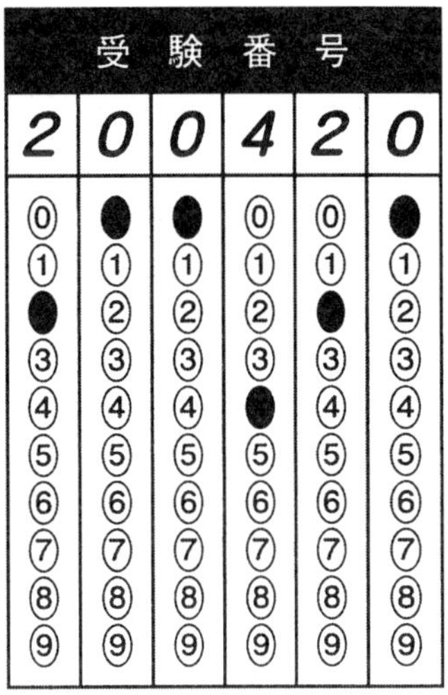

3　解答の記入方法は，たとえば，ア と表示のある問いに対して 3 と解答する場合には，次のように解答番号アの解答欄にマークしなさい。また，計算結果が分数になる場合はこれ以上約分できない形にして答えなさい。（裏表紙：例にならって練習しなさい）

（例）

解答番号	解　答　欄
ア	− ± 0 1 2 ● 4 5 6 7 8 9

4　マークする場合は，次に示す良い例のように黒く塗りつぶしなさい。

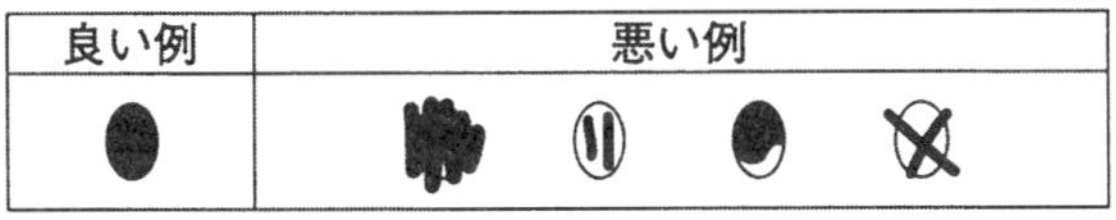

5　マークの訂正は，上質の消しゴム（プラスチック製が良い）で跡を残さないように完全に消し，消し屑をきれいに取り除きなさい。

6　解答用紙を汚したり，折りまげたりしないこと。

＃教英出版 編集部　注
編集の都合上、下書き用紙は省略しています。

受験番号							氏　名	

数　　学

次の $\boxed{\text{ア}}$ ～ $\boxed{\text{リ}}$ の中に適する数，符号を１つずつ入れなさい。

〔１〕

（１）$-3^2\times\dfrac{1}{4}+(-2)^2\div\dfrac{4}{3}=\dfrac{\boxed{\text{ア}}}{\boxed{\text{イ}}}$

（２）$(\sqrt{3}-1)^2(\sqrt{3}+1)^2-\dfrac{18}{\sqrt{27}}=\boxed{\text{ウ}}-\boxed{\text{エ}}\sqrt{3}$

（３）$(3a^2b^3)^2\times\dfrac{a}{3b}\div\dfrac{ab^2}{2}=\boxed{\text{オ}}\,a^{\boxed{\text{カ}}}b^{\boxed{\text{キ}}}$

（４）赤玉２個と白玉２個と青玉２個入った袋から同時に２個の球を取り出すとき，取り出された球の色が同じである確率は $\dfrac{\boxed{\text{ク}}}{\boxed{\text{ケ}}}$ である。

（５）下の表は，ある中学生20人について，握力を測定し，その結果を度数分布表に表したものである。表の空欄Ⓓに当てはまる相対度数は $\boxed{\text{コ}}$ であり，中央値の階級値は $\boxed{\text{サ}}$ である。

$\boxed{\text{コ}}$，$\boxed{\text{サ}}$ に適するものを＜語群＞の中から選び，番号で答えよ。

握力（kg）以上　未満	度数（人）	相対度数
0 ～ 15	Ⓐ	0.10
15 ～ 20	6	Ⓓ
20 ～ 25	Ⓑ	0.25
25 ～ 30	Ⓒ	0.25
30 ～ 35	2	Ⓔ
計	20	1

＜語群＞

⓪ 0.20　① 0.30

② 0.33　③ 0.60

④ 17.5　⑤ 20

⑥ 22.5　⑦ 25

⑧ 27.5　⑨ 30

〔2〕

（1）1次方程式 $\dfrac{6x-4}{5}-\dfrac{3x+1}{3}=\dfrac{1-x}{2}$ を解くと，$x=\dfrac{\boxed{\text{シ}}}{\boxed{\text{ス}}}$ である。

（2）2次方程式 $x^2-2x=3(x+4)$ の2つの解の和は，$\boxed{\text{セ}}$ である。

（3）サンドイッチを1個100円で100個仕入れ，150円の定価で売った。午前中に売れ残ったものを2割引きで売ったら全部売り切れ，4160円の利益がでた。午前中に売れたサンドイッチの個数は $\boxed{\text{ソ}}\boxed{\text{タ}}$ 個である。

（4）円Oと直線ABおよび直線ACはそれぞれ点Bと点Cで接している。図のように，∠BDC＝110° となるような点Dを円周上にとったとき，$x=\boxed{\text{チ}}\boxed{\text{ツ}}$° である。

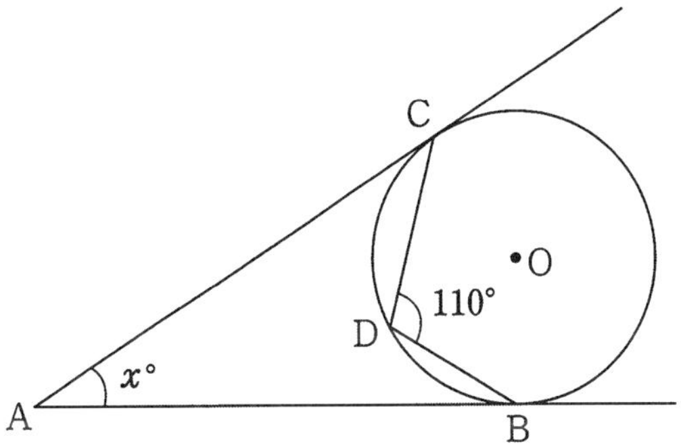

〔3〕 図のように，規則にしたがって自然数を 1 から順に並べる。

	第1列	第2列	第3列	第4列	第5列	第6列	…
第1行	1	2	5	10	17	26	・
第2行	4	3	6	11	18	27	・
第3行	9	8	7	12	19	28	・
第4行	16	15	14	13	20	・	・
第5行	25	24	23	22	21	・	・
第6行	・	・	・	・	・	・	・
⋮	・	・	・	・	・	・	・

（1） 第 7 行，第 1 列の自然数は，［テ］［ト］である。

（2） 第 4 行，第 10 列の自然数は，［ナ］［ニ］である。

（3） 自然数 77 は，第［ヌ］行，第［ネ］列である。

〔4〕 図のように，2つの関数

$y=ax^2\,(a>0)$ ……①

$y=2x-\dfrac{3}{2}$ ………②

のグラフが 2 点 A, B で交わっており，点Aの x 座標は1，点Bの x 座標は3である。また， x 軸上の $1<x<3$ の範囲を動く点をPとし，その x 座標を t とする。

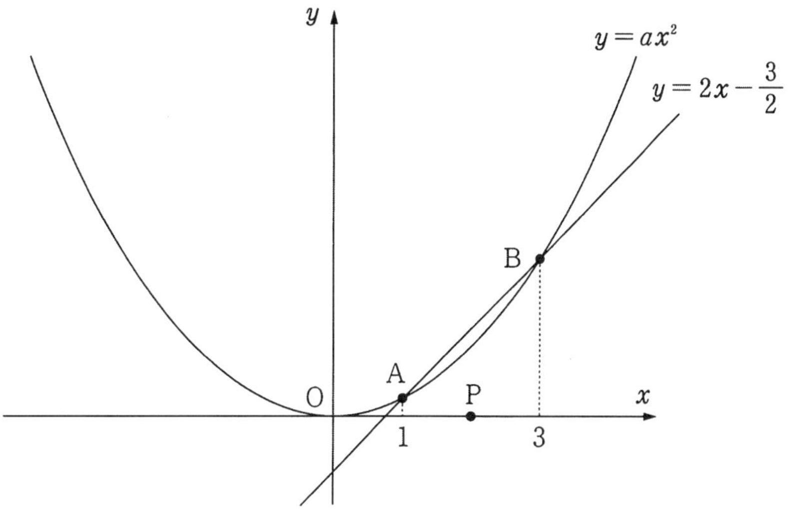

（1） $a=\dfrac{\boxed{\text{ノ}}}{\boxed{\text{ハ}}}$ である。

（2） 2つの線分の長さの和 AP+BP が最小となるときの t の値は $\dfrac{\boxed{\text{ヒ}}}{\boxed{\text{フ}}}$ である。

（3） 直線 AB と y 軸との交点を C とするとき，△OBC の面積と△PAB の面積が同じになるような t の値は $\dfrac{\boxed{\text{ヘ}}\boxed{\text{ホ}}}{\boxed{\text{マ}}}$ である。

〔5〕 図のように，1辺の長さが2の立方体ABCD－EFGHがある。

（1） この立方体を頂点A，E，G，Cを通る平面で切ったときにできる断面積は $\boxed{\text{ミ}}\sqrt{\boxed{\text{ム}}}$ である。

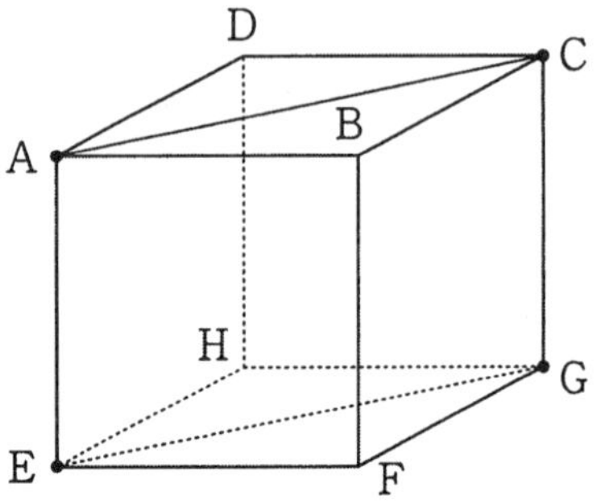

（2） この立方体を頂点E，GおよびAB，BCの中点を通る平面で切ったとき，点Bを含む方の立体の体積は $\dfrac{\boxed{\text{メ}}}{\boxed{\text{モ}}}$ である。

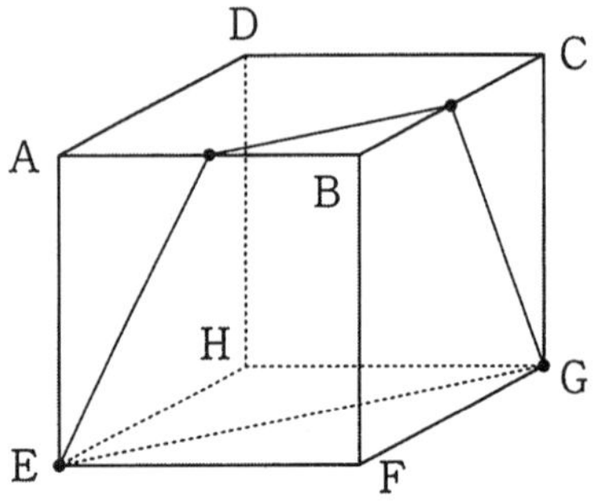

（3） この立方体を頂点A，Gおよび辺CDの中点を通る平面で切ったときにできる断面積は $\boxed{\text{ヤ}}\sqrt{\boxed{\text{ユ}}}$ である。

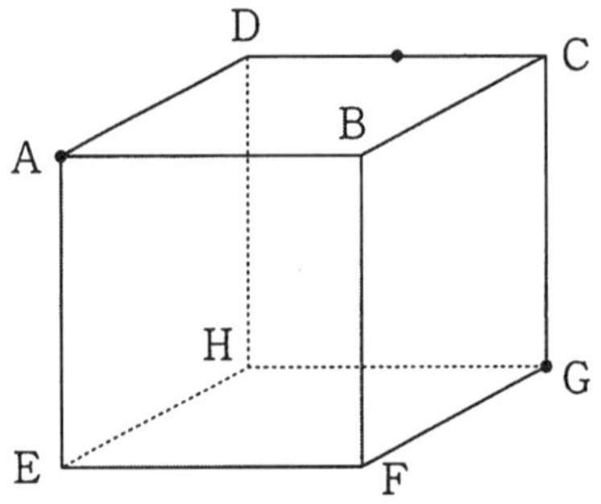

〔6〕 正三角形ABCにおいて，辺AB，辺BC上にそれぞれ頂点と異なる点D，Eをとり，線分AEと線分CDの交点を点Fとする。∠AFD=60°であるとき，AE=CDとなることを，次のように証明した。

空欄[ヨ]～[リ]に適するものを＜語群＞の中から選び，番号で答えよ。

証明

△CAEと△BCDにおいて

△ABCは正三角形であるから，　CA=BC …………………………①

∠ACE=∠[ヨ]=60°　……②

△CAEの内角と外角の性質から　∠CAE=∠AEB−∠ACE

=∠AEB−60°　……③

△ECFの内角と外角の性質から　∠ECF=∠FEB−∠[ラ]

=∠FEB−60°

=∠AEB−60°　……④

③，④より，　∠CAE=∠ECF=∠BCD　…⑤

①，②，⑤より，[リ]がそれぞれ等しいから

△CAE≡△BCD

よって，合同な図形の対応する辺の長さは等しいから

AE=CD

終

＜語群＞

⓪ BCD　① CBD　② CFE　③ EAB　④ ACD

⑤ 1組の辺とその両端の角　⑥ 2組の辺とその間の角　⑦ 3組の辺

（問題はこれで終わりです。）

【練習】

（記入例）

アイ の答えが『36』のとき，アの解答欄に③，イの解答欄に⑥をそれぞれマークしなさい。

$\frac{\text{ウエ}}{\text{オ}}$ の答えが『$-\frac{1}{2}$』のとき，『$-\frac{2}{4}$』や『$-\frac{3}{6}$』などをマークしてはいけません。

ウの解答欄に㊀，エの解答欄に①，オの解答欄に②をそれぞれマークしなさい。

（練　習）

$\frac{\text{カキ}}{\text{ク}}$ の答えが『$-\frac{2}{3}$』のとき，解答欄にマークしなさい。

解答番号	解答欄											
ア	㊀	±	⓪	①	②	●	④	⑤	⑥	⑦	⑧	⑨
イ	㊀	±	⓪	①	②	③	④	⑤	●	⑦	⑧	⑨
ウ	●	±	⓪	①	②	③	④	⑤	⑥	⑦	⑧	⑨
エ	㊀	±	⓪	●	②	③	④	⑤	⑥	⑦	⑧	⑨
オ	㊀	±	⓪	①	●	③	④	⑤	⑥	⑦	⑧	⑨
カ	㊀	±	⓪	①	②	③	④	⑤	⑥	⑦	⑧	⑨
キ	㊀	±	⓪	①	②	③	④	⑤	⑥	⑦	⑧	⑨
ク	㊀	±	⓪	①	②	③	④	⑤	⑥	⑦	⑧	⑨

2020年度　　　　　　　　英　　　　　語　（40分）

1　試験開始の合図があるまで，この問題冊子を開いてはいけません。 2　問題は全部で10ページあります。解答用紙は１枚です。 3　受験番号と氏名を，この表紙と解答用紙に必ず記入しなさい。 4　英語は放送によるリスニングテストから始めます。 リスニングテストが終了し，放送による指示があるまで次のページ（１ページ）を開いてはいけません。 5　試験終了後，問題冊子と解答用紙を回収します。

解答用紙は，コンピュータで処理されるマークシートです。
特に，次の注意をよく守りなさい。

1　ＨＢの黒鉛筆で記入しなさい。
（とがっている鉛筆は避けなさい）

2　受験番号は，□内に横１字ずつ記入し，
下のそれぞれの数字をマークしなさい。
（記入例）　受験番号が２００４２０の場合

受験番号					
2	0	0	4	2	0
⓪	●	●	⓪	⓪	●
①	①	①	①	①	①
●	②	②	②	●	②
③	③	③	③	③	③
④	④	④	●	④	④
⑤	⑤	⑤	⑤	⑤	⑤
⑥	⑥	⑥	⑥	⑥	⑥
⑦	⑦	⑦	⑦	⑦	⑦
⑧	⑧	⑧	⑧	⑧	⑧
⑨	⑨	⑨	⑨	⑨	⑨

3　解答の記入方法は，たとえば，1と表示のある問いに対してイと解答する場合には，次のように解答番号１の解答欄にマークしなさい。

（例）

解答番号	解　答　欄
1	㋐　●　㋒　㋓

4　マークする場合は，次に示す良い例のように黒く塗りつぶしなさい。

良い例	悪い例
●	

5　マークの訂正は，上質の消しゴム（プラスチック製が良い）で跡を残さないように完全に消し，消し屑をきれいに取り除きなさい。

6　解答用紙を汚したり，折りまげたりしないこと。

＃教英出版 編集部　注
編集の都合上、放送原稿は英語の最後のページにあります。

受験番号							氏　名	

英　　語

（解答番号 1 ～ 30 ）

〔1〕 リスニングテスト

※音声は収録しておりません

A. それぞれの対話についての問いを聞き，答えとして最も適当なものを4つの選択肢ア～エの中からそれぞれ1つずつ選びなさい。会話と質問文はそれぞれ2回ずつ読まれます。

1 Where did Mr. Gordon leave his bag?

ア At the City Hall.
イ At the station.
ウ On the train.
エ At the library.

2 What subject does Masao like the best?

ア Japanese.
イ History.
ウ Science.
エ Math, Japanese and science.

3 What time are Nick and Chie going to meet at school?

ア At nine thirty.
イ At ten.
ウ At eleven.
エ At twelve.

B. これから流れる英語は，今年から新しく英会話の授業を行うことになったグリーン先生の自己紹介です。内容をよく聞き，質問文の答えとして最も適当なものを４つの選択肢ア～エの中からそれぞれ１つずつ選びなさい。質問は２つあります。自己紹介と質問文はそれぞれ２回ずつ読まれます。

4 When did Ms. Green go to Higashiyama Zoo?

ア She went there a week ago.

イ She went there two days ago.

ウ She went there yesterday.

エ She went there last year.

5 What is Ms. Green going to do in her class?

ア She is going to make chopsticks.

イ She is going to wear some kimonos.

ウ She is going to sing Japanese songs with her students.

エ She is going to sing English songs with her students.

〔2〕 次の英文を読んで，設問に答えなさい。

The long summer vacation began at the end of June. The old *minister left the church, and a new minister came. His name was Mr. Allan. He brought his pretty young wife with him.

One day, Jane Cuthbert was busy in the kitchen. She was a tall woman with gray hair. She wasn't young and pretty, but she had a kind heart. "I'll invite Mr. and Mrs. Allan and have a tea party on Wednesday," Jane said to her pretty daughter, Anne. "Oh, really?" Anne said *excitedly. "Can I make a cake?" "All right, Anne," Jane said.

On Wednesday morning, Anne got up early and made her cake. It looked very good. In the afternoon, Anne put flowers around the table. Then Mr. and Mrs. Allan arrived. "The table looks beautiful," they said. (A)Anne felt very happy. She sat at the table with Jane. Jane wore her best clothes. "I made this cake for you. Would you like some, Mrs. Allan?" Anne asked. "Yes, please," Mrs. Allan said, and she smiled. Anne cut some cake for Mrs. Allan. Mrs. Allan put the cake in her mouth and started to eat it. But she didn't look very happy. "Is anything wrong?" Jane said. "It tastes a little bitter for me." Mrs. Allan said. Then Jane tried some cake, too. "Anne!" she cried. "What did you put in this?" "Only *vanilla," Anne answered. She went to the kitchen and brought back a small bottle. On the front of the bottle, it said "Best Vanilla." Jane opened the bottle. "This isn't vanilla," she said. "It's (B). Last week I broke its bottle. I put it into this old vanilla bottle."

"Oh, no!" Anne said. She ran upstairs to her room. She cried and cried. A little later, somebody came to her room, but she didn't look up. "I'm very unhappy," she said. "If everybody hears about my cake, they'll laugh at me. I can't go downstairs. I can't look at Mrs. Allan again."

"Don't cry, Anne." (C)Anne was surprised and looked up. "Mrs. Allan!" she said in surprise. "Yes, it's me," Mrs. Allan said, and laughed. "The (B) in the cake was a very funny mistake." "I'm very sorry, Mrs. Allan," Anne said. "I wanted to make a nice cake for you." "I know," Mrs. Allan said. "Now please come down and show me your flowers. (D)Nothing is as beautiful as your flowers."

Anne felt happy again. She went downstairs with Mrs. Allan and nobody said anything about the cake.

（注） minister : 牧師　　excitedly : 興奮気味に　　vanilla : バニラ

（出典） *Anne of Green Gables* ; written by L. M. Montgomery　一部改訂

6 下線部(A)の理由として最も適当なものをア～エの中から１つ選びなさい。

ア　アラン夫妻が花で飾りつけされたテーブルを見てほめてくれたから。
イ　アラン夫人がケーキをおいしいと言ってくれたから。
ウ　ジェーンが隣に座っており，素敵に着飾っていたから。
エ　アンがケーキを作りたいといった申し出をジェーンが承諾したから。

7 本文中の（　B　）に共通して入る語をア～エの中から１つ選びなさい。

ア　vanilla
イ　honey
ウ　medicine
エ　sugar

8 下線部(C)の理由として最も適当なものをア～エの中から１つ選びなさい。

ア　アラン夫人が花を気に入ってくれていたから。
イ　アラン夫人がケーキを気に入ってくれていたから。
ウ　階段を上がってきたのが母親だとは思わなかったから。
エ　階段を上がってきたのがアラン夫人だとは思わなかったから。

9 下線部(D)を日本語にする際に最も適当なものをア～エの中から１つ選びなさい。

ア　あなたの花ほど美しいものは他にありません。
イ　あなたの花と同じぐらいあなたは美しい。
ウ　あなたの花以外に美しいものはありません。
エ　あなたの花が美しいと誰もが思う。

10 次の英文の中で本文の内容と一致する文をア～エの中から１つ選びなさい。

ア　Mrs. Allan wasn't young and pretty.
イ　Anne made a cake for Mr. and Mrs. Allan and it was delicious.
ウ　Anne broke the vanilla bottle when she was making a cake.
エ　Mrs. Allan didn't get angry when she ate the cake Anne made.

〔3〕 次の英文を読んで，設問に答えなさい。

When I was on the bus in Hawaii, an American woman said to me "Japanese *tourists are so *rude!" I didn't understand why she said so. Most people think Japanese people are *polite. Then I heard her story.

"It always happens when I get on an elevator here," she said. "The elevator is already full and Japanese people always push others to get on the elevator. It's so rude!"

Ah-ha. Then I understood. This woman has never been to Japan and has never got on an elevator in big cities like Tokyo or Nagoya. When Japanese get on elevators, it is usual to push someone because elevators in Japan are usually crowded. However, Americans don't push other people because they don't need to do it. So when Americans are pushed in the elevators, they feel "It's rude." So who's really wrong in this kind of situation? You can say no one and everyone.

No one was wrong, because the Japanese tourists were just doing *as they always do at home, and the American woman didn't understand why they did so. It was a simple difference about culture. However, everyone was also wrong because a little more *tolerance was necessary. When we visit a foreign country, we're *expected to watch people in that country and do the same things that they do, as the *proverb "When in Rome, do as the Romans do" says. However, we can't expect foreign visitors to do everything like us. We should have a little tolerance for differences about culture.

（注） tourist：旅行者　rude：失礼な　polite：礼儀正しい　as：～のように
tolerance：寛容さ　expect A to ～：Aが～するのを期待する
proverb：ことわざ

（出典） *Tokyo Wonderland And Other Essays on Life in America and Japan* :
by Kay Hetherly NHK Publishing（2006）　一部改訂

3 Nick : Why don't we go to see a soccer game tomorrow, Chie?

Chie : What game, Nick?

Nick : Our school's team is going to have a game. Yuta is going to play.

Chie : That's good. What time is the game going to begin?

Nick : At twelve. Can we meet at school at ten?

Chie : Well, I have to go shopping with my mother at nine thirty. How about eleven?

Nick : OK. See you then.

4 , 5

Hello everyone. Nice to meet you. My name is Ann Green. I'm from Kelowna in Canada. I came to Japan a week ago. This is my first time to come to Japan, and everything is new to me. I went to Higashiyama Zoo to see koalas two days ago. And I went to Sakae yesterday with your homeroom teacher, Ms. Tanaka. We enjoyed shopping there. I bought chopsticks and tennis shoes. At the department store, I saw kimonos. They were really beautiful. If I can, I want to buy some for my family someday.

I am going to teach you English this year. I know many English songs. Let's enjoy singing them together in English. I hope you will like English better than last year! Thank you.

〈リスニング〉

放送原稿

※音声は収録しておりません

＜電話の呼び出し音＞

1

Woman : Haruhi Station.

Mr. Gordon : Hello. I left my bag somewhere when I was on my way to the City Hall, and now I am looking for it.

Woman : Oh, do you remember where you left it?

Mr. Gordon : I left the library and got on the train at Haruhi Station at two o'clock. But I'm not sure where I left it.

Woman : OK. What color is it?

Mr. Gordon : It's a blue and white one, and my name is written on it.

Woman : May I have your name, please?

Mr. Gordon : Gordon, Ken Gordon.

Woman : All right. Wait a minute, please.... Mr. Gordon, your bag is here. We found it on the train.

Mr. Gordon : Oh, thank you very much! May I come to the station now?

Woman : Sure.

2

Masao : Oh, our next class is math. I don't like it.

Kate : Oh really? I like it. What subject do you like best, Masao?

Masao : I like history. How about you, Kate? What subject do you like best?

Kate : I like Japanese the best.

Masao : I see. You are good at speaking Japanese.

Kate : Thank you, Masao. I'm glad to hear that. I'm interested in learning languages.

Masao : What other subjects are you interested in, Kate?

Kate : Well, I like science.

Masao : Wow, you like math, Japanese and science. That's great!

11 Why did the American woman say “Japanese tourists are so rude?”

ア Because they pushed people when they got on a bus.

イ Because they were talking when they were on an elevator.

ウ Because they pushed people when they got on an elevator.

エ Because they tried to run into a bus.

12 Where was the American woman pushed by Japanese tourists?

ア In Tokyo. イ In Rome. ウ In a bus. エ In Hawaii.

13 Why did the writer understand that Japanese tourists were not rude?

ア Because they were just doing as they always do in Japan.

イ Because they were just doing as they always do in America.

ウ Because they just tried to be like Americans.

エ Because they just tried to be like foreign people.

14 What does the proverb “When in Rome, do as the Romans do” mean?

ア When you go to a foreign country, you should learn foreign languages.

イ When you go to a foreign country, you should talk with a lot of people who live in the country.

ウ When you visit a foreign country, you should push someone who lives in the country.

エ When you visit a foreign country, you should act like people who live in the country.

15 What should we do when we see foreign people are doing something strange?

ア We should take them to a big city like Tokyo or Nagoya.

イ We should understand differences in each other’s cultures.

ウ We should enjoy having lunch together.

エ We should expect them to do everything like us.

〔4〕 次の文には，それぞれ明らかに文法的な誤りが1か所ある。その誤りをア～エの中から1つずつ選びなさい。

16 One of the boys are ア good at playing イ the ウ guitar because he belongs to エ a music club.

17 Ken is going to visit ア Tokyo next イ March to watch soccer games which ウ his friend will playing エ.

18 This cat is really loved ア by my family. She イ is the most ウ heaviest animal of エ all our pets.

19 There are ア some famous people in this picture. They are all winners of イ the Nobel Peace Prize. How many ウ people in this picture have you see エ before?

20 In my country, we study Japanese once ア a week. How イ many ウ do you study English in your エ country?

〔5〕 次の各文の(　　　)に入る最も適当な語(句)をそれぞれア〜エの中から1つずつ選びなさい。

21 It is easy (　　　) a bike.

ア for me to riding　　イ of me to riding

ウ for me to ride　　エ of me to ride

22 We (　　　) twenty years.

ア are best friend for　　イ have been best friend since

ウ have been best friends for　　エ are best friends since

23 The man (　　　) in front of the house is my father.

ア washing the car　　イ washed the car

ウ washes the car　　エ the car washing

24 She is proud of (　　　) soccer well.

ア play　　イ playing

ウ to play　　エ played

25 You had a really good time in America, (　　　)?

ア don't you　　イ didn't you

ウ aren't you　　エ weren't you

〔６〕 示された語句を並べかえて，次の日本語の内容の英文を作るとき，＿（１）＿と＿（２）＿に入る最も適当な語句の組み合わせをそれぞれア〜エの中から１つずつ選びなさい。なお，文頭に来るべき語も小文字で始めてあります。

26 その家はあなたの祖父によって建てられましたか。

＿＿ ＿＿ ＿（１）＿ ＿＿ ＿（２）＿ ＿＿ ＿＿?

〔 built / your / the / by / house / grandfather / was 〕

ア (1) built (2) your　イ (1) house (2) by
ウ (1) grandfather (2) was　エ (1) was (2) the

27 彼は姉ほど楽しそうではありませんでした。

He ＿＿ ＿＿ ＿（１）＿ ＿＿ ＿（２）＿ ＿＿ ＿＿ sister.

〔 as / not / look / happy / as / did / his 〕

ア (1) happy (2) as　イ (1) as (2) not
ウ (1) look (2) happy　エ (1) not (2) did

28 その映画を見て，彼はバスケットボールがしたくなる。

＿＿ ＿＿ ＿（１）＿ ＿＿ ＿＿ ＿（２）＿ ＿＿.

〔 him / will / to / encourage / the movie / basketball / play 〕

ア (1) encourage (2) play　イ (1) him (2) will
ウ (1) to (2) encourage　エ (1) basketball (2) him

29 彼はとても親切で私に駅への行き方を教えてくれました。

He ＿＿ ＿（１）＿ ＿＿ ＿＿ ＿（２）＿ ＿＿ ＿＿ ＿＿ to the station.

〔 me / was / so / he / kind / that / showed / the way 〕

ア (1) so (2) he　イ (1) the way (2) he
ウ (1) me (2) showed　エ (1) me (2) kind

30 夕食に何を作ったらよいかわかりません。

______ ______ ______ (1) ______ ______ (2) ______ .

〔 dinner / what / I / to / know / cook / don’t / for 〕

ア	(1) cook	(2) dinner	イ	(1) what	(2) for
ウ	(1) I	(2) for	エ	(1) dinner	(2) don’t

(問題はこれで終わりです。)

2020(R2) 中部大学春日丘高
教英出版

2020年度　　　　　　# 理　　科 （30分）

1　試験開始の合図があるまで，この問題冊子を開いてはいけません。 2　問題は全部で 13 ページあります。解答用紙は 1 枚です。 3　受験番号と氏名を，この表紙と解答用紙に必ず記入しなさい。 4　試験終了後，問題冊子と解答用紙を回収します。

解答用紙は，コンピュータで処理される
マークシートです。
特に，次の注意をよく守りなさい。

1　ＨＢの黒鉛筆で記入しなさい。
（とがっている鉛筆は避けなさい）

2　受験番号は，□内に横１字ずつ記入し，
下のそれぞれの数字をマークしなさい。
(記入例)　受験番号が２００４２０の場合

受験番号					
2	0	0	4	2	0
⓪	●	●	⓪	⓪	●
①	①	①	①	①	①
●	②	②	②	●	②
③	③	③	③	③	③
④	④	④	●	④	④
⑤	⑤	⑤	⑤	⑤	⑤
⑥	⑥	⑥	⑥	⑥	⑥
⑦	⑦	⑦	⑦	⑦	⑦
⑧	⑧	⑧	⑧	⑧	⑧
⑨	⑨	⑨	⑨	⑨	⑨

3　解答の記入方法は，たとえば，[1]と表示のある問いに対してイと解答する場合には，次のように
解答番号１の解答欄にマークしなさい。

(例)

解答番号	解　答　欄
1	㋐　●　㋒　㋓　㋔

4　マークする場合は，次に示す良い例のように黒く塗りつぶしなさい。

良い例	悪い例
●	

5　マークの訂正は，上質の消しゴム（プラスチック製が良い）で跡を残さないように完全に消し，
消し屑をきれいに取り除きなさい。

6　解答用紙を汚したり，折りまげたりしないこと。

受験番号							氏　名	

理　　　科

（解答番号 1 ～ 20 ）

〔1〕 斜面上の物体の運動とエネルギーの移り変わりについて調べるために，次の実験を行いました。空気の抵抗を考えないものとして，次の 1 ～ 5 に答えなさい。

〈実験1〉

図1のようなBCの高さを0[m]とする滑らかな斜面AB上のある点から質量80[g]の小球を静かにはなし，粗い水平面BC上に静止している木片に衝突させたところ，木片が移動して静止した。小球をはなす高さを変えて，木片が移動する距離を調べたところ，表1のようになった。

図1

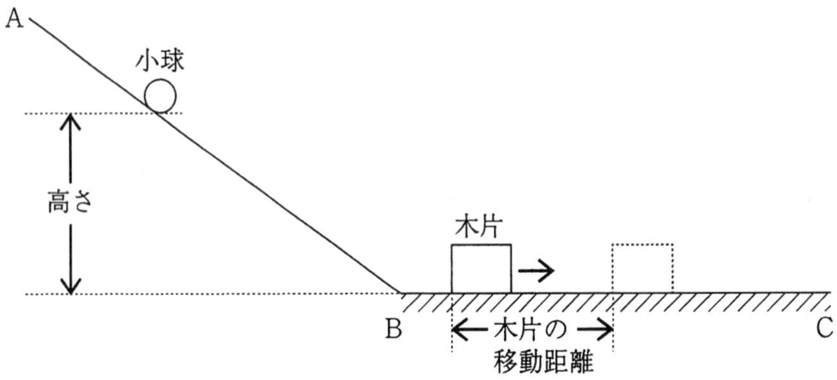

表1

小球をはなす高さ	5.0[cm]	10.0[cm]	15.0[cm]	20.0[cm]
木片の移動距離	2.4[cm]	4.8[cm]	7.2[cm]	9.6[cm]

〈実験2〉

次に，質量の異なる小球を，いずれも同じ高さから静かにはなし，木片に衝突させた。実験1と同様に木片が動く距離を調べたところ，表2のようになった。

表2

小球の質量	40[g]	80[g]	120[g]	160[g]
木片の移動距離	1.8[cm]	3.6[cm]	5.4[cm]	7.2[cm]

1 小球をはなしてから水平面に達するまでの，小球が持つ力学的エネルギーと運動エネルギーの値の変化を表すグラフはどれか。正しいものを下の（ア）～（オ）から１つ選び，記号で答えなさい。ただし，横軸は小球をはなしてからの時間，縦軸はエネルギーの値を表し，実線は力学的エネルギーを，点線は運動エネルギーの変化を表すものとする。

（ア）

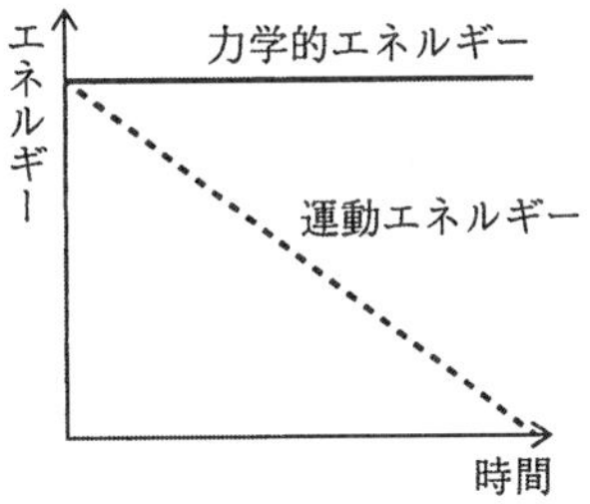

（イ）

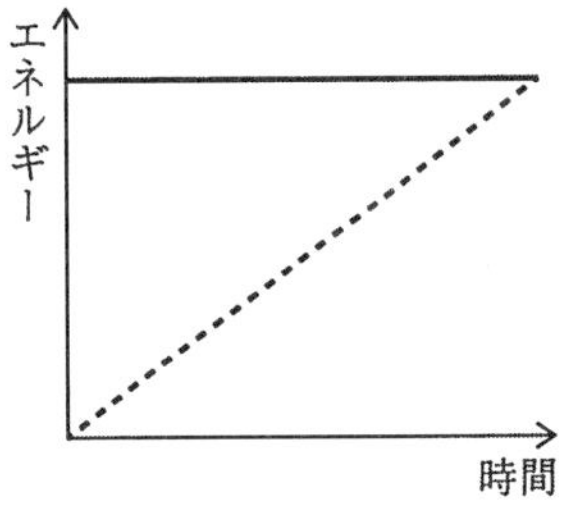

（ウ）

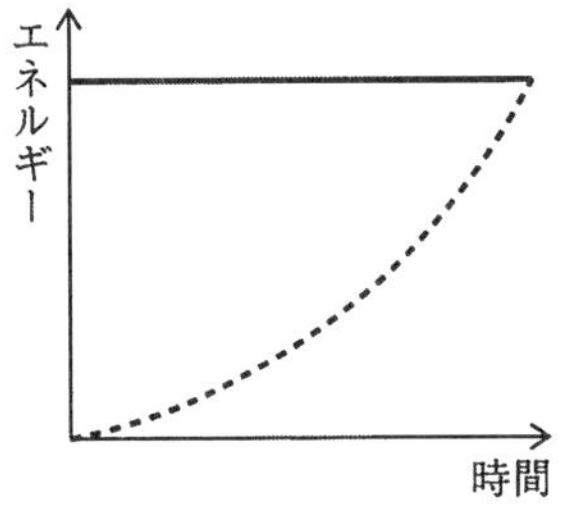

（エ）

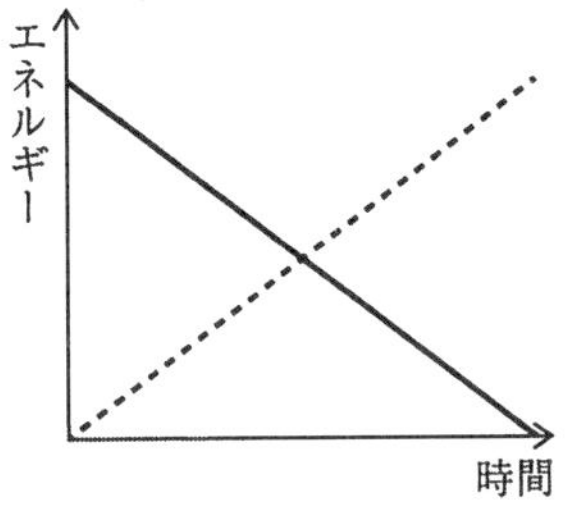

（オ）

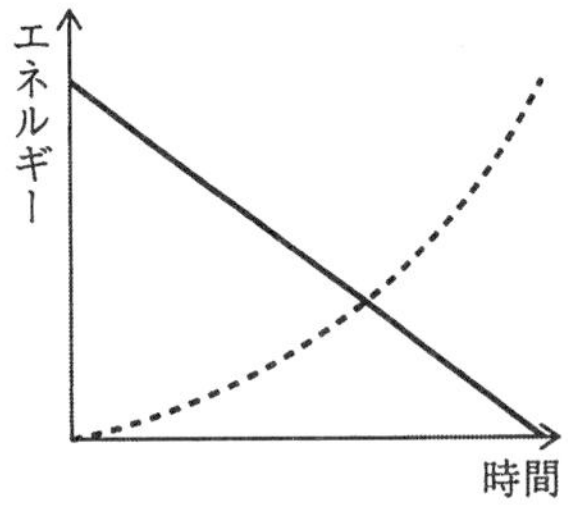

2 実験２において，小球をはなした高さは何［cm］か。正しいものを下の（ア）～（オ）から１つ選び，記号で答えなさい。

（ア）5.0［cm］　（イ）7.5［cm］　（ウ）10.0［cm］

（エ）12.5［cm］　（オ）15.0［cm］

3 斜面AB上の高さ12.5［cm］の点から質量100［g］の小球をはなした場合，木片は何［cm］動くか。正しいものを下の（ア）～（オ）から１つ選び，記号で答えなさい。

（ア）6.0［cm］　（イ）7.5［cm］　（ウ）9.0［cm］

（エ）10.5［cm］　（オ）12.0［cm］

〈実験３〉

図１の装置から木片を取り除き，図２のようにレールの傾きを変えて同じ高さから小球をはなし，小球がどのような運動をするのか調べた。

図２

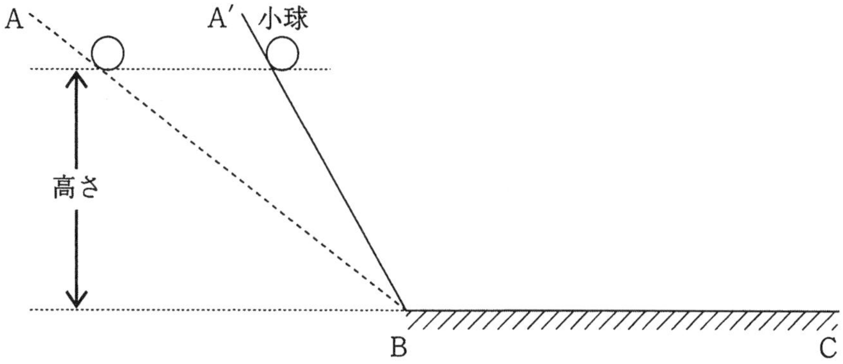

4　実験３において傾きを大きくするとき，水平面に達するまでの時間とそのときの速さはどうなるか。正しいものを下の（ア）～（オ）から１つ選び，記号で答えなさい。

（ア）時間は変わらないが，速さは速くなる。

（イ）短い時間ですべりおり，速さは速くなる。

（ウ）短い時間ですべりおり，速さは変わらない。

（エ）短い時間ですべりおり，速さは遅くなる。

（オ）時間も速さも変わらない。

〈実験４〉

最後に，図３のように滑らかな水平面B′C′に直流電流を流したコイルを付け，棒磁石を積んだ台車をある高さからはなし，コイルの中を通過させた。

図３

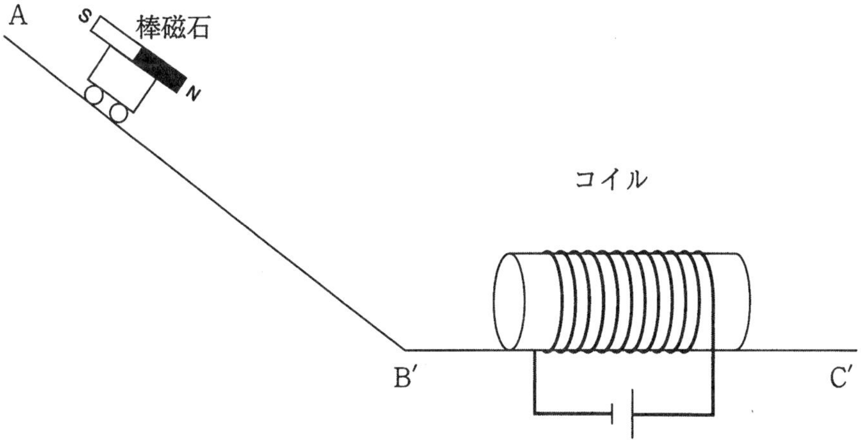

5　台車がコイルを通り抜ける前後の台車の運動はどうなるか。正しいものを下の(ア)～(オ)から１つ選び，記号で答えなさい。

	入る前の運動	出た後の運動
(ア)	だんだん速くなる	だんだん速くなる
(イ)	だんだん遅くなる	だんだん遅くなる
(ウ)	だんだん速くなる	だんだん遅くなる
(エ)	だんだん遅くなる	だんだん速くなる
(オ)	変わらない	変わらない

〔２〕 塩酸と石灰石（炭酸カルシウムを主成分とする天然石）を使って実験を行いました。これについて，次の 6 ～ 10 に答えなさい。

〈実験〉

①図４のように，石灰石 5.0 [g] を入れたビーカーと，うすい塩酸 80.0 [cm^3] を入れたビーカーを合わせて質量をはかると，180 [g] だった。

②この石灰石を，うすい塩酸を入れたビーカーにすべて移して反応させた。

③しばらくして完全に反応が終わってから，図５のように全体の質量をはかると 179.2 [g] だった。

④同様の実験を，同じ質量の石灰石を用いて同じ濃度のうすい塩酸の量を変えて行った。結果は表３のようになった。

図４

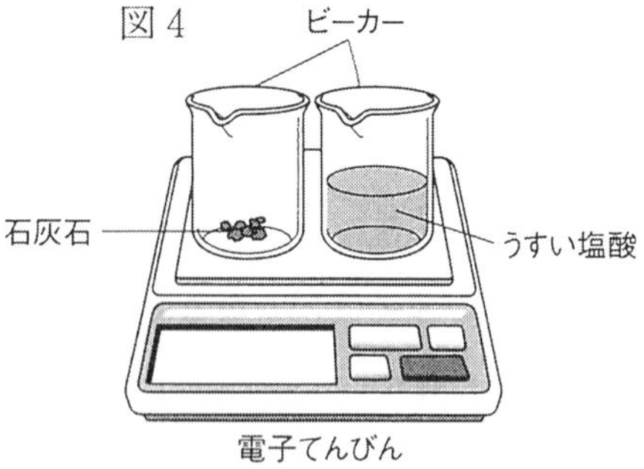

図５

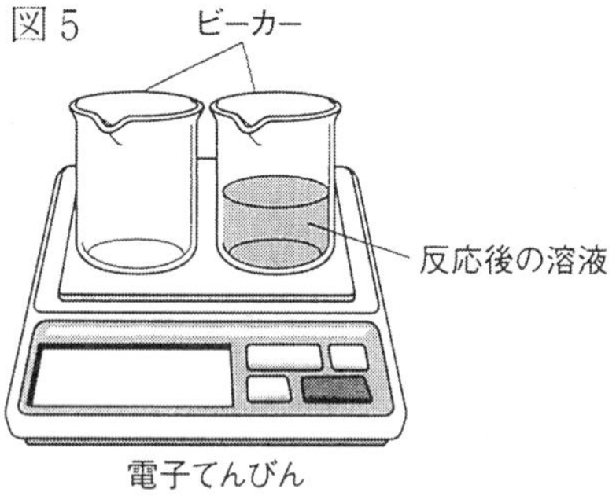

表３

うすい塩酸の量 [cm^3]	80.0	120.0	160.0	200.0	240.0	280.0
反応前の質量 [g]	180.0	224.0	268.0	312.0	356.0	400.0
反応後の質量 [g]	179.2	222.8	266.4	310.0	354.0	398.0

6 実験で反応前と反応後で質量が変化している。理由として正しいものを下の（ア）～（オ）からから１つ選び，記号で答えなさい。

（ア）塩素が発生して軽くなった。

（イ）水が蒸発して軽くなった。

（ウ）二酸化炭素が発生して軽くなった。

（エ）カルシウムが溶けて軽くなった。

（オ）水素が発生して軽くなった。

7 実験に使った塩酸の密度は何[g/cm^3]か。正しいものを下の(ア)～(オ)から1つ選び，記号で答えなさい。

(ア) 0.9 [g/cm^3]　(イ) 1.0 [g/cm^3]　(ウ) 1.1 [g/cm^3]
(エ) 1.2 [g/cm^3]　(オ) 1.3 [g/cm^3]

8 塩酸の量が150[cm^3]の実験を行ったとすると，反応の前後の質量の変化は何[g]か。正しいものを下の(ア)～(オ)から1つ選び，記号で答えなさい。

(ア) －1.55 [g]　(イ) －1.50 [g]　(ウ) －1.45 [g]
(エ) －1.40 [g]　(オ) －1.35 [g]

9 次のA～Eの文は，実験をふまえて塩酸の量と石灰石の量の関係について述べたものである。正しい文章の組み合わせを下の(ア)～(オ)から1つ選び，記号で答えなさい。

A どれだけ多くの塩酸で実験を行っても，反応は進む。
B 石灰石5.0[g]をすべて反応させるためには，塩酸が少なくとも160.0[cm^3]必要である。
C 石灰石5.0[g]をすべて反応させるためには，塩酸が少なくとも200.0[cm^3]必要である。
D 塩酸の量が200.0[cm^3]の実験後，石灰石を追加すると，再び反応が起こる。
E 塩酸の量が240.0[cm^3]の実験後，石灰石を追加すると，再び反応が起こる。

(ア) B　(イ) D　(ウ) CとE　(エ) AとC　(オ) BとE

10 実験で使う塩酸の濃度を1.2倍にすると，120[cm^3]のときの質量の変化は何[g]か。正しいものを下の(ア)～(オ)から1つ選び，記号で答えなさい。ただし，塩酸の密度は変化しないものとする。

(ア) －1.44 [g]　(イ) －1.20 [g]　(ウ) －0.88 [g]
(エ) －0.44 [g]　(オ) 0.00 [g]

〔3〕 いろいろな特徴によって，身近な生き物をA～Hに分類しました。これについて，次の11～15に答えなさい。

A：イルカ・ヒト　B：カラス・カッコウ　C：チョウ・バッタ
D：マグロ・コイ　E：ワニ・カメ　F：カエル・イモリ
G：イカ・タコ　H：ウニ・ヒトデ

11 A～HをAとそれ以外のグループに分けたとき，分け方の基準となる特徴は何か。正しいものを下の(ア)～(オ)から1つ選び，記号で答えなさい。

（ア）卵生か胎生か
（イ）子育てをするか子育てをしないか
（ウ）えら呼吸か肺呼吸か
（エ）無セキツイ動物かセキツイ動物か
（オ）水中で産卵する動物か陸上で産卵する動物か

12 A～Hを(A・B・D・E・F)と(C・G・H)のグループに分けたとき，(A・B・D・E・F)のグループを表す名称は何か。正しいものを下の(ア)～(オ)から1つ選び，記号で答えなさい。

（ア）無セキツイ動物　（イ）セキツイ動物　（ウ）軟体動物
（エ）節足動物　（オ）草食動物

13 A～Hの中でCだけに当てはまる特徴は何か。正しいものを下の(ア)～(オ)から1つ選び，記号で答えなさい。

（ア）体が同心円状である。　（イ）体が左右対称である。
（ウ）体が湿った皮膚でおおわれている。　（エ）体が外骨格でおおわれている。
（オ）体がうろこでおおわれている。

14 カモノハシについての説明として，正しいものを下の(ア)～(オ)から１つ選び，記号で答えなさい。

（ア）Ａと同じ繁殖方法で，子育ては行わない。
（イ）Ｅと同じ繁殖方法で，母乳をあげて子育てを行う。
（ウ）皮膚はＥと同じ構造をしていて，恒温動物である。
（エ）皮膚はＦと同じ構造をしていて，変温動物である。
（オ）皮膚はＦと同じ構造をしていて，卵生である。

15 下のグラフは外部の温度と動物の体温の関係を表したものである。②のような変化をするグループの中で，１回の産卵または産子の数が一般に最も多い分類はどれか。正しいものを下の(ア)～(オ)から１つ選び，記号で答えなさい。

（ア）　Ｂ
（イ）　Ｃ
（ウ）　Ｄ
（エ）　Ｅ
（オ）　Ｇ

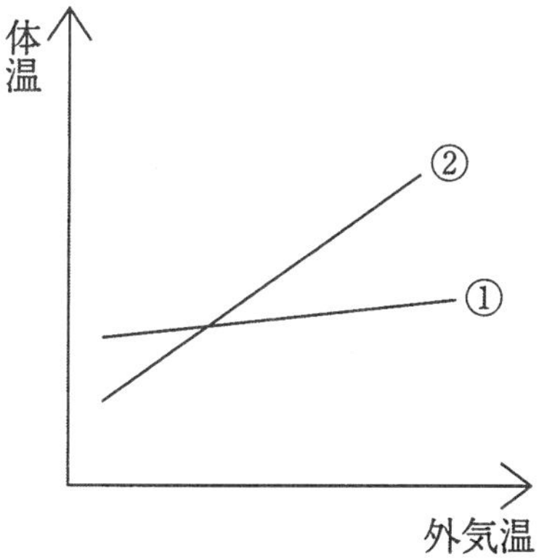

〔4〕 宇宙から見た地球，月，大気の様子を考えました。これについて，次の 16 ～ 20 に答えなさい。

図6のように地球は太陽のまわりを1年かけて公転するが，地球の地軸が公転面に垂直な方向に対して傾いているために，地球には季節ができる。

図6

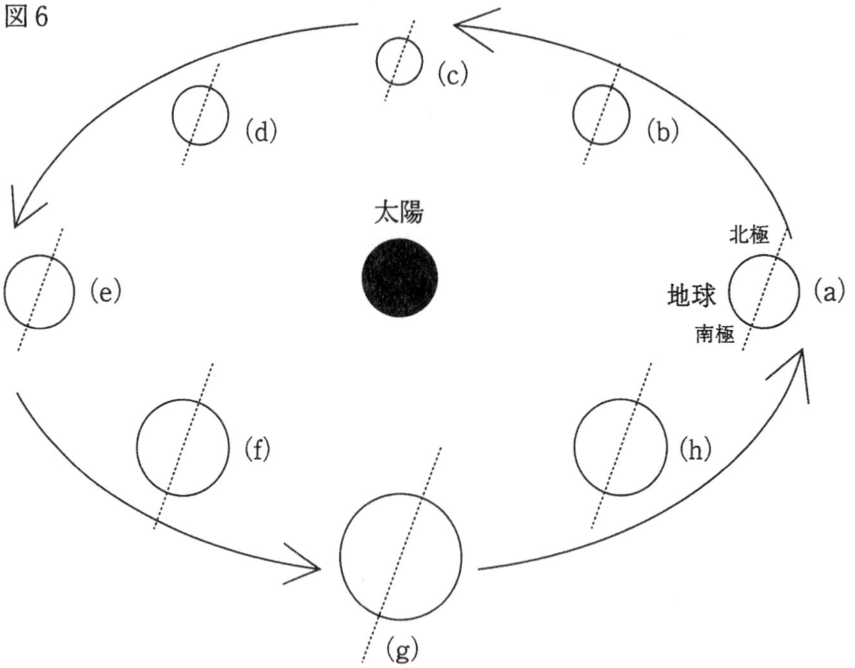

16 地球の季節について正しい組み合わせはどれか。正しいものを下の（ア）～（オ）から1つ選び，記号で答えなさい。

	ゴールデンウィーク	クリスマス
（ア）	(a)	(d)
（イ）	(b)	(e)
（ウ）	(d)	(g)
（エ）	(f)	(c)
（オ）	(d)	(a)

17　地球の地軸の傾きが現在と違っていたとする。それぞれの仮定において正しい文章はどれか。正しいものを下の（ア）～（オ）から１つ選び，記号で答えなさい。

（ア）地球の公転面に対して地球の地軸が垂直だったと仮定すると，現在の地球より夏と冬の気温差が激しい気候になる。

（イ）地球の公転面に対して地球の地軸が垂直だったと仮定すると，現在の地球より昼と夜の気温差が激しい気候になる。

（ウ）地球の公転面に対して地球の地軸が垂直だったと仮定すると，常に昼の地域と常に夜の地域ができる。

（エ）地球の公転面と地球の地軸が平行で，地軸が常に太陽の方向を向いていると仮定すると，常に昼の地域と常に夜の地域ができる。

（オ）地球の公転面と地球の地軸が平行で，地軸が常に太陽の方向を向いていると仮定すると，現在の地球より夏と冬の気温差が激しい気候になる。

図7のように月は地球のまわりを回っている衛星だが，その見え方について考える。

図7

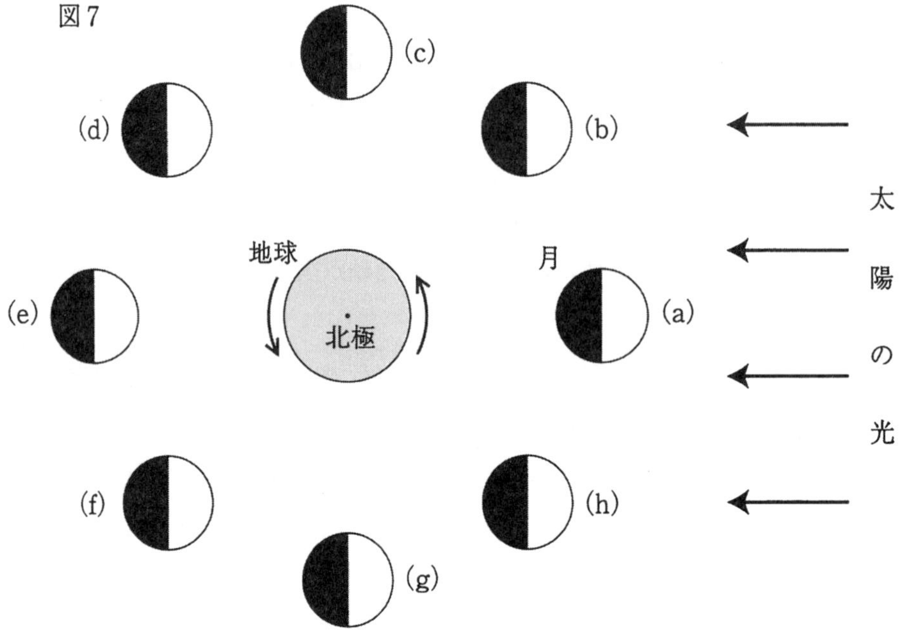

18　日本付近から見た月が，図8のように見える図7における位置と，月が真南に見える時間帯の組み合わせはどれか。正しいものを下の（ア）～（オ）から1つ選び，記号で答えなさい。

図8

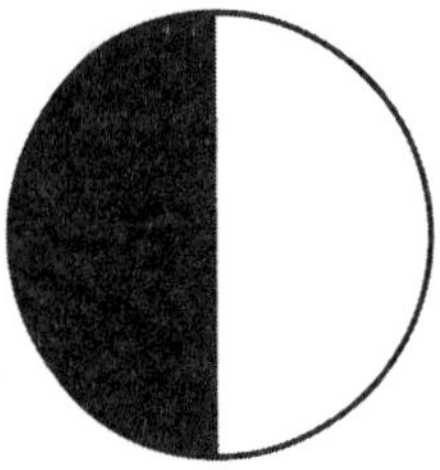

	見える場所	見える時間
（ア）	(e)	真夜中
（イ）	(g)	夕方
（ウ）	(c)	朝方
（エ）	(c)	夕方
（オ）	(g)	真夜中

19 月は自転しながら地球の周りを公転していて，お互いの地軸は同じ向きであることが知られている。しかし月の裏側は地球から見ることができない。この理由として正しい文章はどれか。正しいものを下の（ア）～（オ）から１つ選び，記号で答えなさい。

（ア）月の公転周期と地球の公転周期が一致しているから。

（イ）月の公転周期と月の自転周期が一致しているから。

（ウ）月の自転周期と地球の自転周期が一致しているから。

（エ）月の公転周期と地球の自転周期が一致しているから。

（オ）地球の公転周期と地球の自転周期が一致しているから。

20 地球の自転の様子を考えると，図9のように低緯度付近よりも，中緯度付近の方が円運動の半径が小さいのはあきらかである。このことから中緯度付近のジェット気流と呼ばれる大気の流れを考えたとき，正しい文章はどれか。正しいものを下の(ア)～(オ)から1つ選び，記号で答えなさい。

図9

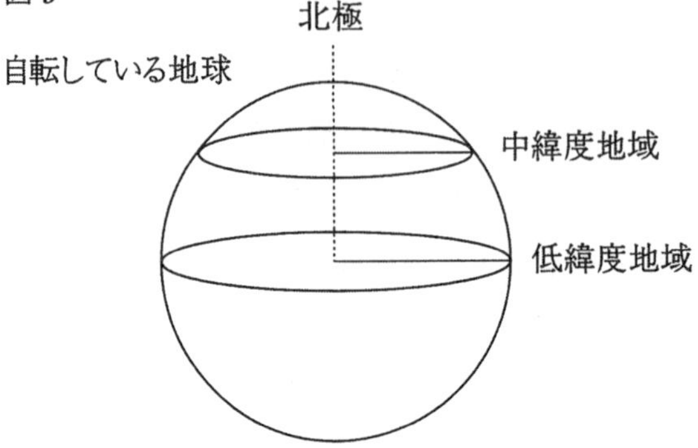

(ア) 低緯度付近から中緯度付近に大気が移動したとすると，大きな半径で速い速度の円運動をしていた大気は，比較的ゆっくりとした速さで運動している中緯度付近の大地から観測すると西からの風になる。

(イ) 低緯度付近から中緯度付近に大気が移動したとすると，大きな半径で速い速度の円運動をしていた大気は，比較的ゆっくりとした速さで運動している中緯度付近の大地から観測すると東からの風になる。

(ウ) 中緯度付近の大気は地面に引きずられるように円運動するが，大気は気体であるので，地球の自転についていけずに遅れるので，中緯度付近では西風となる。ただし，その速度は低緯度付近の西風より穏やかである。

(エ) 中緯度付近の大気は地面に引きずられるように円運動するが，大気は気体であるので，地球の自転についていけずに遅れるので，中緯度付近では東風となる。ただし，その速度は低緯度付近の東風より穏やかである。

(オ) 全体に地球の大気は地面に引きずられるように円運動するが，大気は気体であるので，地球の自転についていけずに遅れるので，西風になる。ただし，低緯度付近に比べて，中緯度付近は回転半径が小さい分早く一周するので，激しい西風になりがちである。

(問題はこれで終わりです。)

2020(R2) 中部大学春日丘高
教英出版

2020年度　　社　会　(30分)

1　試験開始の合図があるまで，この問題冊子を開いてはいけません。
2　問題は全部で 17 ページあります。解答用紙は１枚です。
3　受験番号と氏名を，この表紙と解答用紙に必ず記入しなさい。
4　試験終了後，問題冊子と解答用紙を回収します。

解答用紙は，コンピュータで処理されるマークシートです。
特に，次の注意をよく守りなさい。

1　ＨＢの黒鉛筆で記入しなさい。
(とがっている鉛筆は避けなさい)

2　受験番号は，□内に横１字ずつ記入し，
下のそれぞれの数字をマークしなさい。
(記入例)　受験番号が２００４２０の場合

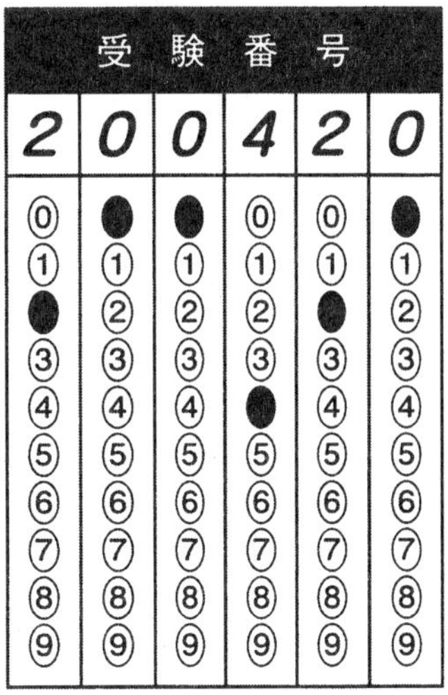

3　解答の記入方法は，たとえば，1と表示のある問いに対してイと解答する場合には，次のように解答番号１の解答欄にマークしなさい。

(例)

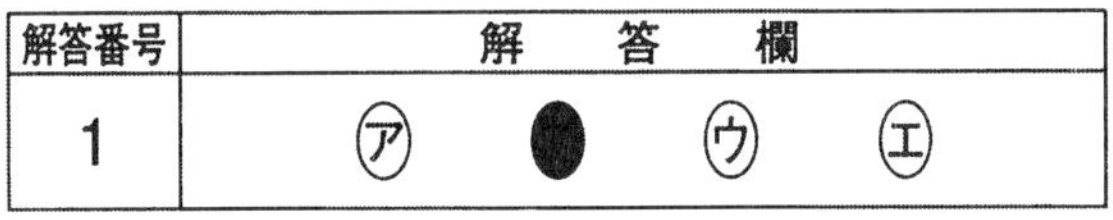

4　マークする場合は，次に示す良い例のように黒く塗りつぶしなさい。

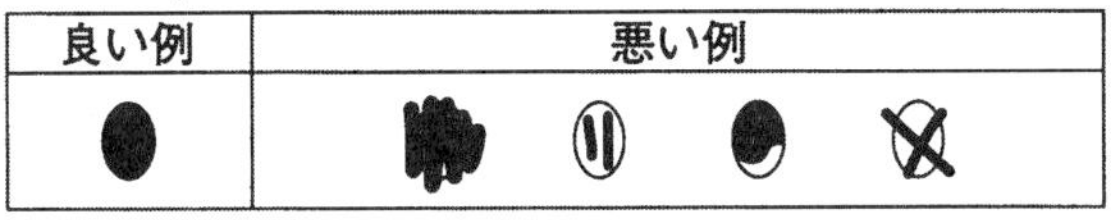

5　マークの訂正は，上質の消しゴム（プラスチック製が良い）で跡を残さないように完全に消し，消し屑をきれいに取り除きなさい。

6　解答用紙を汚したり，折りまげたりしないこと。

受験番号							氏　名	

社　　　会

（解答番号 1 ～ 25 ）

〔1〕 下の地図1とグラフ1を見て，次の 1 ～ 3 に答えなさい。

地図1

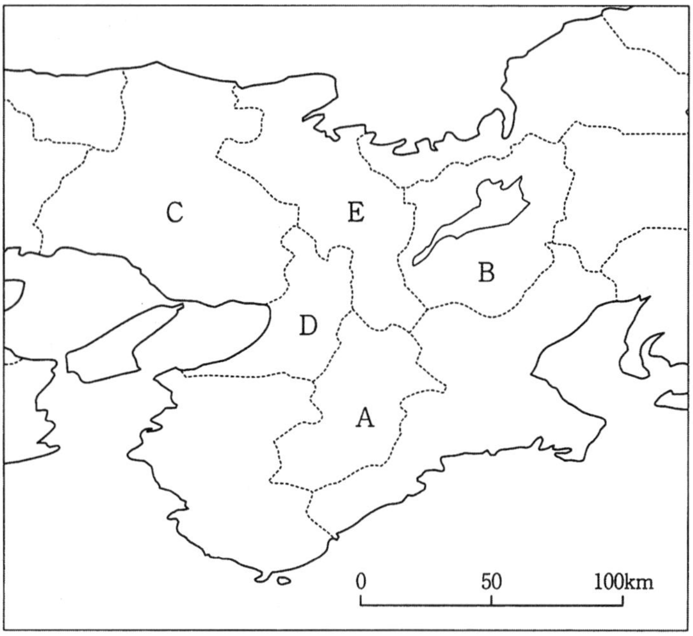

グラフ1

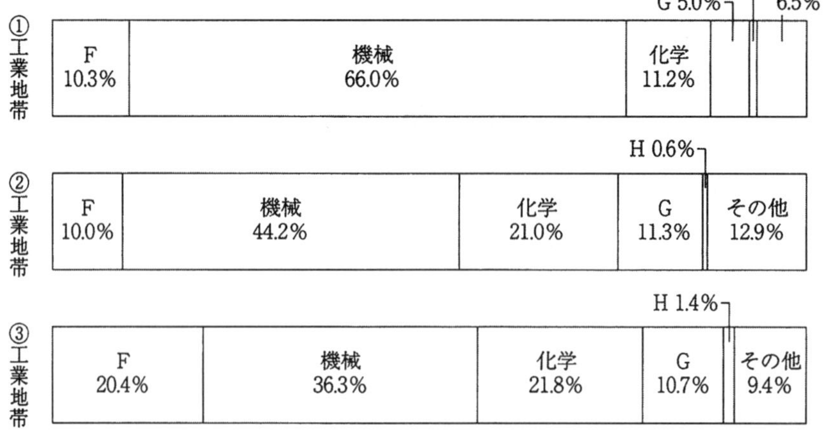

（「工業統計調査」平成24年度版から作成）

1　次の文は，地図１のA県についての説明文です。文中の[X]と[Y]にあてはまる語句の組み合わせとして正しいものを，下の（ア）～（エ）のうちから一つ選びなさい。

> Ａ県の南部にある[X]山地では，黒潮や夏の季節風の影響で，温暖で雨が多く，年間降水量が4000mmに達するため，樹木の生長がはやく，すぎやひのきの生産が行われている。特に[X]山地で生産される[Y]すぎは室町時代から行われている人工植林によって生産されたものであり，よく知られている。

（ア）　X：紀伊　　Y：熊野　　　　（イ）　X：和泉　　Y：熊野

（ウ）　X：紀伊　　Y：吉野　　　　（エ）　X：和泉　　Y：吉野

2　地図１のＢ県には日本最大の湖があります。この湖では1960年代以降になると産業排水や生活排水が大量に流れ込んだため，赤潮やアオコが発生しました。それ以降Ｂ県が環境保全活動として行った内容として誤っているものを，次の（ア）～（エ）のうちから一つ選びなさい。

（ア）　健全な湖を次世代に引き継ぐための指針として，マザーレイク21計画が定められた。

（イ）　赤潮発生の原因であるリンを排出しないよう，天然油脂を原料とした石鹸を使う運動が起こった。

（ウ）　1993年にこの湖はラムサール条約の登録湿地になり，Ｂ県全体で保全活動を行うようになった。

（エ）　湖の生態系を維持するために，湖付近の釣りを行うことを禁止にするルールが作られた。

3　地図１のＣ・Ｄの府県では阪神工業地帯が形成され，グラフ１は三大工業地帯の主な産業の割合を表したものです。阪神工業地帯のグラフとして正しいものと，グラフ１のＦ・Ｈに入る産業の組み合わせとして正しいものを，次の（ア）～（エ）のうちから一つ選びなさい。

（ア）　グラフ：①　　Ｆ：繊維　　Ｈ：食料品
（イ）　グラフ：②　　Ｆ：金属　　Ｈ：繊維
（ウ）　グラフ：②　　Ｆ：繊維　　Ｈ：食料品
（エ）　グラフ：③　　Ｆ：金属　　Ｈ：繊維

〔2〕 下の地図2とグラフ2を見て，あとの 4 ～ 7 に答えなさい。

地図2

グラフ2

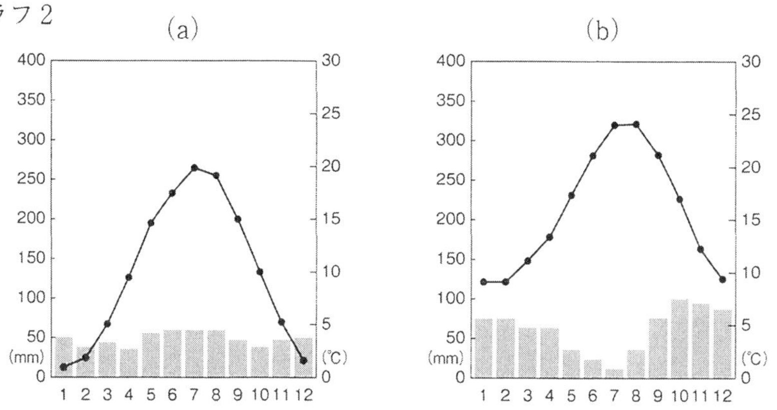

（「理科年表」平成26年から引用）

4 次の文は，ヨーロッパ州の説明文です。文中の［ X ］・［ Y ］・［ Z ］にあてはまる語句の組み合わせとして正しいものを，下の（ア）～（エ）のうちから一つ選びなさい。

> ヨーロッパ州の特徴として，南部にはＤ国やＥ国をまたぐ［ X ］などの大きな山脈があり，高低差の大きい地形が特徴である。また，北部の沿岸部には氷河によって削られた［ Y ］と呼ばれる奥行きのある湾が多くみられる。さらに，中央部の平野ではオランダやＣ国を流れる［ Z ］のような国際河川があり，物資を運ぶ際に活用されている。

（ア） X：ピレネー山脈　Y：リアス式海岸　Z：ドナウ川
（イ） X：アルプス山脈　Y：フィヨルド　Z：ライン川
（ウ） X：アルプス山脈　Y：リアス式海岸　Z：ライン川
（エ） X：ピレネー山脈　Y：フィヨルド　Z：ドナウ川

5 グラフ２は地図２のＡ～Ｅ国の都市の雨温図です。国と都市の正しい組み合わせはどれですか，次の（ア）～（エ）のうちから一つ選びなさい。

（ア） (a)：Ａ－ヘルシンキ　(b)：Ｄ－パリ
（イ） (a)：Ｃ－ベルリン　(b)：Ｅ－ローマ
（ウ） (a)：Ａ－ヘルシンキ　(b)：Ｅ－ローマ
（エ） (a)：Ｃ－ベルリン　(b)：Ｄ－パリ

6 ヨーロッパ州では多くの人々がキリスト教を信仰しています。A～E国のキリスト教の分布状況を示したものとして正しいものを，次の(ア)～(エ)のうちから一つ選びなさい。（分布状況は多いものを示している）

(ア) A：カトリックとプロテスタント　B：プロテスタント　C：正教会

(イ) B：カトリックと正教会　C：正教会　D：プロテスタント

(ウ) C：カトリックとプロテスタント　D：カトリック　E：カトリック

(エ) A：カトリックと正教会　C：プロテスタント　E：正教会

7 ヨーロッパ州では，1967年に発足したヨーロッパ共同体(EC)が1993年にはヨーロッパ連合(EU)へと発展しました。これについて述べた文として，誤っているものを，次の(ア)～(エ)のうちから一つ選びなさい。

(ア) EUの発達によって，AとBを結ぶユーロスターやBの特急ICEなどの高速鉄道が建設された。

(イ) 多くのEU加盟国の間では，国境の検問所などがないため，賃金の高い国へ通勤する人が近年増加している。

(ウ) 西ヨーロッパでは1970年代以降に鉄鋼業などの国際競争力が低下し，1980年代以降，ハイテク産業が発達するところも出てきた。

(エ) EUによる統合が進むなかで，交通網の整備などによって近年観光業が盛んになっている。

〔３〕　下の略年表を見て，あとの 8 ～ 14 に答えなさい。

略年表

世紀	おもなことがら	メモ
紀元前3～ 紀元前1		①稲作がはじまる
1	小国が分立する	
2～4		
5	大和政権の統一がすすむ	渡来人がふえる
6～7	↕（あ）	
8	律令政治のしくみがととのう	
9	↕（い）	
10	摂関政治がおこなわれる	②文化の国風化がすすむ
11	↕（う）	
12	武家政治がはじまる	
13～16		新しい仏教がおこる
17	幕府と藩による政治がはじまる	
18	↕（え）	
19	自由民権運動がさかんになる	
20	↕（お） 15年にわたる戦争の時代がはじまる ↕（か） 経済の高度成長がはじまる	公害と環境破壊がすすむ

8　略年表中の下線部①について，この時期に使われた稲穂をつみとる道具として正しいものを，次の（ア）～（エ）のうちから一つ選びなさい。

（ア）　骨角器　　（イ）　石鏃《せきぞく》(矢じり)　　（ウ）　石包丁　　（エ）　鎌

9　略年表中の(あ)の時期の世界のできごととして正しいものを，次の(ア)～(エ)のうちから一つ選びなさい。

(ア)　シルクロードを通じて漢と西方の交易がおこなわれた。
(イ)　新羅が百済と高句麗をほろぼし，朝鮮半島を統一した。
(ウ)　イギリスの植民地支配に対する，インド大反乱がおこった。
(エ)　バスコ＝ダ＝ガマがアフリカの南をまわりインドに着いた。

10　略年表中の(い)の時期におこなわれた日本と海外との交流として正しいものを，次の(ア)～(エ)のうちから一つ選びなさい。

(ア)　遣唐使の派遣　　(イ)　朝鮮通信使の来日
(ウ)　南蛮貿易　　(エ)　琉球王国との貿易

11　略年表中の下線部②について，その内容として正しいものを，次の(ア)～(エ)のうちから一つ選びなさい。

(ア)　ふすまや障子，たたみや床の間をもつ書院造がひろまった。
(イ)　茶の湯がさかんになり，簡素さをとうとぶ茶の作法が大成された。
(ウ)　日本の風景や風俗を柔らかな線でえがく大和絵がおこった。
(エ)　日本の古典に日本人の心を見いだそうとする国学がおこった。

12 略年表中の(う)の時期の武士のうごきを示すできごとを〔A群〕から，その結果を〔B群〕から選んだとき，その組み合わせとして最も適当なものを，次の(ア)～(エ)のうちから一つ選びなさい。

〔A 群〕	〔B 群〕
1．平治の乱	X．源頼朝が征夷大将軍になる
2．前九年合戦・後三年合戦	Y．平清盛が太政大臣になる

(ア) 1－X　(イ) 1－Y　(ウ) 2－X　(エ) 2－Y

13 略年表中の(え)の時期の社会のうごきを説明した下の1～4の文を古い順に並べたとき，次の［　　　］の文はどこの間に入りますか，下の(ア)～(エ)のうちから一つ選びなさい。

> 大塩平八郎が大阪で乱をおこしたころ，薩摩藩や長州藩などでは，有能な下級武士をとりたて，藩財政の立て直しをおこなわせた。

1．生活必需品の不足や値上がりのため，「世直し」をとなえる一揆や騒動がおこった。この時期，薩摩藩と長州藩の間に同盟が成立した。
2．裁判の基準となる公事方御定書がまとめられ，目安箱が設けられた。この時期，年貢が引き上げられ新田開発がすすんだ。
3．株仲間が積極的に公認され，長崎貿易では銅や海産物の輸出が奨励された。この時期，天明のききんがおこり百姓一揆が急増した。
4．日本人の海外渡航や帰国，ポルトガル船の来航が禁止された。この時期，九州ではキリスト教徒を中心に農民が大規模な一揆をおこした。

(ア) 4と2の間　(イ) 2と3の間
(ウ) 3と1の間　(エ) 4と3の間

国　語　解　答　用　紙

※100点満点

問　題	1	2	3	4	5	6	7	8	9	10	11	12	13	14	15
配　点	2	2	2	4	4	4	2	3	4	4	4	4	3	4	3

問　題	16	17	18	19	20	21	22	23	24	25	26	27	28	29	30
配　点	4	3	3	3	3	4	4	3	4	3	3	3	3	3	5

上の注意
たり汚したりしないこと。
ときは、消しゴムで完全に消すこと。
は、数字で記入してから間違いないようマークすること。
( ) を鉛筆（ＨＢ）で黒くぬりつぶすこと。

マークの例

良い例	悪　い　例

欄	解答番号	解　答　欄			
㋓	21	㋐	㋑	㋒	㋓
㋓	22	㋐	㋑	㋒	㋓
㋓	23	㋐	㋑	㋒	㋓
㋓	24	㋐	㋑	㋒	㋓
㋓	25	㋐	㋑	㋒	㋓
㋓	26	㋐	㋑	㋒	㋓
㋓	27	㋐	㋑	㋒	㋓
㋓	28	㋐	㋑	㋒	㋓
㋓	29	㋐	㋑	㋒	㋓
㋓	30	㋐	㋑	㋒	㋓

数学解答用紙

※100点満点

問題	ア	イ	ウ	エ	オ	カ	キ	ク	ケ	コ	サ	シ	ス	セ
配点	5		5		1	2	2	5		2	3	5		5

問題	ソ	タ	チ	ツ	テ	ト	ナ	ニ	ヌ	ネ	ノ	ハ	ヒ	フ
配点	5		5		5		5		5		5		5	

問題	ヘ	ホ	マ	ミ	ム	メ	モ	ヤ	ユ	ヨ	ラ	リ
配点	5			5		4		4		4	4	4

上の注意

たり汚したりしないこと。

ときは、消しゴムで完全に消すこと。

は、数字で記入してから間違いないようマークすること。

◯ を鉛筆（ＨＢ）で黒くぬりつぶすこと。

マークの例

良い例	悪い例
●	● ◓ ⊗ ◐

解答番号	解答欄	解答番号	解答欄
ナ	− ± 0 1 2 3 4 5 6 7 8 9	マ	− ± 0 1 2 3 4 5 6 7 8 9
ニ	− ± 0 1 2 3 4 5 6 7 8 9	ミ	− ± 0 1 2 3 4 5 6 7 8 9
ヌ	− ± 0 1 2 3 4 5 6 7 8 9	ム	− ± 0 1 2 3 4 5 6 7 8 9
ネ	− ± 0 1 2 3 4 5 6 7 8 9	メ	− ± 0 1 2 3 4 5 6 7 8 9
ノ	− ± 0 1 2 3 4 5 6 7 8 9	モ	− ± 0 1 2 3 4 5 6 7 8 9
ハ	− ± 0 1 2 3 4 5 6 7 8 9	ヤ	− ± 0 1 2 3 4 5 6 7 8 9
ヒ	− ± 0 1 2 3 4 5 6 7 8 9	ユ	− ± 0 1 2 3 4 5 6 7 8 9
フ	− ± 0 1 2 3 4 5 6 7 8 9	ヨ	− ± 0 1 2 3 4 5 6 7 8 9
ヘ	− ± 0 1 2 3 4 5 6 7 8 9	ラ	− ± 0 1 2 3 4 5 6 7 8 9
ホ	− ± 0 1 2 3 4 5 6 7 8 9	リ	− ± 0 1 2 3 4 5 6 7 8 9

英 語 解 答 用 紙

※100点満点

問　題	1	2	3	4	5	6	7	8	9	10	11	12	13	14	15
配　点	2	2	2	2	2	4	4	4	4	4	4	4	4	4	4

問　題	16	17	18	19	20	21	22	23	24	25	26	27	28	29	30
配　点	2	2	2	2	2	4	4	4	4	4	4	4	4	4	4

る上の注意
げたり汚したりしないこと。
るときは、消しゴムで完全に消すこと。
号は、数字で記入してから間違いないようマークすること。
は ◯ を鉛筆（ＨＢ）で黒くぬりつぶすこと。

マークの例

良い例	悪　い　例

欄	解答番号	解　答　欄			
㊏	21	㋐	㋑	㋒	㊏
㊏	22	㋐	㋑	㋒	㊏
㊏	23	㋐	㋑	㋒	㊏
㊏	24	㋐	㋑	㋒	㊏
㊏	25	㋐	㋑	㋒	㊏
㊏	26	㋐	㋑	㋒	㊏
㊏	27	㋐	㋑	㋒	㊏
㊏	28	㋐	㋑	㋒	㊏
㊏	29	㋐	㋑	㋒	㊏
㊏	30	㋐	㋑	㋒	㊏

理　科　解　答　用　紙

※100点満点

5点×20

る上の注意
げたり汚したりしないこと。
るときは、消しゴムで完全に消すこと。
号は、数字で記入してから間違いないようマークすること。
は ◯ を鉛筆（ＨＢ）で黒くぬりつぶすこと。

マークの例

良い例	悪い例

答	欄	
㋒	㋓	㋔
㋒	㋓	㋔
㋒	㋓	㋔
㋒	㋓	㋔
㋒	㋓	㋔
㋒	㋓	㋔
㋒	㋓	㋔
㋒	㋓	㋔
㋒	㋓	㋔
㋒	㋓	㋔

社 会 解 答 用 紙

※100点満点

4点×25

る上の注意

げたり汚したりしないこと。
るときは、消しゴムで完全に消すこと。
号は、数字で記入してから間違いないようマークすること。
は ( ) を鉛筆（ＨＢ）で黒くぬりつぶすこと。

マークの例

良い例	悪 い 例

欄
㋓
㋓
㋓
㋓
㋓
㋓
㋓
㋓
㋓
㋓

解答番号	解	答	欄	
21	㋐	㋑	㋒	㋓
22	㋐	㋑	㋒	㋓
23	㋐	㋑	㋒	㋓
24	㋐	㋑	㋒	㋓
25	㋐	㋑	㋒	㋓

受験番号					
⓪	⓪	⓪	⓪	⓪	⓪
①	①	①	①	①	①
②	②	②	②	②	②
③	③	③	③	③	③
④	④	④	④	④	④
⑤	⑤	⑤	⑤	⑤	⑤
⑥	⑥	⑥	⑥	⑥	⑥
⑦	⑦	⑦	⑦	⑦	⑦
⑧	⑧	⑧	⑧	⑧	⑧
⑨	⑨	⑨	⑨	⑨	⑨

フリガナ	
氏　名	

この欄には記入するな
● ●

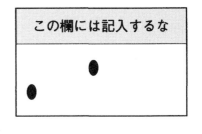

★マ

解答番号	解　答　欄				解答番号	解　答	
1	㋐	㋑	㋒	㋓	11	㋐	㋑
2	㋐	㋑	㋒	㋓	12	㋐	㋑
3	㋐	㋑	㋒	㋓	13	㋐	㋑
4	㋐	㋑	㋒	㋓	14	㋐	㋑
5	㋐	㋑	㋒	㋓	15	㋐	㋑
6	㋐	㋑	㋒	㋓	16	㋐	㋑
7	㋐	㋑	㋒	㋓	17	㋐	㋑
8	㋐	㋑	㋒	㋓	18	㋐	㋑
9	㋐	㋑	㋒	㋓	19	㋐	㋑
10	㋐	㋑	㋒	㋓	20	㋐	㋑

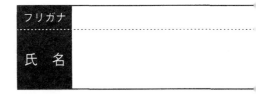

受験番号					
⓪	⓪	⓪	⓪	⓪	⓪
①	①	①	①	①	①
②	②	②	②	②	②
③	③	③	③	③	③
④	④	④	④	④	④
⑤	⑤	⑤	⑤	⑤	⑤
⑥	⑥	⑥	⑥	⑥	⑥
⑦	⑦	⑦	⑦	⑦	⑦
⑧	⑧	⑧	⑧	⑧	⑧
⑨	⑨	⑨	⑨	⑨	⑨

フリガナ	
氏名	

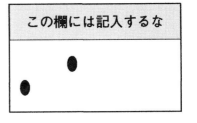

この欄には記入するな

★マ

解答番号	解答欄					解答番号	解
1	㋐	㋑	㋒	㋓	㋔	11	㋐
2	㋐	㋑	㋒	㋓	㋔	12	㋐
3	㋐	㋑	㋒	㋓	㋔	13	㋐
4	㋐	㋑	㋒	㋓	㋔	14	㋐
5	㋐	㋑	㋒	㋓	㋔	15	㋐
6	㋐	㋑	㋒	㋓	㋔	16	㋐
7	㋐	㋑	㋒	㋓	㋔	17	㋐
8	㋐	㋑	㋒	㋓	㋔	18	㋐
9	㋐	㋑	㋒	㋓	㋔	19	㋐
10	㋐	㋑	㋒	㋓	㋔	20	㋐

受験番号					
⓪	⓪	⓪	⓪	⓪	⓪
①	①	①	①	①	①
②	②	②	②	②	②
③	③	③	③	③	③
④	④	④	④	④	④
⑤	⑤	⑤	⑤	⑤	⑤
⑥	⑥	⑥	⑥	⑥	⑥
⑦	⑦	⑦	⑦	⑦	⑦
⑧	⑧	⑧	⑧	⑧	⑧
⑨	⑨	⑨	⑨	⑨	⑨

フリガナ	
氏　名	

この欄には記入するな

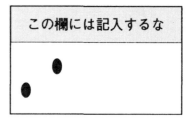

★マ

解答番号	解答欄				解答番号	解答	
1	㋐	㋑	㋒	㋓	11	㋐	㋑
2	㋐	㋑	㋒	㋓	12	㋐	㋑
3	㋐	㋑	㋒	㋓	13	㋐	㋑
4	㋐	㋑	㋒	㋓	14	㋐	㋑
5	㋐	㋑	㋒	㋓	15	㋐	㋑
6	㋐	㋑	㋒	㋓	16	㋐	㋑
7	㋐	㋑	㋒	㋓	17	㋐	㋑
8	㋐	㋑	㋒	㋓	18	㋐	㋑
9	㋐	㋑	㋒	㋓	19	㋐	㋑
10	㋐	㋑	㋒	㋓	20	㋐	㋑

受験番号					
⓪	⓪	⓪	⓪	⓪	⓪
①	①	①	①	①	①
②	②	②	②	②	②
③	③	③	③	③	③
④	④	④	④	④	④
⑤	⑤	⑤	⑤	⑤	⑤
⑥	⑥	⑥	⑥	⑥	⑥
⑦	⑦	⑦	⑦	⑦	⑦
⑧	⑧	⑧	⑧	⑧	⑧
⑨	⑨	⑨	⑨	⑨	⑨

フリガナ	
氏名	

この欄には記入するな

★マ

解答番号	解答欄	解答番号	解答欄
ア	(−) (±) ⓪ ① ② ③ ④ ⑤ ⑥ ⑦ ⑧ ⑨	サ	(−) (±) ⓪ ① ② ③ ④ ⑤ ⑥ ⑦
イ	(−) (±) ⓪ ① ② ③ ④ ⑤ ⑥ ⑦ ⑧ ⑨	シ	(−) (±) ⓪ ① ② ③ ④ ⑤ ⑥ ⑦
ウ	(−) (±) ⓪ ① ② ③ ④ ⑤ ⑥ ⑦ ⑧ ⑨	ス	(−) (±) ⓪ ① ② ③ ④ ⑤ ⑥ ⑦
エ	(−) (±) ⓪ ① ② ③ ④ ⑤ ⑥ ⑦ ⑧ ⑨	セ	(−) (±) ⓪ ① ② ③ ④ ⑤ ⑥ ⑦
オ	(−) (±) ⓪ ① ② ③ ④ ⑤ ⑥ ⑦ ⑧ ⑨	ソ	(−) (±) ⓪ ① ② ③ ④ ⑤ ⑥ ⑦
カ	(−) (±) ⓪ ① ② ③ ④ ⑤ ⑥ ⑦ ⑧ ⑨	タ	(−) (±) ⓪ ① ② ③ ④ ⑤ ⑥ ⑦
キ	(−) (±) ⓪ ① ② ③ ④ ⑤ ⑥ ⑦ ⑧ ⑨	チ	(−) (±) ⓪ ① ② ③ ④ ⑤ ⑥ ⑦
ク	(−) (±) ⓪ ① ② ③ ④ ⑤ ⑥ ⑦ ⑧ ⑨	ツ	(−) (±) ⓪ ① ② ③ ④ ⑤ ⑥ ⑦
ケ	(−) (±) ⓪ ① ② ③ ④ ⑤ ⑥ ⑦ ⑧ ⑨	テ	(−) (±) ⓪ ① ② ③ ④ ⑤ ⑥ ⑦
コ	(−) (±) ⓪ ① ② ③ ④ ⑤ ⑥ ⑦ ⑧ ⑨	ト	(−) (±) ⓪ ① ② ③ ④ ⑤ ⑥ ⑦

【解答用

受験番号					
⓪	⓪	⓪	⓪	⓪	⓪
①	①	①	①	①	①
②	②	②	②	②	②
③	③	③	③	③	③
④	④	④	④	④	④
⑤	⑤	⑤	⑤	⑤	⑤
⑥	⑥	⑥	⑥	⑥	⑥
⑦	⑦	⑦	⑦	⑦	⑦
⑧	⑧	⑧	⑧	⑧	⑧
⑨	⑨	⑨	⑨	⑨	⑨

フリガナ	
氏　名	

この欄には記入するな
●
●

★マ

解答番号	解答欄				解答番号	解答	
1	㋐	㋑	㋒	㋓	11	㋐	㋑
2	㋐	㋑	㋒	㋓	12	㋐	㋑
3	㋐	㋑	㋒	㋓	13	㋐	㋑
4	㋐	㋑	㋒	㋓	14	㋐	㋑
5	㋐	㋑	㋒	㋓	15	㋐	㋑
6	㋐	㋑	㋒	㋓	16	㋐	㋑
7	㋐	㋑	㋒	㋓	17	㋐	㋑
8	㋐	㋑	㋒	㋓	18	㋐	㋑
9	㋐	㋑	㋒	㋓	19	㋐	㋑
10	㋐	㋑	㋒	㋓	20	㋐	㋑

14　次の□の文のできごとは，略年表中の(う)～(か)のどの時期のものですか，下の(ア)～(エ)のうちから一つ選びなさい。

> イギリスでは，商工業者や地主らが議会を足場に国王とはげしく対立し，清教徒革命や名誉革命とよばれる市民革命がおこった。

(ア)　(う)の時期　　(イ)　(え)の時期

(ウ)　(お)の時期　　(エ)　(か)の時期

〔4〕　下の文章を読み，あとの 15 ～ 17 に答えなさい。

> 　第4次①エネルギー基本計画の策定から4年，今一度，我が国がエネルギー選択を構想すべき時期に来ている。第5次に当たる今回のエネルギー基本計画では，2030年のエネルギーミックスの確実な実現へ向けた取り組みの更なる強化を行うとともに，新たなエネルギー選択として2050年のエネルギー転換・脱炭素化に向けた挑戦を掲げる。こうした方針とそれに臨む姿勢が，②国・産業・③金融・個人各層の行動として結実し，日本のエネルギーの将来像の具現化につながっていくことを期待する。
>
> （資源エネルギー庁『第5次エネルギー基本計画』より抜粋）

15 　下線部①について，次のグラフは主な国の発電量の内訳を示したものです。A～Dに入る国名として正しいものを，下の（ア）～（エ）のうちから一つ選びなさい。

主な国の発電量の内訳（%）

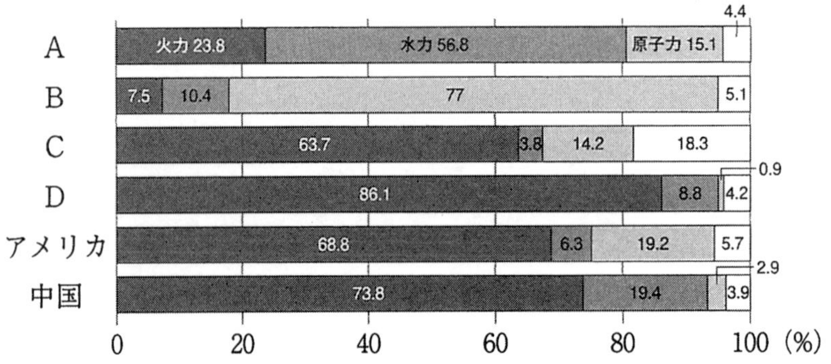

（『データブック オブ・ザ・ワールド2019年版』二宮書店より）

（ア）　A：フランス　　B：カナダ　　C：日本　　D：ドイツ

（イ）　A：カナダ　　B：フランス　　C：ドイツ　　D：日本

（ウ）　A：日本　　B：ドイツ　　C：カナダ　　D：フランス

（エ）　A：ドイツ　　B：日本　　C：フランス　　D：カナダ

16　下線部②に関連して，国家の三要素として誤っているものを，次の(ア)～(エ)のうちから一つ選びなさい。

（ア）主権　（イ）国民　（ウ）法　（エ）領域

17　下線部③に関連して，金融政策について説明した次の文の（　A　）～（　D　）にあてはまる語句の組み合わせとして正しいものを，下の（ア）～(エ)のうちから一つ選びなさい。

好景気のときは，消費が拡大し，商品の需要量が増えます。需要量が供給量を上回ると，物価が上がり続ける（　A　）が起こります。一方で不景気になると，需要量が供給量を下回り，物価が下がり続ける（　B　）が起こることもあります。

物価の急激な変動は，家計や企業に大きな影響を与えます。そのため，日本銀行は，物価の変動をおさえ，景気の安定化を図るために，金融政策を行います。日本銀行の金融政策は，主に公開市場操作(オペレーション)という方法が採られます。この方法は，（　C　）のときには日本銀行が銀行が持つ国債などを買い上げ，（　D　）のときは日本銀行が銀行に国債などを売って，国全体で流通するお金の量を調節することで，景気の安定を図っています。

（ア）A：デフレーション　B：インフレーション
　　　C：不景気　D：好景気

（イ）A：インフレーション　B：デフレーション
　　　C：不景気　D：好景気

（ウ）A：デフレーション　B：インフレーション
　　　C：好景気　D：不景気

（エ）A：インフレーション　B：デフレーション
　　　C：好景気　D：不景気

〔５〕 下の文章を読み，あとの 18 ～ 21 に答えなさい。

2020 年は第１回帝国議会の開会から 130 年を迎えます。そもそも，日本における国会開設の経緯は，明治維新のころに遡《さかのぼ》ることができます。幕末の対外危機の中で，立憲政治を取り入れて国内を改革しようとする考えが芽生えるようになりました。明治の初めには，民撰議員設立の建白書が政府に提出をされると，自由民権運動や①政党の設立など，国会開設に向けた機運が高まりました。

政府も，伊藤博文らをヨーロッパへ派遣し，憲法制定への準備を進め，1885 年には②内閣制度を制定し，国会開設に向けた準備を進めました。そして，国会開設に先立って 1889 年には大日本帝国憲法が制定され，翌 1890 年には最初の衆議院議員総③選挙が行われ，第１回帝国議会が開会されました。

以来，太平洋戦争の最中も国会は途切れることなく，現在は④日本国憲法のもとで，国権の最高機関と位置付けられています。これからも国会には，日本国憲法の三つの原理の一つである国民主権に基づく役割が期待されています。

18 下線部①について説明した文として，誤っているものを，次の（ア）～（エ）のうちから一つ選びなさい。

（ア） 政党とは，政治で実現したい理念や達成しようとする方針について同じ考えを持つ人々が作る団体である。

（イ） 政党には，議席数などに応じて，国から政党交付金が交付されている。

（ウ） 日本では，1955 年から二大政党制が定着し，1990 年代はじめにかけて政権交代がたびたび起こった。

（エ） 国民の中で，特に支持する政党を持たない人々を，無党派層という。

19 下線部②について説明した文として，正しいものを，次の（ア）～（エ）のうちから一つ選びなさい。

（ア） 内閣は天皇の国事行為に対して，助言と承認を行う。

（イ） 内閣総理大臣と国務大臣は全て国会議員でなければならない。

（ウ） 内閣総理大臣は，国会の指名に基づき，議長によって任命される。

（エ） 行政の運営に関しては，全て内閣総理大臣の決定により行われる。

20 下線部③について，次の表は，ある比例代表制の選挙における各党の得票数を示したものである。この選挙における各党の獲得議席数として正しいものを，下の(ア)～(エ)のうちから一つ選びなさい。なお，選挙は次の条件で行われたものとする。

〈条件〉・この選挙における定数は6である。
・各党の候補者はそれぞれ6名である。
・議席の配分はドント式で行う。

政党名	A党	B党	C党
得票数	12,000票	8,400票	4,800票

(ア) A党：4議席　B党：2議席　C党：0議席
(イ) A党：4議席　B党：1議席　C党：1議席
(ウ) A党：3議席　B党：2議席　C党：1議席
(エ) A党：2議席　B党：2議席　C党：2議席

21 下線部④について，日本国憲法の公布と施行の年月日の組合せとして正しいものを，次の(ア)～(エ)のうちから一つ選びなさい。

	公布された年月日	施行された年月日
(ア)	1945年11月3日	1946年5月3日
(イ)	1946年5月3日	1946年11月3日
(ウ)	1946年11月3日	1947年5月3日
(エ)	1947年5月3日	1947年11月3日

〔6〕 下の絵1と絵2をみて，あとの22～25に答えなさい。

絵1

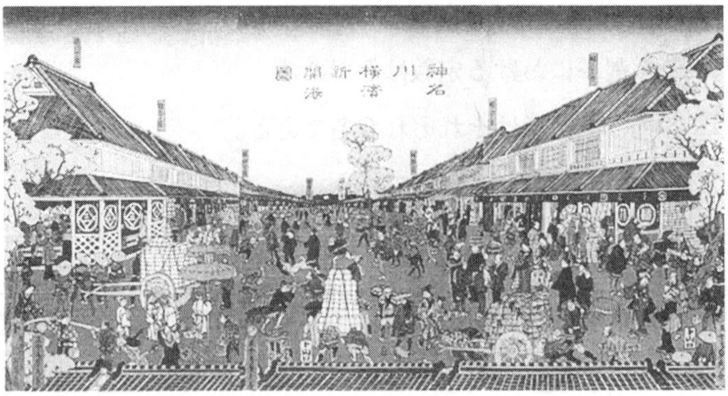

開港後の横浜のにぎわい(神奈川県立歴史博物館蔵)

絵2

大日本帝国憲法の発布式(憲政記念館蔵)

22 絵１に関連して，次の(1)～(4)のグラフのうち，横浜港の開港当時(1865年)の輸出と，現在(2013年)の輸出を示しているグラフの組み合わせとして正しいものを，下の(ア)～(エ)のうちから一つ選びなさい。

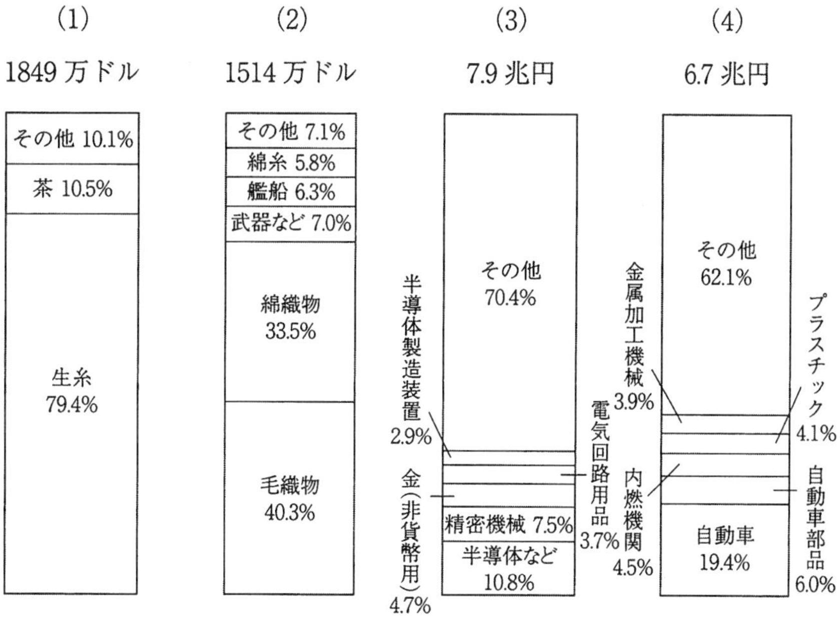

（『図説日本文化史大系』などより）

(ア)　開港当時―(1)　現在―(4)　　(イ)　開港当時―(2)　現在―(3)

(ウ)　開港当時―(3)　現在―(2)　　(エ)　開港当時―(4)　現在―(1)

23 絵１の横浜港がある県について述べた文として正しいものを，次の(ア)～(エ)のうちから一つ選びなさい。

(ア)　平清盛が，武士として初めて政治の実権を握り，幕府を開いた。

(イ)　戦国時代に起こった一向一揆によって，守護大名が倒され，信者たちが100年近くも自治を続けた。

(ウ)　アメリカから開国を求めて，ペリーが来航した。

(エ)　戊辰戦争の最後の戦いとなった，五稜郭の戦いが行われた。

24 貿易について述べた次の(1)～(4)の文のうち，正しいものはいくつありますか，下の(ア)～(エ)のうちから一つ選びなさい。

(1) 一般的に，円高になると日本の輸出企業にとって不利になる。

(2) 近年では，日本企業は，工場の海外移転や部品調達先の海外企業への切りかえを進めた。地域別では，特にアフリカへの進出が多く，全体の50%を占めている。

(3) 自由貿易を進めるために，第二次世界大戦後には，「関税と貿易に関する一般協定」(GATT)が発足した。

(4) 世界貿易機関(WTO)は，ヨーロッパ連合(EU)と北米自由貿易協定(NAFTA)を統合し，1995年に設立された。

(ア) 1つ　　(イ) 2つ　　(ウ) 3つ　　(エ) 4つ

25 絵2に関連して，大日本帝国憲法制定の際に参考とした国について述べている文を，次の(ア)～(エ)のうちから一つ選びなさい。

(ア) 世界で最初に産業革命が起こり，19世紀の中ごろには「世界の工場」とよばれるようになった。

(イ) 第一次世界大戦で敗れると，革命が勃発し，史上初の社会主義国家となった。

(ウ) オランダやベルギー，フランスなどと国境を接しており，ゲルマン系の民族が多い国である。

(エ) 日露戦争の講和を仲介して，ポーツマス条約を結ばせた。

(問題はこれで終わりです。)